最新兩岸保險法之比較

— 兼述 2009 年大陸保險法合同規定之評析

邱錦添　王怡然
邢海寶　邱慈惠
編　著

文史哲出版社印行

國家圖書館出版品預行編目資料

最新兩岸保險法之比較：兼述 2009 年大陸
保險法合同規定之評析 / 邱錦添等編著 --
初版 -- 臺北市：文史哲, 民 99.04
　　頁;　　公分
　　參考書目：頁
　　ISBN 978-957-549-891-7 (平裝)

　1. 保險法規 2.比較研究 3.論述分析 4.臺
灣 5.中國

587.5　　　　　　　　　　　99005861

最新兩岸保險法之比較
— 兼述 2009 年大陸保險法合同規定之評析

編　　　者：邱錦添, 王怡然, 邢海寶, 邱慈惠
　　　　　　郵政劃撥帳號：50027753 號邱錦添帳戶
　　　　　　電話 886-2-23653636, 傳真 886-2-23655533
出 版 者：文　史　哲　出　版　社
　　　　　　http://www.lapen.com.tw
　　　　　　e-mail：lapen@ms74.hinet.net
登記證字號：行政院新聞局版臺業字五三三七號
發 行 人：彭　　　　　正　　　　　雄
發 行 所：文　史　哲　出　版　社
印 刷 者：文　史　哲　出　版　社
　　　　　　臺北市羅斯福路一段七十二巷四號
　　　　　　郵政劃撥帳號：一六一八○一七五
　　　　　　電話 886-2-23511028・傳真 886-2-23965656

實價新臺幣六六○元

中華民國九十九年（2010）四月初版

序

　　大陸保險法自 1995 年出台以來，雖於 2002 年鑒於保險業之外部環境和內部結構發生重大變化，以及保險業規模不斷擴大，爲適應大陸保險業改革和發展之要求，乃於 2002 年 10 月 28 日予以修改，但修改並沒有對 1995 年保險法之結構作出調整，主要還是爲了對保險業發展形式的變化而集中修改保險業監管制度。然而隨著金融改革之深化，大陸保險業進入一個快速發展時期，保險業之內外部環境皆發生很大變化，行業發展和保險監管中之新情況不斷出現，保險業之快速發展遠超出預期，大量新生事務之出現，快速發展的保險業及由此產生之監管需要，2002 年保險法已經無法適應快速發展之需要，遂於 2006 年國務院擬定修改草案，而大陸全國人大代表大會常務委員會於 2009 年 2 月 28 日通過修改之最新保險法，鑑於大陸保險法內容之新修訂，筆者等除對於大陸保險法與台灣保險法加以比較分析外，兩岸保險法之異同也相應產生變動，而對於大陸保險法以及合同規定之優缺點，並加詳予評析，係本書之重點，台灣保險法雖歷經十四次之修訂，而大陸保險法亦經二次修訂，但仍存在諸多爭議問題，有待修正，筆者特加舉出並提出建議，俾供下次修訂時行政機關及立法院可做參考。

邱錦添　王怡然

邢海寶　邱慈惠

2010 年 3 月 1 日

最新兩岸保險法之比較
—— 兼述 2009 年大陸保險法合同規定之評析

目　　次

第一章　兩岸保險法之立法沿革與修法重點 ··············1

　第 一 節　台灣保險法立法沿革與歷年修法重點 ··········1

　　一、立法沿革 ····································1

　　二、近年修訂之主要條文 ··························10

　　三、近年修訂之條文暨理由總表 ····················12

　　　2001 年修訂之保險法條文 ·····················12

　　　2003 年修訂之保險法條文 ·····················43

　　　2004 年修訂之保險法條文 ·····················44

　　　2005 年修訂之保險法條文 ·····················47

　　　2006 年修訂之保險法條文 ·····················49

　　　2007 年修訂之保險法條文 ·····················49

　第 二 節　大陸保險法之立法沿革與歷次修法重點 ·······83

　　一、立法沿革 ···································83

　　二、歷次修法重點 ·······························84

　　　1995 年制定之保險法 ·······················84

　　　2002 年修訂之保險法 ·······················87

　　　2009 年修訂保險法重點 ·····················94

第二章　兩岸保險法內容之比較 ·····················101

第 一 節　概　述 …………………………………………… 101
第 二 節　保險利益 ………………………………………… 106
第 三 節　保險費 …………………………………………… 112
第 四 節　保險人責任 ……………………………………… 114
第 五 節　複保險 …………………………………………… 119
第 六 節　再保險 …………………………………………… 122
第 七 節　保險契約 ………………………………………… 124
第 八 節　火災保險 ………………………………………… 147
第 九 節　海上保險 ………………………………………… 152
第 十 節　陸空保險 ………………………………………… 153
第十一節　責任保險 ………………………………………… 154
第十二節　保證保險 ………………………………………… 158
第十三節　其他財產之保險 ………………………………… 159
第十四節　人壽保險 ………………………………………… 161
第十五節　健康保險 ………………………………………… 176
第十六節　傷害保險 ………………………………………… 178
第十七節　年金保險 ………………………………………… 180
第十八節　罰　則 …………………………………………… 181
第十九節　小　結 …………………………………………… 182

第三章　2009 大陸保險法之主要修訂內容及其與
台灣保險法之比較分析 ……………………………… 183
第 一 節　前　言 …………………………………………… 183
第 二 節　大陸保險法修改之原因及過程 ………………… 183
第 三 節　2009 大陸保險法之主要
修訂內容及修訂理由 …………………………… 187
第 四 節　2009 大陸保險法與台灣保險法之比較分析 … 194
第 五 節　小　結 …………………………………………… 198

第四章　大陸保險法仍存之爭議問題與修正建議⋯⋯⋯⋯⋯ 199

　第 一 節　大陸保險法存在之爭議問題⋯⋯⋯⋯⋯⋯⋯ 199

　第 二 節　合同修改之評述⋯⋯⋯⋯⋯⋯⋯⋯⋯⋯⋯ 199

　第 三 節　完善合同關係人規則⋯⋯⋯⋯⋯⋯⋯⋯⋯ 231

第五章　台灣保險法仍存之爭議問題與修正建議⋯⋯⋯⋯ 239

　第 一 節　台灣保險法存在之爭議問題⋯⋯⋯⋯⋯⋯ 239

　第 二 節　台灣保險法修正之建議⋯⋯⋯⋯⋯⋯⋯⋯ 250

第六章　結論與建議⋯⋯⋯⋯⋯⋯⋯⋯⋯⋯⋯⋯⋯ 263

參考書目⋯⋯⋯⋯⋯⋯⋯⋯⋯⋯⋯⋯⋯⋯⋯⋯⋯ 265

附錄一：臺灣部份⋯⋯⋯⋯⋯⋯⋯⋯⋯⋯⋯⋯⋯⋯ 267

　（一）保險法（96 年 7 月 18 日修正公佈）⋯⋯⋯⋯⋯ 267

　（二）保險法施行細則（97 年 6 月 13 日修正）⋯⋯⋯ 324

　（三）保險業務員管理規則（98 年 5 月 27 日修正公佈）⋯⋯ 326

　（四）保險公證人管理規則（96 年 4 月 24 日修正公佈）⋯⋯ 335

　（五）保險經紀人管理規則（94 年 2 月 16 日）⋯⋯⋯ 348

　（六）保險代理人管理規則（94 年 2 月 18 日修正公佈）⋯⋯ 362

　（七）最高法院保險判例、決議要旨⋯⋯⋯⋯⋯⋯⋯ 375

　（八）司法院大法官會議釋字第 576 號解釋文⋯⋯⋯⋯ 378

　（九）兩岸保險法條文對照表⋯⋯⋯⋯⋯⋯⋯⋯⋯⋯ 379

附錄二：大陸部份⋯⋯⋯⋯⋯⋯⋯⋯⋯⋯⋯⋯⋯⋯ 407

　（一）2009 年大陸保險法（2009 年 2 月 28 日修正公佈）⋯⋯ 407

　（二）大陸地區保險管理暫行規定⋯⋯⋯⋯⋯⋯⋯⋯ 449

　（三）大陸地區保險代理人管理規定（試行）⋯⋯⋯⋯ 469

　（四）大陸地區保險經紀人管理規定（試行）⋯⋯⋯⋯ 483

　（五）《中華人民共和國保險法》新法與舊法對照表⋯⋯ 496

第一章　兩岸保險法之立法沿革與修法重點

第一節　台灣保險法立法沿革與歷年修法重點

一、立法沿革[1]

（一）在 1950 年以前

　　台灣之保險立法可追溯至清朝末年。1935 年英國商人在香港設立友寧（或譯為于仁、欲仁）保險公司（Union Insurance Society of Canton），為中國境內第一家保險公司。1842 年鴉片戰爭簽訂南京條約後，外國保險公司紛紛在沿海口岸開辦業務；1900 年八國聯軍辛丑條約簽訂後，外國保險公司幾乎主宰全部中國保險市場。國人自設保險公司則始於 1865 年設立之義和保險行，嗣於 1867 年之仁和水險公司，1875 年之保險招商局及 1978 年之濟和船棧保險局相繼設立。為監督管理保險業，清廷於 1904 年公佈「公司律」及「商人通例」。1909 年開始草擬「大清商律草案」，同年完成其中之「海船法篇」草案，即訂定有關保險契約、共同海損等條文。1911 年「大清商標草案」大致竣稿，共 1008 條，其中

1　林勳發，台灣保險法之發展與主要爭議問題探討，國立政治大學法學院財經法新趨勢研討會（八）暨兩岸財經法學術研討會（一），93 年 11 月。

「商行為篇」中訂有「損害保險」、「生命保險」二章，計 57 條。惟此法尚未公布，清廷即被孫中山領導之革命予以推翻。

　　辛亥革命後，國民政府依據市場經濟及自由企業法則，訂立一系列之商標保險法規制定之初，原採保險契約法與保險監理法分別立法之模式，先有 1929 年 12 月 30 日公布之「保險法」，繼則有 1931 年 1 月 1 日公布之「海商法」（海上保險章），旋又有 1935 年 7 月 5 日公布之「保險業法」，可謂符合大陸法系之傳統。然時值戰亂發生，除海商法海上保險章隨海商法之施行外，保險法及保險業法均未能付諸實施。1937 年 1 月 11 日保險法及保險業法分別修訂，同時又制定公布「保險業法施行法」。亦均未施行。為因應戰時保險業務監理之需要，行政院遂於 1943 年 10 月 25 日公布「戰時保險業管理辦法」，1944 年 5 月 8 日財政部公布「戰時保險業管理辦法施行細則；1950 年 11 月 13 日戰時保險業管理辦法經行政院修正公布實施，同年 12 月 25 日戰時保險業管理辦法實施細則經財政部修正公布實施。

　　（二）自 1951 年至 1989 年

　　前述商業保險法規原本符合大陸法系之立法體制。惟國民政府遷台後，為全力促進經濟發展，遂於民 1960 年開放保險業之經營。為因應保險業開放之需要，財政部於 1947 年分別研擬保險法及保險業法修正草案。1947 年 10 月 28 日行政院通過財政部研擬之保險法及保險業法修正草案，函請立法院審議，並請廢止保險業法施行法，1963 年 5 月 4 日行政院又函送保險業法第十一條文再修正草案，請併案審查，亦仍維持同一體制。詎 1963 年立法院三讀通過之修正條文竟將兩者合併為一法，一直延續至今。1968 年 2 月 10 日行政院分別訂定發布「保險法施行細則」及「保險業管理辦法」，以資補充保險法規定之不足。

　　嗣後保險業務隨著經濟發展而日益成長，保險法亦顯現出無

法有效監理保險業務之窘況,修正保險法之呼聲乃此起彼落。1972年國光人壽保險公司破產事件發生後,主管機關為因應監理上之急迫需要曾就保險法第五章有關部份條文加以檢討,提出修正草案,經立法院於 1974 年修正通過。在此其間保險法施行細則及保險業管理辦法並曾多次做小幅度之修正。

(三) 從 1990 年迄今

1、將保險法及保險業法合併為一法之保險法,因為保險事業之快速發展,早已出現無法妥適規範保險契約並有效監理保險業務之窘困。財政部自 1981 年即多次提出修正草案,以資補救,惟均未能如願。1986 年財政部在中美貿易諮商談判 之壓力下,獨自對美國保險業開放我國保險市場,許多美國保險公司紛紛申請來台設立分公司。財政部雖以限制每年核准家數方法延緩美國要求全面開放之壓力,然而在另一方面卻又面臨歐洲及日本保險業比照美國保險業來台設立經營之要求;更激起國人「國民歧視」之反彈聲浪。至此,保險業務繼證券、銀行之後全面開放已成為無法抗拒之趨勢。為因應此一全面開放後所可能產生激烈之競爭局面,行政院遂於 1990 年 5 月 2 日將保險法部份條文修正草案函請立法院審議。

1990 年保險法修正草案僅修正二十五條、增訂十一條、刪除一條·不僅修正幅度狹小,且因僅只著眼於保險市場開放後對保險業務監理之加強,對於保險契約法部份,並增訂第四章第四節第一三五條之一至第一三五條之四有關年金保險之規定外,僅於第五十四條增訂第二項,另將第一○七條第二項移列為第一六九條之一而已。至於保險契約主要具有爭議 條文,於修正草案中均未見修正,以致修正草案一經公布,即遭受各界質疑,各方要求立即對於保險契約法加以修正。財政部乃透過政黨協商,由立法委員提案修正第 64 條以為因應,並承諾此次草案三讀通過後半

年內立即提出保險契約法部份之修正草案。

2、1991 年 7 月 1 日財政部保險司正式建置，1992 年 1 月 11 日立法院三讀通過上述修正草案，計修正 26 條、增訂 21 條、刪除一條。惟因第 64 條引起是否二讀、三讀程序之違憲爭議，嗣經兩黨協商，始將三讀通過草案送請總統公布，總統則於 1992 年 2 月 26 日公布。1992 年 4 月 7 日在野黨立法委員又突然提出第 64 條修正案，立法院亦快速完成三讀，經總統於 1992 年 4 月 20 日公布。

3、保險法之修正條文總統於 1992 年 2 月 26 日公布後，財政部隨即於三月底成立保險契約法修正小組，針對保險契約法部份研擬修正草案，送請行政院審核通過，行政院並於 1994 年 1 月 6 日將修正草案送請立法院審議，立法院則拖延至 1997 年 5 月 9 日始三讀通過，總統於 1997 年 5 月 28 日公布，計修正 14 條、增訂 2 條、刪除 3 條。1997 年 10 月 29 日又修正第 167 條之 2，對於違反保險代理人經紀人公證人管理規則賦予處罰之法源。

4、1998 年 9 月 1 日，財政部成立保險革新小組，針對三項主題八項子題，經歷十個月討論，作成結論。嗣後並依據結論完成保險法部份條文修正草案，送經行政院院會於 1999 年 12 月 16 日通過，同年 17 日函送立法院審議。此一「保險法部份條文修正草案」完全係第五章「保險法」之修正案。在此之前，亦有多位立法委員率先提出保險法修正案，而在行政院將修正草案送請立法院審議後，亦有數位立法委員相繼提出修正案。嗣經立法院就行政院草案及各位立法委員提案加以整合，完成一讀程序，並通過「協商二讀條文」，針對保險契約法提出若干修正條文，於 2001 年 6 月 29 日完成三讀程序，經總統於 7 月 9 日公布施行；後來分別於 2003、2004、2005、2006 年皆有修正條文，並於 2007 年作了兩次增修條文。

在此期間，除保險法施行細則及保險業管理辦法曾多次要求修正外，更有大量行政規章之制定或修訂，舉其要者如保險代理人經紀人公證人管理規則、保險業務員管理規則、保險公司設立標準、外國保險業許可標準及管理辦法、保險業資本適足性管理辦法、保險業各種準備金提存辦法、投資型保險商品管理規則財團法人保險安定基金管理辦法等是。

（四）2007 年保險法之修正重點[2]

2007 年 6 月 14 日立法院三讀通過本次之大幅度的保險法修正案。依據立法總說明，此次修正主要係爲因應保險市場多元化之發展，以及強化保險業財務業務監督管理之需要，修正共計 58 條。修正重點主要在於保險業法（指保險法第五章，第 136 條以下部分），包括：（1）放寬業務範圍。（2）落實消費者權益保護。（3）健全財務暨透明化之監督管理。（4）強化保險業資金運用。（5）調整保險業退場處理程序。（6）健全保險業商業同業公會自律組織功能。由此可知，本次修正大方向係朝向放寬業務範圍、健全財務監督管理、促進保險業資金活絡、維護消費者權益暨公共利益及安定金融秩序等方向修正，對於保險業未來之發展具有深遠之影響。

1、基於現行準備金種類，就國內環境及國外相較，有難切合監理需求之虞，且特別準備金之內涵及性質屢受紛議，爰修正第 11 條得由主管機關因時制宜，規定保險業應提存其他之準備金，包括保費不足準備金、巨災準備金或資產評估準備金等，以發揮監理效能。

2　廖世昌，二〇〇七年保險法修正簡評（上），元照出版有限公司，月旦法學雜誌 150 期，頁 194。
廖世昌，二〇〇七年保險法修正簡評（下），元照出版有限公司，月旦法學雜誌 152 期，頁 184。

　　2、為考量現行國際再保險實務上之再保險契約，有約定當原保險契約之保險人有破產、清算或其他原因不能履行保險契約責任者，得由原保險契約被保險人逕向再保險契約之再保險人請求賠付之直接給付條款（cut-through clause）。惟，基於契約自由原則，爰增列第 40 條但書規定：「但原保險契約及再保險契約另有約定者，不在此限」。

　　3、保險學理上為防止逆選擇（ anti-selection/adverse selection），係賦予保險人於要保人申請保險契約效力恢復時具危險篩選權，以避免道德危險之產生；另查國外亦有於要保人申請契約效力恢復時，要求要保人須提供可保證明等以供保險人廠險篩選之機制。茲為避免保險契約效力恢復時逆選擇之產生，爰參酌保險學理及國外做法，增訂「危險篩選權」制度。

　　（1）保險法第 116 條第 4 項規定保險人亦可不行使此危險篩選權利，即保險人未於要保人申請恢復效力之日起五日內要求要保人提供可保證明，視為同意恢復效力，以明確保險人不要求可保證明之效力。

　　（2）保險法第 116 條第 5 項之規定，係為配合「危險篩選權」制度，保障要保人或被保險人之權利，鑑於被保險人之危險程度仍有改善之可能，該得行使復效期間尚不因經拒保而改變，即保險人仍不得於得行使復效期間屆滿前予以終止契約。

　　4、有關保險費未繳付時保險人終止契約之權利，為避免保險人認為終止契約須受至少二年得復效期間之限制，而逕採以減少保險金額或年金辦理，如此對保戶似較不利，爰刪除第 117 條第 2 項規定；並增訂保險人於復效期間屆滿後，僅得減少保險金額或年金，而不得終止契約。

　　5、配合現行實務運作，第 120 條規定要保人以保險契約為質之借款，當其借款本息超過保單價值準備金時，保險契約之效

力停止；且保險人應於效力停止日之 30 日前以書面通知要保人，並增訂第 120 條第 5 項規定恢復效力之申請，準用第 116 條第 3 至 6 項規定。

6、參諸國外立法例多有將傷害保險和健康保險同列為財產保險業經營之業務範圍，或於保險種類之分類規範中，將傷害保險和健康保險同劃歸為一般業務與一般財產保險，同準由產險業經營，爰修正第 138 條第 1 項但書規定，允許財產保險業經主管機關核准者，得經營健康保險業務。

7、參考國外實務運作，開放保險業經營保險金信託業務，重點如下：

（1）為賦予保險金給付選擇權，規定保險金得一次或分期給付。

（2）參考日本保險業法，規定「保險金信託」為保險業得經營之業務。

（3）開放之保險金信託業務，其受益人以被保險人、未成年人、心神喪失或精神耗弱之人為限。

（4）保險金信託之本金部分視為保險金之給付。

（5）保險業辦理保險金信託業務時，對信託財產與自有財產應負分別管理義務；其會計帳務及實體保管均分別為之。

（6）為應登記之財產者，應依有關規定為信託登記，並以信託財產名義表彰。

（7）以信託財產表彰，應有對抗效力之發生，不以於證券或其他表彰權利之文件上載明信託財產為其要件。

（8）鑑於保險金信託之目的，故其資金運用應以保守保本為原則，規定保險金信託之資金運用限於投資風險較低之標的。

（9）為保障委託人或受益人之權益，保險業經營保險金信託業務與自有業務應獨立管理、並應提存賠償準備。

　　8、基於保險監理之需要，促使保險業之財務更加透明化，規範強制股份有限公司組織之保險業股票應公開發行實有其必要性，爰增訂第 136 條第 5 項規定，保險業之組織爲股份有限公司者，除其他法律另有規定或經主管機關許可者外，應辦理公開發行。

　　9、爲健全保險業財務結構，此次修法分別有下列二項重點：

　　（1）因應金融市場快速發展及考量保險業面對業務突發需求之資金配置彈性；故，授權主管機關制訂保險業向外舉債，爲保險人及以其財產提供爲他人債務擔保之事由、限額、對象及其他應遵行事項之辦法。

　　（2）近年來因經濟景氣之變化下，突顯出保險業財務結構之穩健性對保險業永續發展之重要，爲使保險業發揮保障保戶權益及維護社會安定之功能，宜多強化其財務結構。

　　10、有關保險業資金運用之規定，臚列五項修法重點：

　　（1）保險業經營投資型保險業務、勞工退休金保險業務時，如涉及得全權決定運用標的，並將專設帳簿之資產運用於證券交易法第 6 條規定之有價證券時，基於功能性、公平性及一致性之管理；應向證券主管機關申請兼營全權委託投資業務，使與投信投顧事業同受相關法規之規範。

　　（2）由於資本市場、資產證券化市場蓬勃發展，有價證券之商品種類增加，爰增訂保險業投資證券化商品，而其投資總額以不超過保險業資金 10%爲限；再者，基於未上市上櫃及私募之有價證券，流動性不佳，投資風險亦較高，故有必要就其資格、投資範圍、內容及投資規範限制之，以落實差異化管理之精神。

　　（3）保險業資金規模快速增長而國外具有足夠深度和廣度的債市，及獲利穩定之其他投資工具，足以吸納保險業龐大的資金需求，因此提高國外投資額度將有助提昇資金運用效率，增加

收益；另外，爲落實差異化管理之精神，授權主管機關訂定管理辦法之要項，以達分級管理之目標及符合授權明確性。

（4）保險業投資非保險相關事業，因其非屬保險經營專業之相關範疇，原則上應不得擔任被投資公司董事、監察人或指派人員聘爲被投資公司經理人，但必要時經主管機關核准者，不在此限，以避免過度介入被投資公司經營，而使保險業資金遭不當運用；而基於保險業資金具有一定之公眾性質，不宜介入公司之經營，爰規範保險業與其從屬公司，不宜擔任委託書徵求人或以委託他人徵求委託書方式介入被投資公司之經營權。

（5）爲求本法之規範與保險業之實際經營相契合，俾使保險業監理符合國際化潮流，而以「業主權益」代替原規定作爲投資保險相關事業限額之資格及計算基礎，以期放寬經營良好保險業之投資能量。再者，保險相關事業之股票投資，其投資之性質如屬非公開發行公司之投資、參與經營之投資，且與被投資公司無控制及從屬關係時，因保險業與所投資之保險相關事業，其經營特性較爲接近，故其投資總額，以不得超過該保險業業主權益爲限；但例外如保險業與被投資公司具有控制與從屬關係，爲避免資本重複計算，此類投資限額比例以保險業業主權益40%爲限。

11、參考日本之地震再保險公司（JER）及紐西蘭地震委員會（EQC）制度之精神，規定「財團法人住宅地震保險基金」爲危險分散機制之中樞組織，並由其負責管理安排財產保險業承擔向國內外爲再保險，並以主管機關指定之方式爲之或由政府承受。另爲考量該基金若發生基金累積之金額不足支付應攤付之賠款，恐影響保險理賠金給付之進度，進而影響被保險人之權益；故，必要時該基金得請求主管機關會同財政部報請行政院核定後，由國庫提供擔保，以取得必要之資金來源。

12、專業再保險業爲保險業外國保險業之一，其經營再保險

業務，與財產保險業及人身保險業經營直接簽單業務有別；則基於保險業及外國保險業專營再保險業務者之特殊性，爰明文排除本法第五章中僅適用於直接簽單保險業之規範，並另定其業務、財務及其他相關事項之管理辦法，予以補充規範。

13、保險業受接管或被勒令停業清理時，除依本法規定聲請之重整外，其他重整、破產、和解之聲請及強制執行程序當然停止，並授權主管機關訂定監管或接管辦法，以加速問題保險業進行業務移轉，並增訂主管機關得（1）限制受接管保險業承接新業務。（2）受理有效保險契約之變更或終止。（3）受理要保人以保險契約為質之借款。（4）償付保險契約之解約金。（5）接管期間為三個月，必要時接管人得向主管機關申請延展，以督促接管人早日結束接管。

14、保險相關行業均應加入其同業公會，並受其自律章則之規範，確保其運作之效率，公會得依章程之規定對會員及其會員代表為必要之處置；並授權主管機關訂定公會之監督管理規則，明確賦予主管機關對公會之監督管理權。

二、近年修訂之主要條文[3]

（一）2001 年修訂之保險法條文

係於 2001 年 6 月 26 日修訂，並於同年 7 月 9 日總統（90）華總一義字第 9000134140 號令，公布修正第 13、29、94、105、107、109、117～119、121、123、124、135、138、143～143-3、144、146～146-3～146-5、148、149～149-3、149-5、153、166、167～167-2、168、169、169-2、170、171、172-1、177、178 條條文；並增訂第 138-1、143-4、144-1、146-6～146-8、148-1～

3　全國法規資料庫網站：http://law.moj.gov.tw/

148-3、149-6～149-11、168-1、168-2、171-1 條條文；本法修正條文，除已另定施行日期者外，自修正公布日施行。

　　（二）2003**年修訂之保險法條文**

　　係於 2003 年 1 月 3 日修訂，並於同年 1 月 22 日總統華總一義字第 09200011690 號令，公布修正第 131、146-4 條條文。

　　（三）2004**年修訂之保險法條文**

　　係於 2004 年 1 月 13 日修訂，並於同年 2 月 4 日總統華總一義字第 09300016541 號令，公布修正第 167、168、168-2、172-1 條條文；並增訂第 168-3～168-5 條條文。

　　（四）2005**年修訂之保險法條文**

　　係於 2005 年 4 月 29 日修訂，並於同年 5 月 18 日總統華總一義字第 09400072511 號令，公布增訂第 168-6、168-7、174-1 條條文；並刪除第 173 條條文。

　　（五）2006**年修訂之保險法條文**

　　係於 2006 年 5 月 5 日修訂，並於同年 5 月 30 日總統華總一義字第 09500075851 號令，公布修正第 168-3、178 條條文；並自 2006 年 7 月 1 日施行。

　　（六）2007**年修訂之保險法條文**

　　1、係於 2006 年 12 月 22 日修訂，並於 2007 年 1 月 10 日總統華總一義字第 09600001851 號令，公布修正第 22 條條文。

　　2、係於 2007 年 6 月 14 日修訂，並於同年 7 月 18 日總統華總一義字第 09600091711 號令，公布修正第 9、11、12、40、56、116、117、120、136、137、138、138-1、143、143-1、143-3～144、145～146-1、146-3～146-7、147、148-1、149、149-2、149-6～149-8、149-10、149-11、168、169 、171-1、172-1、175、178 條條文；增訂第 138-2、138-3、145-1、146-9、147-1、第五章第四節之一節名、165-1～165-7、170-1、175-1 條條文；刪除第

143-2、155、160、170 條條文；並自公布日施行。

三、近年修訂之條文暨理由總表[4]

　　台灣保險法於 1929 年 12 月 30 日，由當時之國民政府公布制定全文 82 條；迄今共經歷了十四次修法。為使讀者能詳加了解台灣保險法條文之修訂變化歷程，則針對近年（2001 年~2007 年）來之修法，整理為下列之修訂前後對照表格，並附上修正說明理由，以供參閱。

2001 年修訂之保險法條文

修訂條文	修訂前條文	修訂說明理由
【第十三條】 I 保險分為財產保險及人身保險。 II 財產保險，包括火災保險、海上保險、陸空保險、責任保險、保證保險及經主管機關核准之其他保險。 III 人身保險，包括人壽保險、健康保險、傷害保險及年金保險。	【第十三條】 I 保險分為財產保險及人身保險。 II 財產保險，包括火災保險、海上保險、陸空保險、責任保險、保證保險及經主管機關核准之其他財產保險。 III 人身保險，包括人壽保險、健康保險、傷害保險及年金保險。	此係參考各國保險法立法例多有將傷害保險及健康保險列為產業得經營之業務，再者現行保險法將此兩類保險列入人身保險之業務範圍，而未列入財產保險之經營，故本次修法乃先行開放財產保險業得以主險方式承作傷害保險，故除於第一百三十八條修訂產險業得以主險方式承辦傷害保險外，亦將第十三條第二項末段「財產」兩字刪除，俾擴大產險業者所能經營之險種，排除僅以財產保險之限制，更為未來產險業能經營健康保險等中間性領域之保險留下伏筆。
【第二十九條】 I 保險人對於由不可預料或不可抗力之事故所致之損害，負賠償責任。但保險契約內有明文限制者，不在此限。 II 保險人對於由要保人或被保險人之過失所致之損害，負賠償責任。但出於要保人或被保險人之故意者，不在此限。	【第二十九條】 I 保險人對於由不可預料或不可抗力之事故所致之損害，負賠償責任。但保險契約內有明文限制者，不在此限。 II 保險人對於由要保人或被保險人或其代理人之過失所致之損害，負賠償責任。但出於要保人或被保險人或其代理人之故意者，不在此限。	刪除現行保險法第二十九條之第二項有關「代理人」之規定，其修法理由為就代理人代理行為之法律性質而言，其能代理者僅以法律行為為限，侵權行為係不能代理。再者就要保人或被保險人之代理人所為侵權行為，不論係故意或過失所致，對被保險人而言皆屬不可預料之偶發性事件，仍應為保險契約所保障之範圍，爰將第二項有關「代理人」之規定刪除。

---

4 立法院公報、立法院網站 —— 法律資料庫：http://www.ly.gov.tw/ly/

【第九十四條】 I 保險人於第三人由被保險人應負責任事故所致之損失，未受賠償以前，不得以賠償金額之全部或一部給付被保險人。 II 被保險人對第三人應負損失賠償責任確定時，第三人得在保險金額範圍內，依其應得之比例，直接向保險人請求給付賠償金額。	【第九十四條】 I 保險人於第三人由被保險人應負責任事故所致之損失，未受賠償以前，不得以賠償金額之全部或一部給付被保險人。	增列第九十四條第二項「被保險人對第三人應負損失賠償責任確定時，第三人得在保險金額範圍內，依其應得之比例，直接向保險人請求給付賠償金額」，責任保險制度旨在提供加害人足夠清償能力，並保護受害人獲得補償。故在本條中令被保險人需先向受害人賠償後，始得向保險人求償。但若被保險人無足夠資力賠償第三人時，受害人不但無法從被保險人獲得清償，又無法向保險人請求，則責任保險保護被保險人與第三人之功能完全喪失，惟獨保險人無需理賠。為維護受害第三人之權利，並確保保險人之給付之義務，爰增訂第二項，在被保險人對第三人應負損失賠償責任確定後，受害第三人得直接向保險人請求賠償。
【第一百零五條】 I 由第三人訂立之死亡保險契約，未經被保險人書面同意，並約定保險金額，其契約無效。 II 被保險人依前項所為之同意，得隨時撤銷之。其撤銷之方式應以書面通知保險人及要保人。 III 被保險人依前項規定行使其撤銷權者，視為要保人終止保險契約。	【第一百零五條】 由第三人訂立之死亡保險契約，未經被保險人書面承認，並約定保險金額，其契約無效。	第一百零五條為尊重及保護被保險人之人格權，由第三人所訂立死亡保險契約，須經被保險人同意，惟「同意」有事先允許及事後承認之分，現行條文未加區別，爰作文字修正，以資慨括。被保險人於行使同意權後，若因情事變更，繼續為被保險人而有危及其生命之虞時，因被保險人非契約當事人，並無終止契約之權，現行條文並無法保障被保險人之權益，基於避免道德危險及保護被保險人之人格權之考量，特增訂第二項，以資補救，並對撤銷方式及對象作明確規定。被保險人若撤銷其同意之意思表示，其撤銷之效力作明確規範，在此增列第三項以杜爭議。
【第一百零七條】 I 訂立人壽保險契約時，以未滿十四歲之未成年人，或心神喪失或精神耗弱之人為被保險人，除喪葬費用之給付外，其餘死亡給付部分無效。 II 前項喪葬費用之保險金額，不得超過主管機關所規定之金額。	【第一百零七條】 （刪除）	民國八十六年五月二十八日進行保險法修訂時，立法委員以對四十歲以下未成年人、心神喪失或精神耗弱之被保險人，而訂立死亡保險契約，發生道德危險之實例並不多見為由，將第一百零七條予以刪除。惟目前實務上主管機關仍以最高保險金額之方式，限制保險人承保十四歲以下之未成年人死亡保險之金額，足見此類死亡保險之道德危險發生之可能性，仍無法完全

		怯除，爰恢復原條文中有關死亡給付部分保險契約無效之規定，避免訂立此類保險契約，而有戕害此類被保險人人身權益之可能，惟有關其死亡時所應支付喪葬費用，乃人性尊嚴上所應給予之基本保障，並無禁止之必要，故以此類被保險人訂立之死亡保險契約，有關喪葬費用給付部分，仍應賦予其效力，爰為第一項之規定。為使用語更加明確，爰將第一項「、、以十四歲以下之未成年人、、」之文字，修正為「、、以未滿十四歲之未成年人、、」。
【第一百○九條】 I 被保險人故意自殺者，保險人不負給付保險金額之責任，但應將保險之保單價值準備金返還於應得之人。 II 保險契約載有被保險人故意自殺，保險人仍應給付保險金額之條款者，其條款於訂約二年後始生效力。恢復停止效力之保險契約，其二年期限應自恢復停止效力之日算起。 III 被保險人因犯罪處死或拒捕或越獄致死者，保險人不負給付保險金額之責任；但保險費已付足二年以上者，保險人應將其保單價值準備金返還於應得之人。	【第一百○九條】 I 被保險人故意自殺者，保險人不負給付保險金額之責任，但應將保險之責任準備金返還於應得之人。 II 保險契約載有被保險人故意自殺，保險人仍應給付保險金額之條款者，其條款於訂約二年後始生效力。恢復停止效力之保險契約，其二年期限應自恢復停止效力之日起算。 III 被保險人因犯罪處死或拒捕或越獄致死者，保險人不負給付保險金額之責任；但保險費已付足二年以上者，保險人應將其責任準備金返還於應得之人。	有關人壽保險解約金不得少於保險人應得之責任準備金之四分之三乙節，在過去保險費與責任準備金計算基礎一致下，確可維護客戶權益。惟隨釐定費率之空間之開放，以及主管機關監理重點之改變；提高責任準備金以穩健公司財務情形下；壽險公司所採用計算保險費之基礎（如發生率及利率水準）與主管機關所核定之責任準備金計算基礎將有所差異，而關係保戶權益之評價基礎宜以計算保險費之基礎評估始稱合理。所稱「保單價值準備金」，係指以計算各壽險契約保險費之預定利率及生命表為準，並依保險法施行細則第十二條規定之方式計算之責任準備金。依潘委員提案將之「責任準備金」修正為「保單價值準備金」，俾用詞一致。
【第一百十七條】 I 保險人對於保險費，不得以訴訟請求交付。 II 保險費如有未能依約交付時，保險人得依前條第四項之規定終止契約，或依保險契約所載條件減少保險金額或年金。 III 保險契約終止時，保險費已付足二年以上者，保險人應返還其保單價值準備金。 IV 以被保險人終身為期，不附生存條件之死亡保險契	【第一百十七條】 I 保險人對於保險費，不得以訴訟請求交付。 II 保險費如有未能依約交付時，保險人得依前條第四項之規定終止契約，或依保險契約所載條件減少保險金額或年金。 III 保險契約終止時，保險費已付足二年以上者，保險人應返還其責任準備金。 IV 以被保險人終身為期，不附生存條件之死亡保險契	依潘委員提案將之「責任準備金」修正為「保單價值準備金」，俾用詞一致。 為配合保險法第一一九條之修正，爰修正保險法第一○九條、一一七條、一一八條、一二一條、一二三條、一二四條等六條條文，以健全保險法之整體架構。

約，或契約訂定於若干年後給付保險金額或年金者，如保險費已付足二年以上而有不交付時，保險人僅得減少保險金額或年金。	約，或契約訂定於若干年後給付保險金額或年金者，如保險費已付足二年以上而有不交付時，保險人僅得減少保險金額或年金。	
【第一百十八條】 I 保險人依前條規定，或因要保人請求，得減少保險金額或年金。其條件及減少之數額，應載明於保險契約。 II 減少保險金額或年金，應以訂原約時之條件，訂立同類保險契約為計算標準。其減少後之金額，不得少於原契約終止時已有保單價值準備金，減去營業費用，而以之作為保險費一次交付所能得之金額。 III 營業費用以原保險金額百分之一為限。 IV 保險金額之一部，係因其保險費全數一次交付而訂定者，不因其他部分之分期交付保險費之不交付而受影響。	【第一百十八條】 I 保險人依前條規定，或因要保人請求，得減少保險金額或年金。其條件可減少之數額，應載明於保險契約。 II 減少保險金額或年金，應以訂原約時之條件，訂立同類保險契約為計算標準。其減少後之金額，不得少於原契約終止時已有之責任準備金，減去營業費用，而以之作為保險費一次交付所能得之金額。 III 營業費用以原保險金額百分之一為限。 IV 保險金額之一部，係因其保險費全數一次交付而訂定者，不因其他部分之分期交付保險費之不交付而受影響。	依潘委員提案將之「責任準備金」修正為「保單價值準備金」，俾用詞一致。 為配合保險法第一一九條之修正，爰修正保險法第一○九條、一一七條、一一八條、一二一條、二三條、一二四條等六條條文，以健全保險法之整體架構。
【第一百十九條】 I 要保人終止保險契約，而保險費已付足一年以上者，保險人應於接到通知後一個月內償付解約金；其金額不得少於要保人應得保單價值準備金之四分之三。 II 償付解約金之條件及金額，應載明於保險契約。	【第一百十九條】 I 要保人終止保險契約，而保險費已付足一年以上者，保險人應於接到通知後一個月內償付解約金；其金額不得少於要保人應得責任準備金之四分之三。 II 償付解約金之條件及金額，應載明於保險契約。	依潘委員提案將之「責任準備金」修正為「保單價值準備金」，俾用詞一致。 為配合保險法第一一九條之修正，爰修正保險法第一○九條、一一七條、一一八條、一二一條、二三條、一二四條等六條條文，以健全保險法之整體架構。
【第一百二十一條】 I 受益人故意致被保險人於死或雖未致死者，喪失其受益權。 II 前項情形，如因該受益人喪失受益權，而致無受益人受領保險金額時，其保險金額作為被保險人遺產。 III 要保人故意致被保險人於死者，保險人不負給付保險金額之責。保險費付足二年以上者，保險人應將其保單價值準備金給付與應得之	【一百二十一條】 I 受益人故意致被保險人於死者，無請求保險金額之權。保險費付足二年以上者，保險人應將責任準備金給付其他應得之人。 II 受益人故意殺害被保險人未遂時，其受益權應予撤銷。 III 要保人故意致被保險人於死者，保險人不負給付保險金額之責。保險費付足二年以上者，保險人應將其責任	受益人並非保險契約之當事人而僅為契約關係人，其故意致被保險人於死或雖未致死時，因其非被保險人故意所致之保險事故，故對於被保險人而言，該等情形係屬不可預料之偶發性事件，仍應在保險契約所欲保障之範圍內，保險人自不得因此而免責。又受益人所為之不法行為，受懲罰者應為「該不法之受益人」而非被保險人，故應剝奪該受益人之受益權，亦即該受益人應使其喪失保險金請求權。現行條文第一條但書有關責任準備金返

人，無應得之人時，應解交國庫。	準備金給付與應得之人，無應得之人時，應解交國庫。	還之規定，亦使人誤認保險人得以免責，顯係誤植之規定，爲求明確，爰將現行條文第一項但書予以刪除受益人故意致被保險人於死或雖未致死者，受益人顯有圖財害命之嫌，有背於公序良俗，不論既遂或未遂，均應剝奪其受益權，爰刪除現行條文第二項，而於第一項爲統一之規定。要保人或被保險人指定之受益人故意致被保險人於死或雖未致死，應剝奪其受益權，此時，若仍有其他之受益人受領保險金，則該保險金應如何歸屬，我保險法並無明文規定。鑒於保險契約保障被保險人之性質，故享受保險契約利益之人應爲被保險人，然因人身保險，常以被保險人死亡爲保險事故發生之要件，因此，須有受益人存在之必要，以於保險事故發生時（被保險人死亡），受領保險金。故要保人或被保險人所指定之受益人，如因受益權被剝奪致無其他受益人受領保險金時，保險金賠償請求權應回復於被保險人，惟使保險人既因身亡而無法行使該請求權，則應由被保險人之法定繼承人享有該保險契約之利益爲宜，即保險金應作爲被保險人之遺產。爰增訂第二項規定。第三項規定依潘委員提案將之「責任準備金」修正爲「保單價值準備金」，俾用詞一致。
【第一百二十三條】 I 保險人破產時，受益人對於保險人得請求之保險金額之債權，以其保單價值準備金按訂約時之保險費率比例計算之。要保人破產時，保險契約訂有受益人者，仍爲受益人之利益而存在。 II 投資型保險契約之投資資產，非各該投資型保險之受益人不得主張，亦不得請求扣押或行使其他權利。	【第一百二十三條】 保險人破產時，受益人對於保險人得請求之保險金額之債權，以其責任準備金按訂約時之保險費率比例計算之。要保人破產時，保險契約訂有受益人者，仍爲受益人之利益而存在。	依林委員政則於二讀協商時之提案，考量投資型保險專設帳簿之資產性質上屬於保戶所有，因此非各該投資型保險之受益人不得主張，亦不得請求扣押或行使其他權利，爰增列第二項。
【第一百二十四條】 人壽保險之要保人、被保險	【第一百二十四條】 人壽保險之要保人、被保險	依潘委員提按將之「責任準備金」修正爲「保單價值準備金」，俾用

人、受益人，對於被保險人之保單價值準備金，有優先受償之權。	人、受益人，對於被保險人之責任準備金，有優先受償之權。	詞一致。 爲配合保險法第一一九條之修正，爰修正保險法第一〇九條、一一七條、一一八條、一二一條、一二三條、一二四條等六條條文，以健全保險法之整體架構。
【第一百三十五條】 第一百〇二條至第一百〇五條、第一百〇七條、第一百十條至第一百十六條、第一百二十三條及第一百二十四條，於傷害保險準用之。	【第一百三十五條】 第一百〇二條至第一百零五條、第一百十條至第一百十六條、第一百二十三條及第一百二十四條，於傷害保險準用之。	傷害保險存有於被保險人遭受傷害而死亡時，給付死亡保險金之情形，故爲配合此次本法第一百零七條之修正，以十四歲以下之未成年人爲被保險人。投保傷害死亡險之部分亦應認該部分之保險契約無效，以維護未成年被保險人之人身權益，並避免道德危險，故於本條增設準用第一百零七條規定，以爲呼應。
【第一百三十八條】 I 財產保險業經營財產保險，人身保險業經營人身保險，同一保險業不得兼營財產保險及人身保險業務。但法律另有規定或財產保險業經主管機關核准經營傷害保險者，不在此限。 II 責任保險及傷害保險，得視保險事業發展情況，經主管機關核准，得獨立經營。 III 保險業不得兼營本法規定以外之業務。但法律另有規定或經主管機關核准辦理其他與保險有關業務者，不在此限。 IV 保險合作社不得經營非社員之業務。	【第一百三十八條】 I 財產保險業經營財產保險人，人身保險業經營人身保險，同一保險業不得兼營財產保險及人身保險業務。但法律另有規定或財產保險業經主管機關核准以附加方式經營者，不在此限。 II 責任保險及傷害保險，得視保險事業發展情況，經主管機關核准，得獨立經營。 III 保險業不得兼營本法規定以外之業務。但法律另有規定或經主管機關核准辦理其他與保險有關業務者，不在此限。 IV 保險合作社不得經營非社員之業務。	按依現行條文第一項規定，財產保險業經營傷害保險係經主管機關核准以附加方式爲之，惟此種方式仍不能滿足保險消費大眾之需求。爲因應保險業務發展之趨勢，參考美日等先進國家之傷害保險多數由產物保險公司經營之先例，爰修正第一項但書規定，允許財產保險業經主管機關核准者，得以本契約方式經營傷害保險業務。第二項未修正。 爲適度擴大保險業之營業範圍，提供多樣化之保險商品，以肆應消費者之需求，主管機關得視保險事業發展狀況，允許保險業於報經主管機關核准得辦理退休金管理等與保險有關業務，爰修正第三項，增訂但書規定。 第四項未修正。
【第一百三十八條之一】 I 保險業應承保住宅地震危險，以共保方式及主管機關建立之危險承擔機制爲之。 II 前項危險承擔機制，其超過共保承擔限額部分，得成立住宅地震保險基金或由政府承受或向國內、外之再保險業爲再保險。 III 前二項有關共保方式、危險承擔機制及限額、保險金額、保險費率、責任準備金	【第一百三十八條之一】 （新增）	一、爲避免過度倚賴國外之再保險業，及提高國內地震保險自留額以加速住宅地震保險資金之累積，俾逐步降低保費負擔及擴大承保範圍，爰參考日本、紐西蘭及美國（加州）之住宅地震保險制度，將地震風險之分層消納機制修正爲：第一層先由國內保險業以共保方式先行承擔一部分住宅地震危險，超過一定額度後進入第二層，得以成立住宅地震保險基金或由政府或國內、外再保險業、資本市場等主管

之提存及其他主管機關指定之事項，由主管機關定之。 IV第二項住宅地震保險基金為財團法人。其捐助章程及管理辦法，由主管機關定之。		機關建立之分層承擔機制予以承受地震風險。 二、外國地震保險機制多設有一常設性之基金組織專責其事並管理所累積之資金，爰參考外國制度，於第二項增列得成立住宅地震保險基金之法源。
【第一百四十三條】 I 保險業認許資產減除負債之餘額，未達第一百四十一條規定之保險金額三倍時，主管機關應命其於限期內，以現金增資補足之。 II 保險業認許資產之標準及評價準則，由主管機關定之。 III 保險業非因給付鉅額保險金之週轉需要，不得向外借款，非經主管機關核准，不得以其財產提供為債務之擔保；其因週轉需要所生之債務，應於五個月內清償。 IV第一項及第二項規定，自第一百四十三條之四第一項至第三項施行之日起，不再適用。	【第一百四十三條】 I 保險業認許資產減除負債之餘額，未達第一百四十一條規定之保證金額三倍時，主管機關應命其於限期內，以現金增資補足之。 II 保險業認許資產之標準及評價準則，由主管機關定之。 III 保險業非因給付鉅額保險金之週轉需要，不得向外借款，非經主管機關核准，不得以其財產提供為債務之擔保；其因週轉需要所生之債務，應於五個月內清償。	第一項酌作文字修正。 第二項及第三項未修正。 鑒於第一百四十三條之四之風險資本制度將取代本條第一項及第二項之規定，並自本法修正公布後二年施行，屆時本條第一項及第二項不再適用，爰增訂第四項落日條款。
【一百四十三條之一】 I 為保障被保險人之權益，並維護金融之安定，財產保險業及人身保險業應分別提撥資金，設置安定基金。 II 前項安定基金為財團法人，其基金管理辦法，由主管機關定之。	【第一百四十三條之一】 I 為保障被保險人之權益，並維護金融之安定，財產保險業及人身保險業應分別提撥資金，設置安定基金。 II 安定基金應設委員會管理；其組織及基金管理辦法，由主管機關定之。	一、第一項未修正。 現行安定基金係由委員會管理，屬「非法人組織」型態，依法並無權利能力。為配合第一百四十三條之三，有關安定基金對被保險人之債權先行墊付及代位求償之修正，安定基金之組織應賦予法人人格。又因安定基金屬公益性質，非以營利為目的，爰修正第二項明定安定基金之組織型態為財團法人。 二、相關立法例： 美國保險監理官協會（NAIC）產險意外險保證法人示範法第六條：產險意外險保證法人為非公司組織之非營利法人。陳瓊讚委員等以財團法人係依民法規定而設立，其安定基金之捐助章程無需另由主管機關訂定，爰刪除第二項之「捐助章程及」之文字。
【第一百四十三條之二】 安定基金由各保險業者提	【第一百四十三條之二】 安定基金由各保險業者提	一、因保險業之規模差異致無法支付債務之金額可能有極大差別，屆

撥；其提撥比例，由主管機關審酌經濟、金融發展情形及保險業務實際需要定之。	撥；其提撥比例及安定基金總額，由主管機關審酌經濟、金融發展情形及保險業務實際需要定之。	時依第一百四十三條之三第一項第三款墊付金額自有明顯差異，現行條文第一項有關訂定基金總額之規定，顯不足因應不同情況所需，爰予刪除。 二、相關立法例： 韓國保險業法第一百九十七條之十規定：保險人每營業年度結束前三個月繳交安全基金，其金額不得超過保費收入百分之十。安全基金不足支付時，財政部得要求保險業者再繳交差額。 紐約州保險法第七六〇三條、第七六〇八條、第七六〇九條、第七七一三條。
【第一百四十三條之三】 Ⅰ 安定基金之動用，以下列各款為限： 一、對經營困難保險業之貸款。 二、保險業因承受經營不善同業之有效契約，或因合併或變更組織，致遭受損失時，得請求安定基金予以補助或低利抵押貸款。 三、保險業之業務或財務狀況顯著惡化不能支付其債務，主管機關依第一百四十九條第三項規定派員接管、勒令停業派員清理或命令解散時，安定基金應依主管機關規定之範圍及限額，代該保險業墊付要保人、被保險人及受益人依有效契約所得為之請求，並就其墊付金額代位取得該要保人、被保險人及受益人對該保險業之請求權。 四、其他為被保險人之權益，經主管機關核定之用途。 Ⅱ 前項各款動用範圍及限額，由安定基金擬定並報請主管機關核准。 Ⅲ 保險業依第一項第二款承受其他保險業之保險契約或其合併致遭受損失，申請	【第一百四十三條之三】 Ⅰ 安定基金之動用，以下列各款為限： 一、對經營困難保險業之貸款。 二、保險業因承受經營不善同業之有效契約，或因合併或變更組織，致遭受損失時，得請求安定基金予以補助或低利抵押貸款。 三、保險業失確清償能力後，其被保險人依有效契約所得之請求未能或償之部分得向安定基金請求償付。 四、其他為保障被保險人之權益，經主管機關核定之用途。 Ⅱ 前項第三款之墊付範圍及限額，由主管機關視保險事業發展狀況及保險種類，訂定每一申請人或每一保險單之請求限額及自行負擔金額或比率。	一、被保險人於保險業失卻清償能力時，依現行條文第三款規定，必須經歷冗長之清算過程，始得計算保戶受分配金額及其未能獲償之金額，為使大眾能迅速獲償，爰比照美國保險監理官協會示範規定及存款保險條例第九條、第十五條及第十五條之二第三項規定，於主管機關派員接管、勒令停業派員清理或命令解散時，修正由安定基金在主管機關規定墊付範圍及限額內，即可代保險業墊付並取得代位求償權。又依現行條文第三款規定之請求權尚包括解約金或未滿期保費之請求權，爰將「被保險人」修正為「要保人、被保險人及受益人」，以資明確。 二、安定基金之墊付額度應配合險種特性及以每一申請人或每一保單為基準訂定墊付上限，或考慮每一申請對象自負額及比率等規定，爰於第二項授權主管機關訂定墊付範圍及限額。 三、參考美、日等國對人身保險業失卻清償能力後，為保障保戶之權益，均以移轉保險契約予其他保險業，以延續原保險契約為主要目標。惟出讓保險契約之保險業如虧損嚴重或因保費嚴重不足，現行條文第二款規定安定基金僅得對承受之保險業予以低利抵押貸款，保險業承接意願不高，恐無法因應失

安定基金補助者，其金額不得超過安定基金依同項第三款規定墊付之總額。		卻清償能力保險業之狀況，故該款增訂安定基金對保險業承受經營不善同業之有效契約，亦得予以補助，其補助金額則以於第三項明定以第一項第三款墊付額度爲限。 四、相關立法例： 1、存款保險條例： 第九條第一項規定，中央存款保險公司，對要保機構每一存款人最高保額，由主管機關會同中央銀行定之。 第十五條規定，中央存款保險公司對遭勒令停業之要保機構，得採之處理方式包括促使其他要保機構合併或承受停業機構全部或部分營業及資產負債，但其所需成本，應小於現金賠付之損失。 第十五條之二第三項規定：中央存款保險公司，於給付範圍內，得以自己名義行使存款人或債權人對要保機構之一切權利。 2、國外有關保險安定基金提供被保險人保障之限額規定： 美國 NAIC：壽險爲每一保單請求權死亡三十萬美元、每一人解約金十萬美元；產險每一保單請求權人三十萬美元，未滿期保費每一保單一萬美元，未滿一百元者，不予給付。 3、日本：壽險爲準備金九成。 韓國保險業法：西元二○○○年以前無限額，以後爲每一人限五千萬韓元。
【第一百四十三條之四】 I 保險業自有資本與風險資本之比率，不得低於百分之二百；必要時，主管機關得參照國際標準調整比率。 II 前項所稱自有資本與風險資本之範圍及計算方法，由主管機關定之。 III 保險業自有資本與風險資本之比率未達第一項規定之比率者，不得分配盈餘，主管機關應視情節輕重，依第一百四十九條第一項、第二項及第三項規定處分之。	【第一百四十三條之四】 （新增）	一、本條新增。 二、現行條文第一百四十三條規定未能依保險公司所承擔之資產、利率、承保及其他風險訂定其資本額，無法預防保險業失卻清償能力，因此參考先進國家對保險業清償能力制度之規定進行修正。 三、參考美國制度，其自有資本與風險資本之最低法定比率均爲百分之二百，並以我國目前經濟、金融發展情形及保險業務實際需要而言，保險業之自有資本與風險資本之最低法定比率仍以百分之二百爲宜，爰於第一項規定保險業自

IV前三項規定，自本法修正公布後二年施行。		有資本與風險資本之比率，不得低於百分之二百。 四、前項所稱自有資本與風險資本之範圍及計算方法，於第二項授權由主管機關定之。自有資本代表保險業之清償能力，其內容包括股本、公積、累積盈餘及特別準備金等；風險資本係依保險業所承受風險程度，例如資產風險、保險風險、利率風險、業務風險、信用風險、準備金風險及其他風險等，所計算之應有資本。 五、自有資本與風險資本之比率，為規定保險業資本適足性之基本規範，為強化保險業之自有資本及財務結構，爰於第三項規定，保險業之自有資本與風險資本之比率未達第一項規定之比率者，主管機關除應令其限期增資，並得限制其盈餘之分配，且視情節輕重，依本法第一百四十九條第一項及第二項規定處分之，俾落實本制度。 六、以自有資本與風險資本比率計算保險業清償能力之制度與現行制度差距甚大，為使本制度實施初期，其相關之風險係數能適合我國市場情況，並減輕對保險業之衝擊，爰於第四項規定，前三項規定自本法修正公布後二年施行。 七、相關立法例： 美國紐約州保險法第一三二二條規定壽險、傷害險、健康險公司之風險資本、風險資本比率之計算及各階段風險資本比率應採之監理行動等事項。
【第一百四十四條】 I 保險業之各種保險單條款、保險費及其他相關資料，由主管機關視各種保險之發展狀況，分別規定其銷售前應採行之程序。 II 為健康保險業務之經營，保險業應聘用精算人員並指派其中一人為簽證精算人員，負責保險費率之釐訂、責任準備金之核算簽證及辦理其他經主管機關指定	【第一百四十四條】 保險業收取保費之計算公式，由主管機關核定之；但健康保險及傷害保險之利潤率，應低於其他各種保險。	一、為配合保險自由化之趨勢，使保險業提供更多元之保險服務，以及考量保險發展狀況，例如保險業之經營能力，消費者對保險之認知等情事，對保險單條款、費率之管制方式，由現行需經主管機關核定，逐步視情況予以放寬，爰修正第一項；又現行條文有關健康保險及傷害保險費率中所含之利潤率，應低於其他各種保險之規定，係基於該二險種目前多以附約方式辦理，自由化之後之保單設計則

之事項；其資格條件、簽證內容、教育訓練、懲處及其他應遵行事項之管理辦法，由主管機關定之。 Ⅲ前項簽證精算人員之指派應經董（理）事會同意，並報經主管機關核備。 Ⅳ簽證精算人員應本公正及公平原則向其所屬保險業之董（理）事會及主管機關提供各項簽證報告；其有違反者，撤銷其簽證精算人員資格。		依消費者之需求而有不同，其成本利潤亦當由市場決定，爰併予刪除。 二、為確保投保人權益及保險業之清償能力，保險費率之自由化，仍應遵循公平合理之費率釐訂原則，為此，保險先進國家如美國、日本以及加拿大等國家均採行簽證精算師制度。簽證精算師除負責責任準備金之核算外，亦負責費率之釐訂、分紅方式之訂定、資產與負債之評估及再保安排等。惟考量保險業發展現況，於制度建立之初期，僅明示簽證精算人員之主要工作為釐訂保險費率及核算簽證責任準備金，爾後由主管機關視保險業整體制度之發展成熟度，再由主管機關逐步指定其他工作如分紅方式之訂定或資產負責配合情形之評估等。另為兼顧精算人員之業務品質及配合我國建制初期之實務需要，有關簽證精算人員之資格條件、簽證內容、教育訓練、懲處及其他應遵行事項之管理辦法，則授權主管機關訂之，以配合我國實施自由化階段性需要，爰增訂第二項。 三、簽證精算人員需秉持其客觀、獨立及公正之立場執行職務，方得使簽證精算制度能確實發揮功能，爰明定簽證精算人員之選派應經董（理）事會同意及主管機關核准，俾便簽證精算人員能夠發揮實質功能，爰增訂第三項。 四、為使簽證精算人員本公平、公正原則提供其所屬保險業之董（理）事會及主管機關各項簽證報告，爰明定對於違反此項職務者，主管機關得撤銷其簽證精算人員資料，爰增訂第四項。 五、相關立法例 1、日本保險業法第一百二十條、第一百二十一條及第一百二十二條。 2、加拿大保險業法第三百五十七條至第三百六十四條、第三百六十五條至第三百七十六條。

		3、美國保險監理官協會所定「標準評價法」（STANDARD VALUATION LAW）第三節及「精算意見及示範細則」第五節。 新加坡保險法第二十三條、第三十條及第三十九條。 六、綜合前揭法令摘其重點如次： 1、簽證精算師之指派或解職需經董事會同意並通報（notify）主管機關，但新加坡簽證精算師之指派須主管機關之核准（approval）。 2、簽證精算師應依主管機關規定事項提供專業意見或報告。所負責業務略有費率釐訂、責任準備金提存金額確認、紅利分派評估，資產適足性分析等。 3、簽證精算人員之資格或於母法或於子法均有明定，對於不適任者，主管機關有權撤換之。 七、第三項依潘委員維剛二讀協商提案將「核准」之文字修正為「核備」。
【第一百四十四條之一】 有下列情形之一者，保險業得以共保方式承保： 一、40.有關巨災損失之保險者。 二、配合政府政策需要者。 三、基於公共利益之考量者。 四、能有效提昇對投保大眾之服務者。 五、其他經主管機關核准者。	【第一百四十四條之一】 （新增）	公平交易法第四十五條規定：「事業依照其他法律規定之行為，不適用本法之規定」基於此類契約及保險事業之特殊性，爰增訂本條，以符合公平交易法第四十五條規定。理由如下： 一、巨災損失如地震、颱風、洪水保險、航空器、船舶、精密儀器、核能設施或煉油廠保險及工程保險等其損失均非單一保險業所能承擔，且易受保險法第一四七條規定之限制，有賴共保或聯營始能有效處理。 二、政府常有推行特定保險之政策，如漁船保險業、農業保險等，此時即有賴整體保險業配合以共保或聯營方式承保，始能有效而快速達成政策目標。 三、強制保險日益受到重視，如強制汽車責任保險、強制捷運旅客責任保險、強制鐵路旅客責任保險、強制航空旅客責任保險等，此等保險不僅具有全面性且事關公共利益，以共保或聯營方式承保，始能確保保險目的之達成。

		四、部份保險標的由於具有高度風險，不易覓得保險，如衛星保險、核能保險、外匯損失保險、地震保險等，透過共保或聯營所聚集之承保能量，方可有效解決。 五、除上述四種情形外，另設第五款規定，使主管機關得據以視實際需要，核准保險業以共保或聯營方式承保。
【第一百四十六條】 I 保險業資金之運用，除存款或法律另有規定者外，以下列各款為限： 一、有價證券。 二、不動產。 三、放款。 四、辦理經主管機關核准之專案運用及公共投資。 五、國外投資。 六、投資保險相關事業。 七、經主管機關核准從事衍生性商品交易。 八、其他經主管機關核准之資金用。 II 前項所稱資金，包括業主權益及各種責任準備金。 III 第一項所稱之存款，其存放於每一金融機構之金額，不得超過該保險業資金百分之十。但經主管機關核准者，不在此限。 IV 第一項所稱保險相關事業，係指銀行、票券、證券、期貨、信用卡、融資性租賃、保險、信託事業及其他經主管機關認定之保險相關事業。 V 保險業經營投資型保險之業務應專設帳簿，記載其投資資產之價值，其投資由主管機關另訂管理辦法，不受保險第一百四十六條至第一百四十六條之二、第一百四十六條之四及第一百四十六條之五規定之限制。	【第一百四十六條】 I 保險業資金之運用，除存款或法律另有規定者外，以左列各款為限： 一、購買有價證券。 二、購買不動產。 三、放款。 四、辦理經主管機關核准之專案運用及公共投資。 五、國外投資。 II 前項所稱資金，包括業主權益及各種責任準備金。 III 第一項所稱之存款，其存放於每一金融機構之金額，不得超過該保險業資金百分之十。	一、第一項係規範保險業資金運用範圍，無需另訂相關動詞，爰刪除第一款及第二款「購買」之文字。 二、為使保險業資金運用能更具彈性，允許保險業得投資對保險業提供服務之事業，如不動產管理維護事業、資訊電腦事業及汽車維修保養事業等，俾降低經營成本，爭取相關人才，提升經營效益。另為擴大保險業之營業範圍，因應未來保險業務整合趨勢，提升保險業之競爭力及經營效率，俾保險業得以提供更完整之保險服務，如產物保險公司得成立人壽保險公司，人壽保險公司得成立產物保險公司，使產壽得兼營，並以不同之法人為之。爰增列第一項第六款。 三、第二項未修正。 四、保險業常因增資或國外再保險公司匯入攤回再保賠款，致使其存放於每一金融機構之金額有超過法定上限之現象，為符合實際需要，爰修正第三項，增訂「但經主管機關核准者，不在此限」之規定，俾符實際需要並具彈性。 五、依林委員政則於二讀協商提案，為使投資型保險之資產運用更具彈性及其業務經營與傳統保險有所區隔，爰增訂第五項。
【第一百四十六條之一】 I 保險業資金得購買下列有	【第一百四十六條之一】 I 保險業資金得購買左列有	一、為使保險業資金運用更具彈性，爰將第一項第二款之「銀行保

價證券：	價證券：	證商業本票」修正爲「金融機構保
一、公債、庫券、儲蓄券。 二、金融債券、可轉讓定期存單、銀行承兌匯票、金融機構保證商業本票及其他經主管機關核准保險業購買之有價證券；其總額不得超過該保險業資金百分之三十五。 三、經依法核准公開發行之公司股票，其購買每一公司之股票總額，不得超過該保險業資金百分之五及該發行股票之公司實收資本額百分之十。 四、經依法核准公開發行之有擔保公司債，或經評等機構評定爲相當等級以上之公司所發行之公司債，其購買每一公司之公司債總額，不得超過該保險業資金百分之五及該發行公司債之公司實收資本額百分之十。 五、經依法核准公開發行之證券投資信託基金及共同信託基金受益憑證；其投資總額不得超過該保險業資金百分之五及每一基金已發行之受益憑證總額百分之十。 II 前項第三款及第四款之投資總額，合計不得超過該保險業資金百分之三十五。	一、公債、庫券、儲蓄券。 二、金融債券、可轉讓定期存單、銀行承兌匯票、金融機構保證商業本票及其他經主管機關核准保險業購買之有價證券；其總額不得超過該保險業資金百分之三十五。 三、經依法核准公開發行之公司股票及公司債，且該發行公司最近三年課稅後之淨利率，平均在百分之六以上者，但每一保險業購入之公司股票及公司債總額，不得超過該保險業資金百分之三十五；其購買每一公司之股票總額及公司債總額，不得超過該保險業資金百分之五及該發行股票之公司實收資本額百分之五。 四、經依法核准公開發行之證券投資信託基金受益憑證；其投資總額不得超過該保險業資金百分之五及每一基金已發行之受益憑證總額百分之五。	證商業本票」。 二、參考潘委員維剛、謝委員啓大及林委員炳坤等提案，刪除「且該發行公司最近三年課稅後之淨利率」之限制，爰修正第三款規定，另參考潘委員維剛、謝委員啓大及林委員炳坤等提案，將股票、公司債及受益憑證等放寬爲不得超過該發行股票公司債之公司實收資本額或受益憑證等每一基金已發行之受益憑證總額百分之十。 三、另公司債及股票在法律之定任及性質不同，適用相同之規範並不合理，公司債應依其信用評等及有無擔保加以規範，爰將投資公司債另列於第四款。 四、現行條文第四款未修正，移列爲第五款。 五、新增第二項。配合保險業購買公司股票及公司債分別改列於第一項第三款及第四款，將原條文第三款規定保險業購入之公司股票及公司債總額，不得超過該保險業資金百分之三十五，列爲第二項。 六、相關立法例： 德國保險業監督法第五十四 A 條第二項第三款：於國內發行之債券不得逾認許資產之百分之五。同項第五款：任何公司之股票僅得於其票面額與已計入受託資產之該公司股票合計未逾該公司總資產百分之五時，始得取得之。
【第一百四十六條之二】 保險業對不動產之投資，以所投資不動產即時利用並有收益者爲限；其投資總額，除自用不動產外，不得超過其資金百分之三十。但購買自用不動產總額不得超過其主業權益之總額。 保險業不動產之取得及處分，應經合法不動產鑑價機構評價。	【第一百四十六條之二】 保險業對不動產之投資，以所投資之不動產即時利用並有收益爲限；其投資總額，除自用不動產外，不得超過其資金百分之十九。但購買自用不動產總額不得超過其業主權益之總額。 本法修行施行前，保險業對不動產之投資超過前項規定比例者，主管機關應命其於二年內限期調整。	爲敦促保險業審慎投資不動產，強化其資金運用管控，爰於第一項增列「以所投資不動產即時利用並有收益者爲限；」之文字。第一項漏列「以所投資不動產即時利用並有收益者爲限；」之文字。
【第一百四十六條之三】	【一百四十六條之三】	參照銀行法第三十三條規定於第

I 保險業辦理放款，以下列各款爲限： 一、銀行保證之放款。 二、以動產或不動產爲擔保之放款。 三、以合於第一百四十六條之一之有價證券爲質之放款。 四、人壽保險業以各該保險業所簽發之人壽保險單爲質之放款。 II 前項第一款至第三款放款，每一單位放款金額不得超過該保險業資金百分之三十五。 III 保險業依第一項第一款、第二款及第三款對其負責人、職員或主要股東，或對與其負責人或辦理授信之職員有利害關係者，所爲之擔保放款，其管理辦法，由主管機關另定之。 IV 保險業依第一百四十六條之一第一項第三款及第四款，對每一公司股票及公司債之投資與依本條以該公司發行之股票及公司債爲質之放款，合併計算不得超過其資金百分之十及該發行股票及公司債之公司實收資本額百分之十。	I 保險業辦理放款，以左列各款爲限： 一、銀行保證之放款。 二、以不動產爲抵押之放款。 三、以合於第一百四十六條之一之有價證券爲質之放款。 四、人壽保險業以各該保險業所簽發之人壽保險單爲質之放款。 II 前項第一款至第三款放款，每一單位放款金額不得超過資金百分之五；其放款總額，不得超過資金百分之三十五。 III 保險業依第一項第一款、第二款及第三款對其負責人或職員，或對與其負責人或辦理授信之職員有利害關係者，所爲之擔保放款，準用銀行法第三十三條、第三十三條之一規定。 IV 保險業依第一百四十六條之一第三款對每一公司股票及公司債之投資與依本條以該公司發行股票及公司債爲質之放款，合併計算不得超過其資金百分之十及該發行股票公司債之公司資本額百分之十。及公司債之投資與依本條以該公司發行之股票及公司債爲質之放款，合併計算不得超過其資金百分之十及該發行股票及公司債之公司實收資本額百分之十。	三項增列「或主要股東」之文字。另配合第一百四十六條之一——讀修正條文，於第四項增列「第一項」之文字，俾資週全。
【第一百四十六條之五】 I 保險業資金辦理專案運用及公共投資之審核辦法，由主管機關定之。 II 前項資金運用方式爲投資公司股票時，其投資之條件及比率，不受第一百四十六條之一第一項第三款規定之限制。	【第一百四十六條之五】 保險業之資金經主管機關核准，得辦理專案運用及公共投資。	一、爲使保險業資金辦理專案運用及公共投資，爲明確審核規範，爰修正第一項，將其審核辦法，授權由主管機關定之。 二、爲釐清本條與第一百四十六條之一第一項第三款規定之適用問題，爰增訂第二項，明定其條件及比率不受第一百四十六條之一第一項第三款之限制。
【第一百四十六條之六】 I 保險業實收資本額減除累	【第一百四十六條之六】 （新增）	一、本條新增。 二、本條係配合第一百四十六條第

積虧損之餘額，超過第一百三十九條規定最低資本或基金最低額者，得經主管機關核准，投資保險相關事業；其條件及比率，不受第一百四十六條之一第一項第三款規定之限制。 II 前項投資總額，不得超過該保險業實收資本額減除累積虧損之餘額百分之四十。		一項第六款之增訂，並為避免保險業因過度轉投資而損及財務健全，及釐清其資金投資保險相關事業與保險法第一百四十六條之一第一項第三款之適用問題，爰增訂本條。
【第一百四十六條之七】 I 主管機關對於保險業就同一人、同一關係人或同一關係企業之放款或其他交易得予限制；其限額，由主管機關定之。 II 前項所稱同一人，指同一自然人或同一法人；同一關係人之範圍，包含本人、配偶、二親等以內之血親，及以本人或配偶為負責人之事業；同一關係企業之範圍，適用公司法第三百六十九條之一至第三百六十九條之三、第三百六十九條之九及第三百六十九條之十一規定。	【第一百四十六條之七】 （新增）	一、本條新增。 二、為使保險業之放款合理配置，並分散保險業放款之風險，爰參考本院送請貴院審議中之銀行法修正草案第三十三條之三及公司法第六章之一關係企業章之規定，爰增訂保險業就同一人或同一關係人放款或其他交易之相關規範。 三、相關立法例： 1、銀行法第二十五條第三項規定，所稱同一人，指同一自然人或同一法人；同一關係人之範圍，包含本人、配偶、二親等以內之血親，以及本人或配偶為負責人之企業。 2、公司法第三百六十九條之一（關係企業之定義）、第三百六十九條之二（從屬公司之定義）、第三百六十九條之三（控制與從屬關係之推定）、第三百六十九條之九（相互投資公司之定義）及第三百六十九條之十一（持有他公司之股份或出資額之計算方式）。 3、銀行法第三十三條之三：中央主管機關對於銀行就同一人、同一關係人或同一關係企業之授信或其他交易得予限制；其限額，由主管機關定之。
【第一百四十六條之八】 I 第一百四十六條之三第三項所列舉之放款對象，利用他人名義向保險業申請辦理之放款，適用第一百四十六條之三第三項之規定。 II 向保險業申請辦理之放款，其款項為利用他人名義之人所使用，或其款項移轉	【第一百四十六條之八】 （新增）	一、本條新增。 二、為防範保險業之主要股東及利害關係人，利用人頭規避第一百四十六條之三第三項之規定，爰規定彼此等利用他人名義向保險業申請辦理之放款者，亦有上述規定之適用，俾對於違反者，得依第一百六十八條規定處罰之，以期有效遏止人頭戶之現象。

爲利用他人名義之人所有時，推定爲前項所稱利用他人名義之人向保險業申請辦理之放款。		三、相關立法例： 銀行法第三十三條之四規定，利用他人名義向銀行申請辦理之授信，亦有相關規定之適用。
【第一百四十八條】 I 主管機關得隨時派員檢查保險業之業務及財務狀況，或令保險業於限期內報告營業狀況。 II 前項檢查，主管機關得委託適當機構或專業經驗人員擔任；其費用，由受檢查之保險業負擔。 III 前二項檢查人員執行職務時，得爲下列行爲，保險業負責人及相關人員不得規避、防礙或拒絕：令保險業提供第一百四十八條之一第一項所定各項書表，並提出證明文件、單據、表冊及有關資料。 IV 詢問保險業相關業務之負責人及相關人員。 V 評估保險業資產及負債。 VI 第一項及第二項檢查人員執行職務時，基於調查事實及證據之必要，於取得主管機關許可後，得爲下列行爲： 一、要求檢查接受保險業之關係企業提供財務報告，或檢查其有關之帳冊、文件，或向其有關之職員詢問。 二、向其他金融機構查核該保險業與其關係企業及涉嫌爲其利用名義交易者之交易資料。 VII 前項所稱關係企業之範圍，適用公司法第三百六十九條之一至第三百六十九條之三、第三百六十九條之九及第三百六十九條之十一規定。	【第一百四十八條】 主管機關得隨時派員檢查保險業之營業及資產負債，或令保險業於期限內報告營業狀況。	一、第一項酌作修正。 二、囿於主管機關人力有限且保險之專業考慮，參考銀行法第四十五條規定，增訂第二項，規定主管機關得委託適當機構或人員辦理檢查，並明定其費用由受檢查保險業負擔。 三、增訂第三項，明定檢查人員執行職務時得爲之行爲，俾檢查人員有所準據。 四、關係企業之財務常易導致保險業失卻清償能力，於檢查中對其關係企業有無不當交易或非法挪用資金情事，均參考銀行法第四十五條及稅捐稽徵法第三十條規定，增訂第四項。 五、增訂第五項，明定第四項之關係企業範圍適用公司法第三百六十九條之一至第三百六十九條之三、第三百六十九條之九及第三百六十九條之十一規定，俾資明確。 六、相關立法例： 1、公司法第二十一條： 主管機關檢查公司業務及財務狀況時，得令公司提出證明文件、單據、表冊及有關資料。 2、銀行法第四十五條： 中央主管機關得隨時派員，或委託適當機關，或令地方主管機關派員，檢查銀行或其他關係人之業務、財務及其他有關事項，或令銀行或其他關係人於限期內據實提報財務報告、財產目錄或其他有關資料及報告。 中央主管機關於必要時，得指定專門職業及技術人員，就前項規定應行檢查事項、報表或資料予以查核，並向中央主管機關據實提出報告，其費用由銀行負擔。 3、日本保險業法第一百二十九條： 規定大藏大臣可派員檢查保險公司之財務業務相關之帳簿文件、詢問，必要時，並可對其子公司實施

		檢查、詢問。
【第一百四十八條之一】 I 保險業每屆營業年度終了，應將其營業狀況連同資金運用情形，作成報告書，併同資產負債表、財產目錄、損益表、股東權益變動表、現金流量表及盈餘分配或虧損撥補之議案及其他經主管機關指定之項目，先經會計師查核簽證，並提經股東會或社員代表大會承認後，十五日內報請主管機關備查。 II 保險業除依前項規定提報財務業務報告外，主管機關並得視需要，令保險業於規定期限內，依規定之格式及內容，將業務及財務狀況彙報主管機關或其指定之機構。 III 前二項財務業務報告之編製準則，由主管機關定之。	【第一百四十八條之一】 （新增）	一、本條新增 二、現行保險業管理辦法第十八條已明定保險業應將年度財務業務有關報表，經會計師查核簽證後，陳報主管機關。另為落實預警制度，俾及早發現問題保險業，以為適當處置，並於保險業管理辦法第十四條規定保險業應於規定期限內，將業務及財務狀況詳細列表，彙報主管機關或其指定之機構。惟現行保險業管理辦法第十八條及第十四條之規定，在本法中並無授權之規定，依法無法處以罰鍰，為求落實本項規定，並符合憲法第二十三條及司法院大法官議決釋字第四〇二號解釋有關「對人民違反行政法上義務之行為予以裁罰性之行政處分，涉及人民權利之限制，其處分之構成要件與法律效果，應由法律定之，法律雖得授權以命令為補充規定，惟授權之目的、範圍及內容必須具體明確」之意旨，爰將前揭規定移列於本條。 三、為使各保險業編製之財務業務報告有一致之格式及內容，俾利分析比較，爰於第三項明定其財務報告之編製準則，授權由主管機關定之。 四、相關立法例： 1、證券交易法第十四條。 2、銀行法第四十九條。 3、日本保險業法第一百二十八條：大藏大臣可要求保險業及其子公司就其財務業務進行報告或提出資料。
【第一百四十八條之二】 I 保險業應依規定據實編製記載有財務及業務事項之說明文件提供公開查閱。 II 保險業於有攸關消費大眾權益之重大訊息發生時，應於二日內以書面向主管機關報告，並主動公開說明。 III 第一項說明文件及前項重大訊息之內容、公開時期及方式，由主管機關定之。	【第一百四十八條之二】 （新增）	一、本條新增。 二、為消弭消費大眾及保險業間資訊取得不對稱，以及保障消費大眾之權益，爰參考外國保險業資訊公開制度，增訂本條規定。 三、第一項規定之說明文件，係指內容包括財務及業務事項之表冊，諸如申訴件數及比率、新契約保費收入、保險商品總保費、保單紅利、保單預定利率、繼續率等，俾消費大眾瞭解保險業業務經營

		狀況以及選擇適合之保險商品，期使消費大眾可由其財務報表中，瞭解保險業財務及經營狀況。 四、第二項規定保險業於有攸關消費大眾權益之重大訊息發生時，應於二日內以書面向主管機關報告，並主動公開說明，俾消費大眾及主管機關得以隨時掌握公司經營動態。至於「重大訊息」，係指如保險業或外國保險業其本國公司發生重大股權變動情事者等。 五、為明確規範第一項說明文件及第二項重大訊息之內容、公開時期及方式，爰於第三項授權由主管機關審酌保險業特性定之。 六、相關立法例： 日本保險業法第一百十一條： 保險公司於每一營業年度，應將其業務及財務狀況相關事項，依總理府令、大藏省令之規定，作成說明文件，備置於本公司或主要事務所，分公司或所屬事務所及其他依總理府令、大藏省令規定之場所，供大眾瀏覽。
【第一百四十八條之三】 I 保險業應建立內部控制及稽核制度；其辦法，由主管機關定之。 II 保險業對資產品質之評估、各種準備金之提存、逾期放款、催收款之清理、呆帳之轉銷及保單之招攬核保理賠，應建立內部處理制度及程序；其辦法，由主管機關定之。	【第一百四十八條之三】 （新增）	一、本條新增。 二、內部控制及內部稽核制度係為健全保險業業務經營及安全其財務之重要事項，亦為稽核體系之一環，我國目前已訂定「保險業建立內部控制與內部稽核制度及實施要點」，惟尚乏法令依據，為符法制，俾落實本制度之實施，爰於第一項明定之。 三、為確保保險業資產品質之健全性，主管機關應規範保險業建立並遵守適當之方針、措施及程序，以評估其資產品質、確實提列各種責任準備金及轉銷呆帳，爰於第二項授權主管機關得訂定相關辦法，以明確規範。 四、相關立法例： 銀行法第四十五條之一。
【第一百四十九條】 I 保險業違反法令、章程或有礙健全經營之虞時，主管機關得先予糾正或命其限期改善，並得再視情況為下列	【第一百四十九條】 I 保險業經營業務，有違背法令之情事者，主管機關依其情節，分別為左列處分： 一、限期改正。	一、依現行條文規定，主管機關對問題保險業之處理機制，尚有未盡完備之處，爰參考銀行法第六十二條及銀行法六十一條之一，修正第一項及第二項有關主管機關得據

處分： 一、限制其營業範圍或新契約額。 二、命其增資。 II 保險業不遵行前項處分或不依第一百四十三條增資補足者，主管機關應依情節，分別為下列處分： 一、撤銷法定會議之決議。 二、命其解除經理人或職員之職務。 三、解除董（理）事、監察人（監事）職務或停止其於一定期間內執行職務。 四、其他必要之處置。 III 保險業因業務或財務狀況顯著惡化，不能支付其債務，或無法履行契約責任或有損及被保險人權益之虞時，主管機關得依情節之輕重，分別為下列處分： 一、派員監管。 二、派員接管。 三、勒令停業派員清理。 四、命令解散。 IV 依前項規定監管、接管、停業清理或解散者，主管機關得委託相關機構或具有專業經驗人員擔任監管人、接管人、清理人或清算人；其有涉及安定基金補償事項時，並應通知定安基金配合辦理。 V 依第二項第三款解除董（理）事、監察人（監事）職務時，由主管機關通知經濟部、內政部撤銷其董（理）事、監察人（監事）登記。 VI 保險業經主管機關依第三項第一款為監管處分時，非經監管人同意，保險業不得為下列行為： 一、支付款項或處分財產，超過主管機關規定之限額。 二、締結契約或重大義務之承諾。 三、其他重大影響財務之事	二、限制其營業範圍或新契約額。 三、命其補足資本或增資。 II 保險業不遵行前項處分或不依第一百四十三條增資補足者，主管機關應依情節，分別為左列處分： 一、派員監理。 二、撤換其負責人或其他有關人員。 三、限期改組。 四、命其停業或解散。 III 依前項規定監理、停業或解散者，其監理人或清算人由主管機關選派。	以處分之事由。 二、主管機關之處分措施方面，宜就保險業問題之輕重及是否有失卻清償能力之虞而分別採取必要處置。 三、第一項係就違反法令、章程或有礙法健全經營之虞者，除予以糾正或命其限期改善外，並得針對其問題原因採取適當處分，其內容包括： 四、增列第三款「撤銷法定會議之決議」及第六款「其他必要之處置」，以配合實際需要。 五、現行條文第二項第二款「撤換其負責人或其他有關人員」之處分改列於第一項第五款，並酌作文字修正。 六、第二項係就保險業業務或財務狀況顯著惡化，不能支付其債務或有損現行條文第二項第二款「撤換其負責人或其他有關人員」之處分改列於第一項第五款，並酌作文字修正。 七、第二項係就保險業業務或財務狀況顯著惡化，不能支付其債務或有損及被保險人權益之虞時，主管機關得採取必要之措施，其內容包括： 八、為使主管機關在採行接管或清理處分之前，得先採行保全資產措施，於第二項第一款增訂派員監管之規定。 九、參考銀行法第六十二條相關規定，於第二項第三款增訂勒令停業派員清理之措施。 十、現行條文第一百四十九條之一有關派員監理之規定，與銀行法第六十二條及「金融機構監管接管辦法」有關接管規定，其處分之法律效果相同，爰將現行條文第二項第一款「派員監理」修正為「派員接管」，列為修正條文第二項第二款。 十一、現行條文第二項第三款限期改組之處分，可由接管人或清理人之職責取代，爰予刪除。 十二、配合第二項第一款增列「派

項。 Ⅶ監管人執行監管職務時，準用第一百四十八條有關檢查之規定。		員監管」之規定，增訂第五項及第六項，有關監管人職權範圍，並以確保既有資產為目的之規定。 十三、配合第二項增列「監管」、「清理」及修正「監理」為「接管」之規定。第三項增加主管機關選派監管人、接管人、清理人之規定，另為配合指派人員之專業性及實務需要，明定得委託相關機構或具專業經驗人員擔任。 十四、配合第一項第五款規定，增訂第四項，於解除董（理）事、監察人（監事）職務時，主管機關應通知經濟部或內政部為撤銷登記。 十五、相關立法例： 1、日本保險業法： 第一百三十條至第一檔三十四條規定，大藏大臣為確保保險公司健全經營，謀求對保險要保人之保護，維護公益或財產狀況明顯惡化時，得採之措施包括：限期採取必要措施，提具改善計畫、令其變更事業方書書、保險條款、費率、準備金提存、停止全部或部分業務、財產委託保管、解任董事、監察人、吊銷執照。 第二百四十一條及第二百四十二條規定，大藏大臣認為保險公司之業務及財務狀況不良，繼續經營有其困難或有損及保險要保人之保護之虞時，得選任保險管理人，令該保險公司停止一部或全部業務，為保險契約轉移或合併之協議或進行業務及財產管理處分等必要措施。 2、信用合作社法第二十七條第一項。
【第一百四十九條之一】 Ⅰ 保險業收受主管機關接管處分之通知後，應將其業務之經營及財產之管理處分轉移交予接管人。原有股東會、董事、監察人或類似機構之職權即行停止。 Ⅱ 保險業之董事、經理人或類似機構應將有關業務及財務上一切帳冊、文件與財產	【第一百四十九條之一】 Ⅰ 保險業收受主要機關監理處分之通知後，應將其業務之經營及財產之管理處分權移交於監理權移交於監理人。 Ⅱ 前項交接，由主管機關派員監督；保險業之董事、經理人或類似機構應將有關業務及財務上一切帳冊、文件	配合第一百四十九條第二項第一款修正將「派員監理」修正為「派員接管」，爰將本條之「監理人」修正為「接管人」，並酌作修正。

列表移交與接管人。董事、監察人、經理人或其他職員，對於接管人所爲關於業務或財務狀況之詢問，有答復之義務。	與財產列表移交與監理人。董事、監察人、經理人或其他職員，對於監理人所爲關於業務或財務狀況之詢問，有答復之義務。	
【第一百四十九條之二】 I 接管人執行接管職務時，應以善良管理人之注意爲之。其有違法或不當情事者，主管機關得隨時解除其職務，另行選派，並依法追究責任。 II 接管人執行職務而有下列行爲時，應事先取得主管機關許可： 一、財產之處分。 二、借款。 三、訴訟或仲裁之進行。 四、權利之拋棄、讓與或重大義務之承諾。 五、重要人事之任免。 六、委託其他保險業經營全部或部分業務。 七、增資或減資後再增資。 八、讓與全部或部分營業、資產或負債與其他保險業合併。 九、其他經主管機關指定之重要事項。 III 接管人依前項第八款讓與全部或部分營業、資產或負債時，如受接管保險業之有效保險契約之保險費率或降低其保險金額，其他保險業不予承受者，得報經主管機關核准，調整其保險費率或保險金額。	【第一百四十九條之二】 I 監理人執行監理職務時，應以善良管理人之注意爲之。其有違法或不當情事者，主管機關得隨時解除其職務，另行選派，並依法追究責任。 II 監理人執行職務而有左列行爲時，應事先取得主管機關許可： 一、財產之處分。 二、借款。 三、訴訟或仲裁之進行。 四、權利之拋棄、讓與或重大義務之承諾。 五、重要人事之任免。 III 監理人於監理程序中發現受監理之保險業，其資產不足清償負債時，應即報請主管機關核可，向法院聲請宣告破產。 IV 前項破產事件，不適用破產法有關債權人開會之規定。主管機關爲全體債權人之利益，應按債權性質及分布情形，指定適當之債權人七人至十一人，代行監察人之職權。	一、參考美國保險監理官協會「保險業接管及清理示範法」有關接管人之權限及本院送請　貴院審議中之銀行法部分條文修正草案第六十二條之三之規定，修正第二項增訂接管人得採行之處置方式，其措施包括：26.委託其他保險業經營全部或部分業務。27.增資或減資後再增資。28.讓與全部或部分營業、資產或負債。29.與其他保險業合併。30.其他經主管機關指定之重要事項。 二、配合第一百四十九條第二項第一款將「派員監理」修正爲「派員接管」，第一項酌作文字修正。 三、刪除現行條文第三項及第四項，其理由如次： 1、主管機關接管發生財務危機之保險業，其目的在於運用各種可能辦法挽救其危機，或透過保險契約移轉、合併及配合安定基金之援助，以確保保險契約之繼續有效，達到保障保戶權益及安定市場之目的，故不宜即向法院聲請宣告破產。 2、配合修正條文第一百四十九條之十第三項有關保險業清理期間，其重整、破產、和解、強制執行等程序當然停止之規定。 3、長期性之人身保險業務因被保險人之投保年齡及初年度承保費用等因素，維持其契約之繼續有效，較要保人解約後再投保，對投保人較爲有利。惟保險業若因預定利率及費率之重大偏差致失卻清償能力時，雖經定安基金依法補助，其他保險業亦可能預估無法彌補其損失而不願承受其保險契約，爰增訂第三項明定接管人得依當時情形報經主管機關核准後，調整其保險費率或保險金額。 四、相關立法例：

		1、日本保險業法： 第一百四十一條： 大藏大臣認為保險公司之業務及財產狀況，於繼續經營有困難時，或其營運明顯不適當時，可命其停止全部或一部分業務，為保險契約之移轉或合併之協議或命令保險管理人進行業務及財產之管理之處分。 第二百五十條： 依第二百四十一條之命令進行保險契約移轉時，其移轉計劃書可以擬定削減保險金額等契約條文之變更。 2、銀行法第六十二條之三。
【第一百四十九條之三】 監管、接管之期限，由主管機關定之。在監管、接管期間，監管、接管原因消失時，監管人、接管人應請主管機關終止監管、接管。接管期間屆滿或雖未屆滿而經主管機關決定終止接管時，接管人應將經營之有關業務及財務上一切帳冊、文件與財產，列表移交與該保險業之代表人。	【第一百四十九條之三】 監理之期限，由主管機關定之。在監理期間，監理原因消失時，監理人或被監理保險業之董事或理事，均得聲請主管機關終止監理。監理期間屆滿或雖未屆滿而經主管機關決定終止監理時，監理人應將經營之有關業務及財務上一切帳冊、文件與財產，列表移交與該保險業之代表人。	一、配合第一百四十九條第二項第一款增訂「派員監管」處分及第二款修正「派員監理」為「派員接管」，酌作文字修正。 二、因監管、接管係主管機關為挽救保險業財務危機所為之措施，其相關計畫由監管人、接管人執行，故監管、接管之原因是否消失，及是否終止監管接管，當以監管人及接管人知之最稔，為利監管及接管程序順利執行，爰刪除現行條文有關保險業之董事或理事，均得聲請主管機關終止監理之規定。
【第一百四十九條之五】 I 監管人、接管人、清理人或清算人之報酬及因執行職務所生之費用，由受監管、接管、清理、清算之保險業負擔，並優先於其他債權受清償。 II 前項報酬，應報請主管機關核定。	【第一百四十九條之五】 監理人或清算人之報酬，由主管機關依情形之繁簡酌定，並優先於其他債權受清償。	一、第一項配合第一百四十九條第二項增訂派員監管、清理之規定，且本於使用者付費之原則，增訂主管機關指派監管人、接管人、清理人之費用，由該受處分之保險業負擔，並優先於其他債權受清償。 二、增訂第二項，規定第一項之報酬，應報請主管機關核定。 三、相關立法例： 1、紐澤西州保險法 17.30 C	17(清理人指定數名助理清理人，聘用顧問及職員，費用由該保險業負擔) 2、銀行法第六十二條之九。
【第一百四十九條之六】 保險業經主管機關依第一百四十九條第三項派員監管、接管、勒令停業派員清理或清算時，主管機關對該保險業及其負責人或有違法嫌疑之職	【第一百四十九條之六】 (新增)	一、本條新增。 二、保險業因業務或財務狀況顯著惡化，不能支付其債務或有損及保戶權益之虞時，主管機關依第一百四十九條第二項規定採取派員監管、接管或勒令停業派員清理或清

員，得通知有關機關或機構禁止其財產爲移轉、交付或設定他項權利，並得函請入出境許可之機關限制其出境。		算時，爲防止保險業負責人或有違法嫌疑之職員有移轉財產或有逃匿之虞，爰參考關稅法第二十五條之一及稅捐稽徵法第二十四條，規定主管機關得通知有關機構或機構就保險業及其負責人或有違法嫌疑職員之財產禁止其移轉、交付或設定他項權利，並函請入出境許可之機關限制配合一讀時，對第一百四十九條項次變更，爰將第一項之「第二項」之文字修正爲「第三項」，俾資明確。
【第一百四十九條之七】 I 股份有限公司組織之保險業受讓依第一百四十九條之二第二項第八款受接管保險業讓與之營業、資產或負債時，適用下列規定： 一、股分有限公司經代表已發行股份總數過半數股東出席之股東會，以出席股東表決權過半數之同意行之；不同意之股東不得請求收買股份，免依公司法第一百八十五條至第一百八十七條之規定辦理。 二、債權讓與之通知以公告方式辦理之，免依民法第二百九十七條之規定辦理。 三、承擔債務時免依民法第三百零一條債權人承認之規定辦理。 四、經主管機關認爲有緊急處理之必要，且對市場競爭無重大不利影響時，免依公平交易法第十一條第一項規定向行政院公平交易委員會申請許可。 II 保險業依第一百四十九條之二第二項第九款與受接管保險業合併時，除適用前項第一款及第四款規定外，解散或合併之通知得以公告方式辦理之，免依公司法第三百十六條第四項之規定辦理。	【第一百四十九條之七】 （新增）	一、本條新增。 二、爲使經營不善之保險業，在主管機關認爲讓與該保險業之營業或委託其他保險業經營，或與其他保險業合併對保戶較爲有利時，能夠迅速完成相關程序，俾穩定保險市場秩序，保障投保大眾權益，以健全保險發展，於第一項及第二項規定股份有限公司組織之保險業依保險法第一百四十九條之二受讓受接管保險業之營業、資產或負債或與受接管保險業合併時，其股東會之決議方式及以公告代替個別通知，並免除債務之承擔需經債權人承認等相關措施，免依民法及公司法相關規定辦理。且爲維持社會秩序並維護公共利益所必要，並規定經主管機關認爲有緊急處理之必要，且對市場競爭無重大不利影響時，免依公平交易法第十一條第一項規定向行政院公平交易委員會申請許可。 三、第三項規定保險業依第一百四十九條之二第二項第六款受託經營業務時，亦有第一項第四款之適用。 四、相關立法例： 銀行法第六十二條之四。

Ⅲ保險業依第一百四十九條之二第二項第六款受託經營業務時，適用第一項第四款之規定。		
【第一百四十九條之八】 Ⅰ保險業之清理，主管機關應指定清理人為之，並得派員監督清理之進行。清理人執行職務，準用第一百四十九條之一規定。 Ⅱ清理人職務如下： 一、了結現務。 二、收取債權，清償債務。 Ⅲ清理人執行前項職務，有代表保險業為訴訟上及訴訟外一切行為之權。但將保險業營業、資產或負債轉讓於其他保險業，或與其他保險業合併時，應報經主管機關核准。 Ⅳ其他保險業受讓受清理保險業之營業、資產或負債或與其合併時，應依前條第一項及第二項規定辦理。 Ⅴ清理人執行職務聲請假扣押、假處分時，得免提供擔保。	【第一百四十九條之八】 （新增）	一、本條新增。 四、保險業之清理，因涉及公益，除配合第一百四十九條第三項，明定由主管機關指派清理人外，並得派員監督清理之進行，以圓滿達成任務，並規定清理人執行職務時，準用第一百四十九條之一有關接管人執行職務之規定，爰訂定第一項如上。 三、保險業之清理程序，類似公司之清算程序，爰參考公司法第八十四條規定訂定第二項及第三項。 四、清理期間，為求迅速順利完成相關程序，俾穩定保險秩序，對於其他保險業受讓受清理保險業之營業、資產或負債或與其合併時，爰於第四項明定應依前條第一項及第二項有關接管時相關規定辦理。 五、清理人係受政府指定而執行職務，在聲請假扣押、假處分時，係為穩定保險秩序及投保大眾之權益，並非為保險業之利益而係為保障公共利益，故與一般債權人為滿足其私人之請求權，而聲請強制執行者，在性質上有所不同。同時，政府以公權力介入受清理保險業之債權債務關係，並指定清理人執行時，清理人具有類似於被授與行使公權力之團體之地位，爰參考稅捐稽徵法第二十四條第二項有關稅捐稽徵機關實施假扣押免提供擔保之規定，訂定第五項規定如上。 六、相關立法例： 1、公司法第八十四條： Ⅰ清算人之職務如左： （1）了結現務。 （2）收取債權、清償債務。 （3）分派盈餘或虧損。 （4）分派賸餘財產。 Ⅱ清算人執行前項職務，有代表公司為訴訟上及訴訟外一切行為之

		權。但將公司營業包括資產負債轉讓於他人時，應得全體股東之同意。 2、稅捐稽徵法第二十四條第二項：前項欠繳應納稅捐之納稅義務人，有隱匿或移轉財產，逃避稅捐執行之跡象者，稅捐稽徵機關得聲請法院就其財產實施假扣押，並免提供擔保。但納稅義務人已提供相當財產擔保者，不在此限。 3、銀行法第六十二條之五。
【第一百四十九條之九】 I 清理人就任後，應即於保險業所在地之日報為三日以上之公告，催告債權人於三十日內申報其債權，並應聲明屆期不申報者，不列入清理。但清理人所明知之債權，不在此限。 II 清理人應即查明保險業之財產狀況，於申報期限屆滿三個月內造具資產負債表及財產目錄，並擬具清理計畫，報請主管機關備查，並將資產負債表於保險業所在地日報公告之。 III 清理人於第一項所定申報期限內，不得對債權人為清償。但對已屆清償期之職員薪資，不在此限。	【第一百四十九條之九】 （新增）	一、本條新增。 二、為確實查明被清理保險業之負債，以求儘速進行清理程序，於第一項規定清理人就任後，應即於被清理保險業之所在地日報刊登三日以上之公告，催告債權人即刻申報其債權；由於申報之目的，旨在便於清理人擬定清理計畫及辦理清償，以迅速解決相關紛爭，防止影響擴大，其時效之掌握非常重要，故規定申報之期限為三十日，且對於怠於申報者規定其不列入清理，以免防礙全部清理程序，但清理人所明知之債權，得不在申報範圍。例如保險契約所生各項請求權之債權及被清理保險業職員因僱傭契約所生之債權等，得由清理人依職權逕行列入清理。 三、為使主管機關及社會能了解被清理保險業資產負債之真實情況，爰於第二項規定清理人應編造相關報表，報請主管機關備查，同時辦理公告，以昭公信。 四、債權人於第一項所定申報期限內應即向清理人申報其債權，俾依清理程序處理，故清理人於上述期限內自不得對債權人為清償，至職員薪資與一般債權不同，爰於第三項規定不受上述之限制。 五、相關立法例： 1、公司法第三百二十七條：清算人於就任後，應即以三次以上之公告，催告債權人顧三個月內申報其債權，並應聲明逾期不申報者，不列入清算之內。但為清算人所明知者，不在此限。其債權人為

		清算人所明知者，並應分別通知之。 2、公司法第三百二十八條第一項：清算人不得於前條所定之申報期限內，對債權人爲清償。但對於有擔保之債權，經法院許可者，不在此限。 3、銀行法第六十二條之六。
【第一百四十九條之十】 I 保險業經主管機關勒令停業進行清理時，第三人對該保險業之債權，除依訴訟程序確定其權利者外，非依前條第一項規定之清理程序，不得行使。 II 前項債權因涉訟致分配有稽延之虞時，清理人得按照清理分配比例提存相當金額，而將所餘財產分配於其他債權人。 III 保險業清理期間，其重整、破產、和解、強制執行等程序當然停止。 IV 下列各款債權，不列入清理： 一、債權人參加清理程序爲個人利益所支出之費用。 二、保險業停業日後債務不履行所生之損害賠償及違約金。 三、罰金、罰鍰及追繳金。 V 在保險業停業日前，對於保險業之財產有質權、抵押權或留置權者，就其財產有別除權；有別除權之債權人不依清理程序而行使其權利。但行使別除權後未能受清償之債權，得依清理程序申報列入清理債權。 VI 清理人因執行清理職務所生之費用及債務，應先於清理債權，隨時由受清理保險業財產清償之。 VII 依前條第一項規定申報之債權或爲清理人所明知而列入清理之債權，其請求權時效中斷，自清理完結之日	【第一百四十九條之十】 （新增）	一、本條新增。 二、保險業一經主管機關清理時，第三人對該保險業之債權應一律依清理程序平均受償，以保障所有債權人之權益，爰參考破產法第九十九條規定增訂第一項，但提起民事訴訟以確定其權利者，不在此限。其次，參考破產法第一百四十四條明定因涉訟致分配有稽延之虞之債權所爲之分配程序。至於保險業於政府派員清理期間，應就公司之債權債務統籌處理，故重整、破產、和解（指破產法所規定法院之和解或商會之和解）及強制執行等程序自應停止，以利監理或清理程序之進行，爰增訂第一項至第三項如上。 三、受清理保險業在移交財產予清理人時起，至清理完結之日爲止，已喪失對財務之管理及處分權，此段期間，受清理保險業由清理人爲總清理，需收取債權、了結現務並出售資產後，始能對債權人爲平均清償，並爲求清理程序之簡化與順利進行及維持債權人間公平受償起見，爰參考破產法第一百零三條規定，訂定第四項明定不列入清理之債權。 四、參考破產法第一百零八條規定訂定第五項，使具有別除權之債權人，得不依清理程序行使其權利，而優先受清償。另參考破產法第一百零九條規定，對於有別除權之債權人在行使別除權後未能受清償之殘餘債權，亦列入清理債權中。 五、參考破產法第九十七條規定訂定第六項，使得清理人因執行清理職務所生之費用及所生之債務，得優先受清償，以利清理程序之順利

起重行起算。 Ⅷ債權人依清理程序已受清償者，其債權未能受清償之部分，對該保險業之請求權視爲消滅。清理完結後，如復發現可分配之財產時，應追加分配，於列入清理程序之債權人受清償後，有剩餘時，第四項之債權人仍得請求清償。		進行。 六、因參考公司法第二百九十七條及民法第一百三十七條規定訂定第七項，將已申報債權及依法已列入清理之債權人請求權時效中斷之，自清理完結之日起重行起算，以保障其權益。 七、參考破產法第一百四十九條規定訂定第八項。 八、相關立法例： 1、銀行法第六十二條之七。 2、美國保險業清理統一法典第九條： 清理期間內第三人不得對該保險業之資產爲扣押、查封等執行程序，已進行者，應予停止。 3、紐約州保險法第七七一七條： 自保全、接管、清理令下達，保證基金得依法採取行動之日起算六十日內，所有該保險業在本州之訴訟皆停止。
【第一百四十九條之十一】 清理人應於清理完結後十五日內造具清理期內收支表、損益表及各項帳冊，並將收支表及損益表於保險業所在地之日報公告後，報主管機關撤銷保險業許可。	【第一百四十九條之十一】 （新增）	一、本條新增。 二、保險業之清理，類似於公司之清算，爰參考公司法第三百三十一條及銀行法第六十二條之八，規定清理完結後之處理程序，並明定由主管機關撤銷其許可。 三、相關立法例： 銀行法第六十二條之八。
【第一百五十三條】 Ⅰ保險公司違反保險法令經營業務時，致資產不足清償債務時，其董事長、董事、監察人、總經理及負責決定該項業務之經理，對公司之債權人應負連帶無限清償責任。 Ⅱ主管機關對前項應負連帶無限清償責任之負責人，得通知有關機關或機構禁止其財產爲移轉、交付或設定他項權利，並得函請入出境許可之機關限制其出境。 Ⅲ第一項責任，於各該負責人卸職登記日起滿三年解除。	【第一百五十三條】 Ⅰ保險公司違反保險法令經營業務時，致資產不足清償債務時，其董事長、董事、監察人、總經理及負責決定該項業務之經理，對公司之債權人應負連帶無限清償責任。 Ⅱ前項責任，於各該負責人卸職登記之日起滿三年解除。	一、第一項未修正。 二、保險公司違反保險法令經營業務，致資產不足清償債務時，爲防止其負責人有移轉財產或有逃匿之虞，爰參考關稅法第二十五條之一及稅捐稽徵法第二十四條，增訂第二項，規定主管機關得通知有關機關或機構就其負責人之財產禁止其移轉、交付或設定他項權利，並函請入出境許可之機關限制其出境。 三、現行條文第二項移列爲第三項，文字酌作修正。
【第一百六十六條】 未依第一百三十七條規定，經	【第一百六十六條】 未依第一百三十七條規定，經	爲強化市場紀律，酌予修正罰鍰金額爲新臺幣三百萬元以上一千五

主管機關核准經營保險業務者，應勒令停業，並處新臺幣三百萬元以上一千五百萬元以下罰鍰。	主管機關核准經營保險業務者，應勒令停業並得處負責人各新臺幣一百萬元以上五百萬元以下罰鍰。	百萬元以下，以收嚇阻之效。
【第一百六十七條】 I 非保險業經營保險或類似保險業務者，處一年以上七年以下有期徒刑，得併科新臺幣二千萬元以下罰金。 II 法人犯前項之罪者，處罰其行爲負責人。	【第一百六十七條】 I 非保險業經營保險或類似保險業務者，處一年以上七年以下有期徒刑，得併科臺幣三百萬元以下罰金。 II 法人犯前項之罪者，處罰其行爲負責人。	爲強化市場紀律，酌予修正罰鍰金額爲新臺幣二千萬元以下，以收嚇阻之效。
【第一百六十七條之一】 違反第一百六十三條規定者，處新臺幣九十萬元以上四百五十萬元以下罰鍰。	【第一百六十七條之一】 違反第一百六十三條規定者，得處新臺幣三十萬元以上一百五十萬元以下罰鍰。	一、爲強化市場紀律，酌予修正罰鍰金額爲新臺幣九十萬元以上四百五十萬元，以收嚇阻之效。 二、本法相關罰則部分，均已刪除「得」字，爲求統一，爰刪除「得」之文字。
【第一百六十七條之二】 違反第一百七十七條所定保險代理人經紀人公證人管理規則者，除本法另有規定者外，應限期改正，或併處新臺幣九十萬元以上四百五十萬元以下罰鍰；情節重大者，並得命令停止執業或撤銷執業證書。	【第一百六十七條之二】 違反第一百七十七條所定保險代理人經紀人公證人管理規則者，除本法另有規定者外，應限期改正，或併處新臺幣九十萬元以上四百五十萬元以下罰鍰；情節重大者，並得命令停止執業或撤銷執業證書。	爲強化市場紀律，酌予修正罰鍰金額爲新臺幣九十萬元以上四百五十萬元以下，以收嚇阻之效。
【第一百六十八條】 I 保險業經營業務違反第一百三十八條規定，或其資金之運用，違反第一百四十六條、第一百四十六條之一、第一百四十六條之二、第一百四十六條之三第一項、第二項、第四項、第一百四十六條之四、第一百四十六條之五、第一百四十六條之六及第一百四十六條之七規定者，處新臺幣九十萬元以上四百五十萬元以下罰鍰，或勒令撤換其負責人；其情節重大者，並得撤銷其營業執照。 II 保險業違反第一百四十六條之三第三項或第一百四十六條之八第一項規定者，其行爲人，處三年以下有期徒刑、拘役或科或併科	【第一百六十八條】 I 保險業經營業務違反第一百三十八條規定，或其資金之運用，違反第一百四十六條、第一百四十六條之一、第一百四十六條之二、第一百四十六條之三第一項、第二項、第四項、第一百四十六條之四及第一百四十六條之五規定者，得處負責人各新臺幣三十萬元以上一百五十萬元以下罰鍰，或勒令撤換其負責人；其情節重大者，並得撤銷其營業執照。 II 違反第一百四十六條之三第三項規定者，其行爲人，處三年以下有期徒刑、拘役或科或併科新臺幣一百八十萬元以下罰金。	一、爲配合增列第一百四十六條之六及第一百四十六條之七規定及強化市場紀律，酌將原罰鍰金額予以調高三倍，爰修正第一項。 二、配合增列第一百四十六條之八規定及調高罰金金額，爰修正第二項。

新臺幣一千萬元以下罰金。		
【第一百六十八條之一】 I 主管機關依第一百四十八條規定派員，或委託適當機構或專業經驗人員，檢查保險業之業務及財務狀況或令保險業於限期內報告營業狀況時，保險業之負責人或職員有下列情形之一者，處新臺幣一百八十萬元以上九百萬元以下罰鍰： 一、拒絕檢查或拒絕開啟金庫或其他庫房。 二、隱匿或毀損有關業務或財務狀況之帳冊文件。 三、無故對檢查人員之詢問不為答覆或答覆不實。 四、逾期提報財務報告、財產目錄或其他有關資料及報告，或提報不實、不全或未於規定期限內繳納查核費用者。 II 保險業之關係企業或其他金融機構，於主管機關依第一百四十八條第四項派員檢查時，怠於提供財務報告、帳冊、文件或相關交易資料者，處新臺幣一百八十萬元以上九百萬元以下罰鍰。	【第一百六十八條之一】 （新增）	一、本條新增。 二、為利檢查時得以充分掌握資訊，增訂妨害檢查之處罰規定。 三、相關立法例： 銀行法第一百二十九條之一。 四、本法相關罰則部分，均已刪除「得」字，為求統一，爰比照刪除第二項「得」之文字。
【第一百六十八條之二】 I 保險業負責人或職員，或以他人名義投資而直接或間接控制該保險業之人事、財務或業務經營之人，意圖為自己或第三人不法之利益，或損害保險業之利益，而為違背保險業經營之行為，致生損害於保險業之財產或利益者，處三年以上十年以下有期徒刑，得併科新臺幣一億元以下罰金。 II 保險業負責人或職員或以他人名義投資而直接或間接控制該保險業之人事、財務或業務經營之人，二人以上共同實施前項犯罪之行	【第一百六十八條之二】 （新增）	一、本條新增。 二、為防範保險業之負責人或職員或以他人名義投資而直接或間接控制該保險業之人事、財務或業務經營者牟取不法利益，爰參考組織犯罪防制條例第三條及銀行法第一百二十五條之二規定，較刑法第三百四十二條之背信罪加重其刑事責任。 三、為避免保險業負責人或職員或以他人名義投資而直接或間接控制該保險業之人事、財務或業務經營之人，二人以上共同實施第一項犯罪之行為，爰明定得加重處罰，以收嚇阻之效。

爲者，得加重其刑至二分之一。 III前二項之未遂犯罰之。		
【第一百六十九條】 保險業違反第七十二條規定超額承保者，除違反部分無效外，處新臺幣四十五萬元以上二百二十五萬元以下罰鍰，或勒令其撤換負責人；其情節重大者，並得撤銷其營業執照。	【第一百六十九條】 保險業違反第七十二條規定超額承保者，除違反部分無效外，得處負責人各新臺幣十五萬元以上七十五萬元以下罰鍰，或勒令其撤換負責人；其情節重大者，並得撤銷其營業執照。	爲強化市場紀律，酌予修正罰鍰金額爲新臺幣四十五萬元以上二百二十五萬元以下，以收嚇阻之效。
【第一百六十九條之二】 保險業對於安定基金之提撥，如未依限或拒絕繳付者，主管機關得視情節之輕重，處新臺幣二十四萬元以上一百二十萬元以下罰鍰，或勒令撤換其負責人。	【第一百六十九條之二】 保險業對於安定基金之提撥，如未依限或拒絕繳付者，主管機關得視情節之輕重，處負責人各新臺幣八萬元以上四十萬元以下罰鍰，或勒令撤換其負責人。	爲強化市場紀律，酌予修正提高罰鍰金額爲新臺幣二十四萬元以上一百二十萬元以下。
【第一百七十條】 保險業違反本法或本法授權所定命令中有關強制或禁止規定或應爲一定行爲而不爲者，除本法另有處以罰鍰規定而應從其規定外，處新臺幣一百萬元以上五百萬元以下罰鍰。	【第一百七十條】 保險業違反本法強制規定者，得處負責人各新臺幣一百萬元以上五百萬元以下罰鍰。	參考司法院大法官議決釋字第三一三號及第四三二號解釋之意旨，使違反本法授權訂定之行政命令之行爲均能依據本法之明確授權加以處罰，以收嚇阻之效，並藉以落實法令規範及維護金融秩序。
【第一百七十一條】 保險業違反第一百四十四條、第一百四十五條規定者，處新臺幣六十萬元以上三百萬元以下罰鍰，並得撤其核保或精算人員。	【第一百七十一條】 保險業違反第一百四十四條、第一百四十五條規定者，得處負責人各新臺幣二十萬元以上一百萬元以下罰鍰，並得撤其核保或精算人員。	爲強化市場紀律，酌予修正提高罰鍰金額爲新臺幣六十萬元以上三百萬元以下。
【第一百七十一條之一】 I 保險業違反第一百四十八條之二第一項規定，未提供說明文件供查閱、或所提供之說明文件未依規定記載、或所提供之說明文件記載不實，處新臺幣六十萬元以上三百萬元以下罰鍰。 II 保險業違反第一百四十八條之二第二項規定，未依限向主管機關報告或主動公開說明、或向主管機關報告或公開說明之內容不實，處新臺幣三十萬元以上一百五十萬元以下罰鍰。	【第一百七十一條之一】 （新增）	一、本條新增。 二、本條規定定保險業違反資訊公開規定者之處罰，並授與主管機關針對保險業違反資訊公開之情節不同得予以不同罰鍰處罰之權利，以落實保險業資訊公開制度。

【第一百七十二條之一】 保險業於主管機關派員監管、接管或勒令停業派員清理時，其董（理）事、監察人（監事）、經理人或其他職員有下列情形之一者，處三年以下有期徒刑、拘役，得併科新臺幣一千萬元以下罰金： 一、拒絕將保險業業務財務有關之帳冊、文件、印章及財產等列表移交予監管人、接管人或清理人或不爲全部移交。 二、隱匿或毀損與業務有關之帳冊、隱匿或毀棄該保險業之財產，或爲其他不利於債權人之處分。 三、捏造債務，或承認不真實之債務。 四、無故拒絕監管人、接管人或清理人之詢問，或對其詢問爲虛僞之答覆，致影響被保險人或受益人之權益者。	【第一百七十二條之一】 保險業於主管機關派員監理時，其董事、監察人、經理人或其他職員有左列情形之一者，處三年以下有期徒刑、拘役，得併科新臺幣三百萬元以下罰金： 一、拒絕移交或不爲全部移交。 二、隱匿或毀損與業務有關之帳冊、文件。 三、隱匿或毀棄該保險業之財產，或爲其他不利於債權人之處分。 四、捏造債務，或承認不真實之債務。 五、無故拒絕監理人之詢問，或對其詢問不爲必需之答復，致影響被保險人或受益人之權益者。	一、配合第一百四十九條第二項之修正，將派員監理修正爲派員接管，並增列主管機關派員監管及清理之處分，及將罰金調高爲一千萬元。 二、原條文僅適用於接管處分，修正條文則包含監管處分之適用，因監管處分並無第一百四十九條之一有關接管處分時移交業務經營及財產管理處分權問題，故修正第一款文字，俾得以適用於監管及接管之處分。
【第一百七十七條】 代理人、經紀人、公證人及保險業務員之資格取得、登錄、撤銷登錄、教育訓練、懲處及其他應遵行事項之管理規則，由主管機關定之。	【第一百七十七條】 代理人、經紀人、公證人及保險業務員管理規則，由財政部另訂之。	按司法院大法官釋字第四〇二號解釋之意旨，現行規定對於代理人、經紀人、公證人及保險業務員之管理規則，其授權之範圍及內容不甚明確，爰明定其資格取得、登錄、撤銷登錄、教育訓練、懲處及其他應遵行事項之管理規則，由主管機關定之。
【第一百七十八條】 I 本法自公布日施行。 II 本法修正條文，除已另定施行日期者外，自修正公布日施行。	【第一百七十八條】 I 本法自公布日施行。 II 本法修正條文，除已另定施行日期者外，自修正公布日施行。	一、第一項未修正 二、配合修正條文第一百四十三項之四另定有施行日期，爰增訂第二項。

2003 年修訂之保險法條文

修訂條文	修訂前條文	修訂說明理由
【第一百三十一條】 （傷害保險人之責任） I 傷害保險人於被保險人遭受意外傷害及其所致殘廢或死亡時，負給付保險金額	【第一百三十一條】 傷害保險人於被保險人遭受意外傷害及其所致殘廢或死亡時，負給付保險金額之責。	在實務上對於被保險人因非身體「內在疾病」之自身原因而死亡之情形，是否可以被認定爲意外，應否屬於保險事故之範疇，保險人應否負有保險金給付義務，向無明確

之責。 Ⅱ前項意外傷害，指非由疾病引起之外來突發事故所致者。		之定見。且近年來，國內利率持續走低，投資工具不足，造成保險業利差損失逐漸擴大，類似日本保險公司關門倒閉的危機增加，尤其在壽險部分，保單多以中低階層之保障需求為主，若國內保險公司出現了經營的問題，其影響層面的衝擊可想而知，爰增訂第二項。
【第一百四十六條之四】 Ⅰ 保險業之資金得辦理國外投資；其範圍、內容及投資規範，由主管機關定之。 Ⅱ 前項投資總額不得超過該保險業資金百分之五。但主管機關視其經營狀況，得逐年予以適度調整。 Ⅲ 前項調整不得超過該保險業資金百分之三十五。	【第一百四十六條之四】 Ⅰ 保險業之資金得辦理國外投資；其範圍及內容，由主管機關定之。 Ⅱ 前項投資總額不得超過該保險業資金百分之五。但主管機關視其經營情況，得逐年予以適度調整。 Ⅲ 前項調得不得超過該保險業資金百分之二十。	在保險法的規定中，保險業資金運用規模已有一定限度，並可達成分散風險的目標。保險業資金在國際投資有其相當穩定的報酬率，以及具有分散風險的精神；就美國債券市場看來，扣除匯兌避險成本的淨報酬率，可達五‧九～六‧二%左右。又國內投資工具有限，各保險公司當為追求利潤，定會謹慎評估其投資標的，爰放寬國外投資法令上限，由二〇%提高到三五%。

2004 年修訂之保險法條文

修訂條文	修訂前條文	修訂說明理由
【第一百六十七條】 （非保險業者營業之處罰） Ⅰ 非保險業經營保險或類似保險業務者，處三年以上十年以下有期徒刑，得併科新臺幣一千萬元以上二億元以下罰金。其犯罪所得達新臺幣一億元以上者，處七年以上有期徒徒，得併科新臺幣二千五百萬元以上五億元以下罰金。 Ⅱ 法人犯前項之罪者，處罰其行為負責人。	【第一百六十七條】 Ⅰ 非保險業經營保險或類似保險業務者，處一年以上七年以下有期徒刑，得併科新臺幣二千萬元以下罰金。 Ⅱ 法人犯前項之罪者，處罰其行為負責人。	鑒於非保險業經營保險或類似保險業務，對於社會及保險市場秩序之安定防礙甚鉅，爰參考銀行法第一百二十五條規定，提高第一項之刑期並提高罰金刑度為新臺幣一千萬元以上二億元以下罰金。其次，行為人犯罪所得愈高，對金融秩序的危害通常愈大。爰於第一項後段增訂，其犯罪所得達新臺幣一億元以上者，處七年以上有期徒刑，得併科新臺幣二千五百萬元以上五億元以下罰金。
【第一百六十八條】 Ⅰ 保險業經營業務違反第一百三十八條規定，或其資金之運用，違反第一百四十六條、第一百四十六條之一、第一百四十六條之二、第一百四十六條之三第一項、第二項、第四項、第一百四十六條之四、第一百四十六條之五、第一百四十六條之六	【第一百六十八條】 Ⅰ 保險業經營業務違反第一百三十八條規定，或其資金之運用，違反第一百四十六條、第一百四十六條之一、第一百四十六條之二、第一百四十六條之三第一項、第二項、第四項、第一百四十六條之四、第一百四十六條之五、第一百四十六條之六	一、為配合增列第一百四十六條之六規定及強化市場紀律，酌將原罰鍰金額予以調高三倍，爰修正第一項。 二、配合增列第一百四十六條之八規定及調高罰金金額，爰修正第二項。

及第一百四十六條之七規定者，處新臺幣九十萬元以上四百五十萬元以下罰鍰，或勒令撤換其負責人；其情節重大者，並得撤銷其營業執照。 II 保險業違反第一百四十六條之三第三項或第一百四十六條之八第一項規定者，其行為負責人，處三年以下有期徒刑或拘役，得併科新臺幣二千萬元以下罰金。 III 保險業依第一百四十六條之三第三項或第一百四十六條之八第一項規定所為之擔保放款達主管機關規定金額以上，未經董事會三分之二以上董事之出席及出席董事四分之三以上同意者，或保險業違反依第一百四十六條之三第三項所定管理辦法有關放款限額、放款總餘額之規定者，其行為負責人處新臺幣二百萬元以上一千萬元以下罰鍰，不適用前項之規定。	及第一百四十六條之七規定者，處新臺幣九十萬元以上四百五十萬元以下罰鍰，或勒令撤換其負責人；其情節重大者，並得撤銷其營業執照。 II 保險業違反第一百四十六條之三第三項或第一百四十六條之八第一項規定者，其行為人，處三年以下有期徒刑、拘役或科或併科新臺幣一千萬元以下罰金。	
【第一百六十八條之二】 （背信罪之處罰） I 保險業負責人或職員或以他人名義投資而直接或間接控制該保險業之人、財務或業務經營之人，意圖為自己或第三人不法之利益，或損害保險業之利益，而為違背保險業經營之行為，致生損害於保險之財產或利益者，處三年以上十年以下有期徒刑，得併科新臺幣一千萬元以上二億元以下罰金。其犯罪所得達新臺幣一億元以上者，處七年以上有期待刑，得併科新臺幣二千五百萬元以上五億元以下罰金。 II 保險業負責人或職員以他人名義投資而直接或間接	【第一百六十八條之二】 （致保險業損害） I 保險業負責人或職員，或以他人名義投資而直接或間接控制該保險業之人、財務或業務經營之人，意圖為自己或第三人不法之利益，或損害保險業之利益，而違背保險業經營之行為，致生損害於保險業之財產或利益者，處三年以上十年以下有期徒刑，得併科新台幣一億元以下罰金。 II 保險業負責人或職員，或以他人名義投資而直接或間接控制該保險業之人、財務或業務經營之人，二人以上共同實施前項犯罪之行為者，得加重其刑二分之一。	一、為嚇阻保險業負責人或職員，或以他人名義投資而直接或間接控制保險業之人事、財務，或業務經營之人利用職務之便挪用公款或利用職權掏空公司資產，爰提高罰金並於第一項後段增訂，其犯罪所得達新臺幣一億元以上者，處七年以上有期徒刑，得併科新臺幣二千五百萬元以上五億元以下罰金。 二、第三項條文中「前二項」之文字有誤，修正為「第一項」，以與金融控股公司法第五十七條第三項

控制該保險業之人事、財務或業務經營之人，二人以上共同實施前項犯罪之行為者，得加重其刑二分之一。 III 第一項之未遂犯罰之。	III 前二項之未遂犯罰之。	
【第一百六十八條之三】 （刑罰之免除、減輕及加重） I 犯第一百六十七條或第一百六十八條之二之罪，於犯罪後自首，如有犯罪所得並自動繳交全部所得財物者，減輕或免除其刑；並因而查獲其他共犯者，免除其刑。 II 犯第一百六十七條或第一百六十八條之二之罪，在偵查中自白，如有犯罪所得並自動繳交全部所得財物者，減輕其刑；並因而查獲其他共犯者，減輕其刑至二分之一。 III 犯第一百六十七條或第一百六十八條之二之罪，其犯罪所得利益超過罰金最高額時，得於所得利益之範圍內加重罰金；如損及保險市場穩定者，加重其刑至二分之一。	【第一百六十八條之三】 （新增）	一、本條新增。 二、照黨團協商條文通過。
【第一百六十八條之四】 （犯罪所得之沒收） 犯本法之罪，因犯罪所得財物或財產上利益，除應發還被害人或得請求損害賠償之人外，屬於犯人者，沒收之。如全部或一部不能沒收時，追徵其價額或以其財產抵償之。	【第一百六十八條之四】 （新增）	為避免犯罪者享有犯罪所得，降低從事金融犯罪之誘因，爰參考洗錢防制法第十二條第一項、貪污治罪條例第十條及刑法第三十八條，規定因犯罪所得財物或財產上的利益，除應發還被害人外，屬犯人所有者應沒收，且不能沒收時，追徵其價額或以其財產抵償。
【第一百六十八條之五】 （罰金折算勞役之標準） 犯本法之罪，所科罰金達新臺幣五千萬元以上而無力完納者，易服勞役期間為三年以下，其折算標準以罰金總額與三年之日數比例折算。	【第一百六十八條之五】 （新增）	一、本條新增。 二、照黨團協商條文通過。
【第一百七十二條之一】 （違反監理效力之處罰） I 保險業於主管機關派員監管、接管或勒令停業派員清	【第一百七十二條之一】 I 保險業於主管機關派員監理時，其董事、監察人、經理人或其他職員有左列情	參照銀行法第一百二十七條之二規定，提高罰金及刑度。

理時，其董（理）事、監察人（監事）、經理人或其他職員有下列情形者，得併科新臺幣二千萬元以下罰金： 一、拒絕將保險業業務財務有關之帳冊、文件、印章及財產等列表移交予監管人、接管人或清理人或不爲全部移交。 二、隱匿或毀損與業務有關之帳冊、隱匿或毀棄該保險業之財產，或爲其他不利於債權人之處分。 三、捏造債務，或承認不真實之債務。 四、無故拒絕監管人、接管人或清理人之詢問，或對其詢問爲虛僞之答覆，致影響被保險人或受益人之權益者。	形之一者，處三年以下有期徒刑、拘役，得併科新臺幣三百萬元以下罰金： 一、拒絕移交或不爲全部移交。 二、隱匿或毀損與業務有關之帳冊、文件。隱匿或毀棄該保險業之財產，或爲其他不利於債權人之處分。 三、捏造債務，或承認不真實之債務。 四、無故拒絕監理人之詢問，或對其詢問不爲必要之答覆，致影響被保險人或受益人之權益者。	

2005 年修訂之保險法條文

修訂條文	修訂前條文	修訂說明理由
【第一百六十八條之六】 （特定行爲之撤銷） Ⅰ 第一百六十八條之二第一項之保險業負責人、職員或以他人名義投資而直接或間接控制該保險業之人事、財務或業務經營之人所爲之無償行爲，有害及保險業之權利者，保險業得聲請法院撤銷之。 Ⅱ 前項之保險業負責人，職員或以他人名義投資而直接或間接控制該保險業之人事、財務或業務經之人所爲之有償行爲，於行爲時明知有損害於保險業之權利，且受益之人於受益時亦知其情事者，保險業得聲請法院撤銷之。 Ⅲ 依前二項規定聲請法院撤銷時，得並聲請命受益之人或轉得人回復原狀。但轉得	【第一百六十八條之六】 （新增）	一、本條新增。 二、參考民法第二百四十四條第一項規定，應允許保險業得聲請法院撤銷之，以保護保險業之權利，爰爲第一項規定。 三、參照民法第二百四十四條第二項規定，應允許保險業得聲請法院撤銷之，俾受益之人及保險業之利益，均得保護，爰爲第二項規定。 四、爲使保險業除行使撤銷權外，如有必要，並得聲請命受益之人或轉得人返還財產權及其他財產狀態之復舊，爰參考民法第二百四十四條第四項規定，於第三項賦予保險業對明知有損害保險業之受益之人或轉得人有回復原狀之請求權。但轉得人於轉得時不知有撤銷原因者，爲保障其交易安全，爰爲例外規定。 五、爲利保險業撤銷權之行使，並防止保險業負責人、職員或以他人名義投資而直接或間接控制該保

人於轉得時不知有撤銷原因者，不在此限。 IV第一項之保險業負責人、職員或以他人名義投資而直接或間接控制該保險業之人事、財務或業務經營之人與其配偶、直系親屬、同居親屬、家長或家屬間所為之處分其財產行為，均視為無償行為。 V第一項之保險業負責人、職員或以他人名義投資而直接或間接控制該保險業之人事、財務或業務經營之人與前項以外之人所為之處分其財產行為，推定為無償行為。 VI第一項及第二項之撤銷權，自保險業知有撤銷原因時起，一年間不行使，或自行為時起經過十年而消滅。		險業之人事、財務或業務經營之人，假藉與其配偶、直系親屬、同居親屬、家長或家屬間所為之處分其財產行為，以規避賠償責任，爰參酌破產法第十五條第二項規定，於第四項將其擬制為無償行為。 六、第一項之保險業負責人、職員或以他人名義投資而直接或間接控制該保險業之人事、財務或業務經營之人與第四項以外之人所為之處分財產行為，則於第五項為舉證責任倒置之規定，將其推定為無償行為。 七、撤銷權永久存續，則權利狀態永不確定，實有害於交易之安全，爰參考民法第二百四十五條，於第六項就第一項、第二項之撤銷權為除斥期間之規定。
【第一百六十八條之七】 （特別法） 第一百六十八條之二第一項之罪，為洗錢防制法第三條第一項所定之重大犯罪，適用洗錢防制法之相關規定。	【第一百六十八條之七】 （新增）	一、本條新增。 二、按第一百六十八條之二第一項為最重本刑十年以下有期徒刑之重大金融犯罪，為防止該等犯罪行為人，掩飾、隱匿因自己犯罪所得財物或財產上利益，爰增訂本條將第一百六十八條之二第一項之罪，列為洗錢防制法第三條第一項所定之重大犯罪，並適用洗錢防制法之相關規定。
【第一百七十三條】 （刪除）	【第一百七十三條】 主管機關依法所為罰鍰，得依法為強制執行。	一、本條刪除。 二、行政執行業務應回歸行政執行法辦理，爰予刪除。
【第一百七十四條之一】 （專業法庭） 法院為審理違反本法之犯罪案件，得設立專業法庭或指定專人辦理。	【第一百七十四條之一】 （新增）	一、本條新增。 二、保險犯罪案件有其專業性、技術性，一般法庭法官若無相當專業知識者，較不易掌握案件重點，為使保險犯罪案件之審理能符合法律正義及社會公平之期望，有設立保險專業法庭或指定專人辦理之必要，爰增訂本條。

2006 年修訂之保險法條文

修訂條文	修訂前條文	修訂說明理由
【第一百六十八條之三】 I 犯第一百六十七條或第一百六十八條之二之罪，於犯罪後自首，如有犯罪所得並自動繳交全部所得財物者，減輕或免除其刑；並因而查獲其他正犯或共犯者，免除其刑。 II 犯第一百六十七條或第一百六十八條之二之罪，在偵查中自白，如有犯罪所得並自動繳交全部所得財物者，減輕其刑；並因而查獲其他正犯或共犯者，減輕其刑至二分之一。 III 犯第一百六十七條或第一百六十八條之二之罪，其犯罪所得利益超過罰金最高額時，得於所得利益之範圍內加重罰金；如損及保險市場穩定者，加重其刑至二分之一。	【第一百六十八條之三】 I 犯第一百六十七條或第一百六十八條之二之罪，於犯罪後自首，如有犯罪所得並自動繳交全部所得財物者，減輕或免除其刑；並因而查獲其他共犯者，免除其刑。 II 犯第一百六十七條或第一百六十八條之二之罪，在偵查中自白，如有犯罪所得並自動繳交全部所得財物者，減輕其刑；並因而查獲其他共犯者，減輕其刑至二分之一。 III 犯第一百六十七條或第一百六十八條之二之罪，其犯罪所得利益超過罰金最高額時，得於所得利益之範圍內加重罰金；如損及保險市場穩定者，加重其刑至二分之一。	一、刑法第四章章名已由「共犯」修正為「正犯與共犯」，爰修正第一項及第二項。 二、第三項未修正。
【第一百七十八條】 本法除中華民國九十年七月九日修正公布之第一百四十三條之四另定施行日期及中華民國九十五年五月五日修正之條文自中華民國九十五年七月一日施行外，自公布日施行。	【第一百七十八條】 I 本法自公布日施行。 II 本法修正條文，除已另定施行日期者外，自修正公布日施行。	配合刑法修正條文自九十五年七月一日施行，爰將第一項及第二項為合併修正。

2007 年修訂之保險法條文

修正條文	修正前條文	修正說明理由
【第九條】 （保險經紀人之意義） 本法所稱保險經紀人，指基於被保險人之利益，洽訂保險契約或提供相關服務，而收取佣金或報酬之人。	【第九條】 （保險經紀人之意義） 本法所稱保險經紀人，指基於被保險人之利益，代向保險人洽訂保險契約，而向承保之保險業收取佣金之人。	保險經紀人洽訂保險契約時，應可依約定收取佣金，然保險經紀人，除仲介保險契約之簽訂外，實務上亦參與保險相關之諮詢、風險評估等後續服務工作。若保險契約未能成立，經紀人雖無法獲得「佣金」收入，亦應使其有專業之服務酬

		勞。故爲符合保險實務並擴大保險經紀人之業務範圍，爰修正本條。
【第十一條】 （責任準備金之種類） 本法所定各種準備金，包括責任準備金、未滿期保費準備金、特別準備金、賠款準備金及其他經主管機關規定之準備金	【第十一條】 （責任準備金之種類） 本法所稱各種責任準備金，包括責任準備金、未滿期保費準備金、特別準備金及賠款準備金。	一、基於現行準備金種類，就國內環境及國外相較，有難切合監理需求之虞，且特別準備金之內涵及性質屢受紛議，爰修正得由主管機關因時制宜，規定保險業應提存其他之準備金，包括保費不足準備金、巨災準備金或資產評估準備金等，以發揮監理效能。 二、因「責任準備金」已列爲準備金種類之一，爰將「各種責任準備金」修正爲「各種準備金」
【第十二條】 （主管機關） 本法所稱主管機關爲行政院金融監督管理委員會。但保險合作社除其經營之業務，以行政院金融監督管理委員會爲主管機關外，其社務以合作社之主管機關爲主管機關。	【第十二條】 （主管機關） 本法所稱主管機關爲財政部。但保險合作社除其經營之業務，以財政部爲主管機關外，其社務以合作主管機關爲主管機關。	一、配合行政院金融監督管理委員會於九十三年七月一日成立，行政院業依行政院金融監督管理委員會組織法第二條、第四條及行政程序法第十一條第二項將主管機關由財政部變更爲行政院金融監督管理委員會，爰修正本條。 二、另依合作社之組織型態，酌作文字修正。
【第二十二條】 （交付保費之人與保險人之抗辯權） I 保險費應由要保人依契約規定交付。信託業依信託契約有交付保險費義務者，保險費應由信託業代爲交付之。 II 要保人爲他人利益訂立之保險契約，保險人對於要保人所得爲之抗辯，亦得以之對抗受益人。	【第二十二條】 （交付保費之人與保險人之抗辯權） I 保險費應由要保人依契約規定交付。 II 要保人爲他人利益訂立之保險契約，保險人對於要保人所得爲之抗辯，亦得以之對抗受益人。	信託業者依信託指示購買保險並支付保險費，視爲要保人行使交付保險費之義務，且將保險給付放入信託帳戶，依信託契約給付予信託受益人。故信託業者依信託契約指示購買之保險、依保險契約內容給付之保險金皆屬於信託財產
【第四十條】 （原被保險人與再保險人之關係） 原保險契約之被保險人，對於再保險人無賠償請求權。但原保險契約及再保險契約另有約定者，不在此限。	【第四十條】 （原被保險人與再保險人之關係） 原保險契約之被保險人，對於再保險人無賠償請求權。	原條文依原保險契約與再保險契約各自獨立之原則，予以限制原保險契約之被保險人對再保險人之直接請求權。惟考量現行國際再保險實務上之再保險契約，有約定當原保險契約之保險人有破產、清算或其他原因不能履行保險契約責任者，得由原保險契約被保險人逕向再保險契約之再保險人請求賠付之直接給付條款（cut-through clause），基於契約自由原則，爰增列但書之規定。
【第五十六條】	【第五十六條】	原條文但書僅規定「人壽保險」爲

變更保險契約或恢復停止效力之保險契約時，保險人於接到通知後十日內不爲拒絕者，視爲承諾。但本法就人身保險有特別規定者，從其規定。	變更保險契約或恢復停止效力之保險契約時，保險人於接到通知後十日內不爲拒絕者，視爲承諾。但人壽保險不在此限。	排除本條適用之範疇，衡酌本法第一百十六條規定人壽保險費法定停效事由，於第一百三十條之健康保險、第一百三十五條之傷害保險及第一百三十五條之四之年金保險均有準用，爰將但書修正爲「但本法就人身保險有特別規定者，從其規定。」
【第一百一十六條】 （保險費未付之效果（一）） I 人壽保險之保險費到期未交付者，除契約另有訂定外，經催告到達後屆三十日仍不交付時，保險契約之效力停止。 II 催告應送達於要保人，或負有交付保險費義務之人之最後住所或居所，保險費經催告後，應於保險人營業所交付之。 III 第一項停止效力之保險契約，於停止效力之日起六個月內清償保險費、保險契約約定之利息及其他費用後，翌日上午零時起，開始恢復其效力。要保人於停止效力之日起六個月後申請恢復效力者，保險人得於要保人申請恢復效力之日起五日內要求要保人提供被保險人之可保證明，除被保險人之危險程度有重大變更已達拒絕承保外，保險人不得拒絕其恢復效力。 IV 保險人未於前項規定期限內要求要保人提供可保證明或於收到前項可保證明後十五日內不爲拒絕者，視爲同意恢復效力。 V 保險契約所定申請恢復效力之期限，自停止效力之日起不得低於二年，並不得遲於保險期間之屆滿日。 VI 保險人於前項所規定之期限屆滿後，有終止契約之權。 VII 保險契約終止時，保險費已	【第一百一十六條】 （保險費未付之效果（一）） I 人壽保險之保險費到期未交付者，除契約另有訂定外，經催告到達後逾三十日，仍不交付時，保險契約之效力停止。 II 催告應送達於要保人，或負有交付保險費義務之人之最後住所或居所。保險費經催告後，應於保險人營業所交付之。 III 第一項停止效力之保險契約，於保險費及其他費用清償後，翌日上午零時，開始恢復其效力。 IV 保險人於第一項所規定之期限屆滿後，有終止契約之權。	一、保險學理上爲防止逆選擇，係賦予保險人於要保人申請保險契約效力恢復時具危險篩選權，以避免道德危險之產生；另查國外亦有於要保人申請契約效力恢復時，要求要保人需提供可保證明等以供保險人危險篩選之機制。茲爲避免保險契約效力恢復時逆選擇之產生，爰參酌保險學理及國外作法，如要保人於停效日起六個月後始提出恢復契約效力之申請，保險人得要求要保人提供被保險人之可保證明，亦即賦予保險人於要保人在一定期間後申請保險契約效力恢復時，得爲危險之篩選，且明定保險人除於被保險人之危險程度有重大變更已達拒絕承保外，不得拒絕要保人復效；如要保人於停效日起六個月內提出恢復契約效力申請者，則保險人不得拒絕其恢復契約效力，爰修正第三項。 二、增訂第四項規定要保人於停效日起六個月後提出恢復契約效力申請，保險人未於要保人申請恢復效力之日起五日內要求要保人提供可保證明，視爲同意恢復效力，以明確保險人不要求可保證明之效力；如保險人要求提供可保證明者，應於要保人申請恢復效力之日起五日內提出提供可保證明之要求，以避免保險人延宕處理，而影響保戶權益。另爲督促保險人於收到可保證明後即時處理，並規定第四項，保險人於收到可保證明十五日內不爲拒絕之意思表示者，視爲同意復效，以維保戶權益。 三、參酌現行保險法施行細則第十二條規定，增訂第五項規定，要保人自停效日起算至少有二年之期

付足二年以上，如有保單價值準備金者，保險人應返還其保單價值準備金。 Ⅷ保險契約約定由保險人墊繳保險費者，於墊繳之本息超過保單價值準備金時，其停止效力及恢復效力之申請準用第一項至第六項規定。		間得行使復效之權利，如要保人於得行使復效期間申請復效，因被保險人之危險程度有重大變更達保險人拒絕承保之程度並經其拒保，茲鑑於被保險人之危險程度仍有改善之可能，該得行使復效期間尚不因經拒保而改變，即保險人仍不得於得行使復效期間屆滿前予以終止契約。另為避免一定期間之保險商品或一年期保險商品等，其申請恢復效力之期限屆滿日超過保險期間之不合理之情形，並規定申請恢復效力期限之屆滿日不得遲於保險期間之屆滿日。 四、原條文第四項移列為第六項，並酌作文字修正。 五、為使保險費未繳時，契約效力之處理情形得於保險法第一百十六條中完整規範，爰將原條文第一百十七條第三項移列至本條第七項，另考量部分保險商品於保險費付足二年以上，並未有保單價值準備金之情形，故修正為「保險契約終止時，保險費已付足二年以上者，如有保單價值準備金者，保險人應返還其保單價值準備金」，俾為明確。 六、配合現行實務之作業，增列第八項規定保險契約以保單價值準備金墊繳保險費者，其墊繳保險費本息超過保單價值準備金時，保險契約之效力停止及恢復效力之申請準用第一項至第六項規定。 七、第一項酌作文字修正，第二項未修正。
【第一百一十七條】 （保險費未付之效果（二）） Ⅰ保險人對於保險費，不得以訴訟請求交付。 Ⅱ以被保險人終身為期，不附生存條件為之死亡保險契約，或契約訂定於若干年後給付保險金額或年金者，如保險費已付足二年以上而有不交付時，於前條第五項所定之期限屆滿後，保險人僅得減少保險金額或年金。	【第一百一十七條】 （保險費未付之效果（二）） Ⅰ保險人對於保險費，不得以訴訟請求交付。 Ⅱ保險費如有未能依約交付時，保險人得依前條第四項之規定終止契約，或依保險契約所載條件減少保險金額或年金。 Ⅲ保險契約終止時，保險費已付足二年以上者，保險人應返還其保單價值準備金。	一、第一項未修正。 二、考量原條文第二項有關保險費未繳付時保險人終止契約之權利，已於第一百十六條規範，而減少保險金額或年金之條件亦於修正條文第二項規範，已無重複規定之必要，又為避免保險人認為終止契約需受至少二年得復效期間之限制，而逕採以減少保險金額或年金辦理，如此對保戶似較不利，爰刪除本項。 三、原條文第三項內容已移列至第

	IV以被保險人終身爲期，不附生存條件之死亡保險契約，或契約訂定於若干年後給付保險金額或年金者，如保險費已付足二年以上而有不交付時，保險人僅得減少保險金額或年金。	一百十六條第七項規定，爰予刪除。 四、原條文第四項移列至修正條文第二項，並增訂保險人於第一百十六條第五項規定復效期間屆滿後，僅得減少保險金額或年金，而不得依第一百十六條第六項規定終止契約。
【第一百二十條】 （保險金額之質借） I 保險費付足一年以上者，要保人得以保險契約爲質，向保險人借款。 II 保險人於接到要保人之借款通知後，得於一個月以內之期間，貸給可得質借之金額。 III 以保險契約爲質之借款，保險人應於借款本息超過保單價值準備金之日之三十日前，以書面通知要保人返還借款本息，要保人未於該超過之日前返還者，保險契約之效力自借款本息超過保單價值準備金之日停止。 IV 保險人未依前項規定爲通知時，於保險人以書面通知要保人返還借款本息之日起三十日內要保人未返還者，保險契約之效力自該三十日之次日起停止。 V 前二項停止效力之保險契約，其恢復效力之申請準用第一百十六條第三項至第六項規定。	【第一百二十條】 （保險金額之質借） I 保險費付足一年以上者，要保人得以保險契約爲質，向保險人借款。 II 保險人於接到要保人之借款通知後，得於一個月以內之期間，貸給可得質借之金額。	一、第一項及第二項未修正。 二、配合現行實務增訂第三項及第四項規定以保險契約爲質之借款，其借款本息超過保單價值準備金時，保險契約之效力停止，且保險人應於效力停止日之三十日前以書面通知要保人，並增訂第五項規定恢復效力之申請，準用第一百十六條第三項至第六項規定。
【第一百三十六條】 （保險業之組織及專業） I 保險業之組織，以股份有限公司或合作社爲限。但經主管機關核准者，不在此限。 II 非保險業不得兼營保險或類似保險之業務。 III 違反前項規定者，由主管機關或目的事業主管機關會同司法警察機關取締，並移送法辦；如屬法人組織，其負責人對有關債務，應負連	【第一百三十六條】 （保險業之組織及專業） I 保險業之組織，以股份有限公司或合作社爲限。但依其他法律規定或經主管機關核准設立者，不在此限。 II 非保險業不得兼營保險或類似保險之業務。 III 違反前項規定者，由主管機關或目的事業主管機關會同司法警察機關取締，並移送法辦；如屬法人組織，其	一、原考量「中央信託局人壽保險處」既非公司組織亦非合作社，其經營保險業務，係依中央信託局條例辦理，爰於六十三年十一月三十日修正本條第一項但書增列「依其他法律規定設立者，不在此限」。惟因中央信託局已於九十二年七月一日改制爲股份有限公司，且目前亦無依其他法律規定設立非股份有限公司或合作社之保險業，爰刪除「依其他法律規定或」及「設立」等文字。

帶清償責任。 IV 執行前項任務時，得依法搜索扣押被取締者之會計帳簿及文件，並得撤除其標誌等設施或為其他必要之處置。 V 保險業之組織為股份有限公司者，除其他法律另有規定或經主管機關許可外，其股票應辦理公開發行。	負責人對有關債務，應負連帶清償責任。 IV 執行前項任務時，得依法搜索扣押被取締者之會計帳簿及文件，並得撤除其標誌等設施或為其他必要之處置。	二、公司法第一百五十六條第四項規定公司股票公開發行係屬公司自治事項，基於保險監理之需要，促使保險業之財務更加透明化，規範強制股份有限公司組織之保險業股票應公開發行實有其必要性，爰參照金融控股公司法第十條增訂第五項規定保險業之組織為股份有限公司者，除經主管機關許可者外，應辦理公開發行。 三、第二項至第四項未修正。
【第一百三十七條】 （保險業之設立要件） I 保險業非經主管機關許可，並依法為設立登記，繳存保證金，領得營業執照後，不得開始營業。 II 保險業申請設立許可應具備之條件、程序、應檢附之文件、發起人、董事、監察人與經理人應具備之資格條件、廢止許可、分支機構之設立、保險契約轉讓、解散及其他應遵行事項之辦法，由主管機關定之。 III 外國保險業非經主管機關許可，並依法為設立登記，繳存保證金，領得營業執照後，不得開始營業。 IV 外國保險業，除本法另有規定外，準用本法有關保險業之規定。 V 外國保險業申請設立許可應具備之條件、程序、應檢附之文件、廢止許可、營業執照核發、增設分公司之條件、營業項目變更、撤換負責人之情事、資金運用及其他應遵行事項之辦法，由主管機關定之。 VI 依其他法律設立之保險業，除各該法律另有規定外，準用本法有關保險業之規定。	【第一百三十七條】 （保險業之設立要件） I 保險業非申請主管機關核准，並依法為營業登記，繳存保證金，領得營業執照後，不得開始營業。 II 保險業之設立標準，由主管機關定之。 III 外國保險業非經主管機關許可，並依法為營業登記，繳存保證金，領得營業執照後，不得開始營業。 IV 本法有關保險業之規定，除法令另有規定外，外國保險業亦適用之。 V 外國保險業之許可標準及管理辦法，由主管機關定之。	一、有鑑於保險業為特許事業，爰將第一項規定配合第三項文字一致性修正為「非經主管機關許可」。 二、保險業管理辦法之規定係屬保險業財務、業務監理之補充性規範，授權主管機關配合市場變革或監理需求修正。考量保險業及外國保險業相關授權規範法源應予一致，第二項爰將保險業管理辦法之法源依據由第一百七十五條移列至本項一併訂定，並予以授權明確。 三、第一項及第三項有關營業登記之規定，因保險業設立時即已依公司法或合作社法辦理設立登記，目的事業主管機關之營業登記作業已無必要，爰廢除保險業之營業登記制度，惟仍提示設立登記之規定，俾使保險業有所遵循。 四、有關外國保險業之管理，除依主管機關訂定之辦法管理外，本法關於保險業之規範，外國保險業亦應在準用之範圍，第四項酌予文字修正。 五、第五項外國保險業之管理辦法，依授權明確性原則酌作文字修正。 六、因應保險市場多元化發展，爰增訂第六項規定依其他法律設立之保險業，除各該法律有特別規定外，應準用本法有關保險業之規定，俾資明確。
【第一百三十八條】 （保險業營業範圍之限制） I 財產保險業經營財產保	【第一百三十八條】 （保險業營業範圍之限制） I 財產保險業經營財產保	一、第一項及第三項但書原列「法律另有規定」之排除適用範圍，因本法第一百三十七條第六項業已

險，人身保險業經營人身保險，同一保險業不得兼營財產保險及人身保險業務。但財產保險業經主管機關核准經營傷害保險及健康保險者，不在此限。 II 財產保險業依前項但書規定經營傷害保險及健康保險業務應具備之條件、業務範圍、申請核准應檢附之文件及其他應遵行事項之辦法，由主管機關定之。 III 保險業不得兼營本法規定以外之業務。但經主管機關核准辦理其他與保險有關業務者，不在此限。 IV 保險業辦理前項與保險有關業務，涉及外匯業務之經營者，須經中央銀行之許可。 V 保險合作社不得經營非社員之業務。	險，人身保險業經營人身保險，同一保險業不得兼營財產保險及人身保險業務。但法律另有規定或財產保險業經主管機關核准經營傷害保險者，不在此限。 II 責任保險及傷害保險，得視保險事業發展情況，經主管機關核准，得獨立經營。 III 保險業不得兼營本法規定以外之業務。但法律另有規定或經主管機關核准辦理其他與保險有關業務者，不在此限。 IV 保險合作社不得經營非社員之業務。	增訂依其他法律設立之保險業之相關規定，爰予以刪除。 二、參諸國外立法例多有將傷害保險和健康保險同列爲財產保險業經營之業務範圍，或於保險種類之分類規範中，將傷害保險和健康保險同劃歸爲一般業務（General Insurance）與一般財產保險，同准由產險業經營，例如日本保險業法第三條、英國1982年保險業法、歐盟產險第一指令、新加坡保險法第二條等。考量國內產險業得與全球產險業相接軌，與周邊國家產險業同步化，以及衡諸保險學理、國外之立法例、國內產險業之請求等因素，開放國內產險業得開辦健康保險業務已成趨勢。爰修正第一項但書規定，允許財產保險業經主管機關核准者，得經營健康保險業務。惟考量國內產險業對於經營健康險尚屬新業務領域，業務範圍將先規範爲一年期以下。 三、傷害保險及健康保險同屬中間性保險，爲確保其健全經營，增訂第二項授權主管機關訂定財產保險業經營傷害保險及健康保險業務業務之辦法，俾資遵循。 四、原條文第二項有關責任保險及傷害保險獨立經營之規定，已不符現今保險市場及經濟環境所需，爰予刪除。 五、第四項增訂涉及外匯業務經營者，須經中央銀行許可之規定，俾資遵循。 六、原條文第四項移列至第五項。
【第一百三十八條之一】 （地震險之共保方式） I 財產保險業應承保住宅地震危險，以主管機關建立之危險分散機制爲之。 II 前項危險分散機制，應成立財團法人住宅地震保險基金負責管理，就超過財產保險業共保承擔限額部分，由該基金承擔、向國內、外爲再保險、以主管機關指定之方式爲之或由政府承受。	【第一百三十八條之一】 （地震險之共保方式） I 保險業應承保住宅地震危險，以共保方式及主管機關建立之危險承擔機制爲之。 II 前項危險承擔機制，其超過共保承擔限額部分，得成立住宅地震保險基金或由政府承受或向國內、外之再保險業爲再保險。 III 前二項有關共保方式、危險承擔機制及限額、保險金	一、參照日本之地震再保險公司（JER）及紐西蘭地震委員會（EQC）制度之精神，配合修正第一項及第二項規定財團法人住宅地震保險基金爲危險分散機制之中樞組織，並由其負責管理安排財產保險業承擔、向國內、外爲再保險、以主管機關指定之方式爲之或由政府承受。其中政府承受以危險分散機制最後一層爲之。 二、第一項及第二項有關「危險承擔機制」文字，配合修正爲「危險

Ⅲ前二項有關危險分散機制之承擔限額、保險金額、保險費率、各種準備金之提存及其他應遵行事項之辦法，由主管機關定之。 Ⅳ財團法人住宅地震保險基金之捐助章程、業務範圍、資金運用及其他管理事項之辦法，由主管機關定之。 Ⅴ因發生重大震災，致住宅地震保險基金累積之金額不足支付應攤付之賠款，為保障被保險人之權益，必要時，該基金得請求主管機關會同財政部報請行政院核定後，由國庫提供擔保，以取得必要之資金來源。	額、保險費率、責任準備金之提存及其他主管機關指定之事項，由主管機關定之。 Ⅳ第二項住宅地震保險基金為財團法人；其捐助章程及管理辦法，由主管機關定之。	分散機制」，第三項「危險承擔機制及限額」修正為「危險分散機制之承擔限額」以符合分散危險之本質。 三、配合修正條文第十一條，修正第三項，將「責任準備金」修正為「各種準備金」，並將主管機關訂定之指定事項，修正為訂定辦法，俾使授權規定更為明確。 四、第四項配合授權明確性原則酌作文字修正。 五、考量財團法人住宅地震保險基金，若發生基金累積之金額不足支付應攤付之賠款時，恐影響保險理賠金給付之進度，進而影響被保險人之權益。因此為彰顯政府對於住宅地震保險制度之重視，參照存款保險條例第二十條規定，增訂第五項規定基金累積之金額不足支付應攤付之賠款時，為保障被保險人之權益，必要時該基金得請求主管機關會同財政部報請行政院核定後，由國庫提供擔保，以取得必要之資金來源。
【第一百三十八條之二】 （信託契約之訂定） Ⅰ保險業經營人身保險業務，保險契約得約定保險金一次或分期給付。 Ⅱ人身保險契約中屬死亡或殘廢之保險金部分，要保人於保險事故發生前得預先洽訂信託契約，由保險業擔任該保險信託之受託人，其中要保人與被保險人應為同一人，該信託契約之受益人並應為保險契約之受益人，且以被保險人、未成年人、心神喪失或精神耗弱之人為限。 Ⅲ前項信託給付屬本金部分，視為保險給付。 Ⅳ保險業辦理保險金信託業務應設置信託專戶，並以信託財產名義表彰。 Ⅴ前項信託財產為應登記之財產者，應依有關規定為信	【第一百三十八條之二】 （新增）	一、本條新增。 二、參考國外實務運作，保險金給付方式除一次現金給付外，尚有儲存生息、定期給付及定額給付等方式，為賦予保險金給付選擇權，爰於第一項規定保險金得一次或分期給付。 三、要保人原已洽訂保險契約，另再預先洽訂保險金信託契約，若發生保險事故，受益人取得之信託給付本金部分即為原保險給付，基於同一給付標的，爰於第三項規定該信託給付屬本金部分，視為保險給付。 四、保險業對信託財產與自有財產負分別管理義務，其會計帳務及實體保管均分別為之，其為應登記之財產者，應依有關規定為信託登記，並以信託財產名義表彰爰增訂第四項及第五項規定。 五、又其既以信託財產表彰，應有對抗效力之發生，不以於證券或其他表彰權利之文件上載明信託財

託登記。 VI第四項信託財產為有價證券者，保險業設置信託專戶，並以信託財產名義表彰；其以信託財產為交易行為時，得對抗第三人，不適用信託法第四條第二項規定。 VII保險業辦理保險金信託，其資金運用範圍以下列為限： 一、現金或銀行存款。 二、公債或金融債券。 三、短期票券。 四、其他經主管機關核准之資金運用方式。		產為其要件。爰於第六項規定，保險業依第四項規定辦理之信託財產為有價證券者，其以信託財產為交易行為時，得對抗第三人。 六、鑑於保險金信託之目的係在照顧年幼孩童或智能不足而無法自行處理保險金者，故其資金運用應以保守保本為原則，爰參考信託業法第三十二條對金錢信託資金運用之規定，於第七項規定保險金信託之資金運用限於投資風險較低之標的。
【第一百三十八條之三】 （保險金信託業務之經營） I 保險業經營保險金信託業務，應經主管機關許可，其營業及會計必須獨立。 II 保險業為擔保其因違反受託人義務而對委託人或受益人所負之損害賠償、利益返還或其他責任，應提存賠償準備。 III 保險業申請許可經營保險金信託業務應具備之條件、應檢附之文件、廢止許可、應提存賠償準備額度、提存方式及其他應遵行事項之辦法，由主管機關定之。	【第一百三十八條之三】 （新增）	一、本條新增。 二、參考銀行法第二十八條規定，於第一項規定保險業經營保險金信託業務與自有業務應獨立管理。 三、為保障委託人或受益人之權益，保險業經營信託業務參照信託業法第三十四條第一項規定，於第二項規定應提存賠償準備。 四、有關保險業經營保險金信託業務申請許可、應具備之條件、應檢附之文件、廢止許可、應提存賠償準備額度、提存方式及其他遵行事項之辦法，授權主管機關定之。
【第一百四十三條】 （保證金之補足與借款） 保險業不得向外借款、為保證人或以其財產提供為他人債務之擔保。但保險業有下列情形之一，報經主管機關核准向外借款者，不在此限： 一、為給付鉅額保險金、大量解約或大量保單貸款之週轉需要。 二、因合併或承受經營不善同業之有效契約。 三、為強化財務結構，發行具有資本性質之債券。	【第一百四十三條】 （保證金之補足與借款） I 保險業認許資產減除負債之餘額，未達第一百四十一條規定之保證金額三倍時，主管機關應命其於限期內，以現金增資補足之。 II 保險業認許資產之標準及評價準則，由主管機關定之。 III 保險業非因給付鉅額保險金之週轉需要，不得向外借款，非經主管機關核准，不得以其財產提供為債務之擔保；其因週轉需要所生之	一、第一項、第二項及第四項所定施行期限已屆滿，爰予以刪除。 二、原條文第三項原係以嚴格約束保險業者，使其不得隨意以財產提供為債務之擔保向外借款所訂定，惟為因應金融市場快速發展及考量保險業面對業務突發需求之資金配置彈性，該項規定已不符現今市場及經濟環境所需，爰予修正之。

	債務，應於五個月內清償。 IV第一項及第二項規定，自第一百四十三條之四第一項至第三項施行之日起，不再適用。	
【第一百四十三條之一】 （安定基金之提撥） I 為保障被保險人之基本權益，並維護金融之安定，財產保險業及人身保險業應分別提撥資金，設置財團法人安定基金。 II 財團法人安定基金之組織及管理等事項之辦法，由主管機關定之。 III 安定基金由各保險業者提撥；其提撥比率，由主管機關審酌經濟、金融發展情形及保險業承擔能力定之，並不得低於各保險業者總保險費收入之千分之一。 IV安定基金累積之金額不足保障被保險人權益，且有嚴重危及金融安定之虞時，得報經主管機關同意，向金融機構借款。	【第一百四十三條之一】 （安定基金之提撥） I 為保障被保險人之權益，並維護金融之安定，財產保險業及人身保險業應分別提撥資金，設置安定基金。 II 前項安定基金為財團法人；其基金管理辦法，由主管機關定之。	一、第一項安定基金所保障被保險人之權益，係基本保障，而非十足保障，爰修正第一項明確界定其保障權益範疇為基本權益，以資明確。 二、為使安定基金能有效發揮其功能，爰修正第二項，增列授權主管機關訂定財團法人安定基金之組織及管理等事項之辦法，以明定安定基金之定位。 三、目前產險業係按總保險費收入之千分之二，壽險業按總保險費收入之千分之一之比率分別提撥於安定基金，基於安定基金提撥之法據列本條第一項，爰將原條文第一百四十三條之提撥比率之規範，移至本條第三項規定，並參考現行提撥比率，納入提撥比率下限，避免累積不足無法發揮安定基金功能，並酌作文字修正以將整體保險業之承擔能力納入提撥比率之考量。 四、安定基金在整個退場機制中扮演很重要的角色，倘若因資金不足而無法達到安定市場秩序之目的，其後果將危及整個社會大眾對保險業之信賴，故有必要授予安定基金能對外借款之機制，爰增列第四項。
【第一百四十三條之二】 （刪除）	【第一百四十三條之二】 安定基金由各保險業者提撥；其提撥比例，由主管機關審酌經濟、金融發展情形及保險業實際需要定之。	本條內容已移列至第一百四十三條之一第三項規範，爰予刪除。
【第一百四十三條之三】 （安定基金之動用） I 安定基金辦理之事項如下： 一、對經營困難保險業之貸款。 二、保險業因與經營不善同業進行合併或承受其契約，致遭受損失時，安定	【第一百四十三條之三】 （安定基金之動用） I 安定基金之動用，以下列各款為限： 一、對經營困難保險業之貸款。 二、保險業因承受經營不善同業之有效契約，或因合併	一、為達保障被保險人基本權益，及維護金融安定之目的，有必要明定安定基金辦理之事項，爰修正第一項規定。 二、為使安定基金之補助或貸款能適用於特定狀況，以發揮其最大效果，爰修正第一項第二款文字，排除變更組織情況之適用，並酌作文

基金得予以低利貸款或補助。 三、保險業依第一百四十九條第四項規定被接管、勒令停業清理或命令解散，或經接管人依第一百四十九條之二第三項規定向法院聲請重整時，安定基金於必要時應代該保險業墊付要保人、被保險人及受益人依有效契約所得爲之請求，並就其墊付金額取得並行使該要保人、被保險人及受益人對該保險業之請求權。 四、保險業依本法規定進行重整時，爲保障被保險人權益，協助重整程序之迅速進行，要保人、被保險人及受益人除提出書面反對意見者外，視爲同意安定基金代理其出席關係人會議及行使重整相關權利。安定基金執行代理行爲之程序及其他應遵行事項，由安定基金訂定，報請主管機關備查。 五、受主管機關委託擔任接管人、清理人或清算人職務。 六、經主管機關核可承接不具清償能力保險公司之保險契約。 七、其他爲安定保險市場或保障被保險人之權益，經主管機關核定之事項。 II 安定基金辦理前項第一款至第三款及第七款事項，其資金動用時點、範圍及限額，由安定基金擬訂，報請主管機關核定。 III 保險業與經營不善同業進行合併或承受其契約致遭受損失，依第一項第二款規定申請安定基金補助者，其金額不得超過安定基金依同項第三款規定墊付之總	或變更組織，致遭受損失時，得請求安定基金予以補助或低利抵押貸款。 三、保險業之業務或財務狀況顯著惡化不能支付其債務，主管機關依第一百四十九條第三項規定派員接管、勒令停業派員清理或命令解散時，安定基金應依主管機關規定之範圍及限額，代該保險業墊付要保人、被保險人及受益人依有效契約所得爲之請求，並就其墊付金額代位取得該要保人、被保險人及受益人對該保險業之請求權。 四、其他爲保障被保險人之權益，經主管機關核定之用途。 II 前項各款動用範圍及限額，由安定基金擬訂並報請主管機關核准。 III 保險業依第一項第二款承受其他保險業之保險契約或與其合併致遭受損失，申請安定基金補助者，其金額不得超過安定基金依同項第三款規定墊付之總額。	字調整；其中貸款有無需提供擔保，授予安定基金自行依申請對象之條件考量之，不限於抵押貸款。 三、配合第一百四十九條之二第三項規定增加接管人聲請法院重整時，安定基金必要時亦應有予以墊付保險金之權限，爰將第一項第三款酌作文字修正，以茲明確。 四、當保險業經接管人依本法規定向法院聲請重整時，公司能否更生成功，涉及重整計畫能否有效率被關係人會議認可，惟實務上號召幾近百萬保險公司的保戶代表共聚一堂行使同意權，易導致議事效率不彰，故爲加速重整之效率，有必要基於公衆利益，參照日本保險業法第二百六十五條之二十八及日本公司重整特例法第四章第六節及第六章第五節規定授予安定基金有代理保戶行使相關權益的權限，爰增訂第一項第四款。 五、保險公司能否順利退場與否，涉及千萬投保大衆權益保障，基於保障被保險人基本權益乃安定基金成立之宗旨，倘有需要，應強化安定基金機能，授予其有擔任接管人、清理人或清算人之職責，以達成立目的，爰增訂第一項第五款。 六、爲避免被保險人因健康及年齡關係，而無法投保，有必要維持壽險契約的存續，以落實對壽險保戶的保障，故倘無其他保險公司願意承接保險契約時，有必要授予安定基金有承接保險契約的機制，以達其成立目的，爰增訂第一項第六款。 七、安定基金之積極目的在於安定保險市場，除保障被保險人權益外，其他得使保險市場安定之措施，亦爲安定基金得辦理之事項，爰將原條文第一項第四款酌作文字修正並改列爲第一項第七款。 八、第二項配合原第一項安定基金所列四款用途，分別改列爲第一款至第三款及第七款，酌作文字修正。 九、配合第一項第二款文字修正，

額。		爰修正第三項，並酌作文字修正。
【第一百四十三條之四】 （保險業自有資本與風險資本之比率） Ⅰ 保險業自有資本與風險資本之比率，不得低於百分之二百；必要時，主管機關得參照國際標準調整比率。 Ⅱ 保險業自有資本與風險資本之比率未達前項規定之比率者，不得分配盈餘，主管機關並得視其情節輕重為其他必要之處置或限制。 Ⅲ 前二項所定自有資本與風險資本之範圍、計算方法、管理、必要處置或限制之方式及 其他應遵行事項之辦法，由主管機關定之。	【第一百四十三條之四】 （保險業自有資本與風險資本之比率） Ⅰ 保險業自有資本與風險資本之比率，不得低於百分之二百；必要時，主管機關得參照國際標準調整比率。 Ⅱ 前項所稱自有資本與風險資本之範圍及計算方法，由主管機關定之。 Ⅲ 保險業自有資本與風險資本之比率未達第一項規定之比率者，不得分配盈餘，主管機關應視情節輕重，依第一百四十九條第一項、第二項及第三項規定處分之。 Ⅳ 前三項規定，自本法修正公布後二年施行。	一、鑑於保險業面臨之主要經營風險種類及程度各有差異，監理上宜先了解其原因而後視個別狀況輔導管理，除將本條原第三項改列為第二項外，並參照銀行法第四十四條第三項規定修正後段文字，定明主管機關對於保險業資本適足率未達第一項規定之標準者，應採行之作為，並得視情節輕重予以處置或限制相關必要處置或限制另於第三項授權辦法中規定。 二、原條文第二項移列至第三項，並增訂相關授權規定。 三、原條文第一項至第三項規定有關保險業自有資本與風險資本制度之規定，已於九十年七月九日修正公布，並於九十二年七月九日施行，第四項已無規定之必要，爰予以刪除。 四、第一項未修正。
【第一百四十四條】 （保費計算公式之核定） Ⅰ 保險業之各種保險單條款、保險費及其他相關資料，由主管機關視各種保險之發展狀況，分別規定銷售前應採行之程序、審核及內容有錯誤、不實或違反規定之處置等事項之準則。 Ⅱ 為健全保險業務之經營，保險業應聘用精算人員並指派其中一人為簽證精算人員，負責保險費率之釐訂、各種準備金之核算簽證及辦理其他經主管機關指定之事項；其資格條件、簽證內容、教育訓練、懲處及其他應遵行事項之辦法，由主管機關定之。 Ⅲ 前項簽證精算人員之指派應經董（理）事會同意，並報主管機關備查。 Ⅳ 簽證精算人員應本公正及公平原則向其所屬保險業之董（理）事會及主管機關提供各項簽證報告；其簽證	【第一百四十四條】 （保費計算公式之核定） Ⅰ 保險業之各種保險單條款、保險費及其他相關資料，由主管機關視各種保險之發展狀況，分別規定其銷售前應採行之程序。 Ⅱ 為健全保險業務之經營，保險業應聘用精算人員並指派其中一人為簽證精算人員，負責保險費率之釐訂、責任準備金之核算簽證及辦理其他經主管機關指定之事項；其資格條件、簽證內容、教育訓練、懲處及其他應遵行事項之管理辦法，由主管機關定之。 Ⅲ 前項簽證精算人員之指派應經董（理）事會同意，並報經主管機關核備。 Ⅳ 簽證精算人員應本公正及公平原則向其所屬保險業之董（理）事會及主管機關提供各項簽證報告；其有違反者，撤銷其簽證精算人員資格。	一、為確保投保人之權益及保險業之清償能力，主管機關應對保險商品於銷售前採取適當之審核及就違反規定者採取一定處分，爰修正第一項增列保險商品銷售前由主管機關訂定審核及內容有錯誤、不實或違反規定之處置等事項準則之法源，俾資明確。 二、第二項配合修正條文第十一條將「責任準備金」修正為「各種準備金」。 三、第三項配合監理現況，將「並報經主管機關備核」修正為「並報主管機關備查」。 四、第四項依簽證報告內容違反情節輕重作成不同程度之處分規範。

報告內容有虛偽、隱匿、遺漏或錯誤情事者，主管機關得視其情節輕重爲警告、停止於一年以內期間簽證或廢止其簽證精算人員資格。		
【第一百四十五條】 （責任準備金之提存） Ⅰ 保險業於營業年度屆滿時，應分別保險種類，計算其應提存之各種準備金，記載於特設之帳簿。 Ⅱ 前項所稱各種準備金之提存比率、計算方式及其他應遵行事項之辦法，由主管機關定之。	【第一百四十五條】 （責任準備金之提存） Ⅰ 保險業於營業年度屆滿時，應分別保險種類，計算其應提存之各種責任準備金，記載於特設之帳簿。 Ⅱ 前項所稱各種準備金比率，由主管機關定之。	一、第一項配合修正條文第十一條，將「各種責任準備金」修正爲「各種準備金」。 二、基於各種準備金特性有所差別，並非均適合以比率規範之，爰修正第二項文字，授權主管機關依其特性，另於保險業各種準備金提存辦法中一併規定其提存比率或計算方式。
【第一百四十五條之一】 （法定盈餘公積之提存） Ⅰ 保險業於完納一切稅捐後，分派盈餘時，應先提百分之二十爲法定盈餘公積。但法定盈餘公積，已達其資本總額或基金總額時，不在此限。 Ⅱ 保險業得以章程規定或經股東會或社員大會決議，另提特別盈餘公積。主管機關於必要時，亦得命其提列。 Ⅲ 第一項規定，自本法中華民國九十六年六月十四日修正之條文生效之次一會計年度施行。	【第一百四十五條之一】 （新增）	一、本條新增。 二、基於保險業爲特許行業，其財務之穩健性，對社會經濟之安定性頗有影響。近年來因經濟景氣之變化下，突顯出保險業財務結構之穩健性對保險業永續發展之重要，爲使保險業發揮保障保戶權益及維護社會安定之功能，宜多強化其財務結構。另配合第十一條修正後，將檢討現行部分準備金項目之存廢，爲使其變動或調整之同時亦能確保清償能力，經參酌的公司法與金融證券相關法令，以及審酌其對保險業發展之可能影響情形，爰於第一項規定保險業應提列之法定盈餘公積比率，並於第二項規定保險業得提特別盈餘公積，並授權主管機關於必要時，亦得令其提列，以強化保險業之財務結構。 三、第三項規定第一項自本法本次修正生效之次一會計年度施行，俾以配合會計年度法定盈餘公積之提列。
【第一百四十六條】 （資金之運用） Ⅰ 保險業資金之運用，除存款外，以下列各款爲限： 一、有價證券。 二、不動產。 三、放款。 四、辦理經主管機關核准之專案運用、公共及社會福利	【第一百四十六條】 （資金之運用） Ⅰ 保險業資金之運用，除存款或法律另有規定者外，以下列各款爲限： 一、有價證券。 二、不動產。 三、放款。 四、辦理經主管機關核准之專	一、中央再保險公司於本法六十三年修正時，股票並未上市，爲使公民營保險業參加認股，第一項爰增訂「或法律另有規定者」之除外規定，俾使保險業得依據中央再保險公司條例投資該公司，惟中央再保險公司之股票已於八十九年七月六日上市，該等文字已無必要，爰予以刪除。

事業投資。 五、國外投資。 六、投資保險相關事業。 七、從事衍生性商品交易。 八、其他經主管機關核准之資金運用。 Ⅱ前項所定資金，包括業主權益及各種準備金。 Ⅲ第一項所定存款，其存放於每一金融機構之金額，不得超過該保險業資金百分之十。但經主管機關核准者，不在此限。 Ⅳ第一項第六款所稱保險相關事業，指保險、金融控股、銀行、票券、信託、信用卡、融資性租賃、證券、期貨、證券投資信託、證券投資顧問事業及其他經主管機關認定之保險相關事業。 Ⅴ保險業經營投資型保險業務、勞工退休金年金保險業務應專設帳簿，記載其投資資產之價值。 Ⅵ投資型保險業務專設帳簿之管理、保存、投資資產之運用及其他應遵行事項之辦法，由主管機關定之，不受第一項、第三項、第一百四十六條之一、第一百四十六條之二、第一百四十六條之四、第一百四十六條之五及第一百四十六條之七規定之限制。 Ⅶ依第五項規定應專設帳簿之資產，如要保人以保險契約委任保險業全權決定運用標的，且將該資產運用於證券交易法第六條規定之有價證券者，應依證券投資信託及顧問法申請兼營全權委託投資業務。 Ⅷ保險業依第一項第七款規定從事衍生性商品交易之條件、交易範圍、交易限額、內部處理程序及其他應	案運用及公共投資。 五、國外投資。 六、投資保險相關事業。 七、經主管機關核准從事衍生性商品交易。 八、其他經主管機關核准之資金運用。 Ⅱ前項所稱資金，包括業主權益及各種責任準備金。 Ⅲ第一項所稱之存款，其存放於每一金融機構之金額，不得超過該保險業資金百分之十。但經主管機關核准者，不在此限。 Ⅳ第一項所稱保險相關事業，係指銀行、票券、證券、期貨、信用卡、融資性租賃、保險、信託事業及其他經主管機關認定之保險相關事業。 Ⅴ保險業經營投資型保險之業務應專設帳簿，記載其投資資產之價值；其投資由主管機關另訂管理辦法，不受保險法第一百四十六條至第一百四十六條之二、第一百四十六條之四及第一百四十六條之五規定之限制。	二、保險業資金因絕大多數取自於大眾，因此資金運用應考量具有公益性之投資，爰修正第一項第四款，增列社會福利事業，以善盡保險業經營之社會責任。 三、鑑於保險業對於避險目的之衍生性商品操作已有相當之熟稔度，且隨著近年保險業資金大幅成長，相對應之資產部位亦日益增加，為使保險業資金運用有適度避險管道、提升避險效率、降低避險成本並減少個案審核之行政流程，以增加時效與保險業之避險彈性，採以通案方式替代個案核准，爰增訂第八項，並修正第一項第七款，刪除「經主管機關核准」文字。 四、第二項配合修正條文第十一條，將「各種責任準備金」修正為「各種準備金」，並作文字修正。 五、第三項酌作文字修正。 六、為因應金融市場跨業經營，以發揮經營綜合效益，爰修正第四項將金融控股、證券投資信託、證券投資顧問事業納入保險相關事業。 七、為配合保險業經營勞工退休金條例之年金保險業務之業務需求，並專設帳簿記載其投資資產，以達風險隔離之效果，爰於第五項前段增加保險業經營勞工退休金條例之年金保險應專設帳簿之規範。 八、原條文第五項後段授權主管機關訂定之管理辦法，配合授權明確性爰酌作文字修正，並移列第六項，以資明確。勞工退休金年金保險業務如設計為投資型年金保險單，則適用第六項、第七項規定。另基於專設帳簿資產如係由要保人指示保險人運用，並由要保人承擔投資損益者，應無關係人交易限額規定之適用，爰於第六項增列排除第一百四十六條之七規定，由主管機關於授權訂定之辦法中規範關係人交易之適用原則，以維持彈性，另不受本條限制應列不受第一項及第三項限制，爰酌作修正。 九、保險業經營第五項業務，如涉

遵行事項之辦法，由主管機關定之。		及得全權決定運用標的，並將專設帳簿之資產運用於證券交易法第六條規定之有價證券時，基於功能性、公平性及一致性之管理，並參酌「證券投資信託及顧問法」第六十五條有關信託業兼營全權委託投資業務之規定，保險業亦應依「證券投資信託及顧問法」第六十六條第三項向證券主管機關申請兼營全權委託投資業務，使與投信投顧事業同受相關法規之規範，爰增列第六項。另上述委任關係必須透過保險契約為之，否則便無單獨存在之實益，故其本質上仍屬保險契約不可分割之一部，爰增訂第七項規定。 十、配合第一項第七款刪除主管機關核准規定，爰增訂第八項授權主管機關訂定保險業從事衍生性商品交易應遵行之規範，以利保險業者遵循，並落實差異化管理之精神。
【第一百四十六條之一】 （得購買之有價證券） I 保險業資金得購買下列有價證券： 一、公債、國庫券。 二、金融債券、可轉讓定期存單、銀行承兌匯票、金融機構保證商業本票；其總額不得超過該保險業資金百分之三十五。 三、經依法核准公開發行之公司股票；其購買每一公司之股票總額，不得超過該保險業資金百分之五及該發行股票之公司實收資本額百分之十。 四、經依法核准公開發行之有擔保公司債，或經評等機構評定為相當等級以上之公司所發行之公司債；其購買每一公司之公司債總額，不得超過該保險業資金百分之五及該發行公司債之公司實收資本額百分之十。	【第一百四十六條之一】 （得購買之有價證券） I 保險業資金得購買下列有價證券： 一、公債、庫券、儲蓄券。 二、金融債券、可轉讓定期存單、銀行承兌匯票、金融機構保證商業本票及其他經主管機關核准保險業購買之有價證券；其總額不得超過該保險業資金百分之三十五。 三、經依法核准公開發行之公司股票；其購買每一公司之股票總額，不得超過該保險業資金百分之五及該發行股票之公司實收資本額百分之十。 四、經依法核准公開發行之有擔保公司債，或經評等機構評定為相當等級以上之公司所發行之公司債；其購買每一公司之公司債總額，不得超過該保險業資金百分之五及該	一、因過去發行之儲蓄券已全數到期，第一項第一款爰配合市場實務酌作文字修正。 二、由於資本市場、資產證券化市場蓬勃發展，有價證券之商品種類增加，過去已開放多項商品，例如金融資產證券化商品、不動產證券化商品，北歐開發銀行新台幣債券等，惟其性質多與現行條文第一項第二款之貨幣市場工具不同，爰將現行條文第一項第二款其他經主管機關核准保險業購買之有價證券改列同項第六款，並配合本次修法酌作文字修正，而其投資總額以不超過保險業資金百分之十為限。 三、由於基金市場已陸續增加各式不同基金類型，例如組合型基金、貨幣型基金等，且配合產險業之資金運用特質，需將資金投資於流動性較高之債券型基金等，以賺取較貨幣市場工具為高之投資收益，其投資總額應可酌予放寬，爰修正第一項第五款將投資總額上限由保險業資金百分之五放寬至資金百分之十。

五、經依法核准公開發行之證券投資信託基金及共同信託基金受益憑證；其投資總額不得超過該保險業資金百分之十及每一基金已發行之受益憑證總額百分之十。 六、證券化商品及其他經主管機關核准保險業購買之有價證券；其總額不得超過該保險業資金百分之十。 II 前項第三款及第四款之投資總額，合計不得超過該保險業資金百分之三十五。 III 保險業依第一項第三款投資，不得有下列情事之一： 一、以保險業或其代表人擔任被投資公司董事、監察人。 二、行使表決權支持其關係人或關係人之董事、監察人、職員擔任被投資金融機構董事、監察人。 三、指派人員獲聘為被投資公司經理人。 IV 保險業依第一項第三款至第六款規定投資於公開發行之未上市、未上櫃有價證券、私募之有價證券；其應具備之條件、投資範圍、內容、投資規範及其他應遵行事項之辦法，由主管機關定之。	發行公司債之公司實收資本額百分之十。 五、經依法核准公開發行之證券投資信託基金及共同信託基金受益憑證；其投資總額不得超過該保險業資金百分之五及每一基金已發行之受益憑證總額百分之十。 II 前項第三款及第四款之投資總額，合計不得超過保險業資金百分之三十五。	四、保險業投資非保險相關事業，因其非屬保險經營專業之相關範疇，原則上應不得擔任被投資公司董事、監察人或指派人員獲聘為被投資公司經理人，但必要時經主管機關核准者，不在此限，以避免過度介入被投資公司經營，而使保險業資金遭不當運用，爰增列第三項。 五、基於未上市、未上櫃及私募之有價證券，流動性不佳，投資風險亦較高，故有必要就其資格、投資範圍、內容及投資規範限制之，以落實差異化管理之精神，爰增訂第四項授權主管機關訂定分級管理審核辦法之規範。 六、第二項未修正。
【第一百四十六條之三】 （放款之限制（一）） I 保險業辦理放款，以下列各款為限： 一、銀行或主管機關認可之信用保證機構提供保證之放款。 二、以動產或不動產為擔保之放款。 三、以合於第一百四十六條之一之有價證券為質之放款。 四、人壽保險業以各該保險業所簽發之人壽保險單為	【第一百四十六條之三】 （放款之限制（一）） I 保險業辦理放款，以下列各款為限： 一、銀行保證之放款。 二、以動產或不動產為擔保之放款。 三、以合於第一百四十六條之一之有價證券為質之放款。 四、人壽保險業以各該保險業所簽發之人壽保險單為質之放款。 II 前項第一款至第三款放	依現行法令保險業僅能承作擔保放款，而廠商或中小企業籌資時如未能提供十足擔保品，保險公司將無法承作，由於國內中小企業資金來源不易，故保險業如配合信用保證機構之信用保證提供放款，將可協助具發展潛力、經營狀況與信用紀錄正常之中小企業，排除

質之放款。 II 前項第一款至第三款放款，每一單位放款金額不得超過該保險業資金百分之五；其放款總額，不得超過該保險業資金百分之三十五。 III 保險業依第一項第一款、第二款及第三款對其負責人、職員或主要股東，或對與其負責人或辦理授信之職員有利害關係者，所為之擔保放款，應有十足擔保，其條件不得優於其他同類放款對象，如放款達主管機關規定金額以上者，並應經三分之二以上董事之出席及出席董事四分之三以上同意；其利害關係人之範圍、限額、放款總餘額及其他應遵行事項之辦法，由主管機關定之。 IV 保險業依第一百四十六條之一第一項第三款及第四款對每一公司股票及公司債之投資與依第一項第三款以該公司發行之股票及公司債為質之放款，合併計算不得超過其資金百分之十與該發行股票及公司債之公司實收資本額百分之十。	款，每一單位放款金額不得超過該保險業資金百分之五；其放款總額，不得超過該保險業資金百分之三十五。 III 保險業依第一項第一款、第二款及第三款對其負責人、職員或主要股東，或對與其負責人或辦理授信之職員有利害關係者，所為之擔保放款，其管理辦法，由主管機關另定之。 IV 保險業依第一百四十六條之一第一項第三款及第四款對每一公司股票及公司債之投資與依本條以該公司發行之股票及公司債為質之放款，合併計算不得超過其資金百分之十及該發行股票及公司債之公司實收資本額百分之十。	
【第一百四十六條之四】 （國外投資之額度之限制） I 保險業資金辦理國外投資，以下列各款為限： 一、外匯存款。 二、國外有價證券。 三、設立或投資國外保險公司、保險代理人公司、保險經紀人公司或其他經主管機關核准之保險相關事業。 四、其他經主管機關核准之國外投資。 II 保險業資金依前項規定辦理國外投資總額，由主管機	【第一百四十六條之四】 （國外投資之額度之限制） I 保險業之資金得辦理國外投資；其範圍、內容及投資規範，由主管機關定之。 II 前項投資總額不得超過該保險業資金百分之五。但主管機關視其經營情況，得逐年予以適度調整。 III 前項調整不得超過該保險業資金百分之三十五。	一、目前保險業辦理國外投資，需符合主管機關依本法第一百四十六條之四所訂之「保險業辦理國外投資範圍及內容準則」規範，為於本法中明確保險業辦理國外投資之範圍，參考「保險業辦理國外投資範圍及內容準則第三條」之規定，爰修正第一項，並納入其他主管機關核准之國外投資，以避免後續金融商品推陳出新適用之困難。 二、保險業資金規模快速增長而國外具有足夠深度和廣度的債市，及獲利穩定之其他投資工具，足以吸納保險業龐大的資金需求，因此提高國外投資額度將有助提升資金

關視各保險業之經營情況核定之，最高不得超過各該保險業資金百分之四十五。 III 保險業資金辦理國外投資之投資規範、投資額度、審核及其他應遵行事項之辦法，由主管機關定之。		運用效率，增加收益，爰將現行條文第三項國外投資調整上限由保險業資金百分之三十五放寬至資金百分之五十。
【第一百四十六條之五】 （資金之其他運用） I 保險業資金辦理專案運用、公共及社會福利事業投資應申請主管機關核准；其申請核准應具備之文件、程序、運用或投資之範圍、限額及其他應遵行事項之辦法，由主管機關定之。 II 前項資金運用方式爲投資公司股票時，準用第一百四十六條之一第三項規定；其投資之條件及比率，不受第一百四十六條之一第一項第三款規定之限制。	【第一百四十六條之五】 （資金之其他運用） I 保險業資金辦理專案運用及公共投資之審核辦法，由主管機關定之。 II 前項資金運用方式爲投資公司股票時，其投資之條件及比率，不受第一百四十六條之一第一項第三款規定之限制。	一、第一項配合第一百四十六條第一項第四款作修正，並明確授權主管機關訂定辦法之重要事項，酌作修正。 二、目前保險業進行專案運用與公共投資已有明確之審核規範，可排除第一百四十六條之一第一項第三款條件及比率之限制，另增訂第一百四十六條之一第三項規定。
【第一百四十六條之六】 （保險業轉投資之限制） I 保險業業主權益，超過第一百三十九條規定最低資本或基金最低額者，得經主管機關核准，投資保險相關事業所發行之股票，不受第一百四十六條之一第一項第三款及第三項規定之限制；其投資總額，最高不得超過該保險業業主權益。 II 保險業依前項規定投資而與被投資公司具有控制與從屬關係者，其投資總額，最高不得超過該保險業業主權益百分之四十。 III 保險業依第一項規定投資保險相關事業，其控制與從屬關係之範圍、投資申報方式及其他應遵行事項之辦法，由主管機關定之。	【第一百四十六條之六】 （保險業轉投資之限制） I 保險業實收資本額減除累積虧損之餘額，超過第一百三十九條規定最低資本或基金最低額者，得經主管機關核准，投資保險相關事業；其條件及比率，不受第一百四十六條之一第一項第三款規定之限制。 II 前項投資總額，不得超過該保險業實收資本額減除累積虧損之餘額百分之四十。	一、實收資本額乃申請設立保險公司之形式要件，待保險業開始營運後，其實際經營績效將反映至保險業之業主權益，故實收資本額之數額已不具實質意義。再者，國際上保險監理趨勢普遍採用業主權益爲衡量保險業資本之基礎，修正條文第一百四十三條之四中所規範之自有資本與風險資本之比率中之自有資本亦以保險業之業主權益爲計算基礎。爲求本法之規範與保險業之實際經營相契合，俾使保險業監理符合國際化潮流，爰修正第一項，以業主權益代替原規定以實收資本額減除累積虧損之餘額作爲投資保險相關事業限額之資格及計算基礎，以期放寬經營良好保險業之投資能量。 二、保險相關事業之股票投資，其投資之性質如屬非公開發行公司之投資、參與經營之投資等，且與被投資公司無控制及從屬關係時，因保險業與所投資之保險相關事業，其經營特性較爲接近，故投資限制可較主導經營爲寬，爰於第

		一項規範，其投資總額，以不得超過該保險業業主權益爲限。但如與被投資公司具有控制與從屬關係，爲避免資本重複計算，爰增訂第二項規範，此類投資限額比率應比照現行條文規定之精神，以保險業業主權益百分之四十爲限。 三、前述主導經營之認定標準，係以保險業與被投資公司間是否具有控制與從屬關係判定，而參與經營則以有無擔任被投資公司董監事判定，故爲明確定義第二項所稱控制與從屬關係之認定範圍，並明確規範保險業依本條投資之投資申報方式及其他應遵行事項，避免保險業資金淪爲大股東炒作股票之工具，爰增訂第三項，授權由主管機關訂定管理辦法規範。
【第一百四十六條之七】 （關係人授信之限制） I 主管機關對於保險業就同一人、同一關係人或同一關係企業之放款或其他交易得予限制；其限額、其他交易之範圍及其他應遵行事項之辦法，由主管機關定之。 II 前項所稱同一人，指同一自然人或同一法人；同一關係人之範圍，包含本人、配偶、二親等以內之血親及以本人或配偶爲負責人之事業；同一關係企業之範圍，適用公司法第三百六十九條之一至第三百六十九條之三、第三百六十九條之九及第三百六十九條之十一規定。 III 主管機關對於保險業與其利害關係人從事放款以外之其他交易得予限制；其利害關係人及交易之範圍、決議程序、限額及其他應遵行事項之辦法，由主管機關定之。	**【第一百四十六條之七】** （關係人授信之限制） I 主管機關對於保險業就同一人、同一關係人或同一關係企業之放款或其他交易得予限制；其限額，由主管機關定之。 II 前項所稱同一人，指同一自然人或同一法人；同一關係人之範圍，包含本人、配偶、二親等以內之血親，及以本人或配偶爲負責人之事業；同一關係企業之範圍，適用公司法第三百六十九條之一至第三百六十九條之三、第三百六十九條之九及第三百六十九條之十一規定。	一、第一項依授權明確性，定明辦法範疇。 二、基於利害關係人放款之相關規範已明定於第一百四十六條之三第三項，惟就利害關係人放款以外之其他交易並未明確規範，爲期保險業辦理利害關係人之放款與進行放款以外之其他交易時，能有一致性之規範，以強化保險業董事會監督與防範利益衝突之機制，爰增訂第三項，授權主管機關訂定辦法管理之。 三、第二項未修正。
【第一百四十七條】 （保險金額之限制）	**【第一百四十七條】** （保險金額之限制）	原條文爲對於保險業承受業務後，要求其作適當危險分散之規

保險業辦理再保險之分出、分入或其他危險分散機制業務之方式、限額及其他應遵行事項之辦法，由主管機關定之。	保險業對於每一危險單位之保險金額扣除再保險金額後，不得超過資本金或基金、公積金、特別準備金及未分配盈餘總和之十分之一。	定。惟僅能適用於比例性再保險，對於非比例性再保險則無法適用。此外配合國際間再保險發展，除傳統再保險外，非傳統之再保方式，如新興風險移轉方法（ART）已日受重視，爰刪除原條文之規定，授權主管機關就保險業對於危險承擔及辦理再保險分出、分入或其他危險分散機制業務之方式、限額及其他應遵行事項，另定完整之授權監理辦法予以規範。
【第一百四十七條之一】（專業再保險業之管理） I 保險業專營再保險業務者，爲專業再保險業，不適用第一百三十八條第一項、第一百四十三條之一、第一百四十三條之三及第一百四十四條第一項規定。 II 前項專業再保險業之業務、財務及其他相關管理事項之辦法，由主管機關定之。	【第一百四十七條之一】（新增）	一、本條新增。 二、專業再保險業爲保險業或外國保險業之一，其經營再保險業務，與財產保險業及人身保險業經營直接簽單業務有別。依據本法第三十九條規定，再保險，指保險人以其所承保之危險，轉向他保險人爲保險之契約行爲。再保險契約當事人爲再保險人與簽單之保險人，與一般保險契約之當事人爲簽單之保險人與要保人有別。 三、有關專業再保險業者之監理，本法並無明確規範，而專營再保險業者之屬性，亦難以第一百三十八條所規範之財產保險業及人身保險業來予以區分。基於保險業及外國保險業專營再保險業務者之特殊性，爰明文排除本法第五章中僅適用於直接簽單保險業之規範，並另定其業務、財務及其他相關事項之管理辦法，予以補充規範。排除適用之條文及理由如下： （一）第一百三十八條第一項規定，已明定經營直接簽單之財產保險業及人身保險業不得兼營，於專業再保險業應無適用，此外爲避免專業再保險業同時經營產、壽險再保險業務，引發違反該條項兼營禁止規定之疑議，爰明文予以排除適用。 （二）本法第一百四十三條之一、第一百四十三條之三，有關保險業提撥安定基金之規定，其目的係爲保障被保險人之權益；且依本法第四十條規定，原保險契約之被保險人，對於再保險人並無賠償請求

		權。爲避免爭議，爰將本法有關安定基金之規定，於專業再保險業明文排除適用。 （三）本法第一百四十四條第一項有關保險業之各種保險單條款、保險費等相關資料，由主管機關規定其銷售前應採行之程序（保單審查）之規定，其目的係爲保障直接簽單保險契約之要保人及被保險人權益，爰明文排除專業再保險業之適用。至於專業再保險業之商品（再保險契約）之管理，則可於第二項之管理辦法中予以訂定。
【第一百四十八條之一】 （財務業務報告） I 保險業每屆營業年度終了，應將其營業狀況連同資金運用情形，作成報告書，併同資產負債表、損益表、股東權益變動表、現金流量表及盈餘分配或虧損撥補之議案及其他經主管機關指定之項目，先經會計師查核簽證，並提經股東會或社員代表大會承認後，十五日內報請主管機關備查。 II 保險業除依前項規定提報財務業務報告外，主管機關並得視需要，令保險業於規定期限內，依規定之格式及內容，將業務及財務狀況彙報主管機關或其指定之機構，或提出帳簿、表冊、傳票或其他有關財務業務文件。 III 前二項財務報告之編製準則，由主管機關定之。	【第一百四十八條之一】 （財務業務報告） I 保險業每屆營業年度終了，應將其營業狀況連同資金運用情形，作成報告書，併同資產負債表、財產目錄、損益表、股東權益變動表、現金流量表及盈餘分配或虧損撥補之議案及其他經主管機關指定之項目，先經會計師查核簽證，並提經股東會或社員代表大會承認後，十五日內報請主管機關備查。 II 保險業除依前項規定提報財務業務報告外，主管機關並得視需要，令保險業於規定期限內，依規定之格式及內容，將業務及財務狀況彙報主管機關或其指定之機構。 III 前二項財務業務報告之編製準則，由主管機關定之。	一、配合公司法第二百二十八條需提報股東會之書表修正刪除「財產目錄」，爰修正刪除「財產目錄」。 二、爲確實掌握保險業財務業務狀況及經營成果，爰於第二項增訂主管機關得視需要，令保險業於規定期限內，提出帳簿、表冊、傳票或其他有關財務業務文件之規定。 三、依原第三項規定授權訂定之「人身保險業財務業務報告編製準則」、「財產保險業財務業務報告編製準則」內容，並未包括業務報告，爲符實際，爰於第三項刪除「業務」等二字，俾符授權明確性。
【第一百四十九條】 （保險業違法之處分） I 保險業違反法令、章程或有礙健全經營之虞時，主管機關除得予以糾正或命其限期改善外，並得視情況爲下列處分： 一、限制其營業或資金運用範圍。 二、命其停售保險商品或限制	【第一百四十九條】 （保險業違法之處分） I 保險業違反法令、章程或有礙健全經營之虞時，主管機關得先予糾正或命其限期改善，並得再視情況爲下列處分： 一、限制其營業範圍或新契約額。 二、命其增資。	一、基於保險業如有違反法令、章程或有礙健全經營時，主管機關應可視情節輕重採取不同之監理措施，如增列限制保險業之資金運用範圍，與保險商品之停售或開辦等，爰分別修正第一項第一款及新增第二款，並調整原條文第二項第二款解除經理人或職員職務之處分改列爲第一項第三款，以賦予主管機關彈性處理之空間。另配合上

其保險商品之開辦。

三、命其增資。

四、命其解除經理人或職員之職務。

Ⅱ保險業不遵行前項處分，主管機關應依情節，分別爲下列處分：

一、撤銷法定會議之決議。

二、解除董（理）事、監察人（監事）職務或停止其於一定期間內執行職務。

三、其他必要之處置。

Ⅲ依前項第二款規定解除董（理）事、監察人（監事）職務時，由主管機關通知公司（合作社）登記之主管機關註銷其董（理）事、監察人（監事）登記。

Ⅳ保險業因業務或財務狀況顯著惡化，不能支付其債務，或無法履行契約責任或有損及被保險人權益之虞時，主管機關得依情節之輕重，分別爲下列處分：

一、監管。

二、接管。

三、勒令停業清理。

四、命令解散。

Ⅴ依前項規定監管、接管、停業清理或解散者，主管機關得委託其他保險業、保險相關機構或具有專業經驗人員擔任監管人、接管人、清理人或清算人；其有涉及安定基金補償事項時，並應通知安定基金配合辦理。

Ⅵ前項經主管機關委託之相關機構或個人，於辦理受委託事項時，不適用政府採購法之規定。

Ⅶ保險業受接管或被勒令停業清理時，不適用公司法有關臨時管理人或檢查人之規定，除依本法規定聲請之重整外，其他重整、破產、和解之聲請及強制執行程序當然停止。

Ⅱ保險業不遵行前項處分或不依第一百四十三條增資補足者，主管機關應依情節，分別爲下列處分：

一、撤銷法定會議之決議。

二、命其解除經理人或職員之職務。

三、解除董（理）事、監察人（監事）職務或停止其於一定期間內執行職務。

四、其他必要之處置。

Ⅲ保險業因業務或財務狀況顯著惡化，不能支付其債務，或無法履行契約責任或有損及被保險人權益之虞時，主管機關得依情節之輕重，分別爲下列處分：

一、派員監管。

二、派員接管。

三、勒令停業派員清理。

四、命令解散。

Ⅳ依前項規定監管、接管、停業清理或解散者，主管機關得委託相關機構或具有專業經驗人員擔任監管人、接管人、清理人或清算人；其有涉及安定基金補償事項時，並應通知安定基金配合辦理。

Ⅴ依第二項第三款解除董（理）事、監察人（監事）職務時，由主管機關通知經濟部、內政部撤銷其董（理）事、監察人（監事）登記。

Ⅵ保險業經主管機關依第三項第一款爲監管處分時，非經監管人同意，保險業不得爲下列行爲：

一、支付款項或處分財產，超過主管機關規定之限額。

二、締結契約或重大義務之承諾。

三、其他重大影響財務之事項。

Ⅶ監管人執行監管職務時，準用第一百四十八條有關檢查之規定。

述調整，原條文第二項各款酌作款次變動。

二、配合第一百四十三條第一項修正刪除「限期現金增資」等字，爰刪除第二項「或不依第一百四十三條增資補足者」文字。

三、配合第二項第二款爲解除董（理）事、監察人（監事）職務之處分規定，現行條文第五項有關解除董（理）事、監察人（監事）職務須撤銷登記之規定，改列爲第三項，另配合實務，將受通知機關「經濟部、內政部」文字修正爲「公司（合作社）登記主管機關」，並將「撤銷」文字修正爲「註銷」，以茲明確；其餘項次順延。

四、配合修正條文第五項規定主管機關進行監管、接管或勒令停業清理處分時，除可委託專業經驗人員擔任監管人、接管人、清理人或清算人外，亦得委託其他保險業、保險相關機構擔任，爰將原第一款至第三款「派員」二字刪除，以茲明確，並移列爲第四項。

五、參照日本保險業法第二百四十三條規定增列保險業、保險相關機構（例如安定基金、保險事業發展中心、產（壽）險商業同業公會等）或具有專業經驗人員（例如律師、會計師、精算師）爲主管機關得委託之監管人、接管人、清理人或清算人，爰修正原第四項移列爲第五項。

六、問題保險業之處理首重迅速，爲免執行職務延誤致造成社會問題，宜強化處理時效及彈性，爰參照存保條例第三十九條增列第六項規定，主管機關委託相關機構或個人辦理受委託之事項時，排除政府採購法規定之適用，以迅速處理問題保險業。

七、有鑑於主管機關對問題保險業執行接管或勒令停業清理等行政處分時，該保險業已有業務或財務狀況顯著惡化，不能支付其債務，或無法履行契約責任或有損及被保險人權益之虞，且公權力之介入

Ⅷ接管人依本法規定聲請重整，就該受接管保險業於受接管前已聲請重整者，得聲請法院合併審理或裁定；必要時，法院得於裁定前訊問利害關係人。 Ⅸ保險業經主管機關依第四項第一款規定為監管處分時，非經監管人同意，保險業不得為下列行為： 一、支付款項或處分財產，超過主管機關規定之限額。 二、締結契約或重大義務之承諾。 三、其他重大影響財務之事項。 Ⅹ監管人執行監管職務時，準用第一百四十八條有關檢查之規定。 Ⅺ保險業監管或接管之程序、監管人與接管人之職權、費用負擔及其他應遵行事項之辦法，由主管機關定之。		目的係在及時整理問題保險業，維護保險市場之穩定，其啟動均經過主管機關審慎之評估，而接管處分係一特別之重整程序，故為避免進行問題保險業之接管或清理程序時，少數股東透過公司法臨時管理人或檢查人之規定，阻撓主管機關進行接管或清理，使多數保戶權益於受接管或勒令停業清理期間懸而未決，在社會多數公益考量下，爰有必要排除公司法有關臨時管理人或檢查人規定之適用，以減少社會成本負擔，而問題保險公司之退場處理，首重時效，於接管或勒令停業清理期間，倘有其他重整、破產、和解之聲請及強制執行程序之進行，將會阻礙主管機關所欲進行之行政處分，確有必要予以停止，爰將原條文第一百四十九條之十第三項改列本條第七項並酌予修正。 八、修正條文第七項之重整、破產、和解聲請及強制執行之程序停止，係以接管或勒令停業清理期間為限；故受接管等處分前，已經法院裁定進行之重整、破產、和解程序並不受其影響，仍予維持進行。基於接管人可依本法聲請重整，故會對同一債務人同時產生重整聲請程序進行並存之情形，為避免裁定結果分歧，及加速重整之審理，有必要規定併將之前已受理之重整得予以合併審理或裁定，以節省法官另行調查之時間，爰增訂第八項。 九、原條文第六項及第七項分別移列至第九項及第十項，並作文字修正。 十、為使監管人或接管人之權責有所依據，爰參考銀行法第六十二條規定，增訂第十一項規定授權主管機關訂定保險業監管或接管之程序、監管人與接管人之職權、費用負擔及其他應遵行事項之辦法，以利遵循。
【第一百四十九條之二】 （監理人之職務與注意）	【第一百四十九條之二】 （監理人之職務與注意）	一、原保險法對接管人之權責係採善良管理人之注意義務，基於受委

Ⅰ 保險業於受接管期間內，主管機關對其新業務之承接、受理有效保險契約之變更或終止、受理要保人以保險契約為質之借款或償付保險契約之解約金，得予以限制。 Ⅱ 接管人執行職務而有下列行為時，應事先取得主管機關許可： 一、增資或減資後再增資。 二、讓與全部或部分營業、資產或負債。 三、與其他保險業合併。 四、其他經主管機關指定之重要事項。 Ⅲ 接管人接管保險業後三個月內未將全部營業、資產或負債移轉者，除有重建更生之可能應向法院聲請重整外，應報請主管機關為清理之處分。上述期限，必要時接管人得向主管機關申請展延。 Ⅳ 法院受理接管人依本法規定之重整聲請時，得逐依主管機關所提出之財務業務檢查報告及意見於三十日內為裁定。 Ⅴ 依保險契約所生之權利於保險業重整時，有優先受償權，並免為重整債權之申報。 Ⅵ 接管人依本法聲請重整之保險業，不以公開發行股票或公司債之公司為限，且其重整除本法另有規定外，準用公司法有關重整之規定。 Ⅶ 受接管保險業依第二項第二款規定讓與全部或部分營業、資產或負債時，如受接管保險業之有效保險契約之保險費率與當時情況有顯著差異，非調高其保險費率或降低其保險金額，其他保險業不予承接者，接管人得報經主管機關核准，調	Ⅰ 接管人執行接管職務時，應以善良管理人之注意為之。其有違法或不當情事者，主管機關得隨時解除其職務，另行選派，並依法追究責任。 Ⅱ 接管人執行職務而有下列行為時，應事先取得主管機關許可： 一、財產之處分。 二、借款。 三、訴訟或仲裁之進行。 四、權利之拋棄、讓與或重大義務之承諾。 五、重要人事之任免。 六、委託其他保險業經營全部或部分業務。 七、增資或減資後再增資。 八、讓與全部或部分營業、資產或負債。 九、與其他保險業合併。 十、其他經主管機關指定之重要事項。 Ⅲ 接管人依前項第八款讓與全部或部分營業、資產或負債時，如受接管保險業之有效保險契約之保險費率與當時情況有顯著差異，非調高其保險費率或降低其保險金額，其他保險業不予承受者，得報經主管機關核准，調整其保險費率或保險金額。	託為監管人、接管人或清理人者，其負責人及職員依據行政程序法第二條第三項規定，受託行使公權力之個人或團體，於受託範圍內，視為行政機關。再者，依據國家賠償法第四條規定，受委託行使公權力之團體或個人，其執行職務之人於行使公權力時，視同委託機關之公務員，而其第二項亦規定，前項執行業務有故意或重大過失時，賠償業務機關對受委託之團體或個人有求償權，故為避免接管人等動輒受訴訟及賠償責任之威脅，不利於金融危機之處理，爰刪除原條文第一項之善良管理人之注意義務，將責任回歸國家賠償法之公務員職責。 二、為避免資金大量流失並加速資產負債之評估，爰增訂第一項，對於受接管保險業其新業務之承接、受理有效保險契約之變更（例如契約之轉換）或終止、受理要保人以保險契約為質之借款或償付保險契約之解約金等，主管機關得予以限制。 三、接管人的職務應以移轉營業、資產或負債，或擬訂重整之聲請為主，而非進行保險業之實質經營，爰修正第二項，保留第七款至第十款並刪除第一款至第六款接管人應事先經主管機關許可之行為。 四、為避免接管期限過長，陷入實質經營困境配合，有必要限制接管期間以督促接管人早日結束接管，故增列接管人在評估受接管保險業有重建更生之可能時，應聲請法院重整；在評估受接管保險業無重建更生之可能時，則應報請主管機關為清理之處分，以利問題保險業之處理，爰增列第三項。 五、為避免法院進行重整之裁定過於冗長，嚴重影響保戶權益，造成金融秩序動盪不安，有必要敦請法院加速審理之期限，並參酌公司法第二百八十四條第一項有關法院進行重整裁定前應向主管機關徵詢意見之規定，爰增列第四項；另

整其保險費率或保險金額。		保險業之主管機關、目的事業中央主管機關、中央金融主管機關及證券管理機關業於九十三年七月一日行政院金融監督管理委員會成立後，已由行政院金融監督管理委員會主管，故主管機關（金管會）就所屬相關業務局研議該問題保險業是否應進行監管、接管、清理或解散等退場措施時，所提出退場評估之財務業務檢查報告及意見，應已能替代法院向前揭四機關徵詢之意見，故可協助法院作為審理之參考，並加速審理期間，使法院在資訊充分掌握或必要時得於三十日內裁定准予重整或駁回。 六、為保障保戶權益有必要授予其法定優先債權，俾資符合公司法第二百九十六條規定：「對公司之債權，在重整裁定前成立者，為重整債權，其依法享有優先受償權者，為優先重整債權」；另有關保戶重整債權之申報，乃屬明知債權，為加速重整之進行，有必要就保戶重整權授予免申報；另有關公司法有關公司重整之申請需以公開發行股票或公司債之公司為要件，鑒於保險公司未必符合上述要件，實有必要予以排除公司法第二百八十二條聲請重整須公開發行之要件及第二百八十三條之一第二款公司未公開發行法院應裁定駁回之規定，爰增列第五項及第六項，定明對保險業為重整之聲請時，除本法另有規定外，準用公司法有關重整之規定。 七、原條文第三項移列為第七項，並酌作文字修正。
【第一百四十九條之六】 （對人之強制處分） 保險業經主管機關依第一百四十九條第四項規定為監管、接管、勒令停業清理或命令解散之處分時，主管機關對該保險業及其負責人或有違法嫌疑之職員，得通知有關機關或機構禁止其財產為移轉、交付或設定他項權利，並	【第一百四十九條之六】 （對人之強制處分） 保險業經主管機關依第一百四十九條第三項派員監管、接管、勒令停業派員清理或清算時，主管機關對該保險業及其負責人或有違法嫌疑之職員，得通知有關機關或機構禁止其財產為移轉、交付或設定他項權利，並得函請入出境許	配合第一百四十九條修正項次與內容調整。

得函請入出境許可之機關限制其出境。	可之機關限制其出境。	
【第一百四十九條之七】 （營業、資產或負債讓與之處理程序） I 股份有限公司組織之保險業受讓依第一百四十九條之二第二項第二款受接管保險業讓與之營業、資產或負債時，適用下列規定： 一、股份有限公司受讓全部營業、資產或負債時，應經代表已發行股份總數過半數股東出席之股東會，以出席股東表決權過半數之同意行之；不同意之股東不得請求收買股份，免依公司法第一百八十五條至第一百八十七條規定辦理。 二、債權讓與之通知以公告方式辦理之，免依民法第二百九十七條之規定辦理。 三、承擔債務時免依民法第三百零一條債權人承認之規定辦理。 四、經主管機關認為有緊急處理之必要，且對市場競爭無重大不利影響時，免依公平交易法第十一條第一項規定向行政院公平交易委員會申報結合。 II 保險業依第一百四十九條之二第二項第三款與受接管保險業合併時，除適用前項第一款及第四款規定外，解散或合併之通知得以公告方式辦理之，免依公司法第三百十六條第四項規定辦理。	【第一百四十九條之七】 （營業、資產或負債讓與之處理程序） I 股份有限公司組織之保險業受讓依第一百四十九條之二第二項第八款受接管保險業讓與之營業、資產或負債時，適用下列規定： 一、股份有限公司經代表已發行股份總數過半數股東出席之股東會，以出席股東表決權過半數之同意行之；不同意之股東不得請求收買股份，免依公司法第一百八十五條至第一百八十七條之規定辦理。 二、債權讓與之通知以公告方式辦理之，免依民法第二百九十七條之規定辦理。 三、承擔債務時免依民法第三百零一條債權人承認之規定辦理。 四、經主管機關認為有緊急處理之必要，且對市場競爭無重大不利影響時，免依公平交易法第十一條第一項規定向行政院公平交易委員會申請許可。 II 保險業依第一百四十九條之二第二項第九款與受接管保險業合併時，除適用前項第一款及第四款規定外，解散或合併之通知得以公告方式辦理之，免依公司法第三百十六條第四項之規定辦理。 III 保險業依第一百四十九條之二第二項第六款受託經營業務時，適用第一項第四款之規定。	一、配合第一百四十九條之二第二項及第三項內容修正及保險業受讓他公司營業、資產或負債應適用公平交易法第十一條有關結合之申報程序，爰為第一項及第二項之文字調整，並刪除原條文第三項規定。 二、公司法第一百八十五條僅限受讓全部營業或財產時始須經股東會重度決議後為之，並未包含受讓部分營業或財產之情形，故為加速問題保險業之處理，爰參考前揭規定，修正第一項第一款。
【第一百四十九條之八】 （清理人之職務） I 保險業之清理，主管機關應指定清理人為之，並得派員	【第一百四十九條之八】 （清理人之職務） I 保險業之清理，主管機關應指定清理人為之，並得派員	一、接管期間為避免利害關係人藉故阻撓程序之進行，原有的股東會、董事、監察人或類似機構之職權應停止，本法第一百四十九條之

監督清理之進行。 II 清理人之職務如下： 一、了結現務。 二、收取債權，清償債務。 III 保險業經主管機關為勒令停業清理之處分時，準用第一百四十九條之一、第一百四十九條之二第一項及第七項規定。 IV 清理人執行第二項職務，有代表保險業為訴訟上及訴訟外一切行為之權。但將保險業營業、資產或負債予以轉讓，或與其他保險業合併時，應報經主管機關核准。 V 其他保險業受讓受清理保險業之營業、資產或負債或與其合併時，應依前條規定辦理。 VI 清理人執行職務聲請假扣押、假處分時，得免提供擔保。	監督清理之進行。清理人執行職務，準用第一百四十九條之一規定。 II 清理人之職務如下： 一、了結現務。 二、收取債權，清償債務。 III 清理人執行前項職務，有代表保險業為訴訟上及訴訟外一切行為之權。但將保險業營業、資產或負債轉讓於其他保險業，或與其他保險業合併時，應報經主管機關核准。 IV 其他保險業受讓受清理保險業之營業、資產或負債或與其合併時，應依前條第一項及第二項規定辦理。 V 清理人執行職務聲請假扣押、假處分時，得免提供擔保。	一 第一項已有相關規定，而清理係較接管為更重之行政處分，亦應準用之，惟前揭職權之停止應屬行政處分外，非屬清理人之職務或職權，而第一百四十九條之二第一項及第七項所規定之情事於清理時亦應準用之，爰將原條文第二項酌作修正並與第三項對調做項次調整，以資明確。 二、配合第二項、第三項項次調整，原第四項除作項次調整外，並刪除「於其他保險業」等字，以賦予清理人之處理彈性，使保險業營業、資產或負債得順利移轉，爰修正第四項。 三、第五項配合前條之修正，酌作修正。 四、第六項未修正。
【第一百四十九條之十】 （清理之程序（二）） I 保險業經主管機關勒令停業進行清理時，第三人對該保險業之債權，除依訴訟程序確定其權利者外，非依前條第一項規定之清理程序，不得行使。 II 前項債權因涉訟致分配有稽延之虞時，清理人得按照清理分配比例提存相當金額，而將所餘財產分配於其他債權人。 III 下列各款債權，不列入清理： 一、債權人參加清理程序為個人利益所支出之費用。 二、保險業停業日後債務不履行所生之損害賠償及違約金。 三、罰金、罰鍰及追繳金。 IV 在保險業停業日前，對於保險業之財產有質權、抵押權或留置權者，就其財產有別除權；有別除權之債權人不	【第一百四十九條之十】 （清理之程序（二）） I 保險業經主管機關勒令停業進行清理時，第三人對該保險業之債權，除依訴訟程序確定其權利者外，非依前條第一項規定之清理程序，不得行使。 II 前項債權因涉訟致分配有稽延之虞時，清理人得按照清理分配比例提存相當金額，而將所餘財產分配於其他債權人。 III 保險業清理期間，其重整、破產、和解、強制執行等程序當然停止。 IV 下列各款債權，不列入清理： 一、債權人參加清理程序為個人利益所支出之費用。 二、保險業停業日後債務不履行所生之損害賠償及違約金。 三、罰金、罰鍰及追繳金。 V 在保險業停業日前，對於保	一、原條文第三項已移列至修正條文第一百四十九條第七項規定，爰予刪除，其餘項次依序往前調整。 二、第七項配合項次變更酌作修正。

依清理程序而行使其權利。但行使別除權後未能受清償之債權，得依清理程序申報列入清理債權。 V 清理人因執行清理職務所生之費用及債務，應先於清理債權，隨時由受清理保險業財產清償之。 VI 依前條第一項規定申報之債權或為清理人所明知而列入清理之債權，其請求權時效中斷，自清理完結之日起重行起算。 VII 債權人依清理程序已受清償者，其債權未能受清償之部分，對該保險業之請求權視為消滅。清理完結後，如復發現可分配之財產時，應追加分配，於列入清理程序之債權人受清償後，有剩餘時，第三項之債權人仍得請求清償。	險業之財產有質權、抵押權或留置權者，就其財產有別除權；有別除權之債權人不依清理程序而行使其權利。但行使別除權後未能受清償之債權，得依清理程序申報列入清理債權。 VI 清理人因執行清理職務所生之費用及債務，應先於清理債權，隨時由受清理保險業財產清償之。 VII 依前條第一項規定申報之債權或為清理人所明知而列入清理之債權，其請求權時效中斷，自清理完結之日起重行起算。 VIII 債權人依清理程序已受清償者，其債權未能受清償之部分，對該保險業之請求權視為消滅。清理完結後，如復發現可分配之財產時，應追加分配，於列入清理程序之債權人受清償後，有剩餘時，第四項之債權人仍得請求清償。	
【第一百四十九條之十一】 （造具清理期內表冊） I 清理人應於清理完結後十五日內造具清理期內收支表、損益表及各項帳冊，並將收支表及損益表於保險業所在地之新聞紙及主管機關指定之網站公告後，報主管機關廢止保險業許可。 II 前項經廢止許可之保險業，自停業時起視為解散，原有清理程序視為清算。	【第一百四十九條之十一】 （造具清理期內表冊） 清理人應於清理完結後十五日內造具清理期內收支表、損益表及各項帳冊，並將收支表及損益表於保險業所在地之日報公告後，報主管機關撤銷保險業許可。	一、原條文「撤銷」修正為「廢止」，另有關於日報公告之規定，修正為在新聞紙及主管機關指定之網站公告。 二、原法規有關保險業清理完成廢止許可後，後續程序未明確規範，為避免解散後再適用公司法清算相關規定導致程序重複且曠日廢時，爰參考現行銀行法第六十二條，新增第二項「停業時起視為解散，原有清理程序視為清算」之規定。
【第一百五十五條】 （刪除）	【第一百五十五條】 保險公司之營業登記、外國保險公司之申請特許及其分支機構營業登記及其他登記，其程序，準用公司法公司設立登記、外國公司認許、外國分公司登記及其他登記之規定。	原條文配合修正條文第一百三十七條刪除保險業營業登記另增訂公司或合作社設立登記之規定，爰予刪除。
【第一百六十條】 （刪除）	【第一百六十條】 保險合作社，除先向主管機關申請為營業登記外，其他登記	原條文配合修正條文第一百三十七條刪除保險業營業登記另增訂公司或合作社設立登記之規定，爰

	程序，適用合作社法合作社設立登記之規定。	予刪除。
【第一百六十五條之一】 （同業公會之加入） 保險業、保險代理人公司、保險經紀人公司、保險公證人公司非加入同業公會，不得營業；同業公會非有正當理由，不得拒絕其加入，或就其加入附加不當之條件。	【第一百六十五條之一】 （新增）	一、本條新增。 二、鑑於自律團體之角色功能日趨重要，為提昇保險同業公會之功能，確保其運作之效率，爰參照證券交易法第八十九條、期貨交易法第八十九條第一項及票券金融管理法第五十四條、證券投資信託及顧問法第八十四條等規定，明定公會組織法源，並強制業者加入公會；同業公會非有正當理由，不得拒絕業者加入或限制加入條件。
【第一百六十五條之二】 （同業公會應辦理事項） I 同業公會為會員之健全經營及維護同業之聲譽，應辦理下列事項： 一、訂定共同性業務規章、自律規範及各項實務作業規定，並報請主管機關備查後供會員遵循。 二、就會員所經營業務，為必要指導或協調其間之糾紛。 三、主管機關規定或委託辦理之事項。 四、其他為達成保險業務發展及公會任務之必要業務。 II 同業公會為辦理前項事項，得要求會員提供有關資料或提出說明。	【第一百六十五條之二】 （新增）	一、本條新增。 二、參照票券金融管理法第五十五條及證券投資信託及顧問法第八十八條規定，並配合保險行業實際情況，明定同業公會應辦理之事項。
【第一百六十五條之三】 （主管機關之職權（一）） 同業公會之業務、財務規範與監督、章程應記載事項、負責人與業務人員之資格條件及其他應遵行事項之規則，由主管機關定之。	【第一百六十五條之三】 （新增）	一、本條新增。 二、參照證券交易法第九十條、期貨交易法第九十三條及證券投資信託及顧問法第八十六條之規定，明定公會之業務、財務規範、章程應記載事項、負責人與業務人員資格條件等事項之規則，由主管機關定之。
【第一百六十五條之四】 （主管機關之職權（二）） 同業公會之理事、監事有違反法令、怠於遵守該會章程、規章、濫用職權或違背誠實信用原則之行為者，主管機關得予以糾正或命令同業公會予以	【第一百六十五條之四】 （新增）	一、本條新增。 二、參照證券交易法第九十二條及證券投資信託及顧問法第九十一條規定，賦予主管機關對公會理事及監事之處分權。

解任。		
【第一百六十五條之五】 （主管機關之職權（三）） 主管機關爲健全保險市場或保護被保險人之權益，必要時，得命令同業公會變更其章程、規章、規範或決議，或提供參考、報告之資料，或爲其他一定之行爲。	【第一百六十五條之五】 （新增）	一、本條新增。 二、參照證券交易法第九十一條、期貨交易法第一百零二條、證券投資信託及顧問法第九十條規定，賦予主管機關對同業公會之監督管理權。
【第一百六十五條之六】 （違反章程等之必要處置） 同業公會得依章程之規定，對會員或其會員代表違反章程、規章、自律規範、會員大會或理事會決議等事項時，爲必要之處置。	【第一百六十五條之六】 （新增）	一、本條新增。 二、參照期貨交易法第九十四條及證券投資信託及顧問法第九十二條規定，明定公會得依章程之規定對會員及其會員代表爲必要之處置。
【第一百六十五條之七】 （章程變更及會議紀錄之備查） 同業公會章程之變更及理事會、監事會會議紀錄，應報請主管機關備查。	【第一百六十五條之七】 （新增）	一、本條新增。 二、爲使主管機關之監督得以落實，參照票券金融管理法第五十七條，明定同業公會章程之變更及理事會、監事會會議紀錄，應報請主管機關備查。
【第一百六十八條】 （營業或資金運用超過範圍之處罰） Ⅰ 保險業違反第一百三十八條第一項、第三項、第五項或第二項所定辦法中有關業務範圍之規定者，處新臺幣九十萬元以上四百五十萬元以下罰鍰。 Ⅱ 保險業違反第一百三十八條之二第二項、第四項、第五項、第七項、第一百三十八條之三第一項、第二項或第三項所定辦法中有關賠償準備金提存額度、提存方式之規定者，處新臺幣九十萬元以上四百五十萬元以下罰鍰；其情節重大者，並得廢止其經營保險金信託業務之許可。 Ⅲ 保險業違反第一百四十三條者，處新臺幣九十萬元以上四百五十萬元以下罰鍰。 Ⅳ 保險業資金之運用有下列情形之一者，處新臺幣九十	【第一百六十八條】 （營業或資金運用超過範圍之處罰） Ⅰ 保險業經營業務違反第一百三十八條規定，或其資金之運用，違反第一百四十六條、第一百四十六條之一、第一百四十六條之二、第一百四十六條之三第一項、第二項、第四項、第一百四十六條之四、第一百四十六條之五、第一百四十六條之六及第一百四十六條之七規定者，處新臺幣九十萬元以上四百五十萬元以下罰鍰，或勒令撤換其負責人；其情節重大者，並得撤銷其營業執照。 Ⅱ 保險業違反第一百四十六條之三第三項或第一百四十六條之八第一項規定者，其行爲負責人，處三年以下有期徒刑或拘役，得併科新臺幣二千萬元以下罰金。	一、第一項保險業違反第一百三十八條事由，依明確性原則明列項次及授權規定。另勒令停業、解除董（理）事職務第一百四十九條已依違反情節訂定相關處分規定，爲避免滋生重複規定之爭議，爰予刪除。 二、配合第一百三十八條之二及第一百三十八條之三，增訂保險業違反經營保險金信託業務相關規範之處罰規定。 三、配合第一百四十三條修正保險業向外舉債爲保證人及以其財產提供爲他人債務擔保之規定，爰於第三項增訂罰則，俾督促保險業者遵循。 四、現行條文第一項有關保險業資金之運用違反事由之罰則，依明確性原則，移列至第四項分款列明，並配合第一百四十六條第八項之增訂，爰於第四項第一款明確規範違反規定之罰則。 五、配合第一百四十六條之七第三項增訂保險業對於利害關係人從事放款以外之其他交易之規範，爰

萬元以上四百五十萬元以下罰鍰或勒令撤換其負責人；其情節重大者，並得撤銷其營業執照：

一、違反第一百四十六條第一項、第三項、第五項、第七項或第六項所定辦法中有關專設帳簿之管理、保存及投資資產運用之規定，或違反第八項所定辦法中有關保險業從事衍生性商品交易之條件、交易範圍、交易限額、內部處理程序之規定。

二、違反第一百四十六條之一第一項、第二項、第三項或第四項所定辦法中有關投資條件、投資範圍、內容及投資規範之規定。

三、違反第一百四十六條之二規定。

四、違反第一百四十六條之三第一項、第二項或第四項規定。

五、違反第一百四十六條之四第一項、第二項或第三項所定辦法中有關投資規範或投資額度之規定。

六、違反第一百四十六條之五第一項前段規定、同條後段所定辦法中有關投資範圍或限額之規定。

七、違反第一百四十六條之六第一項、第二項或第三項所定辦法中有關投資申報方式之規定。

八、違反第一百四十六條之七第一項所定辦法中有關放款或其他交易限額之規定，或第三項所定辦法中有關決議程序或限額之規定。

九、違反第一百四十六條之九第一項、第二項或第三項規定。

V 保險業依第一百四十六條

Ⅲ 保險業依第一百四十六條之三第三項或第一百四十六條之八第一項規定所為之擔保放款達主管機關規定金額以上，未經董事會三分之二以上董事之出席及出席董事四分之三以上同意者，或保險業違反依第一百四十六條之三第三項所定管理辦法有關放款限額、放款總餘額之規定者，其行為負責人處新臺幣二百萬元以上一千萬元以下罰鍰，不適用前項之規定。

於第四項第八款後段新增保險業違反規定之罰則。

六、配合第一百四十六條之九增訂，將保險業不宜介入被投資公司經營，擔任委託書徵求人或與他人共同對外徵求委託書，對於被投資公司股權之行使亦不得損及要保人、被保險人及受益人之最大利益等規範，爰於第四項第十款增訂保險業違反第一百四十六條之九規定之罰則。

七、現行條文第二項及第三項依序移列至第五項及第六項規定，並酌作文字修正以符明確性原則。

之三第三項或第一百四十六條之八第一項規定所爲之放款無十足擔保或條件優於其他同類放款對象者，其行爲負責人，處三年以下有期徒刑或拘役，得併科新臺幣二千萬元以下罰金。 VI 保險業依第一百四十六條之三第三項或第一百四十六條之八第一項規定所爲之擔保放款達主管機關規定金額以上，未經董事會三分之二以上董事之出席及出席董事四分之三以上同意者，或違反第一百四十六條之三第三項所定辦法中有關放款限額、放款總餘額之規定者，其行爲負責人，處新臺幣二百萬元以上一千萬元以下罰鍰。		
【第一百六十九條】 （超額承保之處罰） 保險業違反第七十二條規定超額承保者，除違反部分無效外，處新臺幣四十五萬元以上二百二十五萬元以下罰鍰。	【第一百六十九條】 （超額承保之處罰） 保險業違反第七十二條規定超額承保者，除違反部分無效外，處新臺幣四十五萬元以上二百二十五萬元以下罰鍰，或勒令撤換其負責人；其情節重大者，並得撤銷其營業執照。	勒令停業、解除董（理）事職務，修正條文第一百四十九條已依違反情節訂定相關處分規定，爲避免滋生重複規定之爭議，爰酌予刪除。
【第一百七十條】 （刪除）	【第一百七十條】 保險業違反本法或本法授權所定命令中有關強制或禁止規定或應爲一定行爲而不爲者，除本法另有處以罰鍰規定而應從其規定外，處新臺幣一百萬元以上五百萬元以下罰鍰。	一、本條刪除。 二、違反本法或本法授權法規命令應予處罰者，本次已檢討於其他修正條文明定處罰構成要件及其法律效果，本條爰予刪除。
【第一百七十條之一】 （違反辦理再保險業務規定之處罰） I 保險業辦理再保險業務違反第一百四十七條所定辦法中有關再保險之分出、分入、其他危險分散機制業務之方式或限額之規定者，處新臺幣九十萬元以上四百五十萬元以下罰鍰。	【第一百七十條之一】 （新增）	一、本條新增。 二、配合第一百四十七條之修正，於第一項增列保險業辦理再保險業務，違反該條文所定辦法之處罰。 三、配合第一百四十七條之一之新增，增訂第二項，就專業再保險業違反其第二項所定辦法中有關業務範圍或財務管理之規定者之罰則。

II 專業再保險業違反第一百四十七條之一第二項所定辦法中有關業務範圍或財務管理之規定者，處新臺幣九十萬元以上四百五十萬元以下罰鍰。		
【第一百七十一條之一】（違反提供說明文件義務之處罰） I 保險業違反第一百四十八條之一第一項或第二項規定者，處新臺幣六十萬元以上三百萬元以下罰鍰。 II 保險業違反第一百四十八條之二第一項規定，未提供說明文件供查閱、或所提供之說明文件未依規定記載，或所提供之說明文件記載不實，處新臺幣六十萬元以上三百萬元以下罰鍰。 III 保險業違反第一百四十八條之二第二項規定，未依限向主管機關報告或主動公開說明，或向主管機關報告或公開說明之內容不實，處新臺幣三十萬元以上一百五十萬元以下罰鍰。 IV 保險業違反第一百四十八條之三第一項規定，未建立或未執行內部控制或稽核制度，處新臺幣六十萬元以上三百萬元以下罰鍰。 V 保險業違反第一百四十八條之三第二項規定，未建立或未執行內部處理制度或程序，處新臺幣六十萬元以上三百萬元以下罰鍰。	【第一百七十一條之一】（違反提供說明文件義務之處罰） I 保險業違反第一百四十八條之二第一項規定，未提供說明文件供查閱、或所提供之說明文件未依規定記載、或所提供之說明文件記載不實，處新臺幣六十萬元以上三百萬元以下罰鍰。 II 保險業違反第一百四十八條之二第二項規定，未依限向主管機關報告或主動公開說明、或向主管機關報告或公開說明之內容不實，處新臺幣三十萬元以上一百五十萬元以下罰鍰。	一、為課以保險業依第一百四十八條之一規定期限內提報財務業務報告及相關文件之義務，俾使主管機關確實掌握財務業務狀況及經營成果，爰增訂第一項處以罰鍰之規定。至所提供之財報內容有虛偽不實之記載者，行為負責人所應負刑責部分，應依證券交易法、商業交易法或其他相關法規辦理，不列入本項修正。 二、原條文第一項及第二項改列修正條文第二項及第三項。 三、為督促保險業建立並執行內部控制及內部稽核制度暨資產評估、逾期放款催收款呆帳轉銷等內部處理制度及程序，爰於第四項及第五項增訂未建立或未執行之相關罰則。
【第一百七十二條之一】（違反監理效力之處罰） 保險業於主管機關監管、接管或勒令停業清理時，其董（理）事、監察人（監事）、經理人或其他職員有下列情形之一者，處一年以上七年以下有期徒刑，得併科新臺幣二千萬元以下罰金： 一、拒絕將保險業業務財務有	【第一百七十二條之一】（違反監理效力之處罰） 保險業於主管機關派員監管、接管或勒令停業派員清理時，其董（理）事、監察人（監事）、經理人或其他職員有下列情形之一者，處一年以上七年以下有期徒刑，得併科新臺幣二千萬元以下罰金： 一、拒絕將保險業業務財務有	配合第一百四十九條之修正，酌作文字修正。

關之帳冊、文件、印章及財產等列表移交予監管人、接管人或清理人或不爲全部移交。 二、隱匿或毀損與業務有關之帳冊、隱匿或毀棄該保險業之財產，或爲其他不利於債權人之處分。 三、捏造債務，或承認不真實之債務。 四、無故拒絕監管人、接管人或清理人之詢問，或對其詢問爲虛僞之答覆，致影響被保險人或受益人之權益者。	關之帳冊、文件、印章及財產等列表移交予監管人、接管人或清理人或不爲全部移交。 二、隱匿或毀損與業務有關之帳冊、隱匿或毀棄該保險業之財產，或爲其他不利於債權人之處分。 三、捏造債務，或承認不真實之債務。 四、無故拒絕監管人、接管人或清理人之詢問，或對其詢問爲虛僞之答覆，致影響被保險人或受益人之權益者。	
【第一百七十五條】 （旅行細則及保險業管理辦法之訂定） 本法施行細則，由主管機關定之。	【第一百七十五條】 （旅行細則及保險業管理辦法之訂定） 本法施行細則及保險業管理辦法，由財政部擬訂，呈請行政院核定公布之。	一、配合第一百三十七條第二項之修正，已將保險業管理辦法之授權法源納入該條規定中，配合刪除「及保險業管理辦法」之文字。 二、依例將本法施行細則修正爲由主管機關定之。
【第一百七十五條之一】 （國際合作條約或協定之簽訂） I 爲促進我國與其他國家保險市場主管機關之國際合作，政府或其授權之機構依互惠原則，得與外國政府、機構或國際組織，就資訊交換、技術合作、協助調查等事項，簽訂合作條約或協定。 II 除有妨害國家利益或投保大眾權益者外，主管機關依前項簽訂之條約或協定，得洽請相關機關、機構依法提供必要資訊，並基於互惠及保密原則，提供予與我國簽訂條約或協定之外國政府、機構或國際組織。	【第一百七十五條之一】 （新增）	一、本條新增。 二、爲促進我國與其他國家保險市場主管機關之國際合作，並參考組織犯罪防制條例第十五條規定之立法例，於第一項明定，政府或其授權之機構得與外國政府、機構或國際組織，就資訊交換、技術合作、協助調查等事項，簽訂合作條約或協定。 三、簽訂合作條約或協定之主要目的在於與外國主管機關加強合作，共同遏止、打擊跨國不法行爲，以維護本國保險市場之交易秩序與安全。故於第二項明定，除有妨害國家利益或投保大眾權益，主管機關依前項簽訂之合作條約或協定，得洽請相關機關、機構依法提供必要資訊，並基於互惠及保密原則，提供予與我國簽訂合作條約或協定之外國政府、機構或國際組織。
【第一百七十八條】 （施行日） 本法自公布日施行。	【第一百七十八條】 （施行日） I 本法自公布日施行。 II 本法修正條文，除已另定施行日期者外，自修正公布日施行。	修正條文配合第一百四十三條之四第四項之刪除，爰刪除第二項規定。

第二節　大陸保險法之立法沿革與歷次修法重點

一、立法沿革[5]

　　大陸的民商法律制度歷經四十餘年之發展，始於二十世紀九十年代末期形成體系。大陸保險法也隨著此一過程獲得發展。1995年6月30日大陸的立法機關通過集保險合同法與保險業法於一體的《中華人民共和國保險法》（下稱1995年保險法），該法共有8章152條。1995年保險法不僅是規範保險活動、調控保險市場競爭的行動指南，具有非常重要的意義。而且也是所有的保險活動的參與者應當遵循的行為規範，是法院保護被保險人、受益人至保險人利益的裁判規範。

　　由於1995年保險法頒佈後，大陸的保險業和社會環境發生了巨大的變化，2002年10月28日，大陸立法機關通過了《關於修改〈中華人民共和國保險年法〉的決定》，該決定自2003年1月1日起施行；1995年保險法根據該決定做了相應修改後，並重新公布了《中華人民共和國保險法》（下稱2002年保險法）。

　　大陸保險法的修改，本身代表大陸保險法的發展過程相當曲折，修改的目的顯然是要完善欠缺妥當性的法律規範，但大陸保險法的修改過程和結果，也並不表示大陸保險法已經達到理想目標，大陸保險自其頒佈之日起就存在修改空間，經過立法機關的修正，其仍然存在很大修改的空間，這是學術界和實務界有待努

---

5 鄒海林，大陸保險法的發展與主要爭議問題，國立政治大學法學院財經法新趨勢研討會（八）暨兩岸財經法學術研討會（一），93年11月。

力之課題。故大陸保險法第二次修改相關工作於 2004 年啓動，由
「中國保險監督管理委員會」起草的《保險法修訂草案建議稿》
已於 2006 年底上報給國務院法制辦公室，目前國務院法制辦公室
正在考慮提交國務院常務會議討論草案；這次大陸保險法的修改
有較多創新、實現了大陸中央提出的「思想創新、機制創新、制
度創新」的精神。

二、歷次修法重點[6]

（一）1995 年制定之保險法

大陸保險業開始於清朝末期，其保險法源於清朝末期對國外
保險立法的引進。清末商法草案仿照《日本商法典》，在商行爲編
中設有損害保險和人壽保險二章；但是，清末的保險立法活動並
沒有真正形成法律。

1929 年，國民政府公佈了大陸歷史第一部《保險法》，以保
險合同關係作爲該法的規範物件；該法共計三章八十二條。1937
年，國民政府立法院對 1929 年《保險法》予以相應的修正。1935
年，當時的國民政府還頒佈了《保險業法》。但 1949 年後，大陸
廢除了國民政府時期頒佈"六法全書"，而使國民政府時期頒佈的
《保險法》和《保險業法》在大陸退出了歷史舞台。

1949 年後，大陸政府接收了官僚資本保險公司，全面改造了
私營保險業，並成立中國人民保險公司，開辦了國有保險公司經
營的財產保險和人身保險等業務。在這個過程中，大陸的政府、
立法部門對保險方面的立法仍然相當的重視，早在二十世紀五十
年代初期，大陸就開始頒佈規範活動的法規。例如，國務院 1951
年發佈的《飛機旅客意外傷害強制保險條例》、《鐵路旅客意外傷

6 同註 5。

害強制保險條例》、《輪船旅客意外傷害強制保險條例》等。

　　自 1956 年社會主義公有制改造完成以 1978 年改革開放的期間，大陸的保險立法基本上處於停滯階段。

　　1978 年，大陸實行改革開放的政策。大陸的經濟體制開始發生變化，保險業也隨之開始發展，保險立法在逐步完善過程中。這一時期立法對於規範大陸保險企業的保險活動，加強對保險業的管理，促進保險市場的健康發展發揮了積極的作用。

　　在保險合同方面，大陸在 1981 頒佈《中華人民共和國經濟合同法》（經 1993 年修訂），爲財產保險合同的訂立和履行規定了基本行爲規範。國務院 1983 年發佈《中華人民共和國財產保險合同條例》，爲執行《經濟合同》規定的財產保險合同規範，提供更爲細緻的依據。1992 年，大陸頒佈《中華人民共和國海商法》，對海上保險合同的訂立、變更、轉讓、當事人的權利和義務、以及海上保險賠償責任等作出了明確具體的規定。

　　在保險業的管理方面，國務院 1985 年發佈了《保險企業管理暫行條例》，對大陸保險企業的設立和管理、中國人民保險公司的地位、保險企業的償付能力和保險準備金、再保險等事項作出了規定。爲適應上海市對外開放和經濟發展的需要，加強對外資保險機構的管理，中國人民銀行 1992 年還制定了《上海外資保險機構暫行管理辦法》，對於外資保險機構的設立與登記、資本金和業務範圍、業務管理、資金的運用（投資）、清理與解散等事項作出了規定。

　　爲了使大陸的保險業建立在更完善的法制基礎上，充分保護保險活動當事人合法權益，中國人民銀行 1991 年 10 月成立了保險法起草小組，開始起草《中華人民共和國保險法（草案）》。經過保險法起草小組的擬稿、論證和修改，並經國務院第 29 次常務會議審議通過，形成保險法草案。八屆全國人大常委會於 1995

年 6 月 30 日通過了《中華人民共和國保險法》,自 1995 年 10 月 1 日起施行,其主要內容為:

1、《第 1 章總則》計 9 條,規定的內容包括立法目的、適用範圍、保險活動的原則以及有關保險業務管理的基本規定。總則部份對於《保險法》其餘各章的規範適用和解釋,具有普遍的指導意義。

2、《第 2 章保險合同》計 3 節 60 條,分為保險合同的一般規定、財產保險合同規範和人身保險合同規範三部份。

3、《第 3 章保險公司》計 22 條,規定的內容主要有保險公司的組織形式、設立保險公司的條件、保險公司的分支機構、保險公司的清算以及保險公司的破產等事項。

4、《第 4 章保險經營規則》計 15 條,分別規定了保險公司的業務範圍、再保險業務以及保險公司開展保險和再保險業務活動的基本行為準則。

5、《第 5 章保險業的監督管理》計 18 條,分別規定了保險險種的條款和費率的審批和備案、保險公司的業務和財務監督、保險公司的整頓與接管等制度。

6、《第 6 章保險代理人和保險經紀人》計 13 條,分別規定保險輔助人的地位、保險輔助人的業務活動準則、以及對保險輔助人的監督管理等事項。

7、《第 7 章法律責任》計 15 條,分別規定了違反《保險法》從事保險活動應當承擔的行政責任和刑事責任。

8、《第 8 章附則》計 6 條,分別規定了海上保險的法律適用、外資保險公司的法律適用、農業保險的法律適用、保險公司以外的保險組織、既存保險公司的改制、以及保險法的施行日期等事項。

（二）2002年修訂之保險法

自 1995 年保險法頒佈實施以來，保險業的外部環境和內部結構都發生重大變化；保險業務規模不斷擴大，市場的年保費收入從 1995 年 683 億元增加到 2001 年的 2109 億元；競爭主體不斷增加，保險公司由 1995 年的 9 家增加到 50 餘家，並有外國保險公司參與大陸保險公司市場競爭；保險業監管不斷加強，成立了國家保險監督管理委員會（下稱保監會）對商業保險實行統一監管；保險公司經營管理水平和自律能力有所提高；特別是在大陸加入世界貿易組織（WTO）後，大陸保險業對外開放和市場化進程加快。這些深刻變化，使得 1995 年保險法存在問題和不足日益顯露，對其進行修改完善成為大陸保險業改革和發展的必然要求。

2002 年 10 月 28 日，全國人民代表大會常務委員會通過《關於修改〈中華人民共和國保險法〉的決定》，對 1995 年保險法予以修改和增補。除 1995 年保險法第 2 章第 2 節外，修改涉及所有的其他章節，修改和補充的條文有 38 個。但修改並沒有對 1995 年保險法的結構作出調整，主要還是為了應對保險業發展形勢的變化而集中修改了保險業的監管制度。因為這個原因，就保險業法而言，2002 年保險法與 1995 年保險法有許多不同。

1、強調誠實信用原則在保險法的應用上

2002 年保險法第 5 條單獨規定誠實信用原則，實際上有力地提升誠實信用原則在保險法上的應用水準。2002 年保險法第 17 條所規定的保險人的說明義務和投保人的如實告知義務，為誠實信用原則在保險法上的核心價值；此外，2002 年保險法對於保密義務、危險增加的通知義務、保險事故的通知義務、索賠的協助義務、道德危險不予承保等方面規定，有力地豐富了誠實信用原則的應有內容。近期修改不僅對於上述內容予以肯定，而且還作出以下的補充或增加：

（1）保險人對被保險人或受益人負擔理賠通知義務

除第 24 條（保險人的拒陪通知義務）外，1995 年保險法第 23 條並沒有規定保險人的理賠通知義務。近期修改要求保險人在收到被保險人或者受益人的保險給付請求後，應當將核定結果通知被保險人或受益人。2002 年保險法第 24 條第 1 款規定："保險人收到被保險人或者受益人的賠償請求或者請求保險金給付後，應當及時作出核定，並將核定結果通知被保險人或者受益人"。

（2）保險人的保密義務的擴張

保險人和再保險人承擔保密義務的範圍有所擴大，受保密義務保護的當事人的範圍有所擴大。近期修改將 1995 年保險法第 31 條所定應當保密的事項"業務和財產情況"擴及到"業務和財產情況及個人隱私"，受保密義務的權利人還包括了"受益人"。2002 年保險法第 32 條規定：保險人或者再保險接受人對在辦理保險業務中知道的投保人、被保險人、受益人或者再保險分出人的業務和財產狀況及個人隱私，負有保密的義務。

（3）人身保險合同和準備金的轉讓，不得損害被保險人或受益人的利益。

1995 年保險法第 87 條僅規定，經營人有人壽保險義務的保險公司終止業務的，應當將其持有人的人壽保險合同和準備金轉讓給其他保險公司。近期修改對 1995 年保險法第 87 條增加一款，規定轉讓人壽保險合同和準備金，不得損害被保險人或受益人的合法權益。2002 年保險法第 88 條第 2 款規定："轉讓或者由保險監督管理機構指定接受前款規定的保險合同及準備金的，應當維護被保險人、受益人的合法權益。"

2、改革保險業監管的方式和內容

政府對保險業必須進行監管，這裡涉及的問題不是應否監管、而是應當如何監管的問題。1995 年保險法對於保險業監管的

方式和內容的規定，存在明顯的缺陷；對於本不屬於政府管理的事項，卻規定爲保監會的職能；對於保監會應當具有的職能，卻疏漏規定政府應當管的事項，使得保監會不能很好的履行其監管保險業的職能，保險業的監管不能夠適應市場經濟運行的客觀要求。1995 年保險法第 106 條規定："商業保險的主要險種的基本保險條款和保險費率，由金融監督管理部門制定。保險公司擬定的其他險種的保險條款和保險費率，應屬保險公司經營行爲，實爲保險公司控制其經營風險和提高管理水平的重要內容。1995 年保險法規定政府替保險公司制定基本保險條款和費率，被學者認爲是具有計畫經濟時代的色彩制度，過度干預了保險公司的行爲，實際上"等於否定了保險公司的商業定價權，企業無法按照市場變化調整價格，非常不利於市場公平競爭"。

1995 年保險法對保監管保險公司的償付能力，欠缺全面具體規定，致使保監會無法具體落實對保險公司的償付能力的監管；1995 年保險法還欠缺保監會宏觀調控保險業的具體授權，保險監管的靈活性較差，透明度不高，從而也不利於保險業監管的具體措施的實施。爲適應市場經濟對保險監管的需求，有必要對 1995 年保險法的相關規定進行調整，並進一步完善相關的監管制度，以提高保險業監管的透明度和效率。近期修改對保險業監管方式和內容的改革，主要有：

（1）立法確認保險會的保險業監管地位

2002 年保險法第 9 條明確規定，保監會監管保險業的職能部門，適應大陸設立保監會保險業的現實狀況。

（2）立法授權保監會對保險公司償付能力進行全面監管

2002 年保險法在保監會原有職能的基礎上，增加規定多項監管保險業的償付能力的職能，有利地提升了保監會監管保險業的地位，主要有：

　　①保險公司償付能力監管指標體系，由保監會建立健全。

　　1995 年保險法沒有規定保險公司的償付能力指標體系，對於保監會監管保險業的償付能力有一定的困難。2002 年保險法第 108 條規定：“保險監督管理機構應當建立健全保險公司償付能力監管指標體系，對保險公司的最低償付能力實施監控。”

　　②保監會負責制定保險公司提取和結轉負責準備金的具體辦法。

　　1995 年保險法第 93 條關於責任準備金提取的規定，不具有靈活性，而且沒有充分考慮保險公司的償付能力的需要。2002 年保險法第 94 條規定：“保險公司提取和結轉責任準備金的具體辦法由保險監督管理機構制定。”

　　③保監會負責制定保險基金的提存和使用方法。

　　1995 年保險法第 96 條關於保險保障基金的使用，並未授權保監會制定辦法，如何集中管理、統籌使用存在疑問。2002 年保險法第 97 條規定：“爲了保障被保險人的利益，支援保險公司穩健經營，保險公司應當按照保險監督管理機構的規定提存保險保障基金。……保險保障基金管理使用的具體辦法由保險監督管理機制制定。”

　　④保監會決定保險公司的再保險事宜。

　　1995 年保險法第 101 條關於法定再保險及其比例的規定，不能適應保險市場充分的競爭的要求，而且與大陸加入世界貿易組織所作出的承諾存在差距。大陸在加入世界貿易組織時承諾，非壽險 20％的法定再保險比例在大陸加入世貿組織後，逐年降低 5％，4 年內取消。2002 年保險法第 102 條規定：“保險公司應當按照保險監督管理機構的有關規定辦理再保險。“保險公司應當按照保險監督管理機構的有關規定辦理再保險”

　　⑤保監會有權查詢保險公司的存款。

1999 年沒有賦予保監會查詢保險公司存款的權力，不利於保監會動態適時地監管保險公司的資金運用狀況。近期修改使得保監會取得准司法機關的地位，可以查詢保險公司的存款。2002 年保險法第 109 條第 3 款規定：“保險監督管理機關有權查詢保險公司在金融機構的存款。”

（3）保監會不再普遍代為保險公司的具體經營事務

1995 年保險法規定保監會負責制定基本險種的保險條款和費率，直接干涉保險公司的具體經營事務，近期修改使得保監會不再具有制定保險條款和費率的職能，但同時要求保險公司將關係社會利益的險種、強制保險的險種、新型人壽保險險種的條款及費率，上報保監會審批；其他保險條款和費率，上報保監會備案。2002 年保險法第 107 條規定：“關係社會公眾利益的保險險種、依法實行強制保險的險種和新開發的人壽保險險種等的保險條款和保險費率，應當報保險監督管理機關審批。……其他險種的保險條款和保險費率，應當報保險監督管理機關備案。”

（4）強化保險公司接受監管的義務

所有保險公司均應當建立精算報告制度，並承擔業務報告真實的義務，有義務加強對保險代理人的管理培訓。2002 年保險法第 121 條規定：“保險公司必須聘用經保險監督管理機構認可的精算人員、建立精算報告制度。”第 122 條規定：“保險公司的營業報告、財務會計報告、精算報告及其他有關報表、文件和資料必須如實紀錄保險業務事項，不得有虛假記載；誤導性陳述和重大遺漏。”第 136 條規定：“保險公司應當加強對保險代理人的培訓和管理，提高保險代理人的職業道德和業務素質，不得唆使、誤導保險代理人進行違背誠信義務的活動。”

3、弱化保險公司嚴格的分業經營制度

1995 年保險法第 91 條規定嚴格的分業經營制度，財產保險

業務和人身保險業務不得兼營；但近期修改考慮到大陸保險市場的競爭格局，並注意到嚴格的分業經營制度的不足，對保險業務分業經營做出例外規定，允許經營財產保險業務的保險公司經核定後，經營短期健康保險業務和意外傷害保險業務。

2002 年保險法第 92 條第 2 款規定：“同一保險人不得同時兼營財產保險業務和人身保險業務；但是，經營財產保險業務的保險公司經保險監督管理機構核定，可以經營短期健康保險業務和意外傷害保險業務。”

4、放鬆對保險資金運用的限制

1995 年保險法第 104 條規定了保險公司的資金運用限制。該條規定的資金運用專案為銀行存款、買賣政府債券和金融債券、以及國務院規定的其他資金運用形式，並禁止保險公司向其他企業投資。應當注意的是，外國保險公司可以進入大陸保險市場設立合資公司或獨資公司。而大陸的保險公司則不能投資於企業經營，地位明顯不對稱。在這個意義上，有必要修改 1995 年保險法關於保險公司的資金運用的規定，弱化保險公司的資金向企業投資的嚴格限制，使得大陸的保險公司可以在保險業的範圍內進行投資設立企業。近期修改對大陸保險公司的資金運用的限制有所放鬆，更加有利於大陸的保險公司與外國保險公司開展合作與競爭。

5、豐富保險業的組織形式

1995 年保險法第 69 條規定保險公司應當採取股份有限公司和國有獨資公司的組織形式；而第 148 條對於設立外資參股的保險公司和外國保險公司的分公司，也僅有原則性規定，並沒有明確外資參股的保險公司所應當採取的組織形式。嚴格地說，法定的保險業的組織形式為股份有限公司和國有獨資公司，設立外資參股的保險公司僅能採取有限公司的形式。若果真如此，設立外

資參股的保險公司存在相當大的障礙。

考慮到大陸加入世貿組織後的保險市場的開放格局以及實踐中設立中外合資保險公司的現實，近期修改將“外資參股的保險公司”明確爲“中外合資保險公司、外資獨資保險公司、外國保險公司分公司適用本法規定；法律、行政法規另有規定的，適用其規定。”這樣的修改，使得大陸的保險業組織形式有所增加，包括有外國保險公司的資本投入的“有限責任公司”，這樣的組織形式。

6、加強保險業者違規行爲的糾正和處罰

近期修改普遍提高對違反保險法的行爲的處罰力度，以期更加有效地防止或者糾正保險業者的違法行爲。保險業者違反保險法的規定，可能面臨的罰款金的幅度較之 1995 年保險法的規定，均有大幅度的提高，保監會對違法的保險業者的罰款最高可達到 100 萬人民幣。除罰款以外，保險業者違反保險法的規定，保監會還可以視其違法經營的情節，處限制業務範圍、停止接受新業務、停業整頓或者吊銷保險業務許可證的處罰；情節嚴重構成犯罪的，將依法追究其刑事責任。例如 2002 年《保險法》第 147 條規定，：“違反本法規定，有下列行爲之一，構成犯罪的，依法追究刑事責任；尚不構成犯罪的，由保險監督管理機構責令改正，處以十萬元以上五十萬元以下的罰款；情節嚴重的，可以限制業務範圍、責令停止接受新業務或者吊銷經營保險業務許可證：（一）提供虛假的報告、報表、文件和資料的；

（二）拒絕或者妨礙依法調查監督的。”

總而言之，2002 年保險法的修改主要集中於保險業法的修改。修改所涉及到的保險合同規範，極爲有限，儘管修改誠實信用原則作爲獨條規定具有十分顯著的意義。順便提及的是，2002 年之修改對 1995 年保險法第 67 條作出補充，規定人身保險的保

險人不得向第三者追償，"但被保險人或者受益人仍有權向第三者請求賠償"。這樣修改目的無非在於更加周全地保護人身保險的被保險人或受益人的利益，被保險人對第三人的損害賠償請求權不因保險人給付保險金而受到任何影響。但是，將"受益人"規定為向第三者請求賠償的權利人，不知其法理基礎何在，實為敗筆。

（三）2009 年修訂保險法重點

　　保險法第一次修訂以來，隨著金融體制改革的深化，大陸保險業進入一個快速發展時期，保險業之內外部環境皆發生很大變化，行業發展和保險監管中之新情況不斷出現，保險業的快速發展遠遠超出預期，大量新生事物的出現，快速發展的保險業及由此產生的監管需要，現行保險法已經不能適應此快速發展的新形勢需要。因而大陸保險法於 2004 年擬定修訂草案建議稿，該建議稿之內容主體上係借鑒台灣地區之《保險法》模式，分為《保險業法》和《保險合同法》。茲就下列五大方面簡要介紹此次修改建議稿之主要內容，以及對大陸保險業之影響。

　　1、進一步擴大保險公司經營範圍，為保險業發展拓寬法律空間，促進保險業和社會經濟全面發展。

　　大陸當前實務中出現的保險集團內產、壽險公司的相互代理，以及保險公司企業年金信託管理業務、第三人管理型健康保險業務等必要且合理的業務均未在保險法中規定；為順應金融、養老、醫療制度改革的需要，促進保險業和社會經濟全面發展，新法借鑒大陸之《商業銀行法》、『證券法』和國外有關立法例，授權保險監管機構根據社會經濟和保險行業發展的實際需要，可以核定保險公司從事與保險有關之其他業務。

　　2、進一步拓寬保險資金運用管道，完善保險經營規則，健全償付能力監管制度，為保險業快速發展奠定法律基礎。

　　隨著大陸保險市場規模日益擴大，快速累積的保險資金因運

用管道狹窄，而成為保險業發展的瓶頸。保險資金作為資本市場的重要資本來源，應當發揮穩定市場的重要作用，因此新法做了如下四方面的修改：

（1）將原規定「買賣政府債券、金融債券」改為「買賣有價證券」。

（2）參考其他國家立法，增加不動產此一新的投資領域。

（3）進一步明確規定由保險監管機構制定資金運用的管理辦法。

（4）規定經監管機構批准，保險公司可以設立保險資產管理公司運用保險資金，具體管理辦法授權監管機構制定。

3、進一步增強監管處罰手段，強化保險違法行為的法律責任，打擊保險違法違規行為，防範和化解保險市場風險。

大陸現行保險法在實施過程中，反映出一個重大問題是法律責任規定過於抽象、不具體，與保險監管之實際需要有很大差距。因此新法結合《保險違法行為處罰辦法》的內容，對法律責任進行補充使其完善；同時，新法亦強化對監管機構自身的要求，對監管機構不恰當履行職責增加相應的罰則，主要包括：

（1）增加對保險公司經營管理中多種違法行為的處罰。

（2）增加對保險仲介機構的處罰規定，如增加對保險仲介機構本身違反規範經營；未按照要求繳納保證金或購買職業責任險；未設專門的帳簿管理；利用業務便利為他人牟利等行為設定相應的處罰。

（3）強化對違法人員個人責任的追究。

（4）增加對外資保險機構代表處的管理規定。

（5）根據「行政許可法」權責相對應的要求，建議稿針對違法批設機構、審批條款費率、現場檢查及採取強制措施不當等監管行為，增加對保險監管人員的相應法律責任。

　　4、進一步保護被保險人利益，合理配置當事人權利義務，完善保險契約法律規範，減少保險契約糾紛發生，促進保險業務規範經營。

　　由於上次修改基本未涉及大陸《保險合同法》，一些長期存在的問題沒有得到解決，保險糾紛日益增多，嚴重困擾保險市場的健康發展。

　　（1）關於保險利益問題

　　大陸現行保險法關於保險利益的規定，沒有區分財產保險和人身保險，且只關注投保時的保險利益，與國際立法例及保險原理不符。新法作了如下修改：

　　①將被保險人納入到保險利益主體範疇，規定「投保人或者被保險人對保險標的應具有保險利益」。

　　②在財產保險契約部分規定，保險事故發生時，被保險人不具有保險利益的，保險人不承擔賠償責任。（已修訂第 48 條）

　　③在人身保險契約部分規定，訂立契約時，投保人對被保險人不具有保險利益的，契約無效。（已修訂第 31 條第 3 款）

　　此外，爲解決團體人身保險中，眾多被保險人同意之問題，在人身保險契約投保人具有保險利益人員範圍中（已修訂第 31 條第 4 款），增加「與投保人有勞動關係的勞動者」一項；並爲解決同時帶來的道德風險，補充規定「投保人爲與其有勞動關係的勞動者投保人身保險的，不得指定投保人爲受益人」（已修訂「不得指定被保險人及其近親屬以外的人爲受益人」第 39 條第 2 款）。

　　（2）關於保險契約的成立與生效

　　實務中關於保險契約成立與生效的糾紛時有發生，應在法律中予以明確規定。實務中，以交付保險費、簽發保險單等爲生效條件是常見之做法，具體情況不能一概而論；因此，參照大陸《合同法》的規定，新法特別明確規定：「依法成立的保險合同，自成

立時生效，但投保人和保險人可以對合同效力約定附條件或者附期限。

（3）關於如實告知義務與明確說明義務

如實告知義務與明確說明義務是保險契約中非常重要的兩個規則，結合國外立法例及實務中的經驗做法，新法第 16 條作了如下四方面的修改：

①進一步明確投保人告知義務時詢問告知原則，以減經投保人的負擔。

②參考國外立法，將告知義務的範圍統一界定爲重要事實，即足以影響保險人決定是否同意承保，或者提高保險費率的"事實"，有利於保護投保人利益。

③增加規定投保人違反告知義務保險人行使解除權的除斥期間和不可爭議期。（第 16 條第 3 款）

④細化和明確規定保險人明確說明義務之含義及標準，提高可操作性；規定投保人違反告知義務，保險人行使解除權的除斥期間和不可爭議期。（第 16 條第 3 款）

（4）關於責任保險

責任保險可以發揮保險的社會管理功能，是需要大力發展的保險業務，新法做了以下補充：

①責任保險的被保險人對第三者造成損害，被保險人未向該第三者賠償時，保險人不得向被保險人賠償保險金。（第 65 條第 3 款）

②在被保險人對第三者應付之賠償責任確定時，根據被保險人之請求，保險人應當直接向第三者賠償保險金。（第 65 條第 2 款）

③未經保險人參與，被保險人直接向該第三者承擔賠償責任，或者與其達成和解協議時，保險人以按照契約約定核定保險

賠償責任。

5、進一步充實對現有保險主體部分的規範內容，增加
　　對新型市場主體的調整規則，為保險業快速健康發
　　展提供有力的法律支持。

　　最近幾年，保險業處於快速發展的時期，保險市場主體日益
表現出多元化，建議稿從保險公司組織形式、市場進入和退出、
保險仲介三方面做了如下修改和補充：

　　（1）增加保險公司的組織形式

　　新法在關於保險公司組織形式的規定中，增加了有限責任公
司的類型。鑒於國有獨資公司屬於有限公司的特殊情形，因此不
再單獨列出。（按公司法方式立法）

　　（2）關於保險公司高級管理人員的管理（新法已修訂第 81
條第 1、第 2 款）

　　為了適應監管工作的實際需要，培育德才兼備的高層次保險
管理人才，在新法中明確規定擔任保險公司的董事和高級管理人
員，應當經保險監管機構核准資格；同時參照大陸《證券法》和
《商業銀行法》有關規定，明確高級管理人員任職資格的基本條
件和禁止情形。

　　（3）壽險公司破產或被撤銷時保險業務的處理（新法已增
訂第 90、91、92 條）

　　建議稿規定在轉讓時可能使受讓公司造成重大損失之情況
下，經監管機構批准，受讓公司可以調整受讓人壽保險契約的費
率或者保險金額。修改條文特別增加監管機構對變更契約條款的
前置審批，意在加強對被保險人和投保權益的保護。

　　（4）關於保險仲介（新法已修訂第 121、122、128 條）

　　大陸現行保險法關於保險仲介之規定比較簡略，無論在主體
上還是行為規範上都存在許多空白。因此，結合市場具體現狀，

建議稿做了如下補充和修改：

①明確規定兼業代理是保險代理的重要組成形式，解決了兼業代理地位不明的問題。

②考慮到具體國情和監管實踐，將保險公估作為一種仲介形式明確寫入法律。（第 129 條）

③考慮到個人代理人的特點，刪除現行之一些規定，僅規定個人代理人應當符合監管機構規定之資格條件，取得相關資格證書，並且參照直銷條例，規定其合法經營活動不以無照經營查處。（新法增訂第 131 條第 6~第 10 款）

同時增加條文，特別規定保險公司從事銷售的人員應當取得保監會頒發的資格證書，並授權保監會規定其範圍和管理辦法。

第二章　兩岸保險法內容之比較

第一節　概　述

一、立法目的

　　保險乃人類分散風險、消化損失的重要經濟活動，是一般風險管理所採方法中除預防外較積極的作為。保險活動指保險人（保險業）、要（投）保人、被保險人或保險標的、受益人、輔助人（含經紀人、代理人、公證人、業務員等）及監理單位，對約定的風險事故，彼此依對價承擔權利義務或相關聯的中介、監管行為[1]。

　　（一）大陸地區保險法將保險法之立法宗旨明確訂立於第一章總則之第一條：「為了規範保險活動，保護保險活動當事人的合法權益，加強對保險業的監督管理，維護社會經濟秩序和社會公共利益，促進保險事業的健康發展，制定本法。」保險法之立法宗旨有五：

　　1、規範保險活動。

　　公平、公開、合理的環境是保險企業、保險當事人及關係人，保險輔助人和監理單位賴以經營，憑之運作的重要條件，而在現今法治的社會中，立法以為規範之準繩，乃必然之要務，亦是保險立法之主要功能。

---

1 賴上林，兩岸保險法之比較，基準企業管理顧問公司，90 年 3 月 1 日再版。

2、保護當事人的合法權益。

保險活動之當事人依法而為，故其因活動的所有權益，只要不違背公序良俗，自應受法令的保護，更應明示於保險法之中。

3、加強對保險業的監督管理。

保險活動隨著經濟的發達而日益蓬勃，影響日鉅，乃國民經濟中佔舉足輕重之產業，而保險產業具有負債性、廣泛性、長期性、科學性等特色，倘主管單位未能充分監督，在市場競爭的機制中，將導致脫序、壟斷、欺詐等不當的競爭行為，如此不僅喪失保險活動的公平性，損害保險當事人之利益，更可能危及國民經濟，造成社會之不安。故加強保險業之監督管理，確保保險業經營的社會效益和經濟效益，乃制定保險法的重要宗旨。

4、維護社會經濟秩序和社會公共利益

5、促進保險事業之健康發展。

保險法之訂立，保險活動賴以規範，保險活動當事人合法權益得以確保，保險業可在公平有據的環境中有序無慮的競爭，再加上順應大經濟環境彈性變革，則保險事業自然得以健康發展。

（二）台灣保險法修改條文，並無明確規範立法目的。

二、從事保險活動之基本原則[2]

（一）保險活動之原則

1、大陸保險法第五條：「保險法在保險活動中扮演著規範、保護、監管、促進之功能，而保險活動應依循之原則分為：

（1）遵守法律、行政法規原則。

立法雖不可能涵蓋一切的民事關係，然遵守法律、行政法規乃世界一致的民事活動基本原則，所以行為合法乃保險活動的根

---

2 簡育宗，兩岸保險法比較（實務問答篇），漢興書局有限公司，1999 年 3 月初刷。

本要求。

（2）自願原則。

當事人地位平等，獨立、真實且充分表現自己意願，不受他人意志支配，方可互惠互利地進行保險活動。具體而論，保險活動當事人有權依據自己的意志和利益，決定保險法律關係之發生、變更和終止，倘以虛偽之意思表示或在受欺詐和脅迫等情事下所為者無效。自願原則賦予當事人得根據自己意志，但不得違背法律規定及損害國家利益的相對的、有限制的自由從事保險活動，並以為鼓勵和保障。

（3）誠實信用原則。

一般民事法律關係所要求，目的在使當事人雙方及社會公益保持平衡，以維社會之和諧與穩定。當事人以誠實善意行使權利、履行義務，並不得通過此民事活動損及第三者和社會的利益，法律亦保證其應得之利益。保險契約為最大的誠信契約，誠實信用原則於保險活動中尤較一般民事行為重要。保險為彌補損失不應不當得利，形同賭博；運作應合理公平，不宜恃強凌弱，反致危險集中，故保險活動當事人應採取最高之誠信標準，方可維持保險活動之正常動作。」

2、台灣保險業無此種規定。

3、從事保險業之原則：主體獨立、交易自由和市場競爭是經濟活動的特徵，然均不得悖離法律的制約。

所謂保險業的不正當競爭，一般體現在其活動違反有關公平競爭的法律規定，損害其他競爭者的合法權益，甚而擾亂社會經濟秩序之行為，可概括分為三類：1.是對保險市場進行獨佔或控制的壟斷行為。如不法擴大、兼併至以其規模或特權，壟斷保險市場，恣意調高保費，導致要（投）保人不公平的負擔。2.是保險業濫用經濟優勢或通過協議聯合數家同業損害其他競爭對手的

限制競爭行為。3.為採取違背誠實信用原則和公平競爭原則的手段來進行市場交易的不當競爭，如盲目降低保費，不當調高佣金，不實招攬業務，終致償付能力不足，損及相對人之利益。

唯有遵守法律和國家政策，所有業者享有平等的競爭條件，在合理的經營範圍下公平競爭，保險業這關乎國民經濟的重要產業，方可順利展開。

4、大陸保險法第八條：「保險公司發展業務，應當遵循公平競爭的原則，不得從事不正當競爭。」

5、台灣保險法則無規定。

三、適用範圍

法律之適用範圍乃指其效力可及之人、事、時、地、物，是法律訂定施行的重要條件。民事法律規範的效力適用普遍原則，及於該制定機關所轄之領域，保險法為民法之特別法，故其空間適用範圍亦應適用普遍原則。

（一）《中華人民共和國保險法》是 1995 年 6 月 30 日日中華人民共和國第八屆全國人民代表大會第十四項會議通過大陸保險法第三條：「在中華人民共和國境內從事保險活動，適用本法。」適用於中華人民共和國一切領域，包括中華人民共和國的領土、領空、領海以及依國際法、國際慣例當視為中華人民共和國領域之一切。2009 年 2 月 28 日修訂通過，並於同年 10 月 1 日起施行。

（二）台灣保險法雖未作相同規定，但法理上應作同樣的解釋，即在台灣地區從事保險活動，適用台灣保險法之規定。

四、主管機關

保險事業之監督管理，可列舉四個理由：1.避免保險經營之失敗；2.防止營運方法之不當；3.減少自由競爭之流弊；4.補正自

行管理之缺失。保險業之發展，隨著人類經濟活動的成長而蓬勃，其影響是深刻而全面的，倘未有機制予以監管，則未蒙分散風險、消化損失之利，反致經濟崩亂、社會不安之害，不可不慎。且公平合理、公開透明，有序良性的監理機制，讓所有保險業者在健康的經營環境中，創造特色、爭取效益；消費者亦可在資訊公開的市場裏，獲得絕對的尊重和享受應有的權益。

（一）台灣地區保險法第十二條規定：「本法所稱主管機關為行政院金融監督管理委員會。但保險合作社除其經營之業務，以行政院金融監督管理委員會為主管機關外，其社務以合作社之主管機關為主管機關。」

（二）大陸地區保險法第九條規定：「國務院保險監督管理機構依照本法，對保險業實施監督管理。」可知台灣地區保險法規定之主管機關，包括行政院金融監督管理委員會及合作主管機關；大陸地區保險法規定之主管機關則為國務院保險監督管理機構。

五、保險種類

（一）台灣地區保險法第十三條規定：「1.保險分為財產保險及人身保險。2.財產保險，包括火災保險、海上保險、陸空保險、責任保險、保證保險及經主管機關核准之其他保險。3.人身保險，包括人壽保險、健康保險、傷害保險及年金保險。」

（二）大陸地區保險法第九十五條第一款規定：「保險公司的業務範圍：1.財產保險業務，包括財產損失險、責任保險、信用保險、保證保險等保險業務；2.人身保險業務，包括人壽保險、健康保險、意外傷保險等保險業務。3、國務院保險監督管理機構批准的與保險有關的其他業務。」及第九十五條第三款規定：「保險公司的業務範圍由保險監督管理機構核定。保險公司只能在被

核定的業務範圍內從事保險經營活動。

（三）比較分析

1、台灣保險法與大陸保險法將保險種類均大別分爲財產保險及人身保險兩大類。

2、台灣保險法列舉之財產保險包括火災保險、海上保險、陸空保險、責任保險、保證保險五種；大陸保險法列舉之財產保險，則包括財產損失險、責任保險、信用保險、保證保險等保險。此外，兩岸保險法對於財產保險之種類均得包括經主管機關核准（或核定）之其他財產保險。

3、台灣保險法規定人身保險之種類以人壽保險、健康保險、傷害保險及年金保險。

六、投保地域

（一）大陸地區保險法第七條規定：「在中華人民共和國境內的法人和其他組織需要辦理境內保險的，應當向中華人民共和國境內的保險公司投保。」

（二）台灣地區保險法則無限制之規定。

第二節　保險利益

一、定　義

所謂保險利益（Insurable Interest），部份學者認爲乃要（投）保人或被保險人對於保險標的具有之利害關係，標的物之存則獲益、損則蒙害；抑有持保險利益爲某一特定人對某一特定客體之關係，此關係決定保險事故發生時真正受損失者，並據以限制保險人之最高賠償金額，而大陸保險法明文規定保險利益是指要

（投）保人對保險標的具有法律上承認的利益。

　　保險利益是保險契約有效之必要條件，而據兩岸保險法之規範，財產保險與人身保險之保險利益除基本須爲合法的利益外，兩者因性質的不同而有不同的規定：財產保險之保險利益，台灣保險法明確表示爲「要保人對於財產之現有利益或因財產上之現有利益而生之期待利益」及「運送人或保管人對於所運送或保管之貨物，以其所負之責任爲限」之責任利益，大陸亦應適用；而人身保險之保險利益台灣保險法對十六條第一款及第二款之本人或其家屬及生活費或教育費所仰給之人應同於大陸保險法三十一條第一、第二及第三項之本人、配偶、子女、父母及上述以外與投保人有撫養、贍養或者扶養關係的家庭其他成員近親屬。

　　然台灣保險法多涵蓋債務人及爲本人管理財務之人，大陸則更彈性地只要被保險人同意，亦視同要（投）保人對被保險人具有保險利益；而台灣保險法復於第二十條中規定保險利益可基於有效契約而生，所以不論產壽險如僱傭、合夥、保證契約等當事人雙方權利與義務的發生亦適用，然人身保險之他人代訂死亡契約，應經被保險人書面承認，並約定保險金額（台保法一〇五）。

　　1、大陸地區保險法

　　大陸保險法第十二條第 6 款規定：「保險利益是指投保人或被保險人對保險標的具有的法律上承認的利益。」及第十二條第三、四款規定：「保險標的是指作爲保險對象的財產及有關利益或者人的壽命和身體。」

　　2、台灣地區保險法

　　台灣保險法則對保險利益及保險標的均無作定義規定。惟在學理上，一般將保險利益定義爲要保人或被保險人對保險標的所存在之利害關係；而保險標的，在財產保險中定義爲保險標的物，在人身保險中則定義爲被保險人。

二、財產保險之保險利益

（一）台灣地區保險法關於財產保險之保險利益，台灣保險法之規定大致臚列如下：第十四條規定：「要保人對於財產上之現有利益，或因財產上之現有利益而生之期待利益。有保險利益。」

第十五條規定：「運送人或保管人對於所運送或保管之貨物，以其所負之責任為限，有保險利益。」第二十條規定：「凡基於有效契約而生之利益，亦得為保險利益。」

（二）大陸地區保險法雖未似台灣地區保險法，特別對財產保險之保險利益加以規定，惟觀其第十條第一款、第十二條第三、第四款規定：「財產保險合同是以財產及其有關利益為保險的標的的保險合同。」可知其財產保險之保險利益似以財產之現有利益及其有關利益為範圍。

三、人身保險之保險利益

（一）台灣地區保險法主要規定於第十六條：「要保人對於下列各人之生命或身體，有保險利益：1.本人或其家屬。2.生活費或教育費所仰給之人。3.債務人。4.為本人管理財產或利益之人。」（至於台灣地區保險法第二十條之規定：「凡基於有效契約而生之利益，亦得為保險利益。」是否得作為人身保險之保險利益依據，在學理上向有爭議，本文亦採保留態度。）

（二）大陸地區保險法於第三十一條規定：「1.投保人對下列人員具有保險利益：（1）本人；（2）配偶、子女、父母；（3）前項以外與投保人有撫養、贍養或者扶養關係的家庭其他成員、近親屬。2.除前款規定外，被保險人同意投保人為其訂立合同的，視為投保人對被保險人具有保險利益。」

（三）比較分析

1、台灣地區保險法對人身保險之保險利益基本上係採列舉規定；大陸地區保險法則兼採列舉及概括規定。

在列舉人身保險之保險利益規定中，除本人外，台灣地區保險法尚規定要保人對家屬、生活費或教育費所仰給之人、債務人、為本人管理財產或利益之人有保險利益；大陸地區保險法則係規定投保人對配偶、子女、父母，及與投保人、有撫養、贍養或者扶養關係的家庭其他成員、近親屬有保險利益。

2、大陸地區保險法另規定凡經被保險人同意投保人為其訂立合同者，視為投保人對被保險人具有保險利益，而將保險利益之範圍擴張；台灣地保險法則未規定，係採限制主義。

3、大陸地區保險法第十二條第一款規定「投保人對保險標的應當具有保險利益。」第三十一條第三款與台灣地區保險法第十七條規定「要保人或被保險人，對於保險標的物無保險利益者，保險契約失其效力。」相同，即均需有保險利益，保險契約始生效。

但具體之保險利益規定，大陸地區除第二章保險合同第一節一般規定之第十二條第六款規定「保險利益是指投保人對保險標的具有的法律上承認的利益。」第二節人身保險合同第三十一條第一款規定「投保人對下列人員具有保險利益（1）本人；（2）配偶、子女、父母；（3）前項以外與投保人有撫養、贍養或者扶養關係的家庭其他成員、近親屬。」及第二款規定「除前款規定外，被保險人同意投保人為其訂立合同的，視為投保人對保險人具有保險利益。」外，第三節財產保險則無規定，僅能適用第十二條第二款。

但何謂法律上承認之利益甚為抽象，不及台灣地區保險法第十四條「要保人對於財產上之現有利益，或因財產上之現有利益而生之期待利益，有保險利益。」、第十五條「運送人或保管人對

於所運或保管之貨物，以其所負之責任為限，有保險利益。」、第十六條「要保人對於左列各人之生命或身體，有保險利益（1）本人或其家屬。（2）生活費或教育費所抑給之人。（3）債務人。（4）為本人管理財產或利益之人。」及第二十九條「凡基於有效契約而生之利益，亦得為保險利益。」較為具體。

尤其在人身保險，上開第三十一條第二款，幾無限制，而被保險人同意他三人以其投保，實為保險之有效要件（參照大陸保險法第三十四條第一款），如因此即認有保險利益，實容易產生道德危險，增加賭博色彩，故此規定欠妥。

（1）大陸地區保險法第十八條「保險合同應當包括下列事項：……投保人、被保險人名稱和住所，以及人身保險的受益人的名稱和住所。……」第十二條第五款規定「被保險人是指財產或者人身受保險合同保障，享有保險金請求權的人，投保人可以為被保險人。」、第十八條第三款規定「受益人是指人身保險合同中由被保險人或者投保人指定的享有保險請求權的人，投保人、被保險人可以為受益人。」原則上被保險人享有保險權利金，財產保險因無規定，似不可另指定受益人，與台灣地區保險法第四條「本法所稱被保險人，指於保險事故發生時，遭受損害，享有賠償請求權之人，要保人亦得為被保險人。」及第五條「本法所稱受益人，指被保險人或要保人學定享有賠償請求權之人，要保人或被保險人均得為受益人。」大致相同。

（2）但台灣地區之受益人並未限制人身保險，財產保險仍可指定受益人。實務上，以房屋向金融機構設定抵押貸款，金融機關為保障權益，均要求抵押人以房屋投保火災險，並以金融機關為受益人，以免房屋失火，依民法第八百八十一條規定抵押權消滅失去保障。按受益人應無限制人身保險之必要，財產保險亦應准許，大陸地區保險法就此限制人身保險始有受益人，實有欠

妥。

四、欠缺保險利益之效力

（一）台灣地區保險法第十七條規定：「要保人或被保險人，對於保險標的物無保險利益者，保險契約失其效力。」

（二）大陸地區保險法第十二條及三十一條三款規定：「投保人對保險標的不具有保險利益的，保險合同無效。」

五、保險標的之轉讓

（一）台灣地區保險法第十八條規定：「被保險人死亡或保險標的物所有轉移權時，保險契約除另有訂定外，仍為繼承人或受讓人之利益而存在。」及第十九條規定：「合夥人或共有人聯合為被保險人時，其中一人或數人讓與保險利益於他人者，保險契約不因之而失效。」

（二）大陸地區保險法第四十九條第一款及第二款規定：「保險標的的轉讓應通知保險人，經保險人同意繼續承保後，依法變更合同。但是，貨物運輸保險合同和另有約定的合同除外。」

（三）比較分析

1、台灣地區保險法規定被保險人死亡，原則上保險契約仍為繼承人之利益而存在；大陸地區保險法則無規定。

2、台灣地區保險法規定保險標的物所有權移轉時，除另有約定外，保險契約仍為受讓人之利益而存在；大陸地區保險法則規定，保險的標的轉讓時，除貨物運輸保險合同和另有約定者外，

第三節 保險費

一、保險費之交付方式與時期

（一）台灣地區保險法第二十一條規定：「保險費分一次交付，及分期交付兩種。保險契約規定一次交付，或分期交付之第一期保險費，應於契約生效前交付之，但保險契約簽訂時，保險費未能確定者，不在此限。」

（二）大陸地區保險法於人身保險合同一節中第三十五、三十六條規定：「1.投保人於合同成立後，可以向保險人一次支付全部保險費，也可以按照合同約定分期支付保險費。2.合同約定分期支付保險費的，投保人應當於合同成立時支付首期保險費，並應當按期支付其餘各期的保險費。」

（三）比較分析

1、台灣保險法規定，無論係財產保險或人身保險，其保險費之交付方式均可分為一次交付及分期交付二種；大陸保險法則僅對人身保險之保險費交付方式予以規定，分一次交付或分期交付兩種。

2、台灣保險法規定，一次交付或分期交付之第一期保險費，交付時期原則為契約生效前；大陸地區保險法則規定分期交付之首期保險費，交付時期為契約成立時，似有將保險契約之性質明確定為要物契約之意。

3、台灣保險法規定保險契約簽訂時，保險費未能確定者，則其交付時期不限於契約生效前交付之，此乃為配合產險特性之故；大陸保險法則無規定。

二、保險費交付之義務人

（一）台灣地區保險法第二十二條規定：「1.保險費應由要保人依契約規定交付。2.要保人為他人利益訂立之保險契約，保險人對於要保人所得為之抗辯，亦得以之對抗受益人。」

（二）大陸地區保險法第十四條前段規定：「保險合同成立後，投保人依照約定交付保險費。」

（三）比較分析

兩岸保險法均規定保險費交付義務人為要保人（投保人）。台灣地區保險法規定，要保人為他人利益訂立之保險契約，保險人對於要保人所得為之抗辯，亦得以之對抗受益人；大陸地區保險法則無規定。

三、破產時保費之返還

（一）保險人破產時

1、台灣地區保險法

台灣地區保險法第二十七條規定：「保險人破產時，保險契約於破產宣告之日終止，其終止後之保險費，已交付者，保險人應返還之。」

2、大陸地區保險法

大陸地區保險法則在第 90、91、92 條新增規定。

（二）要保人破產時

1、台灣地區保險法

台灣地區保險法第二十八條規定：「要保人破產時，保險契約仍為破產債權人之利益而存在，但破產管理人或保險人得於破產宣告三個月內終止契止。其終止之後保險費已交付者，應返還之。」

2、大陸地區保險法

大陸地區保險法第 91 條規定破產財產在優先清償破產費用和共益債務後，按照下列順序清償：「（一）所欠職工工資和醫療、傷殘補助、撫恤費用，所欠應當列入職工個人帳戶和基本養老保險、基本醫療保險費用，以及法律、行政法規規定應當支付給職工的補償金；（二）賠償或者給付保險金；（三）保險公司欠繳的除第（一）項規定以外的社會保險費用和所欠稅款；（四）普通破產債權；破產財產不組以清償同依順序的清償要求的，按照比例分配。破產保險公司的董事、監視和高級管理人員的工資，按照該公司職工的平均工資計算。」及第九十二條由國務院保險監督管理機構指定的人壽保險公司接受轉讓等。

第四節　　保險人責任

一、保險人負承保責任之原因事故

（一）台灣地區保險法對於保險人應負承保責任之原因事故，其規定大致可臚列如下：

第二十九條規定：「（1）保險人對於由不可預料或不可抗力之事故所致之損害，負賠償債任，但保險契約內有明文限制者，不在此限。（2）保險人對於要保人或被保險人之過失所致之損害，負賠償責任，但出於要保人或被保險人或其代理人之故意者，不在此限。」

第三十條規定：「保險人對於因履行道德上之義務所致之損害，應負賠償責任。」

第三十一條規定：「保險人對於因要保人，或被保險人之受僱人，或其所有之物或動物所致之損害，應負賠償責任。」

第三十二條規定：「保險人對於因戰爭所致之損害，除契約有相反之訂定外，應負賠償責任。」

（二）大陸地區保險法對於保險人應負理賠責任之事故，則僅於第十七條規定：「保險合同中規定有關於保險人責任免除條款的，保險人在訂立保險合同時應當向投保人明確說明，未明確說的，該條款不產生效力。」

（三）比較分析

1、台灣地區保險法對保險人應負理賠責任之原因事故，有特別列出概括或特定原因事故，例如：不可預料或不可抗力之事故、因履行道德上之義務、戰爭等等；大陸地區保險法則無。

2、大陸地區保險法規定有關除外責任條款，保險人有向投保人明確說明之義務，否則該條款不生效力；台灣地區保險法則無規定。

3、台灣地區保險法第二十九條第一項規定「保險人對於由不可預料或不可抗力之事故所致之損害，負損害賠償責任。但保險契約內有明文限制者，不在此限。」、第二項規定「保險人對於要保人或被保險人之過失所致之損害，負賠償責任。但出於要保人或被保險人之故意者，不在此限。」，是除契約內有免責約定，對不可預料或不可抗力所致之事故，保險人應負賠償責任，縱要保人或被保險人有過失，仍應賠償。故被保險人明知平交道之柵欄已放下，仍予闖越，除非證明為故意肇致事故，否則，縱係重大過失仍應賠償。明知交通法令限制不可騎機車上高速公路，仍恣意為之，以致為其他汽車撞擊死人，在無法證明為故意發生事故，仍應理賠，但大陸地區保險法第二十七條第二款規定「投保人、被保險人故意製造保險事故的，保險人有權解除保險合同，不承擔賠償或給付保險金的責任，除本法第四十三條第一款另有規定外，也不退還保險費。」，對過失應否理賠未予規定，留有爭

議，似可列爲免責條款。

二、保險人對減免損失費用之償還責任

（一）台灣地區保險法第三十三條規定：「1.保險人對於要保人或被保險人，爲避免或減輕損害之必要行爲所生之費用，負償還之責。其償還數額與賠償金額，合計雖超過保險金額，仍應償還。2.保險人對於前項費用之償還，以保險金額對於保險標的之價值比例定之。」

（二）大陸地區保險法則於財產合同一節中第五十七條規定：「1.保險事故發生時，被保險人有責任盡力採取必要的措施，防止或者減少損失。2.保險事故發生後，被保險人爲防止或減少保險標的的損失所支付的必要的、合理的費用，由保險人承擔；保險人所承擔的費用數額在保險標的損失賠償金額以外另行計算，最高不超過保險金額的數額。」

（三）比較分析

1、由於台灣地區保險法將保險人對減免損失費用之償還責任規定於總則中，故原則上並不排除人身保險之適用（但學理上有持反對說者）；大陸保險法則明確僅課予財產保險人始負有對減免損失費用之償還責任。

2、大陸地區保險法規定，被保險人有盡力採取必要防護措施之責；台灣保險法雖無規定，但依第三十三條規定立法意旨即在鼓勵被保險人盡力防護保險標的。

3、大陸地區保險法規定，保險人所負之減免損失費用償還責任，限於「必要的、合理的」費用；台灣保險法則規定保險人所負之減免損失費用償還責任，限於「必要行爲」所生之費用。

4、大陸地區保險法規定保險人所負之減免損失費用責任，最高不得超過保險金額之數額；台灣保險法則規定除契約另有訂

定外，不予限制。

5、台灣地區保險法規定，於不足額保險情形下，減免損失費用之償還，以保險金額對於保險標的之價值比例定之；大陸保險法則無規定。

三、保險人給付理賠之期限

（一）台灣地區保險法第三十四條規定第一款至第三款規定：「1.保險人應於要保人或被保險人交齊證明文件後，於約定期限內給付賠償金額。無約定期限者，應於接到通知後十五日內給付之。2.保險人可歸責於自己之事由致未在前項規定期限內為給付者，應給付遲延利息年利一分。」及保險法施行細則第二十八條規定：「保險人與被保險人或受益人，對於賠款金額或給付金額有爭議時，保險人應就其已認定賠付或給付部分，依照契約規定期限，先行賠付或給付；契約內無期限規定者，應自損失清單及證明文件交齊之日起十五日內先行賠付或給付。其餘部分，於確定後，按本法第七十八條之規定加給利息。」

（二）大陸地區保險法則於第二十三條第一款至第三款規定：「1.保險人收到被保險人或者受益人的賠償或者給付保險金的請求後，應當及時作出核定；情形複雜的應當在三十日內做出核定，但合同另有約定的除外。對屬於保險責任的，在與被保險人或者受益人達成有關賠償或者給付保險金額的協議後十日內，履行賠償或者給付保險金義務。保險合同對保險金額及賠償或者給付期限有約定的，保險人應當依照約定，履行賠償或者給付保險金義務。2.保險人未及時履行前款規定義務的，除支付保險金外，應當賠償被保險人或者受益人因此受到的損失。3.任何單位或者個人都不得非法干預保險人履行賠償或者給付保險金的義務，也不得限制被保險人或者受益人取得保險金的權利。」、第二十四條

規定:「保險人收到被保險人或者受益人的賠償或者給付保險金的請求後，對不屬於保險責任的，應當自作出核定之日起三日內向被保險人或者受益人發出拒絕賠償或者拒絕給付保險金通知書並說明理由。」及第二十五條規定:「保險人自收到賠償或者給付保險金的請求和有關證明、資料之日起六十日內，對其賠償或者給付保險金的數額不能確定的，應當根據已有證明和資料可以確定的最低數額先予支付；保險人最終確定賠償或者給付保險金的數額後，應當支付相應的差額。」

　　（三）比較分析

　　1、大陸地區保險法規定

　　（1）保險人有及時核定理賠與否之義務。

　　（2）任何單位或個人均不得非法干預保險契約之履行。

　　（3）對非屬保險責任者，保險人應發拒絕理賠通知書，並說明理由。

　　以上（1）～（3）則為台灣地區保險法所無規定者。

　　2、在無約定給付期限下，大陸地區保險法規定，保險人應於達成有關理賠協議後十日內予以理賠；台灣地區保險法則規定應於接到通知後十五日內給付之。

　　3、大陸地區保險法規定，自保險人收到有關證明資料後六十日內，如對理賠數額不能確定者，應先給付可確定之最低數額；台灣地區保險法施行細則則規定，如對理賠金額有爭議時，應自損失清單及證明文件交齊日起十五日內，先給付已認定賠付或給付之部分。

　　4、台灣地區保險法規定，保險人原則上不負擔賠償金額以外之義務；大陸地區保險法則無規定。

第五節　複保險

一、名稱及適用範圍

（一）台灣保險法於總則中第三十五條規定：「複保險，謂要保人對於同一保險利益，同一保險事故，與數保險人分別訂立數個保險之契約行為。」

（二）大陸地區保險法於財產保險合同一節中第五十六條第四款規定：「重複保險是指投保人對同一保險標的、同一保險利益、同一保險事故，分別向二個以上保險人訂立保險合同且保險金額總和超過保險價值的保險。」

（三）比較分析

1、台灣地區保險法用語為「複保險」；大陸地區保險法則稱之為「重複保險」。

2、大陸地區保險法對重複保險之定義，其要件除須同一保險利益、同一保險事故、分別向二個以上保險人訂立保險契約外，尚包括「同一保險標的」；台灣地區保險法雖無明文規定複保險之要件須「同一保險標的」，但在學理上應作同一解釋。

3、由於台灣地區保險法對複保險之相關規定置於總則，故通說均認為複保險之規定適用於財產保險及人身保險；而大陸地區保險法將重複保險規定於財產保險合同一節，故其適用範圍應以財產保險為限。

二、要保人之通知義務

（一）台灣地區保險法第三十六條規定：「複保險，除另有約定外，要保人應將他保險人之名稱及保險金額通知各保險人。」

（二）大陸地區保險法第五十六條第一款規定：「重複保險的投保人應當將重複保險的有關情況通知各保險人。」

（三）比較分析

1、台灣地區保險法對複保險之通知義務係得以約定除外；大陸地區保險法則未賦予當事人以約定排除重複保險通知義務之權限。

2、台灣地區保險法規定複保險之通知內容為「他保險人之名稱及保險金額」；大陸地區保險法對複保險通知內容則採較概括方式為之，即「有關情況」均應通知。

三、複保險之效力

（一）台灣地區保險法對複保險之效力規定如下：

第三十七條規定：「要保人故意不為前條之通知，或意圖不當得利而為複保險者，其契約無效。」

第三十八條規定：「善意之複保險，其保險金額之總額超過保險標的之價值者，除另有約定外，各保險人對於保險標的之全部價值，僅就其所保金額負比例分擔之責，但賠償總額，不得超過保險標的之價值。」

第二十三條規定：「（1）以同一保險利益、同一保險事故，善意訂立數個保險契約，其保險金額之總額超過保險標的之價值者，在危險發生前，要保人得依超過部分，要求比例返還保險費。（2）保險契約因第三十七條之情事而無效時，保險人於不知情之時期內，仍取得保險費。」

（二）大陸地區保險法則僅於第五十六條第二款規定：「重複保險的各保險人賠償保險金的總和不得超過保險價值。除合同另有約定外，各保險人按照其保險金額與保險金額總和的比例承擔賠償保險金的責任。」

（三）比較分析

1、台灣地區保險法對複保險之效力，區分惡意（指要保人故意不為通知或意圖不當得利而為複保險）與善意而有不同：

（1）惡意複保險契約無效。

（2）善意複保險原則上各保險人按比例負擔。但賠償總額，不得超過保險標的之價值。

大陸地區保險法則無惡意、善意之區分，總括規定重複保險原則上各保險人均按比例負擔，而與台灣地區保險法善意複保險之效力同。

2、台灣地區保險法另對複保險之保險費退費與否為規定，即

（1）善意複保險於危險發生前，要保人得依超過標的之價值部份，要求比例返還保險費。

（2）惡意複保險無效時，保險人於不知情之時期內，仍取得保險費。

大陸地區保險法則無規定。

3、兩岸保險法就複保險均有規定，但仍有下列不同：

人身保險是否適用：由於台灣地區將複保險一節規定於第一章總則，而總則係適用所有保險之規定，故理論上複保險於人身保險當有適用。然有認複保險之目的在防止超額保險，人身無價，無保險金額超過保險標的價值，人身保險自無複保險適用。學者有不同意見，實務亦有不同判決。大陸地區之保險法將複保險設於財產保險一節之第五十六條規定，人身保險未規定，是在大陸地區人身保險無複保險適用，應無疑義。但人身保險，尤其健康保險具有損害賠償性質，應否有複保險適用，理論上仍非無爭議，而理論上人身固然無價，但現實社會之巨富與一般平民仍有不同評價，此由法院對慰撫金之判決並非同一可明，為避免道德危險，

筆者認爲人身保險亦有複保險適用。

　　4、違反之效果：（1）台灣地區就違反複保險之效果，區分爲善意及惡意，即第三十七條規定「要保人故意不爲前條之通知，或意圖不當得利而爲複保險者，其契約無效。」、第三十八條規定「善意之複保險，其保險金額之總額超過保險標的之價值者，除另有約定外，各保險人對於保險標的之全部價值，僅就其所保金額負比例分擔之責。但賠償總額，不得超過保險標的之價值。」（2）但大陸地區似無區分，均係適用第五十六條第二款規定「重複保險的保險金額總和超過保險價值的，各保險人的賠償金額的總和不得超過保險價值。除合同另有約定外，各保險人按照其保險金額與保險金額總和的比例承擔賠償責任。」

第六節　再保險

一、定　義

　　（一）台灣地區保險法第三十九條規定：「再保險，謂保險人以其所承保之危險，轉向他保險人爲保險之契約行爲。」

　　（二）大陸地區保險法則於第二十八條規定：「1.保險人將其承擔的保險業務，以分保形式，部分轉移給其他保險人的，爲再保險。2.應再保險人接受人的要求，再保險分出人應當將其負責任及原保險的有關情況書面告知再保險接受人。」

　　（三）比較分析

　　1、大陸地區保險法對再保險之定義限爲部分保險業務之轉移再保；台灣地區保險法對再保險之定義則無此限制。

　　2、台灣地區保險法對再保險契約之當事人分別稱爲「再保險人」及「原保險人」；大陸地區保險法則對再保險契約當事人分

別稱為「再保險接受人」及「再保險分出人」。

3、大陸地區保險法規定應再保險人之要求,原保險人有就原保險契約之內容之相關情況報告之義務;台灣地區保險法則無規定。

二、契約之權益

(一)台灣地區保險法規定如下:

第四十條規定:「原保險契約之被保險人,對於再保險人無賠償請求權。但原保險契約及再保險契約另有約定者,不在此限。」

第四十一條規定:「再保險人不得向原保險契約之要保人請求交付保險費。」

第四十二條規定:「原保險人不得以再保險人不履行再保險金額給付之義務為理由,拒絕或延遲履行其對於被保險人之義務。」

(二)大陸地區保險法則於第二十九條規定:「1.再保險接受人不得向原保險的投保人要求支付保險費。2.原保險的被保險人或者受益人,不得向再保險接受人提出賠償或者給付保險金的請求。3.再保險分出人不得以再保險接受人未履行再保險責任為由,拒絕履行或者遲延履行其原保險責任。」

(三)比較分析

1、基本上兩保險法對再保險契約權義之規定,大體上是相同的。惟大陸地區保險法另增列原保險契約之受益人不得再向保險人請求給付保險金之規定,而台灣地區保險法雖無此規定,但在法理上應作相同之解釋。

2、台灣保險法第四十條但書規定,原保險契約及再保險契約另有規定者,原保險契約之被保險人,得對於再保險人有賠償請求權;而大陸保險法無此規定。

三、保密義務

（一）大陸地區舊保險法規定：「保險人或者再保險接受人對在辦理保險業務中知道的投保人、被保險人或者再保險分出人的業務和財產情況，負有保密的義務。」新法已取消。

（二）台灣地區保險法則無此規定。

第七節　保險契約

一、訂立契約之原則

（一）大陸地區保險法第十一條規定：「1.投保人和保險人訂立保險合同，應當協商一致遵循公平原則，確定各方的權利和義務。自願訂立的原則，不得損害社會公共利益。2.除法律、行政法規規定必須保險外，保險合同自願訂立。」

（二）台灣地區保險法雖無此規定，但本於契約自由原則之法理應作相同解釋。

二、保險契約之簽訂

（一）台灣保險法就保險契約之規定如左：

第四十三條規定：「保險契約，應以保險單或暫保單為之。」

第四十四條規定：「（1）保險契約，由保險人於同意要保人聲請後簽訂。（2）利害關係人，均得向保險人請求保險契約之謄本。」

（二）大陸地區保險法則於第十三條規定：「1.投保人提出保險要求，經保險人同意承保，保險合同成立。保險人應當及時向投保人簽發保險單或者其他保險憑證，並在保險單或者其他保險

憑證中載明當事人雙方約定的合同內容。2.經投保人和保險人協商同意，也可以採取前款規定以外的其他書面協議形式訂立保險合同。」

（三）比較分析

1、大陸地區保險法規定保險契約原則上祇須雙方同意即得成立，係採不要式契約為主，例外則允許當事人約定採要式契約方式成立；而台灣地區保險法由於規定未臻明確，故學說紛紜，有認為採要式契約說者，亦有主張採不要式契約說者，惟目前通說係採不要式契約說，而認為保險單僅為證明文件。

2、台灣地區保險法規定，保險契約應以保險單或暫保單為之；大陸地區保險法則規定除保險單或其他保險憑證外，亦容許當事人自行約定任何書面形式。

3、台灣地區保險規定利害關係人均得向保險人請求保險契約之謄本；大陸地區保險法則無規定。

4、大陸地區保險法第十三條第一款規定「投保人提出保險要求，經保險人同意承保，保險合同成立。保險人應當及時向投保人簽發保險單或其他保險憑證，並在保險單或者其他保險憑證中載明當事人雙方約定的合同內容。」，則保險契約之成立，只需保險人對投保人（按：即台灣地區所稱之要保人）之投保要約承諾即可，毋庸書面之要式，僅事後應發給保險單等憑證，以為雙方權利義務證明。台灣地區保險法第四十三條規定「保險契約，應以保險單或暫保單為之。」，就文義「應」字觀之，似為要式契約，但不僅學者反對，且實務否認，認只需有合意即可，保險法施行細則第四條第二項「產物保險之要保人在保險人簽發保險單及暫保單前，先交付保險費而發生應予賠償之保險事故時，保險人應負保險責任。」、第三項「人壽保險人於同意承保前，得預收相當於第一期保險費之金額。保險人應負之保險責任，以保險人

同意承保時，溯自預收相當於第一期保險費金額時開始。」，亦非
以保險爲要式契約爲基礎，就此兩岸固然相同，惟台灣地區保險
法第四十三條歷經多次修正，均未修正爲非要式契約規定，實屬
憾事，大陸地區就此規定較爲妥適。

三、第三人利益契約之訂立

（一）台灣地區保險法第四十五條規定：「要保人得不經委
任，爲他人之利益訂立保險契約。受益人有疑義時，推定要保人
爲自己之利益而訂立。」

（二）大陸地區保險法則無爲第三人利益契約訂立之規定。

四、代理人訂立之保險契約

（一）台灣地區保險法第四十六條規定：「保險契約由代理
人訂立者，應載明代訂之意旨。」及第四十七條規定：「保險契約
由合夥人或共有人中之一人或數人訂立，而其利益及於全體合夥
人或共有人者，應載明爲全體合夥人或共有人訂立之意旨。」

（二）大陸地區保險法則無對代訂意旨載明之規定。

五、共保條款之訂立

（一）台灣地區保險法第四十八條規定：「1.保險人得約定保
險標的物之一部份，應由要保人自行負擔危險而生之損失。2.有
前項約定時，要保人不得將未經保險之部份，另向他保險人訂立
保險契約。」

（二）大陸地區保險法則無此種保險之規定。

六、保險之契約方式與保險人抗辯

（一）台灣地區保險第四十九條規定：「1.保險契約除人身保

險外，得爲指示或無記名式。2. 保險人對於要保人所得爲之抗辯，亦得以之對抗保險契約之受讓人。」

（二）大陸地區保險法則無規定。

七、定值保險契約與不定值保險契約

（一）台灣地區保險法第五十條規定：「1.保險契約分不定值保險契約及定值保險契求。2.不定值保險契約，爲契約上載明保險標的之價值，須至危險發生後估計而訂之保險契約。3.定值保險契約，爲契約上載明保險標的一定價值之保險契約。」

（二）大陸地區保險法則無規定。

八、保險契約因危險不存在之無效

（一）台灣地區保險第五十一條規定：「1.保險契約訂立時保險標的之危險已發生或已消滅者，其契約無效；但爲當事人雙方所不知者，不在此限。2.訂約時，僅要保人知危險已發生者，保險人不受契約之約束。3.訂約時，僅保險人知危險已消滅者，要保人不受契約之約束。」，此外並於第二十四條第一、二項規定：「1.保險契約因第五十一條第二項之情事，而保險人不受約束時，保險人得請求償還費用。其已收受之保險費，無須返還。2.保險契約因第五十一條第三項之情事而要保人不受約束時，保險人不得請求保險費及償還費用。其已收受者，應返還之。」

（二）大陸地區保險法則無規定。

九、受益人之確定

（一）台灣地區保險法第五十二條規定：「爲他人利益訂立之保險契約，於訂約時，該他人未確定者，由要保人或保險契約所載可得確定之受益人，享受其利益。」

（二）大陸地區保險法則無規定。

十、保險人之代位權

（一）台灣地區保險法第五十三條規定：「1.被保險人因保險人應負保險責任之損失發生，而對於第三人有損失賠償請求權者，保險人得於給付賠償金額後，代位行使被保險人對於第三人之請求權；但其所請求之數額，以不逾賠償金額為限。3.前項第三人為被保險人之家屬或受僱人時，保險人無代位請求權；但損失係由其故意所致者，不在此限。」

（二）大陸地區保險法對保險人之代位權之規定如下：

1、第五十九條規定：「保險事故發生後，保險已支付了全部保險金額，並且保險金額等於保險價值的，受損保險標的的全部權利歸於保險人；保險金額低於保險價值的，保險人按照保險金額與保險價值的比例取得受損保險標的的部分權利。」

2、第六十條規定：「（1）因第三者對保險標的的損害而造成保險事故的，保險人自向被保險人賠償保險金之日起，在賠償金額範圍內代位行使被保險人對第三者請求賠償的權利。（2）前款規定的保險事故發生後，被保險人已經從第三者取得損害賠償的，保險人賠償保險金時，可以相應扣減被保險人從第三者已取得的賠償金額。（3）保險人依照第一款行使代位請求賠償的權利，不影響被保險人就未取得賠償的部分向第三者請求賠償的權利。」

3、第六十一條規定：「（1）保險事故發生後，保險人未賠償保險金之前，被保險人放棄對第三者的請求賠償的權利的，保險人不承擔賠償保險金的責任。（2）保險人向被保險人賠償保險金後，被保險人未經保險人同意放棄對第三者請求賠償的權利的，該行為無效。（3）被保險人故意或重大過失致使保險人不能行使代位請求賠償的權利的，保險人可以扣減或者要求返還相應的保

險金。」

4、第六十二條規定:「除被保險人的家庭成員或者其組成人員故意造成本法第六十條第一款規定的保險事故以外,保險人不得對被保險人的家庭成員或者其組成人員行使代位請求賠償的權利。」

5、第四十八條規定:「保險人向第三者行使代位請求賠償權利時,被保險人應當向保險人提供必要的文件和其所知道的有關情況。」

(三)比較分析

1、大陸地區保險法規定保險人支付全部保險金額後,按保險金額與保險價額之比例,取得保險標的之全部或部分權利;台灣地區保險法則無規定。

2、大陸地區保險法規定,保險事故發生後,被保險人已從第三人取得損害賠償的,保險人賠償保險金時,得相應扣減被保險人從第三者已取得之賠償之額;台灣地區保險法雖無此規定,但法理上應作同一解釋。

3、大陸地區保險法規定,保險人行使代位權,不影響被保險人就未受償部分向第三人請求之權利;台灣地區保險法雖無此規定,但自法理而言,應作相同解釋。

4、大陸地區保險法規定被保險人為影響保險人代位權行使之行為時之效力,包括:

(1)保險人未賠償保險金前,被保險人放棄對第三人之賠償請求權者,保險人不承擔賠償保險金之責任。

(2)保險人賠償保險金後,被保險人未經保險人同意放棄對第三人之賠償請求權,該行為無效。

(3)因被保險人之故意或重大過失致使保險人不能行使代位權者,保險人得相應扣減保險金;台灣地區保險法則無規定。

　　5、台灣地區保險法規定保險人對被保險人之家屬或受僱人原則上無代位權；大陸地區保險法則規定保險人對被保險人之家庭成員或其組成人員原則上無代位權。

　　6、大陸地區保險法規定，於保險人行使代位權時，被保險人有提供必要文件及相關資訊之義務；台灣地區保險法則無此規定，筆者認爲應相同之解釋。

　　7、兩岸就保險人之代位權均有規定，但仍有下列不同：

　　（1）台灣地區之代位權係規定於保險法第二章保險契約，則法理上不僅財產保險有其適用，人身保險亦應有適用，但在人身保險之保險法第一百零三條「人壽保險之保險人，不得代位行使要保人或受益人因保險事故所生對於第三人之請求權。」另有排斥規定，健康保險、傷害保險、年金保險均有準用（參照保險第一百三十條、第一百三十五條、第一百三十五條之四），故代位權實僅於財產保險適用。大陸地區之保險法第六十條第一款規定「因第三者對保險標的的損害而造成保險事故的，保險人自向被保險人賠償保險金之日起，在賠償範圍內代位行使權被保險人對第三者請求賠償的權利。」，係規定財產保險，則人身保險當無適用。就立法技術而言，台灣地區規定較不精簡，只需將代位權規定於財產保險即可，人身保險之排斥規定即毋庸贅文。

　　（2）大陸地區保險法第六十一條第一款規定「保險事故發生後，保險人未賠償保險金之前，被保險人放棄對第三者的請求賠償的權利的，保險不承擔賠償保險金的責任。」，台灣地區則無相似規定。就立法之本旨而言，此一放棄，影響保險人之代位權行使，台灣地區應爲相似規定。

　　（3）大陸地區保險法第六十一條第二款規定「保險人向被保險人賠償保險金後，被保險人未經保險人同意放棄對第三者請求賠償的權利的，該行爲無效。」，台灣地區無類似規定，惟最高

法院八十六年台上字第九八五號判決「保險事故發生，被保險人對第三人有損害請求權即當然移轉於保險人，被保險人於受領保險給付之範圍內，對第三人之債權既已喪失，則其與第三人縱有和解或拋棄情事，亦不影響保險人因保險給付而取得之代位權。」意旨相同。

（4）關於代位權之例外，台灣地區保險法第五十三條第二項規定「前項第三人為被保險人之家屬或受僱人時，保險人無代位請求權。但損失係由其故意所致者，不在此限。」與大陸地區保險法第六十二條「除被保險人的家庭成員或者其組成人員故意造成本法第六十條第一款規定的保險事故以外，保險不得對被保險人的家庭成員或其組成人員行使代位請求賠償的權利。」相似，僅大陸地區所稱之「組成人員」究何所指不明，似不如「受僱人」明確。

十一、強制規定之效力

（一）台灣地區保險法第五十四條規定：「1.本法之強制規定，不得以契約變更之。但有利於被保險人者，不在此限。2. 保險契約之解釋，應探求契約當事人之真意，不得拘泥於所用之文字；如有疑義時，以作有利於被保險人之解釋為原則。」

（二）大陸地區保險法則於第三十條規定：「採用保險人提供的格式條款訂立的保險合同，保險人與投保人、被保險人或者受益人對合同條款有爭議的，應當按照通常理解予以解釋。對合同條款有兩種以上解釋的，人民法院或者仲裁機構應當作出有利於被保險人和受益人的解釋。」

（三）比較分析

1、台灣地區保險法規定，本法之強制規定於有利於被保險人者，得以契約變更之；大陸地區保險法則無此規定。

2、契約條款有疑義時，台灣地區保險法規定，採有利於被保險人之解釋爲原則；大陸地區保險法則採有利於被保險人和受益人之解釋爲原則。

3、上述爭議的解釋機關，在大陸地區保險法明定爲人民法院或仲裁機關，台灣地區保險法則無明文。

4、條款爭議之解釋由於保險條款均係保險人片面制定，屬定型化，要保人只有是否接受之權利，無商討餘地，兩岸保險法就此均設有依有利於被保險人解釋規定，惟台灣地區保險法第五十四條第二項規定「保險契約之解釋，應探求契約當事人之真意，不得拘泥於所用之文字；有疑義時，以作有利於被保險人之解釋爲原則。」較大陸地區保險法第三十條規定「保險人與投保人、被保險人或者受人有爭議時，應當按照通常理解予以解釋。對合同條款有兩種以上解釋的，人民法院或仲裁機關應當作有利於被保險人和受益人的解釋。」爲優，蓋原則上條款文字以能探求真意爲解釋原則，只有在無法探求真意，始以有利於被保險人之解釋，但大陸地區規定，似不論如何，均以有利被保險人或受益人之解釋，不符合平等及公平正義。

十二、基本條款應載事項

（一）台灣地區保險法第五十五條規定：「保險契約，除本法另有規定外，應記載下列各款事項：1.當事人之姓名及住所。2.保險之標的物。3.保險事故之種。4.保險責任開始之日時及保險期間。5.保險金額。6.保險費。7.無效及失權之原因。8.訂約之年月日。」

（二）大陸地區保險法對基本條款內容之規定如下：

1、第十八條規定：「保險合同應當包括下列事項：（1）保險人名稱和住所；（2）投保人、被保險人名稱和住所，以及人身保

險的受益人的名稱和住所；（3）保險標的；（4）保險責任和責任免除；（5）保險期間和保險責任開始時間；（6）保險金額；（7）保險費以及支付辦法；（8）保險金賠償或者給付辦法；（9）違約責任和爭議處理；（10）訂立合同的年、月、日。」

2、第十八條第 2 款規定：「投保人和保險人在前條規定的保險合同事項外，可以就與保險有關的其他事項作出約定。」

3、第 18 條第 3 款、第 4 款界定受益人與保限金額之定義。

（三）比較分析

1、關於保險契約應記載之事項，台灣地區保險法僅列舉八款，大陸地區保險法則列舉十款較爲詳盡。例如保險支付辦法、保險金賠償或給付辦法、違約責任和爭議處理等，此爲台灣地區保險法所未規定。

2、台灣地區保險法規定保險契約應記載事項除所列舉者外，以法律定之；大陸地區保險法則規定除列舉者外，當事人亦得另行約定之。

十三、變更或恢復契約效力之通知

（一）台灣地區保險法第五十六條規定：「變更保險契約或恢復停止效力之保險契約時，保險人於接到通知後十日內不爲拒絕者，視爲承諾；但本法就人身保險有特別規定者，從其規定。」

（二）大陸地區保險法第二十條則規定：「1、投保人和保險人可以協商變更合同內容。2.變更保險合同的，應當由保險人在保險單或者其他保險憑證上批註或者附貼批單，或者由投保人和保險人訂立變更的書面協議。」

（三）比較分析

兩岸保險法之區別在於：1.台灣地區保險法規定財產保險人於接到變更契約或復效通知後十日內不爲拒絕者，視爲承諾；2.

大陸地區保險法則規定無論產、壽險變更契約均須經雙方協商同意且應於原保單或其他保險憑證上加批註或附貼批單，或訂立書面協議始可。

十四、怠於通知之解約

（一）台灣保險法第五十七條規定：「當事人之一方對於他方應通知之事項而怠於通知者，除不可抗力之事故外，不問是否故意，他方得據為解除保險契約之原因。」

（二）大陸地區保險法之規定：

1、第十五條規定：「除本法另有規定或者保險合同另有約定外，保險合同成立後，投保人可以解除保險合同，保險人不得解除合同。」

2、第五十條規定：「貨物運輸保險合同和運輸工具航程保險合同，保險責任開始後，合同當事人不得解除合同。」

3、第五十四條規定：「保險責任開始前，投保人要求解除合同的，應當按照合同約定向保險人支付手續費，保險人應當退還保險費。保險責任開始後，投保人要求解除合同的，保險人應當將已收取的保險費按照合同約定扣除自保險責任開始之日起至合同解除之日止期間的保險費，剩餘部分退還投保人。」

（三）比較分析

1、台灣地區保險法規定，原則上祇要當事人一方怠於履行通知義務，他方均有解除權；大陸地區保險法則規定原則上在保險契約成立後，要保人有解除權，而保險人則無解除權。此外，貨物運輸保險和運輸工具航程保險契約當事人於保險責任開始後，均不得解除契約。

2、大陸地區保險法規定，要保人要求解除契約者，應支付保險人手續費且保險人應退還因此而不須負保險責任期間之保險

費；台灣地區保險法則無此規定。

　　3、大陸地區保險法第十五條規定「除本法另有規定或者保險合同另有約定外，保險合同成立後，投保人可以解除保險合同，保險人不得解除保險合同。」之終止契約（按：此解除應為終止，用詞有誤，蓋在繼續性契約，始可任意終止，而解除需有可歸責之法定事由），台灣地區則無規定，應係一特色，尤其限制保險人之終止，以保障保戶權益。台灣地區除依消費者保護法第十一條之一第一項規定「企業經營者與消費者訂立定型化契約前，應有三十日以內之合理期間，供消費者審閱全部條款內容。」、第二項「違反前項規定者，其條款不構成契約之內容。但消費者得主張該條款仍構成契約之內容。」及財政部之人壽保險單示範條款第三條「（契約撤銷權）要保人於保險單送達的翌日起算十日內，得以書面檢同保險單親自或掛號郵寄向本公司撤銷本契約。要保人依前項規定行使本契約撤銷權者，撤銷的效力應自要保人親自送達時起或郵寄郵戳當日零時起生效，本契約自始無效，本公司應無息退還要保人所繳保險費；本契約撤銷生效後所發生的保險事故，本公司不負保險責任。但契約撤銷生效前，若發生保險事故者，視為未撤銷，本公司仍應依本契約規定負保險責任。」外，保險法並無規定，理論上基於保險契約為繼續性者，要保人及保險人本均可終止，但保險法僅設有法定終止事由可終止規定，例如保險法第六十條、第八十一條，至於可否任意終止則未規定。惟在人壽保險因保險第一百十七條第一項規定，不可以訴訟請求交付保險費，則要保人不付保險費，即可達到終止效果，至於保險人應不可任意終止。

十五、保險事故發生之通知義務

　　（一）台灣地區保險法第五十八條規定：「要保人、被保險

人或受益人，遇有保險人應負保險責任之事故發生，除本法另有規定，或契約另有訂定外，應於知悉後五日內通知保險人。」及第六十三條規定：「要保人或被保險人不於第五十八條……所規定之期限內為通知者，對於保險人因此所受之損失，應負賠償責任。」

（二）大陸地區保險法關於保險事故發生之通知義務則規定如下：

1、第二十一條第一款規定：「投保人、被保險人或者受益人知道保險事故發生後，應當及時通知保險人。」

2、第二十二條規定：「（1）保險事故發生後，按照保險合同請求保險人賠償或者給付保險金時，投保人、被保險人或者受益人應當向保險人提供其所能提供的與確認保險事故的性質、原因、損失程度等有關的證明和資料。（2）保險人依照保險合同的約定，認為有關的證明和資料不完整的，應當及時一次性通知投保人、被保險人或者受益人補充提供。」

（三）比較分析

1、台灣地區保險法規定，要保人、被保險人或受益人原則上應於知悉保險事故發生後五日內通知保險人；大陸地區保險法則無硬性規定通知期限，只規定應當及時通知，亦即在合理的期間內通知即可。

2、大陸地區保險法規定保險事故發生後，於請求理賠時，要保人、被保險人或受益人有提供相關證明文件之義務。如證明文件不完整者，保險人亦應及時一次性通知要保人、被保險人或受益人補充提供證明文件；台灣地區保險法則無規定。

3、台灣地區保險法規定要保人或被保險人不在期限內通知者，對於保險因此人所受之損失，應負賠償責任；大陸地區保險法則無規定。

十六、危險增加之通知義務

（一）台灣地區保險法之規定如下：

1、第五十九條規定：「（1）要保人對於保險契約內所載增加危險之情形應通知者，應於知悉後通知保險人。（2）危險增加，由於要保人或被保險人之行為所致，其危險達於應增加保險費或終止契約之程度者，要保人或被保險人應先通知保險人。（3）危險增加，不由於要保人或被保險人之行為所致者，要保人或被保險人應於知悉後十日內通知保險人。（4）危險減少時，被保險人得請求保險人重新核定保費。」

2、第六十條規定：「（1）保險遇有前條情形，得終止契約，或提議另定保險費。要保人對於另定保險費不同意者，其契約即為終止；但因前條第二項情形終止契約時，保險人如有損失，並得請求賠償。（2）保險人知危險增加後，仍繼續收受保險費，或於危險發生後給付賠償金額，或其他維持契約之表示者，喪失前項之權利。」

3、第六十一條規定：「危險增加如有左列情形之一時，不適用第五十九條之規定：（1）損害之發生不影響保險人之負擔者。（2）為防護保險人之利益者。（3）為履行道德上之義務者。」

4、第六十二條規定：「當事人之一方對於左列各款，不負通知之義務：（1）為他方所知者。（2）依通常注意為他方所應知，或無法諉為不知者。（3）一方對於他方經聲明不必通知者。」

5、第六十三條規定：「要保人或被保險人不於第五十八條、第五十九條第三項所規定之限期內為通知者，對於保險人因此所受之損失，應負賠償責任。」

6、第二十四條第三項規定：「保險契約因第六十條……之情事而終止，或部份終止時，除保險費非以時間為計算基礎者外，

終止後之保險費已交付者，應返還之。」

　　7、第二十六條規定：「（1）保險費依保險契約所載增加危險之特別情形計算者，其情形在契約存續期間內消滅時，要保人得按訂約時保險費率，自其情形消滅時起算，請求比例減少保險費。（2）保險人對於前項減少保險費不同意時，要保人得終止契約。其終止後之保險已交付者，應返還之。」

　　（二）大陸地區保險法規定如下：

　　1、第五十二條規定：「（1）在合同有效期內，保險標的危險程度增加的，被保險人應當按照合同約定及時通知保險人，保險人可以按照合同約定增加保險費或者解除合同。保險人解除合同的應當將已收取的保險費，按照合同約定扣除自保險責任開始之日起止合同解除之日止應收的部份後，退還投保人。（2）被保險人未履行前款規定的通知義務的，因保險標的危險程度增加而發生的保險事故，保險人不承擔賠償保險金的責任。」

　　2、第五十三條規定：「有下列情形之一的，除合同另有約定外，保險人應當降低保險費，並按日計算退還相應的保險費：（1）據以確定保險費率的有關情況發生變化，保險標的危險程度明顯減少的；（2）保險標的的保險價值明顯減少的。」

　　（三）比較分析

　　1、台灣地區保險法關於危險變更通知義務之規定，產、壽險均有其適用；大陸地區保險法則僅對於財產保險中規定危險變更通知義務。

　　2、台灣地區保險法規定危險增加通知之期限，分別就危險增加是否由要保人或被保險人之行為所致而有不同，即：

　　（1）危險增加係由要保人或被保險人之行為所致者：要保人或被保險人應先通知保險人。

　　（2）危險增加非由於要保人或被保險人之行為所致者：要

保人或被保險人應於知悉後十日內通知保險人。

　　大陸地區保險法則對危險增加通知之限期統一規定為應當及時通知。

　　3、台灣地區保險法規定，因危險增加而另定保險費時，如要保人不同意，契約即終止，終止後之保險費已收受者，應予返還。惟如危險增加係因要保人或被保險人之行為所致者，則要保人或被保險人須對保險人因契約終止之損失負賠償責任。此外，危險增加非由要保人或被保險人行為所致，而要保人或被保險人未於知悉後十日內通知保險人者，亦須對保險人因此所受損失負賠償責任；大陸地區保險法則規定，被保險人未履行危險增加通知義務者，因危險增加所發生之保險事故，保險人不負賠償責任。

　　4、台灣地區保險法規定保險人通知危險增加後，仍繼續收受保險費，或於危險發生後理賠，或其他維持契約之表示者，則保險人喪失終止契約或另定保險費之權利；大陸地區保險法則無規定。

　　5、台灣地區保險法規定危險增加免通知之情形包括有：

　　（1）損害之發生不影響保險人之負擔者。

　　（2）為防護保險人之利益者。

　　（3）為履行道德上之義務者。

　　（4）為他方所知者。

　　（5）依通常注意為他方所應知，或無法諉為不知者。

　　（6）一方對於他方經聲明不必通知者。

　　大陸地區保險則無規定。

　　6、台灣地區保險法規定危險增加之情形在契約存續期內消滅時，要保人得請求自其情形消滅時起算減少保險費，如保險人不同意時，要保人得終止契約，其終止後之保險費已交付者，保險人應返還之；大陸地區保險法則無規定。

7、台灣地區保險法規定危險減少時，被保險人得請求重新核算保險費，大陸地區保險法則詳列保險人應當降低保險費之情況包括危險明顯減少及保險價額明顯減少時。

8、投保後危險增加，要保人或被保險人應有通知義務，以為對價平衡，兩岸就此原則上均有規定，但大陸地區僅於財產保險一節設有第五十二條規定，不似台灣地區第五十條係設於第二章保險契約第二節基本條款，故於人身保險亦有適用。又如未通知，依大陸地區保險法第五十二條第二款規定「被保險人未履行前款規定的通知義務的，因保險標的危險程度增加而發生的保險事故，保險人不承擔賠償保險金的責任。」，保險人毋庸理賠，但台灣地區保險法第六十三條規定「要保人或被保險人不於第五十八條，第五十九條第三項所規定之限期內通知者，對於保險人因此所受之損失，應負賠償責任。」，即原則上應予理賠，僅可請求賠償損失，再為抵銷。實務上此一損失如何計算，是否即為理賠金額，迭有爭議，似應如同大陸地區規定不予理賠，較為單純。

十七、要保人據實說明之義務

（一）台灣地區保險法第六十四條規定：「1.訂立契約時，要保人對於保險人之書面詢問，應據實說明。2 要保人故意隱匿，或因過失遺漏，或為不實之說明，足以變更或減少保險人對於危險之估計者，保險人得解除契約；其危險發生後亦同。但要保人證明危險之發生未基於其說明或未說明之事實時，不在此限。3.前項契約解除權，自保險人知有解除之原因後，經過一個月不行使而消滅；或契約訂立後經過二年，即有可以解除之原因，亦不得解除契約。」及第二十五條規定：「保險契約因第六十四條第二項之情事而解除時，保險人無須返還其已收取之保險費。」

（二）大陸地區保險法則於第十六條規定：「1.訂立保險合

同，保險人就保險標的或者被保險人的有關情況提出詢問，投保人應當如實告知。2.投保人故意或重大過失，未履行前款規定的如實告知義務，足以影響保險人決定是否同意承保或者提高保險費率的，保險人有權解除保險合同。3.投保人故意不履行如實告知義務的，保險人對於保險合同解除前發生的保險事故，不承擔賠償或者給付保險金的責任，並不退還保險費。4.投保人因重大過失未履行如實告知義務，對保險事故的發生有嚴重影響的，保險人對於保險合同解除前發生的保險事故，不承擔賠償或者給付保險金的責任，但應當退還保險費。5.保險事故是指保險合同約定的保險責任範圍內的事故。」

（三）比較分析

1、台灣地區保險法規定，告知義務採書面詢問主義，亦即詢問必須以書面為主，以期明確與慎重；大陸地區保險法則規定告知義務非以書面詢問為限，亦即保險人以口頭詢問，投保人亦有如實告知之義務。

2、大陸地區保險法規定，訂立保險契約，保險人應當向投保人說明保險契約之條款內容；台灣地區保險法雖未為規定，但於保險業務員管理規則第十五條中課以業務員解釋保險商品內容及保險單條款之義務。

3、台灣地區保險法規定，不論危險發生與否，要保人不實告知（包括故意及過失）足以變更或減少保險人對於危險之估計者，原則上保險人均得解除契約且不退還已收受之保險費。例外：如要保人能證明危險之發生未基於其說明或未說明之事實時，則保險人不得解除契約；大陸地區保險法則規定：

（1）危險發生前：要保人不實告知（包括故意及過失），足以影響保險人決定承保與否或提高保險費率者，保險人有解除權。

（2）危險發生後：

①要保人故意不履行告知義務者，保險人不負擔賠償責任，且不退還保險費。

②要保人過失未履行告知務義者，須對保險事故有嚴重影響者，保險人始得不負擔賠償責任，但得退還保險費。

4、台灣地區保險法對保險人之解除權有除斥期間之規定，亦即自保險人知有解除之原因後一個月或契約訂立後二年即可解除之原因，保險人亦不得解除契約；大陸地區保險法則無此規定。

5、大陸地區保險法規定保險事故是指保險合同約定的保險責任範圍內的事故；台灣地區保險法雖無爲保險事故作定義性規範，但在學理上應作同一解釋。

6、保險有射倖性質，故要保人及被保險人之告知義務甚爲重要，兩岸保險法就此均有規定，大陸地區保險法第十七條第一款規定「訂立保險合同，保險人應當向投保人說明保險合同的條款內容，並可以就保險標的或者被保險人的有關情況提出詢問，投保人應當如實告知。」、第二款規定「投保人故意隱瞞事實，不履行如實告知義務的，或者因過失未履行如實告知義務，足以影響保險人決定是否同意承保或者提高保險費率的，保險人有權解除保險合同。」、第三款規定「投保人故意不履行如實告知義務的，保險人對於保險合同解除前發生的保險事故，不承擔賠償或者給付保險金的責任，並不退還保險費。」與台灣地區保險法第六十四條第一項「訂立契約時，要保人對於保險人之書面詢問，應據實說明。」及第二項前段「要保人故意隱匿，或因過失遺漏，或爲不實之說明，足以變更或減少保險人對於危險之估計者，保險人得解除契約，其危險發生後亦同。」相同。惟有下列不同：

（1）台灣地區保險法第六十四條第二項後段「但要保人證明危險生未基於其說明或未說明之事實者，不在此限。」，即未告知事項與危險發生無因果關係，仍不可解除契約，大陸地區則無

此但書規定，與台灣地區早期保險法規定相同。

（2）台灣地區不分未告知係故意或過失，解除契約之結果，除不理賠外，所收保險費，依第二十五條「保險契約因第六十四條第二項之情事而解除時，保險人無須返還其已收受之保險費。」，毋庸返還，大陸地區則有區分，依第十六條第五款規定「投保人因過失未履行如實告知義務，對保險事故的發生有嚴重影響的，保險人對於保險合同解除前發生的保險事故，不承擔賠償或者給付保險金的責任，但可以退還保險費。」，如係過失者，可退還保險費，與台灣地區相比，似有人情味，可資參考。

7、解除權為形成權，法律均設有除斥期間規定，例如台灣地區民法第九十三條規定「前條之撤銷，對於發見詐欺或脅迫終止後，一年內為之。但自意思表示後，經過十年，不得撤銷。」，保險法第六十四條第三項亦設有規定「前項解除契約權，自保險人知有解除之原因後，經過一個月不行使而消滅；或契約訂立後經過二年，即有可以解除之原因，奕不得解除契約。」，大陸地區保險法第十六條就此保險人之解除權則自保險人知道有解除事由之日起，超過三十日不行使而消滅。自合同成立之日起超過二年的，保險人不得解除合同；發生保險事故的，保險人應當承擔賠償或者給付保險金的責任。按台灣地區因有上開除斥期間規定，往往有人投保時，故意為不實說明，以「賭兩年」心態投保，如逾兩年未發生事故，或雖在兩年將屆時發生事故，但不立即申請理賠，待拖至兩年後再申請，致保險人無從解除契約，為目前實務上困擾之問題，保險人有以被詐欺為由，欲依民法第九十二條第一項「因被詐欺或脅迫而為意思表示者，表意人得撤銷其意思表示。但詐欺係由第三人所為者，以相對人明知其事實或可得而知者為限，始得撤銷之。被詐欺而為之意思表示，其撤銷不得之對抗善意第三人。」撤銷核保之承諾，實務亦不允許，故此除

斥期間如何規定、適用，實屬困擾。大陸地區無此限制，對保險人有利，但形成權無除斥期間規定，實有欠妥，相較其保險法第五十四條之解除有二年之除斥期間，此處無規定似為有意，以保護保險人，嚴懲投保人之不實告知。

十八、保險人之明確說明義務

大陸地區保險法第十七條規定：「1.訂立保險合同，採用保險人提供的格式條款的，保險人向投保人提供的格式條款的，保險人向投保人提供的投保單應當附格式條款，保險人應當向投保仁說明何同的內容。2.對保險合同中免除保險人責任的條款，保險人在訂立合同時應當在投保單、保險單或者其他保險憑證上作出足以引起投保人注意的提示，並對該條款的內容以書面或者口頭形式向投保人作出明確說明；未做提示或者明確說明的，該條款不產生效力。」

台灣地區保險法未作規定，將來修法時應可參考修正。

十九、保險契約上權利之消滅時效

（一）台灣地區保險法第六十五條規定：「由保險契約所生之權利，自得為請求之日起，經過二年不行使而消滅。有左列各情形之一者，其期限之起算，依各該款之規定：1.要保人或被保險人對於危險之說明，有隱匿遺漏或不實者，自保險人知情之日起算。2.危險發生後，利害關係人能證明其非因疏忽而不知情者，自其知情之日起算。3.要保人或被保險人對於保險人之請求，係由於第三人之請求而生者，自要保人或被保險人受請求之日起算。」

（二）大陸地區保險法則於第二十六條規定：「1.人壽保險以外的其他保險的被保險人或者受益人，對保險人請求賠償或者給

付保險金的權利，自其知道保險事故發生之日起二年不行使而消滅。2. 人壽保險的被保險人或者受益人向保險人請求給付保險金的訴訟時效期間為五年，自其知道或者應當知道保險事故發生之日起計算。」

（三）比較分析

1、台灣地區保險法規定無論產、壽險對保險契約所生權利之消滅時效一律為自得為請求之日起二年；大陸地區保險法則分別就產、壽險規定其消滅時效，亦即產險為自其知道或應當知道保險事故發生之日起二年，壽險自其知道或保險事故發生之日起五年。

2、台灣地區保險法規定消滅時效之起算點原則上係自得為請求之日，例外：

（1）要保人或被保險人對於危險之說明，有隱匿或遺漏或不實者，自保險人知情之日起算。

（2）危險發生後，利害關係人能證明其非因疏忽而不知情者，自其知情之日起算。

（3）要保人或被保險人對於保險人之請求，係由於第三人之請求而生者，自要保人或被保險人受請求之日起算。

3、大陸地區保險法則規定消滅時效之起算一律自其知道或應當知道保險事故發生之日起算。

二十、謊報事故及偽造、變造證明文件

（一）大陸地區保險法對被保險人或受益人謊稱事故之發生及偽造、變造證明文件等情事，於第二十七條規定：「1. 未發生保險事故，被保險人或者受益人謊稱發生了保險事故，向保險人提出賠償或者給付保險金請求的，保險人有權解除合同，并不退還保險費。2. 投保人、被保險人故意製造保險事故的，保險人有

權解除合同，不承擔賠償或者給付保險金的責任；除本法第四十三條規定外，不退還保險費。3. 保險事故發生后，投保人、被保險人或者受益人以偽造、變造的有關証明、資料或者其他証據，編造虛假的事故原因或者夸大損失程度的，保險人對其虛報的部分不承擔賠償或者給付保險金的責任。4. 投保人、被保險人或者受益人有前三款規定行為之一，致使保險人支付保險金或者支出費用的，應當退回或者賠償。」

（二）台灣地區保險法則無規定。

（三）謊稱保險事故之責任

保險事故未發生，但謊稱發生，大陸地區保險法第二十七條第一款規定「被保險人或者受益人在未發生保險事故的情況下，謊稱發生了保險事故，向保險人提出賠償或者給付保險金請求的，保險人有權解除保險合同，並不退還保險費。」，保險人可解除契約，台灣地區保險法則無規定。按就此訛稱固屬不當，但因實際既無事故發生，保險人不予理賠即可，茲可解除保險契約，予以懲罰，不僅欠缺法理依據，亦屬過苛。

二十一、保險契約之特約條款

（一）台灣地區保險法之規定如下：

1、第六十六條規定：「特約條款，為當事人於保險契約基本條款外，承認履行特種義務之條款。」

2、第六十七條規定：「與保險契約有關之一切事項，不問過去現在或將來，均得以特約條款規定之。」

3、第六十八條規定：「（1）保險契約當事人之一方違背特約條款時，他方得解除契約，其危險發生後亦同。（2）第六十四條第三項之規定，於前項情形準用之。

4、第六十九條規定：「關於未來事項之特約條款，於未履行

期前危險已發生，或其履行爲不可能，或在訂約地爲不合法而未履行者，保險契約不因之而失效。」

（二）大陸地區保險法則均無規定。

第八節　火災保險

一、火災保險人之責任

（一）台灣地區保險法第七十條規定：「1.火災保險人，對於由火災所致保險標的物之毀損或滅失，除契約另有訂定外，負賠償之責。2.因救護保險標的物，致保險標的物發生損失者，視同所保危險所生之損失。」

（二）大陸地區保險法則無規定。

二、集合保險契約之責任

（一）台灣地區保險法第七十一條規定：「1.就集合之物而總括爲保險者，被保險人家屬、受僱人或同居人之物，亦得爲保險標的，載明於保險契約，在危險發生時，就其損失享受賠償。2.前項保險契約，視同並爲第三人利益而訂立。」

（二）大陸地區保險法則無規定。

三、保險金額之作用

（一）台灣地區保險法第七十二條規定：「1.保險金額爲保險人在保險期內，所負責任之最高額度。2.保險應於承保前，查明保險標的物之市價，不得超額承保。」

（二）大陸地區保險對保險金額作用之詮釋，則規定如左：

1、第十八條第四款規定：「保險金額是指保險人承擔賠償或

者給付保險責任的最高限額。」

　　2、第五十五條第三款前段規定：「保險金額不得超過保險價值」。

　　可知，兩岸保險法對此之主要差異在於台灣地區保險法課以保險人應於承保前查明保險標的物市價之義務，而大陸地區保險法則無規定。

四、定值與不定值保險及其賠償標準

　　有關定值與不定值保險之約定及其賠償標準

　　（一）台灣地區保險法之規定如下：

　　1、第七十三條規定：「1.保險標的，得由要保人，依主管機關核定之費率及條款，作定值或不定值約定之要保。2.保險標的，以約定價值爲保險金額者，發生全部損失或部份損失時，均按約定價值爲標準計算賠償。3.保險標的未經約定價值者，發生損失時，按保險事故發生時實際價值爲標準，計算賠償，其賠償金額，不得超過保險金額。」

　　2、第七十四條規定：「第七十三條所稱全部損失，係指保險標的的全部滅失或毀損，達於不能修復或其修復之費用，超過保險標的的恢復原狀所需者。

　　（二）大陸地區保險法則於第五十五條第一款規定：投保人和保險人約定保險標的的保險價值并在合同中載明的，保險標的發生損失時，以約定的保險價值爲賠償計算標准。

　　（三）比較分析，兩岸保險法之不同在於大陸地區保險對定值與不定值保險之賠償標準並未明文規定，而台灣地區保險法除對全損爲定義外，尚詳列規定定值保險與不定值保險之賠償標準如下：

　　1、定值保險：按約定價值爲標準計算賠償。

2、不定值保險：按保險事故發生時實際價值為標準，計算賠償。惟其賠償金額不得超過保險金額。

五、保險標的物價值之估定

（一）台灣地區保險法第七十五條規定：「保險標的物不能以市價估計者，得由當事人約定其價值。賠償時從其約定。」

（二）大陸地區保險法則無規定。

六、超額保險

（一）台灣地區保險法第七十六條規定：「1.保險金額超過保險標的價值之契約，係由當事人一方之詐欺而訂立者，他方得解除契約。如有損失，並得請求賠償。無詐欺情事者，除定值保險外，其契約僅於保險標的價值之限度內為有效。2.無詐欺情事之保險契約，經當事人一方將超過價值之事實通知他方後，保險金額及保險費，均應按照保險標的之價值比例減少。」

（二）大陸地區保險法則於第五十五條第三款後段規定：「超過保險價值的，超過的部分無效，保險人應當退還相應的保險費。」

（三）兩岸保險法之差異在於大陸地區保險法規定凡超額保險者，超過部份無效；台灣地區保險法則對超額保險之效力區分為：

1、有詐欺情事者（惡意）：效力為解除契約及損害賠償。

2、無詐欺情事者（善意）：

（1）定值保險：有效。

（2）不定值保險：A.在保險標的價值限度內有效。

　　　　　　　　B.保險金額及保險費均按保險價額比例減少。

七、不足額保險

（一）台灣地區保險法第七十七條規定：「保險金額不及保險標的物之價值者，除契約另有訂定外，保險人之負擔，以保險金額對於保險標的物之價值比例定之。」

（二）大陸地區保險法第五十五條第四款規定：「保險金額低於保險價值的，除合同另有約定外，保險人按照保險金額與保險價值的比例承擔賠償保險金的責任。」故兩岸保險法基本上對此之規定大致相同。

八、損失估計遲延之效果

（一）台灣地區保險法第七十八條規定：「損失之估計，因可歸責於保險人之事由而遲延者，應自被保險人交出損失清單一個月後加給利息。損失清單交出二個月後損失尚未完全估定者，被保險人得請求先行交付其所應得之最低賠償金額。

（二）大陸地區保險法則無規定。

九、估計損失費用之負擔

（一）台灣地區保險法第七十九條規定：「1.保險人或被保險人為證明及估計損失所支出之必要費用，除契約另有訂定外，由保險人負擔之。2.保險金額不及保險標的物之價值時，保險人對於前項費用，依第七十七條規定比例負擔之。」

（二）大陸地區保險法則無規定。

十、保險標的物變更之禁止

（一）台灣地區保險法第八十條規定：「損失未估定前，要保人或被保險人除為公共利益或避免擴大損失外，非經保險人同

意，對於保險標的物不得加以變更。

（二）大陸地區保險法則無規定。

十一、標的物全損時契約之終止

（一）台灣地區保險法第八十一條規定：「保險標的物非因保險契約所載之保險事故而完全滅失時，保險契約即為終止。」及第二十四條第三項規定：「保險契約因……第八十一條之情事而終止，或部份終止時，除保險費非以時間為計算基礎者外，終止後之保險費已交付者，應返還之。」

（二）大陸地區保險法則無規定。

十二、標的物分損時契約之終止

（一）台灣地區保險法第八十二條規定：「1.保險標的物受部份之損失者，保險人與要保人均有終止契約權。終止後，已交付未損失部份之保險費應返還之。2.前項終止契約前，於賠償金額給付後，經過一個月不行使而消滅。3.保險人終止契約時，應於十五日前通知要保人。4.要保人與保險人均不終止契約時，除契約另有訂定外，保險人對於以後保險事故所致之損失，其責任以賠償保險金額之餘額為限。

（二）大陸地區保險法則於第五十八條規定：「保險標的發生部分損失的，自保險人賠償之日起三十日內，投保人可以解除合同；除合同另有約定外，保險人也可以解除合同，但應當提前十五日通知投保人。合同解除的，保險人應當將保險標的未受損失部分的保險費，按照合同約定扣除自保險責任開始之日起至合同解除之日止應收的部分后，退還投保人。」

（三）比較分析：

1、大陸地區保險法規定保險標的部分損失時，保險人之終

止契約權得以契約限制之；台灣地區保險法則未作規定。

2、台灣地區保險法規定保險標的物受部份損失時，如雙方當事人均不終止契約，則原則上往後保險人之理賠責任以賠償保險金額之餘額爲限；大陸地區保險法則未作規定。

十三、準用規定：台灣保險法第八十二條之一。

（一）第七十三條至第八十一條之規定，於海上保險、陸空保險、責任保險、保證保險及其他財產保險準用之。

（二）第一百二十三條及第一百二十四條之規定，於超過一年之財產保險準用之。

大陸地區保險法未作規定。

第九節　海上保險

一、海上保險人之責任

（一）台灣保險法第八十三條規定：「海上保險人對於保險標的物，除契約另有規定外，因海上一切事變及災害所生之毀損、滅失及費用，負賠償之責。」

（二）大陸保險法則無規定。

二、適用海商法之規定

（一）台灣地區保險法第八十四條規定：「關於海上保險，適用海商法海上保險章之規定。」及海商法第一百六十六條規定：「關於海上保險，本章無規定者，適用保險法之規定。」

（二）大陸地區保險則於第一百八十四條規定：「海上保險適用《中華人民共和國海商法》的有關規定；《中華人民共和國

海商法》未規定的，適用本法的有關規定。」

（三）比較分析

於大陸地區保險法明文規定海上保險如海商法未規定者，即適用保險法，而台灣地區保險法雖未明文規定，但在海商法中卻作相同規定。

第十節　陸空保險

一、陸空保險人之責任

（一）台灣地區保險法第八十五條規定：「陸上、內河及航空保險人，對於保險標的物，除契約另有訂定外，因陸上、內河及航空一切事變及災害所致之毀損、滅失及費用，負賠償之責。

（二）大陸地區保險法則無規定。

二、貨物保險之期間

（一）台灣地區保險法第八十六條規定：「關於貨物之保險，除契約另有訂定外，自交運之時以迄於其目的地收貨之時爲其期間。」

（二）大陸保險法則無規定。

三、陸空保險契約應載事項

（一）台灣地區保險第八十七條規定：「保險契約，除記載第五十五條規定事項外，並應載明左列事項：1.運送路線及方法。2.運送人姓名或商號名稱。3.交運及取貨地點。4.運送有限期者，其期限。」

（二）大陸地區保險法則無規定。

四、暫停或變更運送路線或方法之效力

（一）台灣保險法第八十八條規定：「因運送上之必要，暫時停止或變更運送路線或方法時，保險契約除另有訂定外，仍繼續有效。」

（二）大陸地區保險法則無規定。

五、海上保險規定之準用

（一）台灣保險法第八十九條規定：「航行內河船舶運費及裝載貨物之保險，除本節另有規定外，準用海上保險有關條文之規定。」

（二）大陸地區保險法則無規定。

第十一節 責任保險

一、責任保險人之責任

（一）台灣地區保險法第九十條規定：「責任保險人於被保險人對於第三人，依法應負賠償積責任，而受賠償之請求時，負賠償之責。」

（二）大陸地區保險法則於第六十五條第四款規定：「責任保險是指以被保險人對第三者依法應負的賠償責任為保險標的的保險。」

（三）比較分析

台灣地區保險法規定責任保險人必須被保險人受賠償請求時，始負賠償責任；大陸地區保險法則無規定。

二、必要費用之負擔

（一）台灣地區保險法第九十一條規定：「1.被保險人因受第三人之請求而爲抗辯，所支出之訴訟上或訴訟外之必要費用，除契約另有訂定外，由保險人負擔之。2.被保險人得請求保險人墊給前項費用。」

（二）大陸地區保險法則於第六十六條規定：「責任保險的被保險人因給第三者造成損害的保險事故而被提起仲裁或者訴訟的，由被保險人支付的仲裁或者訴訟費用以及其他必要的、合理的費用，除合同另有約定外，由保險人承擔。」

（三）比較分析

1、大陸地區保險法規定被保險人支付之仲裁或訴訟費用及其他必要、合理之費用，原則上均由保險人承擔；台灣地區保險法則規定被保險人支出之訴訟上或訴訟外之必要費用，原則上由保險人承擔。

2、台灣地區保險法規定關於爲抗辯支出之訴訟上或訴訟外必要費用，被保險人得請求保險人墊給；大陸地區保險法則無規定。

3、兩岸均有責任保險之規定，但仍有下列不同：

（1）依大陸地區保險法第六十五條第一款規定「保險人對責任保險的被保險人給第三者造成的損害，可以依照法律的規定或者合同的約定，直接向該第三者賠償保險金。」，此一賠償係由保險人直接向第三人爲之，至於第三人可否向保險人請求，則規定第三者有權就其應獲賠償部分直接向保險人請求賠償保險金。台灣地區保險法第九十四條第一項「保險人於第三人由被保險人應負責任事故所致之損失，未受賠償以前，不得以賠償金額之全部或一部給付被保險人。」及第九十五條「保險人得經被保險人通知，直接對第三人爲賠償金額之給付。」似以給付被保險人爲

原則，需經被保險人通知始可給付第三人。惟因第九十四條第二項規定「被保險人對第三人應負損失賠償責任確定時，第三人得在保險金額範圍內，依其應得之比例，直接向保險人請求給付賠償金額。」，第三人又可於賠償責任確定時，逕向保險人請求，則保險人究應向何人給付，實不確定。筆者以為如被保險人已向第三人賠償，自應向被保險人給付，否則為符合責任保險之本旨，應向第三人給付，兩岸就此規定均不理想。

（2）大陸地區保險法第六十六條規定「責任保險的被保險人因給第三者造成損害的保險事故而被提起仲裁或者訴訟的，由被保險人支付的仲裁或者訴訟費用以及其他必要的、合理的費用，除合同另有約定外，由保險人承擔。」與台灣地區保險法第九十一條第一項「被保險人因受第三人之請求而為抗辯，所支出之訴訟上或訴訟外之必要費用，除契約另有訂定外，由保險人負擔之。」相似，僅仲裁費用台灣地區未列入，解釋上應包括。又台灣地區保險法第九十一條第二項「被保險人得請求保險人墊給前項費用。」，大陸地區則無規定。

（3）台灣地區保險法第九十三條「保險人得約定被保險人對於第三人就其責任所為之承認、和解或賠償，未經其參與者，不受拘束。但經要保人或被保險人通知保險人參與而無正當理由拒絕或藉故遲延者，不在此限。」保險人之參與權，大陸地區則無類似規定，似可列入保險合同。

三、為自己兼為他人利益之責任保險

（一）台灣地區保險法第九十二條規定：「保險契約係為被保險人所營事業之損失賠償責任而訂立者，被保險人之代理人、管理人或監督人所負之損失賠償責任，亦享受保險之利益，其契約視同並為第三人之利益而訂立。」

（二）大陸地區保險則無規定。

四、保險人之參預權

（一）台灣地區保險法第九十三條規定：「保險人得約定被保險人對於第三人就其責任所為之承認和解或賠償，未經其參預者，不受拘束。」

（二）大陸地區保險法則無規定。

五、向被保險人給付賠償金之限制

（一）台灣地區保險法第九十四條規定：「保險人於第三人由被保險人應負責任事故所致之損失，未受賠償以前，不得以賠償之額之全部或一部給付被保險人。」

（二）大陸地區保險法則無規定。

六、向第三人給付賠償金

（一）台灣地區保險法第九十五條規定：「保險人得經被保險人通知，直接對第三人為賠償金額之給付。」

（二）大陸地區保險法則於第六十五條第一款規定：「保險人對責任保險的被保險人給第三者造成的損害，可以依照法律的規定或者合同的約定，直接向第三者賠償保險金。」

（三）比較分析

兩岸保險法之主要差異在於責任保險人得直接對第三人為賠償金額給付之要件不同，亦即台灣地區保險法規定其要件祇須經被保險人通知即可；大陸地區保險法則規定其要件須為依法律規定或契約之約定始可。

第十二節　保證保險

一、保證保險人之責任

（一）台灣地區保險法第九十五條之一規定：「保證保險人於被保險人因其受僱人之不誠實行為或其債務人之不履行債務所致損失，負賠償之責。」

（二）大陸地區保險法則無規定。

二、受僱人行為保證之保證保險契約內容

（一）台灣地區保險法第九十五條之二規定：「以受僱人之不誠實行為為保險事故之保證保險契約，除記載第五十五條規定事項外，並應載明左列事項：1.被保險人之姓名及住所。2.受僱人之姓名、職稱或其他得以認定為受僱人之方式。」

（二）大陸地區保險法則無規定。

三、債務人行為保證之保證保險契約內容

（一）台灣地區保險法第九十五條之三規定：「以債務人之不履行債務為保險事故之保證保險契約，除記載第五十五條規定事項外，並應載明左列事項：1.被保險人之姓名及住所。2.債務人之姓名或其他得以認定為債務人之方式。」

（二）大陸地區保險法則無規定。

第十三節　其他財產之保險

一、其他財產保險之意義

（一）台灣地區保險法第九十六條規定：「其他財產保險為不屬於火災保險，海上保險，陸空保險、責任保險及保證保險之範圍而以財物或無形利益為保險標的之各種保險。」

（二）大陸地區保險則無規定。

二、標的物查勘權及未盡保護義務之責任

（一）關於保險人對於標的物之查勘權，及要保人或被保險人未盡保護標的物義務之責任，台灣地區保險法之規定如左：

1、第九十七條規定：「保險人有隨時查勘保險標的物之權，如發現全部或一部份處於不正常狀態，經建議要保人或被保險人修復後，再行使用。如要保人或被保險人不接受建議時，得以書面通知終止保險契約或其有關部份。」

2、第九十八條規定：「（1）要保人或被保險人，對於保險標的物未盡約定保護責任所致之損失，保險人不負賠償責任。（2）危險事故發生後，經鑑定係因要保人或被保險人未盡合理方法保護標的物，因而增加之損失，保險人不負賠償之責。」

（二）大陸地區保險法則於第五十一條規定：「1. 被保險人應當遵守國家有關消防、安全、生產操作、勞動保護等方面的規定，維護保險標的的安全。2. 保險人可以按照合同約定對保險標的的安全狀況進行檢查，及時向投保人、被保險人提出消除不安全因素和隱患的書面建議。3. 投保人、被保險人未按照約定履行

其對保險標的的安全應盡責任的，保險人有權要求增加保險費或者解除合同。4. 保險人爲維護保險標的的安全，經被保險人同意，可以采取安全預防措施。」

　　（三）比較分析

　　1、大陸地區保險法規定被保險人有應遵守維護保險標的安全之相關法規義務；台灣地區保險法則無規定。

　　2、大陸地區保險法規定保險人對要保人、被保險人提出之消除不安全因素和隱患採書面建議主義；台灣地區保險法則不限以書面爲之。

　　3、台灣地區保險法規定，要保人或被保險人不接受建議之效力爲得以書面通知終止契約或相關部份；大陸地區保險法則對此未作規定。

　　4、大陸地區保險法規定，經被保險人同意，保險人得採取安全預防措施；台灣地區保險法則無規定。

　　5、有關大陸地區保險法對保險人標的物之查勘權及要保人未盡保護標的物義務之責任規定，乃適用於所有財產保險；台灣地區保險法則僅對其他財產保險予以規範。

三、保險契約之變動

　　（一）台灣地區保險法第九十九條規定：「保險標的物受部份之損失，經賠償或回復原狀後，保險契約繼續有效；但與原保險情況有異時，得增減其保險費。」

　　（二）大陸地區保險法則無規定。

第十四節　人壽保險

一、人壽保險之責任

（一）台灣地區保險法第一百零一條規定：「人壽保險人於被保險人在契約規定年限內死亡，或屆契約規定年限而仍生存時，依照契約負給付保險金額之責。」

（二）大陸地區保險法則無規定。

二、人壽保險之金額

（一）台灣地區保險法第一百零二條規定：「人壽保險之保險金額，依保險契約之所定。」

（二）大陸地區保險法則無規定。

三、人壽保險代位求償之禁止

（一）台灣地區保險法第一百零三條規定：「人壽保險之保險人，不得代位行使要保人或受益人因保險事故所生對於第三人之請求權。」

（二）大陸地區保險法則於第四十六條規定：「被保險人因第三者的行為而發生死亡、傷殘或者疾病等保險事故的，保險人向被保險人或者受益人給付保險金後，不得享有向第三者追償的權利。但被保險人或者受益人仍有權向第三者請求賠償。」

（三）比較分析：

人壽保險契約之訂立基本上兩岸保險對此規定並無二致。

四、人壽保險契約之訂立

（一）台灣地區保險法第一百零四條規定：「人壽保險契約，得由本人或第三人訂立之。」

（二）大陸地區保險法則無規定。

五、第三人訂立死亡保險契約之限制

（一）台灣地區保險法第一百零五條規定：

1、由第三人訂立之死亡保險契約，未經被保險人書面同意，並約定保險金額，其契約無效。

2、被保險人依前項所為之同意，得隨時撤銷之。其撤銷方式應以書面通知保險人及要保人。

3、被保險人依前項規定行使其撤銷權者，視為要保人終止保險契約。

（二）大陸地區保險法則規定如下：

1、第三十四條第一款規定：「以死亡為給付保險金條件的合同，未經被保險人書面同意並認可保險金額的，合同無效。」

2、第三十四條第三款規定：「父母為其未成年子女投保的人身保險，不受本條第一款規定限制。」

（三）比較分析

1、兩岸保險法之差異主要在於大地區保險法規定父母為未成年子女投保人身保險不須經子女書面同意並認可保險金額即為有效；但台灣地區保險法則無此例外規定。換言之，凡由第三人訂立之死亡保險契約，均須經被保險人書面承認，並約定保險金額，即使於父母子女之間亦不例外。

2、以他人投保之死亡保險

台灣地區保險法第一百零五條第一項規定「由第三人訂立之

死亡保險契約，未經被保險人書面同意，並約定保險金額，其契約無效。」與大陸地區保險法三十四條第一款「以死亡爲給付保險金條件的合同，未經被保險人書面同意並認可保險金額的，合同無效。」規定大致相同。但大陸地區同條第三款「父母爲其未成年子女投保的人身保險，不受第一款規定限制。」設有父母爲未成年子女投保之不適用例外規定，台灣地區則無，仍有適用。基於「虎毒不食子」之理念，父母當不致危險子女生命，似可不受制，但在人心不古，一切以金錢掛帥，仍不免有惟「錢」是圖之人，例如李明璋、陳瑞欽，故大陸地區上開除外規定，實欠允洽。

3、未成年人之人身保險

兩岸就此均有規定，台灣地區保險法第一百零七條第一項「訂立人壽保險契約時，以未滿十四歲之未成年人，或心神喪失或精神耗弱之人爲被保險人，除喪葬費用之給付外，其餘死亡給付部分無效。」、第二項「前項喪葬費用之保險金額，不得超過主管機關所規定之金額。」與大陸地區保險法第三十三條第一款「投保人不得爲無民事行爲能力投保以死亡爲給付保險金條件的人身保險，保險人也不得承保。」及第二款「父母爲其未成年子女投保的人身保險，不受前款規定限制，但是死亡給付保險金額總和不得超過保險監督管理機關規定的限額。」相同。

六、第三人訂立人壽保險契約移轉出質之限制

（一）台灣地區保險法第一百零六條規定：「由第三人訂立之人壽保險契約，其權利之移轉或出質，非經被保險人以書面承認者，不生效力。」

（二）大陸地區保險法則於第三十四條第二款規定：「按照以死亡爲給付保險金條件的合同所簽發的保險單，未經被保險人

書面同意，不得轉讓或者質押。」

（三）比較分析

台灣地區保險法規定，凡由第三人訂立之人壽保險契約之移轉或出質須經被保險人書面承認，始生效力；大陸地區保險法則僅限於死亡保險契約之轉讓或質押，始須經被保險人之書面同意。

七、死亡保險契約被保險人給付範圍之限制

（一）台灣地區保險法第一百零七條規定：

1、訂立人壽保險契約時，以未滿十四歲之未成年人，或心神喪失或精神耗弱之人為被保險人，除喪葬費之給付外，其餘死亡給付部分無效。

2、前須喪葬費用之保險金額，不得超過主管機關所規定之金額。

（二）大陸地區保險法則於第三十三條規定：「1.投保人不得為無民事行為能力人投保以死亡為給付保險金條件的人身保險，保險人也不得承保。2.父母為其未成年子女投保的人身保險，不受前款規定限制，但是，因被保險人死亡給付保險金額總和不得超過國務院保險監督管理機構規定的限制。」

（三）比較分析

兩岸保險法之差別在於台灣地區保險法規定凡以十四歲以下之成年人或心神喪失或精神耗弱之人為死亡保險契約被保險人者，其契約無效；大陸地區保險法則規定原則上不得以無民事行為能力為為死亡保險契約被保險人，例外父母在限額範圍內得以其未成年子女為死亡保險契約被保險人。

八、人壽保險契約應記載之事項

（一）台灣地區保險法第一百零八條規定：「人壽保險契約，

除記載第五十五條規定事項外，並應載明左列事項：1.被保險人之姓名、性別、年齡及住所。2.受益人姓名及與被保險人之關係或確定受益人之方法。3.請求保險金額之保險事故及時期。4.依第一百八十條之規定，有減少保險金額之條件者，其條件。」

（二）大陸地區保險則無規定

九、保險人之免責事由

（一）台灣地區保險法第一百零九條規定：「1.被保險人故意自殺者，保險人不負給付保險金額之責任，但應將保險之責任準備金返還於應得之人。2.保險契約載有被保險人故意自殺，保險人仍應給付保險之額之條款者，其條款於訂約二年後始生效力。恢復停止效力之保險契約，其二年期限應自恢復停止效力之日起算。3.被保險人因犯罪處死或拒捕或越獄致死者，保險人不負給付保險金額之責任；但保險費已付足二年以上者，保險人應將其保單價值準備金返還於應得之人。」

（二）大陸地區保險法則規定如下：

1、第四十四條規定：「1.以被保險人死亡為給付保險金條件的合同，自合同成立或者合同效力恢復之日起二年內，被保險人自殺的，保險人不承擔給付保險金的責任，但被保險人自殺時為無民事行為能力人的除外。2.保險人依照前款規定不承擔給付保險金責任的，應當按照合同約定退還保險單的現金價值。」

2、第四十五條規定：「因被保險人故意犯罪或者抗拒依法採取的刑事強制措施導致其傷殘或死亡的，保險人不承擔給付保險金的責任。投保人已交足二年以上保險費的，保險人應當合同約定單退還保險單的現金價值。」

（三）比較分析

兩岸保險法就此規定之不同處，大致有：

1、台灣地區保險法規定恢復停止效力之保險契約，其自殺條款二年期限自恢復停止效力之日起算；大陸地區保險法則無規定。

2、台灣地區保險法規定被保險人因犯罪處死或拒捕或越獄致死者，保險人不予理賠；大陸地區保險法則規定被保險人故意犯罪或者抗拒依法採取的刑事強制措施導致死亡者，保險人不予理賠。

十、受益人之指定

（一）台灣地區保險法第一百十條規定：「1.要保人得通知保險人，以保險金額之全部或一部，給付其所指定之受益人一人或數人。2.前項指定之受益人，以於請求保險金額時生存者爲限。」

（二）大陸地區保險法則規定如左：

1、第三十九條規定：「（1）人身保險的受益人由被保險人或者投保人指定。（2）投保人指定受益人時須經被保險人同意。保險人爲與其有勞動關係的勞動者投保人身保險，不得指定被保險人及其近親屬以外的人爲受益人。（3）被保險人爲無民事行爲能力人或者限制民事行爲能力的人，可以由其監護人指定受益人。」

2、第四十條規定：「（1）被保險人或者投保人可以指定一人或者數人爲受益人。（2）受益人爲數人的，被保險人或者投保人可以確定受益順序和受益份額；未確定受益份額的，受益人均按照相等份額享有受益權。」

（三）比較分析

1、台灣地區保險法規定受益人由要保人指定；大陸地區保險法則規定受益人由被保險人或要保人指定，且要保人指定受益人時須經被保險人同意。若被保險人非完全行爲能力人者，得由其監護人指定受益人。

2、大陸地區保險法規定，受益人為數人的，指定人可確定受益順序及受益份額。未確定份額者，則平分之；台灣地區保險法則無規定。

3、在人身保險，兩岸均有規定受益人，但仍有下列不同：

依大陸地區保險法第三十九條第一款規定「人身保險的受益人由被保險人或者投保人指定。」、第二款規定「投保人指定受益人時須經被保險人同意。保險人為與其有勞動關係的勞動者投保人身保險，不得指定被保險人及其近親屬以外的人為受益人。」、第三款規定「被保險人為無民事行為能力或者限制民事行為能力人的，可以由其監護人指定受益人。」，此一指定雖屬投保人權利，但均需被保險人同意，形同被保險人始有權利。就保險契約係由投保人與保險人訂立，此一指定應屬投保人權利，毋庸被保險人同意，被保險人似無此一同意權。台灣地區保險法第一百十條第一項規定「要保人得通知保險人，以保險金額之全部或一部，給付其所指定之受益人一人或數人。」即毋庸被保險人同意。

受益人為數人時，大陸地區保險法第四十條第二款「受益人為數人的，被保險人或者投保人可以確定受益順序和受益份額；未確定受益份額的，受益人按照相等份額享有受益權。」，台灣地區則無規定，理論上，基於契約自由原則，要保人亦可指定。

4、兩岸雖均有受益人變更規定，但依大陸地區保險法第四十一條第一款「被保險人或者投保人可以變更受益人並書面通知保險人。保險人收到變更受益人的書面通知後，應當在保險單或者其他保險憑條上批註或者附貼批單。」、第二款「投保人變更受益人時須經被保險人同意。」，不僅被保險人可變更，且投保人之變更，需其同意，則在投保人與被保險人均需變更，但變更為不同之人時，以被保險人為優先，仍延續前開之觀念，台灣地區保險法第一百十一條第一項規定「受益人經指定後，要保人對其保

險利益，除聲明放棄處分權者外，仍得以契約或遺囑處分之。」則不相同。

十一、受益人之變更

（一）台灣地區保險法第一百十一條規定：「1.受益人經定後，要保人對其保險利益，除聲明放棄處分權者外，仍得以契約或遺囑處分之。2.要保人行使前項處分權，非經通知不得對抗保險人。」

（二）大陸地區保險法則於第四十一條規定：「1.被保險人或者投保人可以變更受益人並書面通知保險人。保險人收到變更受益人的書面通知後，應當在保險單上或其他保險憑證批註或者附貼批單。2.投保人變更受益人時須經被保險人同意。」

（三）比較分析

1、台灣地區保險法對於要保人之受益人變更權賦予得以聲明放棄處分之例外規定，大陸地區保險法則無規定。

2、大陸地區保險法對於要保人之受益人書面通知後，應於保單上或者其他保險憑條上或者附貼批單；台灣地區保險法則無規定。

3、大陸地區保險法規定要保人變更受益人須經被保險人同意；台灣地區保險法對此雖未似大陸地區保險法般，予以明確規範。惟依保險法第一百零六條之規定：「由第三人訂立之人壽保險契約，其權利之移轉或出質，非經被保險人以書面承認者，不生效力。」，於法理上應作同一解釋，且更為嚴格。亦即要保人變更受益人須經被保險人「書面承認」。

十二、受益人之權利

（一）台灣地區保險法第一百十二條規定：「保險金額約定

於被保險人死亡時給付於其所指定之受益人者，其金額不得作為被保險人之遺產。」

（二）大陸地區保險法雖無此規定，但在法理推論上應作相同解釋為是。

十三、法定受益人

（一）台灣地區保險法第一百十三條規定：「死亡保險契約未指定受益人者，其保險金額作為被保險人遺產。」

（二）大陸地區保險法則於第四十二條規定：「被保險人死亡後，遇有下列情形之一的，保險金作為被保險人的遺產，由保險人依照《中華人民共和國保險法》的規定履行給付保險金的義務：1.沒有指定受益人的；2.受益人先於被保險人死亡，沒有其他受益人的；3.受益人依法喪失受益權利或者放棄受益權，沒有其他受益人的。」

（三）比較分析

兩岸保險法之差異主要在於大陸地區保險法對死亡保險金作為被保險人遺產之情形列舉有三項，包括未指定受益人、受益人先於被保險人死亡而無其他受益人、或受益人依法喪失或放棄受益權而無其他受益人等，此外並規定此際保險人應向被保險人之繼承人給付保險金；而台灣地區保險法規定死亡保險契約保險金額作為被保險人遺產之情形雖僅列未指定受益人，但於受益人先於被保險人死亡而無其他受益人、或受益人依法喪失或放棄受益權而無其他受益人等情形，依法理亦應與大陸地區保險法規定相同，即作為被保險人之遺產。

十四、受益權之轉讓

（一）台灣地區保險法第一百十四條規定：「受益人非經要

保人之同意，或保險契約載明允許轉讓者，不得將其利益轉讓他人。」

（二）大陸地區保險法則無此規定。

十五、保險費之代付

（一）台灣地區保險法第一百十五條規定：「利害關係人，均得代要保人交付保險費。」

（二）大陸地區保險法則無規定。

十六、保險費未付之效果

（一）台灣地區保險法之規定如下：

1、第一百十六條規定：「（1）人壽保險之保險費到期未交付者，除契約另有訂定外，經催告到達後屆三十日仍不交付時，保險契約之效力停止。（2）催告應送達於要保人，或負有交付保險費義務之人之最後住所或居所，保險費經催告後，應於保險人營業所交付之。（3）第一項停止效力之保險契約，於停止效力之日起六個月內清償保險費、保險契約約定之利息及其他費用後，翌日上午零時起，開始恢復其效力。要保人於停止效力之日起六個月後申請恢復效力者，保險人得於要保人申請恢復效力之日起五日內要求要保人提供被保險人之可保證明，除被保險人之危險程度有重大變更已達拒絕承保外，保險人不得拒絕其恢復效力。（4）保險人未於前項規定期限內要求要保人提供可保證明或於收到前項可保證明後十五日內不為拒絕者，視為同意恢復效力。（5）保險契約所定申請恢復效力之期限，自停止效力之日起不得低於二年，並不得遲於保險期間之屆滿日。（6）保險人於前項所規定之期限屆滿後，有終止契約之權。（7）保險契約終止時，保險費已付足二年以上，如有保單價值準備金者，保險人應返還其保單價

值準備金。（8）保險契約約定由保險人墊繳保險費者，於墊繳之本息超過保單價值準備金時，其停止效力及恢復效力之申請準用第一項至第六項規定。」

2、第一百十七條規定：「（1）保險人對於保險費，不得以訴訟請求交付。（2）以被保險人終身為期，不附生存條件之死亡保險契約，或契約訂定於若干年後給付保險金額或年金者，如保險費已付足二年以上而有不交付時，於前條第五項所定之期限屆滿後，保險人僅得減少保險金額或年金。」

3、保險法施行細則第十二條第一項規定：「因本法第一百十六條第一項所載之原因，停止效力之人身保險契約，要保人於清償欠繳保險費及其他費用後，得恢復其效力，其申請恢復效力之期限，自最後一次應繳保險費之日起不得低於二年。」

（二）大陸地區保險法則規定如下：

1、第三十六條規定：「合同約定分期支付保險費，投保人支付首期保險費後，除合同另有約定外，投保人自保險人催告之日起超過三十日未支付當期保險費，或者超過約定的期限六十日未支付當期保險費的，合同效力中止，或者由保險人按照合同約定的條件減少保險金額。」

2、第三十七條規定：「（1）合同效力依照本法第三十六條規定中止的，經保險人與投保人協商並達成協議，在投保人補交保險費後，合同效力恢復。但是，自合同效力中止之日起滿二年雙方未達成協議的，保險人有權解除合同。（2）保險人依照前款規定解除合同的，應當按照合同約定退還保險單的現金價值。」

3、第三十八條規定：「保險人對人身保險的保險費，不得用訴訟公式要求投保人支付。」

（三）比較分析

1、台灣地區保險法規定保險費逾期未交付之寬限期為三十

日；大陸地區保險法亦規定保險費逾期未交付之寬限期爲三十日。

2、逾寬限期未繳保險費之效力：台灣地區保險法規定爲，保險契約效力停止而保險人得終止契約或減少保險金額；大陸地區保險法則規定契約效力中止或由保險人依契約約定之條件減少保險金額。

3、保險契約停效（或中止）二年後仍未繳交保險費之效力：台灣地區保險法規定爲終止契約，若保險費已付足二年以上者，保險人應返還其責任準備金；大陸地區保險法則規定爲解除契約，若保險費已交足二年以上者，保險人應退還保單的現金價值。如保險費未交足二年者，舊法規定保險人應於扣除手續費後，退還保險費。

4、台灣地區保險法規定，若屬終身純死亡保險、定期生存險或年金保險，如其保險費已付足二年以上而不再繳交時，保險人僅得減少保險金額或年金；大陸地區保險法則未作規定。

十七、減少保險金額或年金

（一）台灣地區保險法第一百十八條規定：「1.保險人依前條規定，或因要保人請求，得減少保險金額或年金。其條件及可減少之數額，應載明於保險契約。2.減少保險金額或年金，應以訂原約時之條件，訂立同類保險契約爲計算標準。其減少後之金額，不得少於原契約終止時已有之責任準備金，減去營業費用，而以之作爲保險費一次交付所能得之金額。3.營業費用以原保險金額百分之一爲限。4. 保險金額之一部，係因其保險費全數一次交付而訂定者，不因其他部分之分期交付保險費之不交付而受影響。」

（二）大陸地區保險法則無規定。

十八、解約金之償付

（一）台灣地區保險法第一百十九條規定：「1.要保人終止保險契約，而保險費已付足一年以上者，保險人應於接到通知後一個月內償付解約金；其金額不得少於要保人應得保單價值準備金之四分之三。2.償付解約金之條件及金額，應載明於保險契約。」

（二）大陸地區保險法則於第四十七條規定：「投保人解除合同，保險人應當自接到解除合同通知之日三十日內，按照合同約定退還保險單的現金價值。」

（三）比較分析

1、台灣地區保險法規定要保人終止契約，而保險費已付足二年以上者，保險人應於接到通知後一個月內償付解約金，其金額不得少於責任準備金之四分之三；大陸地區舊保險法則規定投保人解除契約，已交足二年以上保險費的，保險人應自接到通知之日起三十日內，退還保單的現金價值。

2、大陸地區舊保險法規定投保人解除契約，未交足二年保險費者，保險人應按契約約定扣除手續費後，退還保險費；但新法已取消交足二年或是未交足二年保險費之規定。台灣地區保險法則無此規定。

3、台灣地區保險法規定償付解約金之條件及金額，應載明於保險契約；大陸地區保險法則無規定。

十九、保險金額之質借

（一）台灣地區保險法第一百二十條規定：「（1）保險費付足一年以上者，要保人得以保險契約為質，向保險人借款。（2）保險人於接到要保人之借款通知後，得於一個月以內之期間，貸給可得質借之金額。（3）以保險契約為質之借款，保險人應於借

款本息超過保單價值準備金之日之三十日前，以書面通知要保人返還借款本息，要保人未於該超過之日前返還者，保險契約之效力自借款本息超過保單價值準備金之日停止。（4）保險人未依前項規定爲通知時，於保險人以書面通知要保人返還借款本息之日起三十日內要保人未返還者，保險契約之效力自該三十日之次日起停止。（5）前二項停止效力之保險契約，其恢復效力之申請準用第一百十六條第三項至第六項規定。」

（二）大陸地區保險法則無規定。

二十、受益權之喪失

（一）台灣地區保險法第一百二十一條規定：「1.受益人故意致被保險人於死或雖未致死者，喪失受益權。2.前項情形，如因該受益人喪失受益權，而致無受益人受領保險金額時，其保險金額作爲被保險人遺產。3.要保人故意致被保險人於死者，保險人不負給付保險金額之責。保險費付足二年以上者，保險人應將其保單價值準備金給付與應得之人，無應得之人時，應解交國庫。

（二）大陸地區保險法則於第四十三條規定：「1.投保人故意造成被保險人死亡……，保險人應當按照合同約定向其他權利人退還保險單的現金價值。2.受益人故意造成被保險人死亡……，或者故意殺害被保險人未遂的，該受益人喪失受益權。」

（三）比較分析

台灣地區保險法規定要保人故意致被保險人於死，而保險費付足二年以上者，保險人應退還責任準備金予應得之人，如無應得之人時，則解交國庫；大陸地區保險法則無規定。

二十一、被保險人年齡錯誤之效果

（一）台灣地區保險法第一百二十二條規定：「1.被保險人年

齡不實，而其真實年齡已超過保險人所定保險年齡限度者，其契約無效。2.因被保險人年齡不實，致所付之保險費少於應付數額者，保險金額應按照所付之保險費與被保險人之真實年齡比例減少之。

（二）大陸地區保險法則於第三十二條規定：「1. 投保人申報的被保險人年齡不真實，并且其真實年齡不符合合同約定的年齡限制的，保險人可以解除合同，并按照合同約定退還保險單的現金價值。保險人行使合同解除權，適用本法第十六條第三款、第六款的規定。2. 投保人申報的被保險人年齡不真實，致使投保人支付的保險費少于應付保險費的，保險人有權更正并要求投保人補交保險費，或者在給付保險金時按照實付保險費與應付保險費的比例支付。3. 投保人申報的被保險人年齡不真實，致使投保人支付的保險費多于應付保險費的，保險人應當將多收的保險費退還投保人。」

（三）比較分析

1、台灣地區保險法對被保險人年齡不實之情況，分別就超越或未達年齡限制之效力作不同規定即：

（1）真實年齡超過保險年齡上限：無效。

（2）真實年齡未達保險年齡：自達到日起生效。

大陸地區保險法則統一規定其效力為，原則上保險人得解除契約，並按照合同約定退還保險單的現金價值。保險人行使合同解除權適用本法第十六條第三款、第六款之規定。

2、因被保險人的年齡不實，致所付保險費少於應付保險費者：台灣地區保險法規定保險金額按比例減少；大陸地區保險法則規定保險人有權更正並要求投保人補交保險費或比例減少保險金額。

二十二、當事人破產之效果

（一）台灣地區保險法第一百二十三條規定：「保險人破產時，受益人對於保險人得請求之保險金額之債權，以其保單價值準備金按訂約時之保險費率比例計算之。要保人破產時，保險契約定有受益人者，仍爲受益人之利益而存在二次。」

（二）大陸地區保險法則無此規定。

二十三、責任準備金之優先受償權

（一）台灣地區保險法第一百二十四條規定：「人壽保險之要保人、被保險人、受益人，對於被保險之保單價值準備金，有優先受賞之權。」

（二）大陸地區保險法則無此規定。

第十五節　健康保險

一、健康保險人之責任

（一）台灣地區保險法第一百二十五條規定：「健康保險人於被保險人疾病、分娩及其所致殘廢或死亡時，負給付保險金額之責。」

（二）大陸地區保險法則無此規定。

二、訂約前之健康檢查

（一）台灣地區保險法第一百二十六條規定：「1.保險人於訂立保險契約前，對於被保險人得施以健康檢查。2.前項檢查費用，由保險人負擔。」

（二）大陸地區保險法則無此規定。

三、健康保險人之免責事由

（一）台灣地區保險法之規定如左：

1、第一百二十七條規定：「保險契約訂立時，被保險人已在疾病中或妊娠情況中者，保險人對是項疾病或分娩，不負給付保險金額之責任。」

2、第一百二十八條規定：「被保險人故意自殺或墮胎所致疾病、殘廢、流產或死亡，保險人不負給付保險金額之責。」

（二）大陸地區保險法則無此規定。

四、代訂立保險契約應記載之事項

（一）台灣地區保險法第一百二十九條規定：「被保險人不與要保人為同一人時，保險契約除載明第五十五條規定事項外，並應載明左列各款事項：1.被保險人之姓名、年齡、及住所。2.被保險人與要保人之關係。」

（二）大陸地區保險法則無此規定。

五、人壽保險規定之準用

（一）台灣地區保險法第一百三十條規定：「第一百零二條至第一百零五條、第一百十五條、第一百十六條、第一百二十三條及第一百二十四條，於健康保險準用之。」

（二）大陸地區保險法則無此規定。

第十六節　傷害保險

一、傷害保險人之責任

（一）台灣地區保險法第一百三十一條規定：「傷害保險人於被保險人遭受意外傷害及其所致殘廢或死亡時，負給付保險金額之責。」

（二）大陸地區保險法則無此規定。

二、傷害保險契約應記載之事項

（一）台灣地區保險法第一百三十二條規定：「傷害保險契約，除記載第五十五條規定事項外，並應載明左列事項：1.被保險人之姓名、年齡、住所及與要保人之關係。2.受益人之姓名及與被保險人之關係，或確定受益人之方法。3.請求保險金額之事故及時期。」

（二）大陸地區保險法則無規定。

三、傷害保險人之免責事由

（一）台灣地區保險法第一百三十三條規定：「被保險人故意自殺，或因犯罪行為，所致傷害、殘廢或死亡，保險人不負給付保險金額之責任。」

（二）大陸地區保險法則於第四十五條規定：「因被保險人故意犯罪或者抗拒依法采取的刑事強制措施導致其傷殘或者死亡的，保險人不承擔給付保險金的責任。投保人已交足二年以上保險費的，保險人應當按照合同約定退還保險單的現金價值。」

（三）比較分析

　　兩岸保險法之主要差異在於大陸地區保險法規定投保人已交足二年以上保險費者，保險人應返還其現金價值，而台灣地區保險法無規定。

四、受益權喪失與撤銷

　　（一）台灣地區保險法一百三十四條規定：「1.受益人故意傷害被保險人者，無請求保險金額之權。2.受益人故意傷害被保險人未遂時，被保險人得撤銷其受益權利。」

　　（二）大陸地區保險法則於第四十三條第二款規定：「受益人故意造成被保險人死亡、傷殘或疾病的，或者故意殺害被保險人未遂的，該受益人喪失受益權。」

　　（三）比較分析

　　兩岸保險法之不同在於台灣地區保險法規定受益人傷害被保險人未遂時，被保險人得撤銷其受益權，而大陸地區保險法則規定受益人故意殺害被保險人未遂時，其當然喪失受益權。

五、人壽保險規定之準用

　　（一）台灣地區保險法第一百三十五條規定：「第一百零二條至第一百零四條，第一百十條至第一百十四條，第一百十六條及第一百零七條關於禁止為心神喪失或精神耗弱之人訂立保險契約之規定，於傷害保險準用之。」

　　（二）大陸地區保險法則無規定。

第十七節　年金保險

一、年金保險之責任

（一）台灣地區保險法第一百三十五條之一規定：「年金保險人於被保險人生存期間或特定期間內，依照契約負一次或分期給付一定金額之責。」

（二）大陸地區保險法則無規定。

二、年金保險契約應記載之事項

（一）台灣地區保險法第一百三十五條之二規定：「年金保險契約，除記載第五十五條規定事項外，並應載明左列事項：1.被保險人之姓名、性別、年齡及住所。2.年金金額或確定年金金額之方法。三、受益人之姓名及被保險人之關係。4.請求年金之期間、日期及給付方法。5.依第一百十八條規定，有減少年金之條件者，其條件。」

（二）大陸地區保險法則無規定。

三、受益人之特定

（一）台灣地區保險第一百三十五條之三規定：「1.受益人於被保險人生存期間為被保險人本人。2.保險契約載有於被保險人死亡後給付年金者，其受益人準用第一百十條至第一百十三條規定。」

（二）大陸地區保險法則無規定。

四、人壽保險規定之準用

（一）台灣地區保險法第一百三十五條之四規定：「第一百

〇二條、第一百〇五條、第一百〇七條、第一百十條至第一百十六條規定，第一百二十三條及第一百二十五條於年金保險準用之。」

（二）台灣地區保險法第一百三十六規定：「（1）保險業之組織，以股份有限公司或合作社為限。但經主管機關核准者，不在此限。（2）非保險業不得兼營保險或類似保險之業務。（3）違反前項規定者，由主管機關或目的事業主管機關會同司法警察機關取締，並移送法辦；如屬法人組織，其負責人對有關債務，應負連帶清償責任。（4）執行前項任務時，得依法搜索扣押被取締者之會計帳簿及文件，並得撤除其標誌等設施或為其他必要之處置。（5）保險業之組織為股份有限公司者，除其他法律另有規定或經主管機關許可外，其股票應辦理公開發行。」

（三）大陸地區保險則無規定。

第十八節　罰　則

一、兩岸地區均設有若干刑罰及行政罰之規定，以管制保險行為，但大陸地區規定較多，例如

(一) 第一百七十六條：

投保人、被保險人或者受益人有下列行為之一，進行保險詐騙活動，尚不構成犯罪的，依法給予行政處罰：投保人故意虛構保險標的，騙取保險金的；編造未曾發生的保險事故，或者編造虛假的事故原因或者夸大損失程度，騙取保險金的；故意造成保險事故，騙取保險金的。保險事故的鑒定人、評估人、証明人故意提供虛假的証明文件，為投保人、被保險人或者受益人進行保險詐騙提供條件的，依照前款規定給予處罰。」

(二)第一百一十六、一百六十二條等：「

1、保險公司有本法第一百一十六條規定行為之一的，由保險監督管理機構責令改正，處五萬元以上三十萬元以下的罰款；情節嚴重的，限制其業務范圍、責令停止接受新業務或者吊銷業務許可証。

2、保險公司及其工作人員阻礙投保人履行如實告知義務，或者誘導其不履行如實告知義務，或者承諾向投保人、被保險人或者受益人的給予非法的保險費回扣或者其他利益，構成犯罪的，依法追究刑事責任；尚不構成犯罪的，由保險監督管理機構責令改正，對保險公司處以五萬元以上三十萬元以下的罰款；對有違法行為的工作人員，處以二萬元以上十萬元以下的罰款；情節嚴重的，限制保險公司業務範圍或者責令停止接受新業務。」

二、台灣地區較少規定，如有涉及詐欺，即依刑法詐欺罪論處。

第十九節　結　語

兩岸之保險法，就法條文字用詞，立法技術固有不同，但在觀念所反映之規定言，仍有異同。台灣地區保險已有四十多年歷史，經過許多實務操作近年大量配合時代與環境之需要，十二次修法較屬完善。

大陸地區因實施十四年，修法二次，規定較少，雖就若干有爭議之問題，已予解決但對保險合同之規定有待補充之空間能仍大，兩岸，各有優缺點，彼此應可借鏡。

第三章　2009 大陸保險法之主要修訂內容及其與台灣保險法之比較分析

第一節　前　言

　　大陸於 1995 年 10 月 1 日始頒布第一部保險法計有 201 條，而於 2002 年 10 月 28 日為因應世界潮流之發展需要，乃加以小幅修改公布，計 158 條；茲因社會變遷巨大，原有保險法明顯不能適應社會需要及入世之承諾，乃於 2004 年 10 月開始大幅修法，此次修法係經過搜集國內外資料、調查研究及舉辦多層次之座談會，並經各方專家之論辯，廣徵各部之意見，完成修改草案，於 2009 年 2 月 28 日由中華人民共和國第十一屆全國人民代表大會常務委員會第七次會議修訂通過，自 2009 年 10 月 1 日起施行，共八章 187 條。本文茲介紹修改之主要內容，並將其與台灣保險法作一比較分析，以供我國律師界、保險業、學界之參考。

第二節　大陸保險法修改之原因及過程

　　保險法是保險業發展和監管的基本準則，大陸現行《中華人民共和國保險法》（簡稱保險法）自 1995 年 10 月 1 日頒佈實施以

來，曾於 2002 年爲了適應加入世界貿易組織（簡稱世貿組織）後新形勢之需要，第九屆全國人大常委會進行過一次修改，惟修改重點爲保險法條文中與加入世貿組織承諾"對保險業要求"不一致之處，而對於備受保險業界關注之《保險合同法》部分並無涉及。

一、保險法修改之必要性

大陸保險法於 2002 年第一次修訂以來，隨著金融體制改革的深化，保險行業的快速發展和法律環境的持續變化，行業發展和保險監管中的新情況不斷出現，保險業的快速發展遠遠超出預期，則大量新生事物的出現、快速發展的保險業及由此產生的監管需要，現行保險法已經不能適應此新形勢需要，暴露出大陸現行保險法的明顯落後；就目前情況觀之，現行《保險法》有下列六大方面難以適應實際需要，茲分述如下[1]：

1、新型保險市場主體處於無「法」可依狀態

隨著一些新興的保險組織已經或將會在大陸保險市場產生，如近年來已經出現的保險資產管理公司、保險公估人以及探索中階段之相互制保險企業。大陸現行《保險法》對此類新興市場主體並無任何規定，導致實務中之有效監管，存在法律依據不足的問題。

2、保險公司的業務範圍急需突破現行立法的障礙

大陸現行《保險法》中關於保險公司業務範圍的規定過窄，僅爲財產保險業務和人身保險業務，實踐中存在保險集團內產壽險公司相互代理、保險公司企業年金信託管理、第三人管理型健康保險等必要、合理的業務在《保險法》都沒有明確授權，這將不適應國家養老醫療制度改革和金融業綜合經營的發展趨勢。

3、保險資金運用需要在立法上進行更科學的制度安排

---

[1] 徐濤，《專家：現行保險法六方面難於適應形勢》，證券時報，2006-5-18 發表，中國養老金網（http://www.cnpension.net）

　　目前，保險資金不僅可以投資證券、投資基金、企業可轉換債券、商業銀行次級債，而且可以直接投資股票市場、境外投資等。儘管上述政策的突破得到國務院的批准，保監會也出臺了相應的規章。但從政策的穩定性出發，在修訂《保險法》過程中有必要對保險資金運用和管理模式進行更科學合理的制度安排。

　　4、對保險監管手段和措施的授權不夠充分

　　大陸現行《保險法》中沒有規定保險監督管理機構的職責，沒有規定監管機構的強制措施權，對於有權採取的其他監管措施也較少涉及，需要通過立法對保險監管機構進行更加充分的授權。

　　5、現有的行政處罰手段不足

　　由於保險違法行為的種類和表現形式日益多樣化，而大陸現行《保險法》有關處罰部分的規定，無論在違法行為之種類，還是在處罰形式和幅度上都顯得比較薄弱。尤其是對新興的保險市場之主體在行為規範和處罰規定上完全處於空白狀態。

　　6、保險契約立法存在不足。

　　大陸現行《保險法》在保險合同部分的規則存在不少爭議，如明確說明義務、保險價值、現金價值、不可爭議條款等，此引發大量的保險糾紛。

　　上述問題之存在，不利於大陸保險業之實現及快速良好之發展，與服務和諧社會建設之目標；為此，進一步修改完善之保險法、健全保險法規規章體系之呼聲日隆。

　　二、保險法修改之過程

　　在前述背景下，大陸「保險監督管理委員會」（簡稱保監會）於 2004 年 10 月啟動第二次修法專案，針對多項修改工作重點：「1.保險合同的成立與效力問題；2.投保人如實告知義務與保險人的說明義務；3.保險價值、保險金額與重複保險；4.財產保險條款的規範；5.人身保險條款的規範；6.保險集團公司、保險控股公

司、相互保險公司、自保公司、政策性保險公司、保險資產管理公司的定位及監管；7.保險公估公司、兼業保險代理機構、專屬保險代理機構、個人經紀人、保險行銷員的定位及監管；8.保險行業協會的定位及職能；9.保險資金運用模式的創新和投資管道的拓寬；10.保險公司業務範圍的科學分類及劃分標準；11.快速發展的市場環境下保險條款費率的監管方式；12.監管機構對保險失信行為的處理；13.保險業不正當競爭行為的認定及監管。」廣泛徵求各方面意見，並收集整理國內外大量研究資料，經過多次實地調查研究和不同層面之座談會，而完成《保險法修改草案建議稿》[2]。

保監會於 2006 年將該建議稿呈報予國務院法制辦公室，經過法制辦公室依《立法法》審查後，於 2007 年底前已將《保險法修改草案送審稿》呈報予國務院常務會議討論，待會議討論通過後，再提交全國人大常委會，而於 2009 年 2 月 28 日修訂公佈，自 2009 年 10 月 1 日起施行，共八章 187 條。

三、保險法修改之依據

保監會係依據下列四項指導思想，推動此次保險法修改[3]：「1.貫徹落實黨的十六大以來的各項方針政策，特別是十六屆五中全會的精神，穩步發展保險市場，推進金融業綜合經營試點；2.按照科學發展觀的要求，進一步規範保險經營行為，加強和改善監管手段，防範金融風險；3.堅持科學性與前瞻性相結合，立足保險業現實和社會經濟發展需要，為今後的制度創新留下法律空間；4.加強行業誠信建設，切實保護被保險人利益，為建構和諧

---

2 大陸之《保險法修改草案建議稿》之內容主體上，係借鑒我國之《保險法》模式，分為《保險業法》和《保險合同法》。

3 資料來源：大陸「保險監督管理委員會」關於《中華人民共和國保險法（修改草案送審稿）》的說明。

社會服務。」

第三節　2009 大陸保險法之主要
修訂內容[4]及修訂理由

一、完善保險經營規則，進一步拓寬保險資金運用管道，實現防範風險與促進發展之統合

1、業務範圍

大陸現行保險法規定保險公司之業務範圍僅限於財產保險、人身保險及其再保險，此一規定已不符合保險業發展和國家養老、醫療體制改革之需要。實務中，保險公司從事企業年金基金受托管理業務、第三方管理業務等，皆急需法律之確認準則；保險業參與失地農民養老保險、新型農村合作醫療站工作亦缺乏相應之法律規範。因此新法第 95 條借鑒大陸商業銀行法、證券法和國外有關立法例，授權保險監管機構依據社會經濟和保險業發展之實際需求，可以核定保險公司從事與保險有關之其他業務。並於第一款（三）財產保險業務增加保證保險業務。

2、金融行業綜合經營

大陸「黨的第十六屆五中全會」提出"要穩步推進金融業綜合經營試點"。目前，嚴格分業經營已被突破，金融集團已經透過子公司實現銀行、證券、保險之"綜合經營"；國務院也已經批准保險資金按一定比例直接進入資本市場。金融業之間彼此滲透與合作不斷增強，法律對此需要留有空間。新修訂之商業銀行

---

4 同註 3。

法、證券法均已對實行綜合經營留有餘地。因此，新法刪除保險公司之資金不得用於設立證券經營機構，以及保險業以外企業之禁止性規定（第 106 條）。

3、保險資金運用

大陸「黨的第六十屆三中全會」提出"積極推進資本市場的改革開放和穩定發展，擴大直接融資，建立多層次資本市場體系，完善資本市場結構，豐富資本市場產品"。保險資金作爲資本市場的重要資金來源，應當發揮穩定和繁榮市場的重要作用。現行保險法關於保險資金運用形式的規定過於狹窄，已不符合保險業和社會經濟發展之要求。考慮到保險資金運用既要滿足行業和經濟發展之需要，又應兼顧安全和穩健原則，新法作了四個方面的修改：「（1）將原規定的買賣政府債券、金融債券改爲買賣有價證券；（2）參考其他國家立法，增加規定可以投資不動產；（3）進一步明確規定由保險監管機構制定資金運用的管理辦法；（4）明確保險資產管理公司的法律地位，規定經保險監管機構批准，保險公司可以設立保險資產管理公司運用保險資金，具體管理辦法授權保險監管機構制定（第 106 條、第 107 條）。

二、適應保險業發展的現實需要，進一步完善保險市場主體的法律規範。

1、關於保險公司高級管理人員的管理

爲了適應監管工作的實際需要，培育德才兼備的高層次保險管理人才，新法第 81 條明確規定擔任保險公司的董事和高級管理人員應當經保險監管機構核准資格；同時參照證券法和商業銀行法的有關規定，明確高級管理人員任職資格的基本條件和禁止情形。（第 82 條）

2、壽險公司破產或被撤銷時保險業務之處理

大陸現行保險法規定，經營人壽保險業務之保險公司，依法

被撤銷或宣告破產時，其持有之人壽保險契約及準備金，必須轉移給其他經營人壽保險業務之保險公司，此一規定並無解決受讓公司之正當利益如何不受損害的問題。保監會在參考日本、台灣等相關立法經驗和行業操作實務後發現，壽險公司破產時，無論是保險保障基金、保單受讓公司，還是其他機構都不可能全額對被保險人實施補償。在此情況下，對原有保險契約進行適當變更，調整相應之費率和保險金額，是合理且務實之選擇；因此，以新法第92條加以規定，此特別增加規定需經保險監管機構批准，意在加強對被保險人和投保人合法權益之保護。

3、保險仲介

　　大陸現行保險法中關於保險仲介之規定較簡略，無論在主體上還是行為規範上都存有許多空白。因此，結合保險仲介之現狀，新法作了相應修改：（1）第117條明確規定兼業代理是保險代理的重要組成形式，解決了兼業代理地位不明的問題；（2）第129條將保險公估視為一種經紀形式，明確規範其法律性質，以符合保險監管實務之需要；（3）考慮個人代理人之特點，刪除現行規定中關於個人代理人領取代理業務許可證、辦理工商登記、領取營業執照並繳存保證金，或者投保職業責任何保險等要求，僅規定個人代理人應當符合保險監管機構規定之資格條件，取得相關資格證書，並且參照《直銷管理條例》，規定其合法經營活動不以無照經營查處（第122條）。同時，為統一規範保險銷售行為，新法第111條增加規定，對保險公司從事銷售之人員應取得資格證書之要求。

　　三、明確法律責任、強化監管手段、打擊保險違法違規行為、維護經營秩序

　　大陸現行保險法中有一重大問題，即對一些違法行為並無規定法律責任，或是規定過於原則僵硬化，不符合保險監管的實際

需要，則新法對此問題增訂了完善的法律責任。同時，新法亦強化對保險監管機構自身之要求，對其不恰當之進行監管職責，增加相應的罰則，主要包括：

1、增加對保險業主體新型違法行爲之處罰措施

新法第 169 增加對違規任用高級管理人員行爲之處罰；第 170 條增加對違法使用許可證行爲之處罰；第 162 條、第 176 條增加對保險公司及其工作人員故意誇大損失、虛構保險契約進行虛假理賠，以及挪用、截留保費、利用仲介機構進行違法活動等行爲之處罰；第 162 條增加對保險公司及其工作人員利用保險業務爲他人謀取非法利益、違規從事關聯交易和未履行通知、披露義務之行爲處罰；第 167 條增加對保險仲介機構未按要求繳存保證金或購買職業責任險、未設專門的賬簿管理等違法行爲之處罰；第 175 條增加對外國保險機構代表處違法行爲之處罰。

2、加重追究對違規行爲之個人責任

特別需要指出的是，針對多種經濟成分投資保險業之實際情況，防範投資人以保險公司作爲融資工具入股保險業，草案第 193 條借鑑其他地區立法例，規定保險公司違法經營，致使其資產不足清償債務時，其董事長、董事、監事、總經理及負責該項業務之副總經理，對公司債權人承擔連帶無限清償責任；此項規定突破了現行法律對董事及高階管理人員職務行爲中之民事責任一般規則，延伸責任追究之限度，是防範風險之利劍。但新法第 83 條未予採納，僅負一般民事責任而已，是爲缺憾。此外，第 173 條增加關於保險公司高階管理人員撤消任職資格之處罰，以及一定期限內行業禁入規定；第 174 條對保險銷售人員設定吊銷資格及行業禁入之規定。

3、強化和細化對保險監管人員之責任追究

新法第 157 條在現行規定之基礎上，增加對監管人員違法行

政之約束，對批設機構、審批條款費率、現場檢查及採取強制措施中之違法行為，規定保險監管人員應承擔相應之法律責任。

　　4、增加行政強制措施、其他監管措施及監管職責之規定

　　大陸現行保險法對保險監管機構之行政強制措施權，缺乏明確規定，難以適應監管工作之實際需要，從保險監管之實際需要出發，並考慮到與即將公佈之《行政強制法》銜接，新法第 155 條增加保險監管機構採取行政強制措施之有關規定，並在第 137 條、第 139 條中增加有關保險條款費率之後續監管措施和償付能力監管措施之規定。此外，由於現行保險法未對保險監管機構之監管職責作出明確規定，不符合依法行政之要求。新法已予修改。

　　四、完善保險契約法律規範、合理配置當事人權利義務、充分保護被保險人利益、促進保險業務規範經營

　　目前實務中產生之保險糾紛，有相當一部分與保險法契約部分之規定不合理有關；因此，新法對保險法契約部分作了修改：「第 12 條對保險利益之界定；第 13 條合同之成立與生效；第 16 條投保人之如實告知義務；第 17 條保險人之明確說明義務」等內容作進一步之細化規定。同時，第 65 條增加對責任保險理賠中之一些具體規定，以進一步明確契約各方之權利義務，切實保護投保人、被保險人之合法權益。第 36 條、37 條保險合同之終止與恢復及第 65 條責任保險。

　　由於上次修改基本上未涉及保險合同法，一些長期存在的問題沒有得到解決，困擾保險市場的健康發展。故此次修改將保險合同法中一些不合理問題，合同之成立與生效，保險合同之中止與恢復，加以解決，分述如下：

　　1、關於保險利益問題

　　現行保險法關於保險利益的規定沒有區分財產保險和人身保險，且只關注投保時的保險利益，與國際立法例和保險原理不

符。新法已作修改如下：一是將被保險人納入到保險利益主體範疇，規定「投保人或者被保險人對保險標的應具有保險利益」；二是在財產保險合同部分規定，保險事故發生時，被保險人不具有保險利益的，保險人不承擔賠償責任（第 48 條）；三是在人身保險合同部分規定，訂立合同時投保人對被保險人不具有保險利益的，合同無效（第 31 條）。此外，為解決團體人身保險中眾多被保險人同意的問題，在人身保險合同投保人具有保險利益人員範圍中增加了「與投保人有勞動關係的勞動者」一項（第 31 條（四））；並為解決同時代的道德風險，補充規定「投保人為與其有勞動關係的勞動者投保人身保險的，不得指定被保險人及其近親屬以外的人為受益人」（第 39 條第 2 款）

2、關於保險合同的成立與生效

實務上關於保險合同成立與生效的糾紛時有發生，應在法律中予以明確。合同的成立與生效是兩個不同的法律問題，合同成立是事實判斷，一般符合法定要件即可；而合同生效屬於價值判斷，法定要件判斷，法定要件之外當事人可以約定具體的生效條件或期限。實務上，以交付保險費、簽發保險單等為生效條件，特別明確規定：依法成立的保險合同，自成立時生效，但投保人和保險人可以對合同效力約定附條件或者付期限 （第 13 條第 3 款）。此外，關於保險合同的成立要件和形式，在具體條文更完善，更符合邏輯。

3、關於保險合同之中止與恢復（第 36 條第 3 款）

新法第 36 條及第 37 條分別規定中止合同與恢復合同之條件。

（1）合同約定分期支付保險費，投保人支付首期保險費後，除合同另有約定外，投保人經保險人雖告後三十日未支付當其保險費，或者超過約定的期限六十日未支付當其保險費的，合同效

力中止，或者由保險人按照合同約定的條件減少保險金額。（第 36 條）

（2）依照前條規定合同效力中止的，經保險人與投保人協商定達成協議，在投保人補交保險費後，合同效力恢復。

但是自合同效力中止之日起二年內雙方未達成協議的，保險人有權解除合同。

保險人依照前款規定解除合同的，保險人應當按照合同約定退還保險單的現金價值（第 37 條）。

4、關於如實告知義務和明確說明義務

如實告知義務和明確說明義務是保險合同法中非常重要的兩個規則，結合國外立法例和實踐中經驗做法，如下四方面的修改：一是進一步明確投保人告知義務時詢問告知原則，以減輕投保人的負擔。二是參考國外立法，將告知義務的範圍統一界定為重要事實，即「足以影響保險人決定是否同意承保或者提高保險費率的」事實，有利於保護投保人利益。三是增加規定投保人違反告知義務保險人行使解除權的除斥期間和不可爭議期：保險人的保險合同解除權，自其知道有解除事由之日起，經過 30 日不行使而消滅；自保險合同成立之日起超過 2 年的，保險人不得解除合同（第 16 條第 3 款）。四是細化和明確保險人的明確說明義務的含義和標準，提高可操作性。規定投保人違反告知義務保險人行使解除權的除斥期間和不可爭議期；保險人的保險合同解除權，自其知道有解除事由之日起，經過 30 日不行使而消滅；自保險合同成立之日起超過 2 年的，保險人不得解除合同。規定「對於保險人責任免除條款的內容以書面形式或者口頭形式向投保人作出說明，未做提示或明確說明的，該條款不產生效力」（第 17 條第 2 款），以減少糾紛，提高保險業誠信水平。

5、關於責任保險（第 65 條）

責任保險可以發揮保險的社會管理功能，是需要大力發展的保險業務。一是責任保險的被保險人給第三者造成損害，被保險人未向該第三者賠償的，保險人不得向被保險人賠償保險金；二是在被保險人對第三者應負的賠償責任確定時，根據被保險人的請求，保險人應當直接向第三者賠償保險金；三是未經保險人參與，被保險人直接向該第三者承認賠償責任或者與其達成和解協議的，保險人可以按照合同的約定核定保險賠償責任。

第四節　2009 大陸保險法與台灣
保險法之比較分析

大陸保險法所規範之內容，大致上與台灣保險法相同，僅少部分之規範及兩岸遣詞用字上之差異[5]；因限於篇幅，在此僅就大陸新保險法較為特殊之處，與台灣保險法作一比較分析。

一、保險相關業

有關保險代理人、保險經紀人、保險公證人，台灣保險法規定於第 8、9、10 條，大陸保險法規定於第 117、118、129 條。兩岸保險法就此三種保險相關業者之定義規範內容皆相同；惟不同之處在於，台灣保險法係定義為「個人」，而大陸保險法修改為，將保險代理人明定為「機構」或者「個人」，又保險經紀人及保險公證人亦修訂為「機構」。

二、保險利益

兩岸保險法有關保險利益之範圍規定，大致上相同，台灣保

---

5 兩岸保險法之比較，文史哲出版社，96 年 8 月。

險法第 14 條明定：「要保人對於財產上之現有利益，或因財產上之現有利益而生之期待利益，有保險利益。」第 15 條「運送人或保管人對於所運送或保管之貨物，以其所負之責任為限，有保險利益。」；而大陸保險法第 12 條第 1、2 款分別規定：「1.投保人或者被保險人對保險標的應當具有保險利益。2.產物保險的被保險人在保險事故發生時，對保險標的應當具有保險利益。」其中，新法於該兩款中新增「或者被保險人」，明定被保險人具有對保險標的之利益存在，此新增規定解決了「被保險人」於保險中權利義務之定位不明問題；台灣保險法可參酌此規定，就該部分作修正。

三、保險契約之成立與生效

有關保險契約之成立時點，兩岸規定內容一致，台灣保險法第 44 條與大陸現行保險法第 13 條皆規定須以要保人提出保險聲請，且經保險人同意承保後，保險契約即成立，且保險契約應以保險單或者暫保單（大陸稱保險單或保險憑證）為之。另外，大陸保險法增訂第 3 款，明定保險契約自成立時生效，且雙方就保險契約之效力，可以約定附條件或者附期限；因保險實務上認為保險契約之成立與生效為兩個不同法律時點，則如在契約成立後而要保人尚未繳付第一期保費之期間內，保險事故發生，此情況因保險人認為契約尚未生效不負賠償責任，往往使保險人與要保人就此產生爭議，則大陸新法明文規定契約自成立時生效，將可解決此一爭點，對於不具保險專業知識之要保人與被保險人而言亦較有保障。

四、據實告知義務

有關「據實告知義務」台灣保險法 64 條及大陸保險法第 16 條，皆規定要保人於訂立契約時，對於保險人之書面詢問應據實說明，如未履行該規定，則保險人得解除契約。原則上，兩岸保

險法就此規定相同，惟台灣保險法有一例外規定，如要保人可以證明危險之發生與其說明或未說明之事實，兩者間並無關聯時，保險人不得解除契約，且保險事故發生後亦同。另外，大陸保險法就要保人未履行告知義務分別訂定，如要保人「故意」不履行，則保險人可解除契約不須承擔賠償責任外，且不須退還保險費；而如要保人係因「過失」不履行，則保險人除解除契約不須承擔賠償責任外，「但可以退還保險費」；該規定似乎不符法律思考邏輯；台灣保險法規定要保人之故意隱匿或過失遺漏，或為不實說明，保險人皆得解除契約，但於「退還保險費」此部份並無規定。

再者，要保人未履行告知義務，保險人之解除契約權時效，台灣保險法於上開條文第 3 項明定：「自保險人知有解除之原因後，經過一個月不行使而消滅；或契約訂立後經過二年，即有可以解除之原因，亦不得解除契約。」而大陸保險法第 16 條第 3 款規定之時效為 30 日，此部份與台灣保險法相異。特別一提，大陸保險法第 17 條相對於要保人之據實告知義務，另外明訂「訂立保險合同採用保險人提供格式條款的保險人向投保人提供的投保單應當附格式條款」，保險人須向要保人履行「說明保險合同之條款內容」義務，且對於保險契約中如有關於保險人責任免除條款時，保險人應對此責任免除條款內容，以書面或口頭方式向要保人作出「明確說明」；大陸保險法第 17 條之規定相當值得台灣保險法借鑒參考增訂。

五、業務範圍與資金運用

兩岸就保險業務範圍之規定內容相同，台灣保險法第 138 條第 1 項及大陸保險法第 95 條第 2 款皆明定，原則上財產保險業僅能經營財產保險，人身保險業僅能經營人身保險，且同一保險業不得兼營財產保險及人身保險業務；而例外規定財產保險業，可經主管機關核准經營意外傷害保險及短期健康保險業務。

另外，有關保險業資金之運用管道，台灣保險法第 146 條規定除存款外，尚有其他"多且廣"之運用管道；而大陸保險法第 106 條則明定保險公司之資金運用限於四種形式：「1.銀行存款；2.買賣有價證券；3.投資不動產；4.國務院規定的其他資金運用形式。」但於第 107 條規定：「經保險監督管理機構批准，保險公司可以設立保險資產管理公司。」此似乎相同於台灣保險法第 146 條 1 項 6 款「投資保險相關事業」之規定。

六、保險業之組織形式

台灣保險法第 136 條第 1 項本文規定：「保險業之組織，以股份有限公司或合作社為限。」而大陸保險法除包括此兩項組織形式外，其第 68 條規定之組織形式尚包括「有限責任公司」，此為兩岸不同此處；惟台灣保險法於上開條文附加但書規定，經主管機關核准之組織形式，亦可設立保險業。

七、法律責任

兩岸保險法對於保險業暨相關保險業務者，未依本法規定或未經主管機關核准之各項違法行為，皆有明定其罰則及應負之法律責任，但兩岸保險法規定相較之下，大陸保險法所定各項罰鍰皆明顯輕於台灣保險法；再者，有關刑事責任部分，台灣保險法為明文確立刑責刑度，而大陸保險法新法第 181 條僅以「依法追究刑事責任」此句模糊不清之用語，加以規範違法業者。

八、其他規定

保險業之設立、登記、轉讓、合併及解散清理等程序，台灣保險法第 176 條明定「除依公司法規定外，應將詳細程序明訂於管理辦法內。」另外，關於代理人、經紀人、公證人及保險業務員之資格取得、登錄、撤銷登錄、教育訓練、懲處及其他應遵行事項，台灣保險法第 177 條亦明文授權主管機關訂立管理規則，因此，台灣於該部分尚訂定有「保險業代理人管理規則」、「保險

經紀人管理規則」、「保險公證人管理規則」及「保險業務員管理規則」；而大陸保險法係採取於各條文中訂立所有相關規範，亦即不分實體上或者程序上，皆規定於本保險法中。

第五節　小　結

　　大陸保險法修改草案固然為因應社會環境需要，在業務範圍、資金運用、組織形式、業務管理、仲介制度、違規行為之處罰與監管人員之責任追究，增加許多規定；但新法偏重於保險業法部份，對於保險合同法制度基本上未做實質之修改，而與修改十五次之台灣保險法比較，仍然尚有很大的修改空間，尤以大陸保險法針對保險合同之成立與履行過程所設計的諸多制度，仍然存在明顯不足，有待進一步修改，可參考台灣保險法對保險契約之規定，予以彌補完善。

　　至於台灣保險法告知義務之規定，僅有第 64 條要保人說明義務，顯然不如大陸保險法第 16 條故意與過失之分別規定法律效果，以及第 17 條保險人免除條款之明確說明義務，此皆值得台灣保險法修改之參考。再者，兩岸保險法對於保險契約是否為「要式契約」均未作出明確規定，為兩岸有待改進之處，特此提出說明。

　　由於兩岸保險事業發展，具有互補性，台灣之實務、經驗、人才培育、管理、行銷、服務等，均值得大陸借鏡；而大陸資源人才不虞匱乏、市場廣大，假如善用雙方之優勢，做宏觀之規劃，互助合作、同心協力，將保險事業透過合作化解競爭，可達到兩岸雙贏之目標，創造兩岸保險事業輝煌之前程。

第四章　大陸保險法仍存之爭議問題與修正建議

第一節　大陸保險法存在之爭議問題

大陸保險法修法時大部份已修正，但仍有部份有待進一步修改，其主要部份，學界、業界均認爲係在保險法合同部份。

第二節　合同修改之評述

一、保險合同成立與生效[1]：限制保險人訂約自由；擴大人身保險利益範圍；確定財產保險利益的主體和時間

1、保險法澄清了保險合同的成立時間，刪除了舊法中的「並就合同的條款達成協議」

關於保險合同成立，舊保險法第 13 條第 1 款第 1 句規定："投保人提出保險要求，經保險人同意承保，並就合同的條款達成協議，保險合同成立。" 新保險法第 13 條第 1 款則刪除了其中的 "並就合同的條款達成協定"。保險合同的成立取決於投保人

---

1 邢海寶，中國保險何同法立法建議及說明，中國法制出版社，頁 453-456。

與保險人的意思達成一致。根據合同法，當事人要約承諾，意思表示一致，合同即告成立。合同法第 25 條規定，承諾生效時合同成立。保險合同不應例外。至於 "就合同的條款達成協議" 則與要約和承諾屬於同義反復，沒有實際意義，反增紛擾。[2]

近些年來，因保險合同是否成立、是否生效，進而保險人是否應承擔保險責任引發的爭議，佔有相當的比例。集中表現在簽發保單之前交付保險費對合同成立的影響等方面。但新保險法沒有就此提供一些具體規則。筆者認為，應當考慮增加規定：（1）保險人應自接到投保人的要約及支付全部或部分保險費時起十五日內做出承諾與否的通知。人身保險合同的被保險人應當接受體檢時，該期間從接受體檢之日起計算。超過期限而不以書面形式拒絕承諾的，視為承諾。（2）保險合同的成立，不以簽發保單為條件。這樣才能應對實踐中存在的問題，真正維護被保險人利益。

2、新增規定保險合同可以附條件或附期限

對於合同的生效，保險合同新保險法增加了 "依法成立的保險合同，自成立時生效。投保人和保險人可以對保險合同的效力約定附條件或者附期限" 的條款（第 13 條第 3 款）。這是根據合同法 45 條和第 46 條所做的補充規定。

應當承認，這一規定對於投保方並無實益，因為在地位不對等的情況下，所附的條件或期限通常會對投保方不利。保險法要做的應當是一方面排除繳費、體檢、簽發保單等對於合同生效的不合理阻礙，另方面規定如果保險人想根據自己的特定需要改變合同生效的時間和條件，其附加的條件或期限必須明確具體。這樣才能真正平衡雙方利益。

3、要求保險人提供保單時附上格式條款

---

2 邢海寶，評新大陸保險法保險合同部份，頁 1-23。

　　舊保險法第 17 條第 1 款：訂立保險合同，保險人應當向投保人說明保險合同的條款內容。新保險法第 17 條第 1 款規定：訂立保險合同，採用保險人提供的格式條款的，保險人向投保人提供的投保單應當附格式條款，保險人應當向投保人說明合同的內容。依新保險法，保險人既有提供義務，也有說明義務。這是對合同法第 39 條的發展。另方面，它將保險人的提供和說明義務限於〝保險人提供的格式條款〞，排除了由雙方協商訂立或由被保險方單方訂立或提供的條款。

　　應當知道，保險契約的格式條款，必須先經過規制，進入當事人合意的範圍，也即，須訂入合同，而且有效，才能成為合同組成部分。保險人提供格式條款是格式條款訂入保險合同的前提，保險人不提供格式條款，則不得以該條款約束投保人。實務中，有的保險公司在承保時，只提供保險單，對於《保戶理賠須知》、《公司理賠規定》等在出險後才出示給消費者，並以此為依據拒絕部分或全部賠償。新保險法可以糾正這種做法。保險人對於提供的格式條款還需做出說明。保險人說明保險合同，是由於其提供的合同具有複雜性。學者指出，保險條款複雜，外行搞不懂。即使一個外行人懂得合同中每一個條款的法律含義，合同中並未說明的法定原則和行業慣例也會影響它的權利。即使是最具有法律素養的專家起草保險合同，試圖明白無誤地表示出保險人的意圖，關於合同條款的義務，人們還是會產生誤解，導致合同解釋的無數官司[3]。有學者說道：保險商品是沒有形狀的抽象商品，保險商品的內容就是保險合同條款。消費者不僅需要對保險公司、保險商品進行選擇，還要對保險合同有更加深入的理解。由於保險條款有〝讀不懂的暢銷品〞之稱，而消費者的保險知識

3　詹姆斯.S.特裏斯曼、桑德拉.G.古斯特夫森、羅伯特.E.霍伊特著：《風險管理與保險》（第三版），東北財經大學出版社，2008 年，第 487 頁。

較少，因此保險公司有對重要事項加以說明的義務[4]。

　　新保險法沒有規定保險人違反提供的後果。按德國保險合同法，投保人可以保險人沒有提供爲由解除保險合同。新保險法也沒有規定保險人違反說明義務的後果，難以敦促保險人履行說明義務。另外，提供或說明的方式、程度等也不明確。

　　4、要求保險人應對免責條款做出足夠提示和明確說明

　　舊保險法第 18 條規定：保險合同中規定有關於保險人責任免除條款的，保險人在訂立保險合同時應當向投保人明確說明，未明確說明的，該條款不產生效力。明確說明免責條款十分必要。因爲保險關係中保險人處於強勢地位，投保人處於弱勢地位；保險合同是由保險人精心設計的，十分複雜，而且還會在一定情況下做出修改，被保險人難能及時理解；實務中，不少保險人回避說明保險合同中的免責條款，引起保險消費者的普遍不滿；發生事故時保險人可能濫用解釋權，對投保人不利；明確說明對於保險人不難操作，成本不大；強化保險人的說明義務還會節省被保險人獲取諮詢意見或成立顧問機構的成本，有利於減少被保險人的調查成本；它有助於維護被保險人利益，確立保險誠信。

　　於免責條款，新保險法第 17 條第 2 款規定：對保險合同中免除保險人責任的條款，保險人在訂立合同時應當在投保單、保險單或者其他保險憑證上作出足以引起投保人注意的提示，並對該條款的內容以書面或者口頭形式向投保人作出明確說明；未作提示或者明確說明的，該條款不產生效力。新保險法增加了保險人履行免責條款“提示”義務的方式、程度及違反義務的後果，具體規定了明確說明的“方式”。提示是爲了便於投保人及時知道存在免責條款。投保人知道存在免責條款而不能理解的，可以

---

4 上山道生著：《保險》，科學出版社，2004 年，第 122 頁.

要求保險人明確說明。另方面，保險人不僅要提示免責條款，而且要主動對此進行明確的解釋。但是，對於明確的程度，新保險法未設標準。按 2000 年 1 月 21 日大陸最高法院法研[2000]5 號批復，保險人應當解釋免責條款的概念、內容及其法律後果等，以使投保人明瞭該條款的真實含義和法律後果。按北京市高級人民法院關於審理保險糾紛案件若干問題的指導意見（試行），保險人對其概念、內容及其法律後果等所作的解釋與說明，應當達到通常人所能理解的程度。還需注意，新保險法沒有明確"免責條款"的內含和外延。筆者認為，責任免除條款不能限於除外危險條款。

5、增加公共秩序條款制約保險人

新保險法第 19 條規定：採用保險人提供的格式條款訂立的保險合同中的下列條款無效：（一）免除保險人依法應承擔的義務或者加重投保人、被保險人責任的；（二）排除投保人、被保險人或者受益人依法享有的權利的。這是參照合同法第 40 條、借鑒臺灣地區保險法第 54 條之 1 而新增的條款。在保險法的強制性增強後，這一規定可以進一步保護合同雙方中的處於弱勢的投保方，促成社會公正；便利衡量危險分擔；保護可轉讓保單的善意受讓人，提高交易的安全和效率。

6、確認雇主對雇員具有保險利益

新保險法第 31 條擴大了人身保險保險利益的範圍，其第 1 款第 3 項規定：投保人對"與投保人有勞動關係的勞動者"具有保險利益。的確，雇傭人與受雇人在經濟上有較為密切的利益聯繫，法律應當承認其彼此間互有保險利益。大陸保險實務中，單位需要並已出現以職工為被保險人投保團體意外傷害保險等。有法院也提出，人身保險利益應當包括：企業法人、事業法人、機關法人、社會團體、其他組織基於勞動關係、雇傭關係或其他法律關

係而產生的對其職工的人身利益[5]。大陸新保險的規定具有合理性和現實性。不過，保險法還可完善，也即，在爲職工投保死亡給付保險時，強調投保人仍須征得職工同意，以示慎重，進而保護職工的利益。

另外，西方國家保險立法及其實務普遍承認債權人對於債務人，雇傭人對於受雇人，公司對於股東、董事或者監事，合夥人對於合夥人，保證人對於債務人，破產債權人對於破產管理人以及投保人對其他利害關係人的保險利益。臺灣地區學者認爲，投保人對與其有契約或者商務關係的人有保險利益，即債權人對債務人、雇傭人對受雇傭人，合夥人對合夥人具有保險利益。對此，大陸保險法可予借鑒吸收，擴大人身保險的保險利益範圍。

進一步來說，關於保險利益的界定，新保險法第 12 條第 6 款將舊保險法第 12 條第 3 款 "保險利益是指投保人對保險標的具有的法律上承認的利益。" 修改爲 "保險利益是指投保人或者被保險人對保險標的具有的法律上承認的利益。" 除了增加主體 "被保險人" 之外，本款並無實質修改。傳統上，只有法律認可的特定經濟利益才能成爲保險利益。現在的趨勢則是以 "經濟保險利益" 取代 "法律上保險利益" ，所謂經濟保險利益就是，某人與保險標的存在某種聯繫，使得其將會因爲標的的保全而獲得金錢上的利益，或者因爲特定保險事故的發生而使保險標的遭受損害而蒙受金錢上的損失。當然，經濟保險利益仍須以合法爲要件，它不得違反法律禁止性規定（例如關於禁止賭博），同時，也不得違背公共秩序。此外，放寬保險利益後，保險人仍可利用其他規則維護自己的利益。在訂立保險合同時，保險人可就保險利益的有關事項向投保人或被保險人提出詢問，投保人或被保險人

---

5 四川省高級人民法院 2002 年 3 月《關於適用〈中華人民共和國保險法〉若干問題的規定》。

必須如實告知。保險人可以通過定值保險實施賠償原則。期待利益也只有在已經實現之後才能獲得賠償。在發生保險事故後，被保險人必須證明實際損失的存在及其大小，方可獲得相應保險賠償。保險人賠償以後，可以援引重複保險（多重保險）、代位元或委付規則。然而，無論如何，經濟利益原則不要求被保險人對保險標的具有某種特定的明確的法律上的聯繫。保險利益不必是法律一一列明的利益。採納經濟保險利益的理由主要有：法律保險利益不合理地限制了合法保險，制約了保險目的的實現；認定保險利益關鍵在於被保險人與保險標的是否有緊密聯繫；只要不是賭博保險就是具有保險利益的保險；經濟利益制度輔以披露制度可以達到保險利益原則所追求的若干目的；從保險人的行為看，保險利益不是其開展保險的重要因素；一些國家已經采行經濟利益原則，且沒有引發大量訴訟或法律的不穩定。美國、加拿大、澳大利亞[6]等國的保險法均已將界定保險利益之"法律聯繫"改為"經濟聯繫"。

7、區分人身保險和財產保險，分別規定保險利益的主體和時間以及保險利益對合同效力的影響

（1）關於保險利益的主體和時間，舊保險法第 12 條 1 款規定，投保人對保險標的應當具有保險利益。對此，通常解釋為不論人身保險或財產保險，都必須是投保人而且在投保時具有保險利益。這對於人身保險是合適的。但對財產保險並不妥當。

投保財產保險時，在投保人以自己為被保險人的合同下，投保人即被保險人具有保險利益。但在投保人與被保險人並非一人的保險中，保險利益歸被保險人，投保人無法也無需擁有保險利

---

6 對於海上保險，澳大利亞法律改革委員會也建議用經濟損失作為保險利益。
Kate Lewins, Australian Proposes Marine Insurance Reform, Journal of Business Law, 2002, P302.

益。投保後，保險標的和保險合同可能轉讓，但無論如何保險合同的保障物件只能是受讓財產利害關係的人，而該人就是被保險人（新的被保險人）。如果受讓人不是投保人，則投保人就不能獲得什麼權益。最為要者，財產保險的目的在於填補財產（保險利益）遭受的損害，而只有在事故發生時保險利益才會遭受損害。因此財產保險應當看重事故發生時保險利益的歸屬。事故發生時，被保險人擁有保險利益並遭受損失，從而可以索賠。總之，從為第三人訂約、保險合同轉讓、保險補償原則觀察，舊保險法應當修改。為此，新保險法第 12 條第 2 款規定：財產保險的被保險人在保險事故發生時，對保險標的應當具有保險利益。不要求投保人對保險標的具有保險利益，並不會誘發道德危險，因為他沒有保險利益，不會遭受損失，不享有保險金請求權。

就人身保險，新保險法第 12 條第 1 款規定：人身保險的投保人在保險合同訂立時，對被保險人應當具有保險利益。較之原有規定，該款意味著保險事故發生時，投保人對被保險人無需具有保險利益。不過，由於人身保險投保人與被保險人之間的特殊聯繫，保險事故發生時投保人對被保險人不具有保險利益的情況較少發生。

舊保險法關於主體、時間等多有不當之處，確需完善。但應知道，投保人與保險利益的關係問題是由於我國保險法將投保人與被保險人並列引起的。英美保險法中並沒有與被保險人並列的投保人。投保人與被保險人並存，帶來了一系列複雜的問題。除了投保人保險利益問題外，還包括應否設計完整的第三人為投保規則，如何選定告知義務主體，投保人行為對保險合同產生何種影響，保險合同由誰轉讓，投保人不交保費、解除合同或者製造保險事故如何維護被保險人的利益，等等。就此保險法還需做出應對。

其中，值得強調的是增加公共秩序條款制約保險人。新保險法第 19 條規定：採用保險人提供的格式條款訂立保險合同中的下列條款無效：免除保險人依法應承擔的義務或者加重投保人、被保險人責任；排除投保人、被保險人或者受益人依法享有的權利。這依規定可以進一步保護合同雙方中處於弱勢的投保方，促成社會公正；保護可轉讓保單的善意受讓人，提高交易的安全和效率；便利衡量危險分擔。但他發會作用須以保險法強制性的稱強爲前提。

（2）關於保險利益對合同效力的影響，舊保險法第 12 條第 2 款規定，投保人對保險標的不具有保險利益的，保險合同無效。新保險法就人身保險和財產保險分別作出規定。其第 31 條第 3 款規定：訂立合同時，投保人對被保險人不具有保險利益的，合同無效。這意味著，投保人在訂立保險合同時具有保險利益即可。至於合同生效後，利害關係變化，保險利益喪失的，不影響保險合同的效力。如丈夫以夫妻關係投保後，夫妻離婚，導致丈夫對夫妻關係失去保險利益；用人單位以勞動關係投保後，職工調離單位，導致單位對勞動關係失去保險利益。出現上述情況時，保險合同當繼續有效。然而，被保險人能否解除合同呢？有的法院認爲可以[7]。可是，被保險人並非合同當事人，怎能干預合同的效力呢？實際上，這一問題應當通過增加變更受益人的規則解決。既然投保人指定受益人須經被保險人同意，被保險人也應當有權變更投保人指定的受益人。如果當初指定的受益人是被保險人指定的，投保人對被保險人喪失保險利益後，被保險人可以根據自己的利益變更受益人，避免道德風險。

新保險法第 48 條規定：保險事故發生時，被保險人對保險

---

[7] 四川省高級人民法院 2002 年 3 月《關於適用〈中華人民共和國保險法〉若干問題的規定》。

標的不具有保險利益的，不得向保險人請求賠償保險金。保險人不具有保險利益即無損失，因而不能請求保險賠償。這符合財產保險賠償原則。但是，該款沒有明確，此時保險合同是否有效？保險法修訂草案曾規定：投保人要求解除合同的，保險人應當將保險費扣除自保險責任開始之日起至合同解除之日止期間的應收部分後，退還投保人。這似乎意味著保險合同有效，但可以解除。不過新保險法沒有採納。再看臺灣地區保險法，其第 17 條規定：投保人或被保險人，對於保險標的物沒有保險利益的，保險合同失其效力。據此，訂約時具有保險利益的，保險合同有效，但事故發生時沒有保險利益的，合同失其效力。另方面，訂約時缺乏保險利益的，合同效力如何？從保險法看，似為合同不生效，但自被保險人取得保險利益時生效。

二、保險合同的效力變動：盡力維持保險合同效力，減少保險人擺脫合同責任的手段和機會，維護被保險方的合理期待

1、保險標的轉讓，保險合同不失效，權利義務隨之轉移

新保險法第 49 條第 1 款規定：保險標的轉讓的，保險標的的受讓人承繼被保險人的權利和義務。這是舊保險法所沒有的。保險合同轉移通常需要轉讓人和受讓人達成協議。不過，在特定情形，法律規定推定保險合同隨保險標的一起轉移，而無需另行訂立保險合同轉讓協議。這是考慮到財產保險利益與財產本身不可分離，如果財產利益轉移後還堅持保險合同不轉移，將使保險合同當事人及其關係人均感不便。而保險合同隨保險標的轉讓有利於維護保險關係的穩定。我國臺灣地區和日本也確認了這種做法。臺灣地區保險法第 18 條就規定：被保險人死亡或保險標的物所有權移轉時，保險合同除另有約定外，仍為繼承人或受讓人的利益而存在。日本商法典第 650 條也規定：被保險人將保險標的轉讓他人時，推定其同時轉讓保險合同的權利。

應當指出，大陸保險法尚無保險合同轉讓的整套規則。這套規則包括合同轉讓主體，合同轉讓協議，保險標的轉讓是指交付還是所有權轉移，保險利益對轉讓人和受讓人的影響，需否按合同法第 89 條通知保險人或徵求保險人同意，轉讓的後果，推定轉讓是否適用於因合夥、共有、合併、分立、股份轉讓而變動保險利益的情況等。類似地，保險法沒有建立關於保單質押的具體規則。這都需要在以後加以完善。

2、限制保險人解除合同

（1）告知義務方面

（a）從主觀要件限制保險人解約權以及解約溯及力

按舊保險法第 17 條第 2 款和第 4 款，投保人"過失"違反告知義務就要承擔相應後果。新保險法第 16 條第 2 款和第 5 款則將"過失"修改爲"重大過失"。第 2 款涉及保險人要求增加保費或解除合同的主觀要件。其他國家也有類似做法。美國的一個常見規則是，如果保險人希望以未披露或隱瞞爲由解除保險合同，必須證明存在欺詐。按德國 2008 年保險合同法，對出於一般過失而沒有如實告知的，保險人不能解除合同，只能加收保險費。日本商法典第 644 條規定：在訂立保險合同時，投保人因惡意或重大過失不告知重要事實，或就重要事實作不實告知時，保險人可以解除合同。新保險法第 5 款則涉及解除保險合同發生溯及力的主觀條件，修改結果意味著如果投保人因一般過失未履行如實告知義務，即使對保險事故的發生有嚴重影響，保險人解除合同的也不發生溯及力。

（b）增加不可爭條款，用除斥期間限制保險人解約權

保險人行使解約權，對於被保險人具有實質性的意義。但是，關於行使期間、行使方式、解除合同是否具有溯及力等，舊保險法未有任何規定，應當完善，其重點是規定解除權的期間。

爲此，新保險法第 16 條新增第 3 款規定：“前款規定的合同解除權，自保險人知道有解除事由之日起，超過三十日不行使而消滅。自合同成立之日起超過二年的，保險人不得解除合同；發生保險事故的，保險人應當承擔賠償或者給付保險金的責任。”（這一規定還適用於第 32 條第 1 款投保人申報被保險人年齡不實情形的合同解除[8]）。規定解除權期間，限制保險人的解除權，有利於穩定保險法律關係，維護被保險人的利益。不過，僅此二條尚嫌不足。保險法中有關解除權的條款較多，故應設一般條款規定解除權期間。

（c）利用棄權及禁止反悔規則和告知除外規則限制保險人解約權

投保人違反如實告知義務的，保險人可以解除合同。但是，新保險法對此做出了限制。第 16 條第 6 款規定：保險人在合同訂立時已經知道投保人未如實告知的情況的，保險人不得解除合同。

該款一方面體現了基於誠信原則的棄權和禁止反悔規則。棄權和禁止反悔是英美合同法的規則。在保險關係中，保險合同的條款通常具有很強的專業性，且多由保險人擬定。保險人往往利用自身的優勢，輕易獲得關於保險合同的履行、解除、保險金的賠償或給付等方面的抗辯機會，損害被保險人的利益，規避其應承擔的保險責任。爲了防止上述情況發生，對被保險人的不利地位進行救濟，英美法將棄權與禁止反言原則適用于保險合同，並在實踐中予以完善。例如，保險人明知保險合同有違背條件、無效、可撤銷、失效或其他可解除的原因，仍然交付保單，並收取保險費的，就可適用該規則。在英國，有人指出，保險人爲了減少成本變得有時不願審查小的危險，卻基於他們如果當初詢問就

---

8 也適用第 44 條（被保險人 2 年內自殺，保險人不承擔責任）。

會顯而易見的事實來宣告合同無效。這種情況必須制止。

　　另方面它還體現出保險人已經知道的事實投保人無須告知。為什麼說保險人已經知道呢？因為保險人既然知道投保人未如實告知，就意味著保險人知道真實的情況。對於保險人已經知道的情況，有立法明確規定投保人無須告知。例如，美國加州《保險法》第 333 條。在投保人的告知義務被免除後，保險人當然不得以未告知為由解除合同了。大陸新保險法雖可間接地免除投保人告知保險人已經知道的事實，但它未能排除保險人應當知道的事實。所謂應當知道，是指以通常注意即可知道或者無法諉為不知。另外，若保險人已獲相當資料，而一個謹慎的人據以認為有查詢的必要，則可視為保險人知情。對於保險人應當知道的事實，美國加州《保險法》也不要求投保人告知。其第 333 條規定的無需投保人告知的事實包括保險人依照通常方法應當知道的，或者保險人不能證明其不知的事實。大陸保險法應當借鑒有關立法，明確規定投保人告知事實的除外規則。實際上，我國海商法第 222 條第 2 款就規定：保險人知道或者在通常業務中應當知道的情況，保險人沒有詢問的，被保險人無需告知。司法實踐中，有的法院也曾提出：保險人知道或者應當知道的事實，投保人不需告知[9]。

　　（d）投保人申報年齡不實情形限制保險人解約權

　　舊保險法第 54 條第 1 款規定："投保人申報的被保險人年齡不真實，並且其真實年齡不符合合同約定的年齡限制的，保險人可以解除合同，並在扣除手續費後，向投保人退還保險費，但

---

9 《北京市高級人民法院關於審理保險糾紛案件若干問題的指導意見(試行)》：14，在下列情形下，投保人的如實告知義務被免除：（1）投保人未告知的事實會導致保險危險的出險率降低；（2）保險人知道或者應當知道的事實；（3）保險人明確聲明免除投保人對相關事項的告知義務。

是自合同成立之日起逾二年的除外。” 新保險法第 32 條第 1 款則將有關解除權行使期間的部分改爲：保險人行使合同解除權，適用本法第十六條第三款、第六款的規定。[10]它對利用除斥期間限制保險人解除權進行了完善，同時增加利用棄權及禁止反悔規則限制保險人的解除權。

（2）危險增加方面

（a）危險增加應當顯著

新保險法第 52 條：在合同有效期內，保險標的的危險程度顯著增加的，被保險人應當按照合同約定及時通知保險人，保險人可以按照合同約定增加保險費或者解除合同。被保險人未履行前款規定的通知義務的，因保險標的的危險程度顯著增加而發生的保險事故，保險人不承擔賠償保險金的責任。較之舊保險法第 37 條，新保險法強調危險增加達到“顯著”的程度。原理上，危險變動的主要特徵是危險變動得對於保險人承保具有重要影響。界定危險變動重要性的方法之一是將危險變動與如果保險人在訂立合同時早知變動則本會改變主意這一假設的態度相連。在另一些國家，保險人的態度是制裁措施中的問題。兩種方法的結果是，即使保險人在訂約是早知變動也不會對合同產生任何影響，則保險人不得對危險變動作出任何反應。總之，增加的危險應當具有未被評價性，即危險增加須嚴重超過締約當初的程度，使保險人非增加保險費不足以承保，或以任何條件都不願承保。

大陸保險法沒有規定危險增加的除外情況。一些保險立法則規定：下列危險增加，保險人不得據以增加保險費或解除合同：（1）爲履行道德上義務的。因爲保險制度除了計較保險賠償和保險費之間的對價平衡外，還具有道德性的本質。（2）爲保護保險人利

---

10 保險法修訂草案曾規定：自合同成立之日起超過 2 年的，保險人不得解除合同，但投保人故意不真實申報被保險人年齡構成保險欺詐的除外。

益的。這項除外有利於投保人、保險團體以及保險人。

（b）明確保險標的轉讓導致風險顯著增加的後果

舊保險法第 34 條規定："保險標的的轉讓應當通知保險人，經保險人同意繼續承保後，依法變更合同。但是，貨物運輸保險合同和另有約定的合同除外。"新保險法第 49 條規定：保險標的轉讓的，被保險人或者受讓人應當及時通知保險人，但貨物運輸保險合同和另有約定的合同除外。因保險標的轉讓導致危險程度顯著增加的，保險人自收到前款規定的通知之日起三十日內，可以按照合同約定增加保險費或者解除合同。被保險人、受讓人未履行本條第二款規定的通知義務的，因轉讓導致保險標的危險程度顯著增加而發生的保險事故，保險人不承擔賠償保險金的責任。新保險法首先區分了危險增加本身和危險增加通知義務及違反通知義務的後果。其次新保險法明確了保險人同意或不同意繼續承保情形的具體規則。最後限定了保險人採取對策的時間。這一規定也限制了保險人的權利。

必須指出，第 49 條與第 52 條不盡協調。其一，二者規範的都是危險變動，前者是特殊情況，後者是一般情況，因此應將第 52 條置於第 49 條之前，而非相反。其二，按第 52 條，通知義務是約定的，而按第 49 條，通知義務是法定的。實際上，有立法例在危險增加一般條款中規定通知義務是強制性的。我國臺灣地區保險法第 59 條：投保人對保險合同內所載增加危險的情形應通知的，應於知悉後通知保險人。其三，第 49 條限定保險人在獲得通知後的一定期間內做出應對，而第 52 條沒有這樣的限制。但是，有立法例在危險增加一般條款中規定這一期間。歐洲保險合同法重述（草案）第 4:203 條規定：如果保險合同規定危險增加保險人有權終止合同，終止權應在保險人知道危險贈加或危險增加對保險人顯而易見時起 1 個月內以書面通知保單持有人的方式行

使。

　　3、增加保險人催告才開始的寬限期,限制保險人中止合同

　　新保險法第 36 條:合同約定分期支付保險費,投保人支付首期保險費後,除合同另有約定外,投保人自保險人催告之日起超過三十日未支付當期保險費,或者超過約定的期限六十日未支付當期保險費的,合同效力中止,或者由保險人按照合同約定的條件減少保險金額。被保險人在前款規定期限內發生保險事故的,保險人應當按照合同約定給付保險金,但可以扣減欠交的保險費。"其中,"自保險人催告之日起超過三十日未支付當期保險費"是在舊保險法第 58 條上新增的。同時,新保險法明確了寬限期內發生保險事故如何處理。

　　寬限期的開始是否以保險人通知為條件?這是各立法例有關寬限期制度的主要區別。美國、德國等保險發達國家一般采催告主義。大陸舊保險法則不以催告作為寬限期開始的必要條件。司法實踐中,法院也認為保險人沒有此種義務,除非合同另有約定。從而保險人沒有義務通知投保人交付展期保費。然而,實務中時常看到投保人忘記交費導致保單效力中止甚至失效,而保險人定期做財務報表,由其通知較為便利。為了避免糾紛,保護被保險方利益,大陸保險法既保留了原有規則,又借鑒了美國等有關寬限期制度的規定,形成了折衷做法。

　　4、被保險人不當索賠情形,減少保險人不承擔責任的機會

　　(1)被保險人自殺情形限制保險人權利

　　舊保險法第 66 條規定;"以死亡為給付保險金條件的合同,被保險人自殺的,除本條第二款規定外,保險人不承擔給付保險金的責任,但對投保人已支付的保險費,保險人應按照保險單退還其現金價值。以死亡為給付保險金條件的合同,自成立之日起滿二年後,如果被保險人自殺的,保險人可以按照合同給付保險

金"。而新保險法第 44 條則改為："以被保險人死亡為給付保險
金條件的合同，自合同成立或者合同效力恢復之日起二年內，被
保險人自殺的，保險人不承擔給付保險金的責任，但被保險人自
殺時為無民事行為能力人的除外。保險人依照前款規定不承擔給
付保險金責任的，應當按照合同約定退還保險單的現金價值。"
新保險法的修改主要包括三個方面：（1）補充規定合同效力恢復
之日起二年內被保險人自殺的後果。關於複效時自殺條款之二年
的起算點，舊保險法沒有規定，引發爭議。我國臺灣地區保險法
第 109 條則規定：恢復停止效力的保險合同，其二年期限應自恢
復停止效力之日起算。對此，新保險法予以借鑒。（2）自殺的主
體排除了"無行為能力人"。被保險人自殺的動機是多種多樣
的，若其由於保險金以外的原因自殺，則保險人應當給付保險金；
若其為了使受益人獲取保險金而自殺，則保險人可以不承擔給付
保險金責任；加之保險受益人多為無民事行為能力的近親屬，
他們絕大多數情況下不會製造無行為能力的被保險人"自殺"；
況且受益人故意製造保險事故的構成犯罪，也要被剝奪受益權。
因此無行為能力人的自殺不得作為保險人免責的事由是合理的，
它不會誘發和增加道德風險，反而有助於對無行為能力人的近親
屬的保險保障。（3）如果被保險人在 2 年後自殺的，關於給付保
險金沒有使用"可以"一詞，它意味著保險人"應當"給付保險
金，從而限制了保險人的自由決定權。

（2）被保險人抗拒刑事強制措施情形限制保險人權利

新保險法第 45 條規定：因被保險人故意犯罪或者抗拒依法
採取的刑事強制措施導致其傷殘或者死亡的，保險人不承擔給付
保險金的責任。其中"抗拒依法採取的刑事強制措施"屬於舊保險
法第 67 條基礎之上新增的內容。對此，臺灣地區保險法第 109
條規定：被保險人因犯罪處死或拒捕或越獄致死的，保險人不負

給付保險金額的責任。不同的是，後者將其納入自殺範疇處理。

（3）受益人製造保險事故不影響保險人責任

舊保險法第 28 條第 2 款：投保人、被保險人或者受益人故意製造保險事故的，保險人有權解除保險合同，不承擔賠償或者給付保險金的責任，除本法另有規定外，也不退還保險費。新保險法第 27 條第 2 款則刪除了其中的"受益人"。按舊保險法，受益人的行為能夠導致投保人或被保險人喪失保險保障。然而，受益人故意製造保險事故，為何剝奪他人的權利？該條規定的立法目的何在？事實上，受益人製造保險事故與他人沒有任何關係，對投保人或被保險人而言，這純屬意外事故，其因該意外事故所遭受的損失、傷殘或疾病，保險人應承擔保險責任。因此，刪除"受益人"是必要的。

另需探討的是，投保人、被保險人故意製造保險事故，賦予保險人解約是否合理以及解約是否具有溯及力？在英國 The Star Sea[11]案中，Lord Hobhouse 指出，保險人拒絕對欺詐性請求做出賠償的權利來源於一個人不能從自己的錯誤行為中獲益。他還指出，恰當的救濟不是宣告合同自始無效，而是喪失根據保險合同請求賠償的權利。看來保險人不能解除合同。但在 Orakpo Barchlays Insurance Services and Another[12]案中，Mance, L.J.認為，保險請求中的任何欺詐都動搖合同的基礎從而保險人都有權解除責任。這都意味著保險合同中存在一個默示條款要求被保險人不要提起欺詐請求；違反這一合同義務，保險人不賠償爭議請求和將來的請求，違約前的請求不受影響。這表明保險人可以解除合同，但不得溯及既往。我認為，被保險人等製造保險事故，主觀惡意明顯，違反了誠信原則，但對價平衡原則並未遭到破壞的，

---

11 [2001] 2 W.L.R.170.
12 [1995] LRLR 443.

本不應賦予保險人解除權。不過這裏似有危險變動適用餘地。也即，被保險人欺詐請求引發道德危險，增加保險危險的，保險人可以修改承保條件或解除合同。如果保險人可以解除合同，對本次事故不予賠償，對其後也不承擔責任。

（4）受益人故意傷害被保險人不影響保險人之責任

舊保險法第 65 條第 1 款規定："投保人、受益人故意造成被保險人死亡、傷殘或者疾病的，保險人不承擔給付保險金的責任。投保人已交足二年以上保險費的，保險人應當按照合同約定向其他享有權利的受益人退還保險單的現金價值。受益人故意造成被保險人死亡或者傷殘的，或者故意殺害被保險人未遂的，喪失受益權。"新保險法第 43 條第 1 款則刪除了其中的"受益人"一詞。這裏合理的。

尚需討論的是，如果合同指定多個受益人，其中一個受益人故意造成被保險人死亡、傷殘或疾病，是否所有受益人都喪失受益權？我國曾有法院主張，因受益人之一故意造成被保險人死亡、傷殘或疾病的，所有受益人喪失保險金請求權。[13]這不盡合理。因為人身保險合同指定多個受益人的目的在於，一旦被保險人發生意外，能給受益人一些補償；幾個受益人中的一人致被保險人死亡，其他受益人是無辜的。我國臺灣地區保險法的規定值得參考。其第 121 條第 1 項規定：受益人故意致被保險人于死或雖未致死的，喪失其受益權。因此，在舊保險法第 65 條第 2 款"受益人故意造成被保險人死亡或者傷殘的，或者故意殺害被保險人未遂的，喪失受益權"的基礎上，新保險法第 43 條第 2 款強調"該受益人"喪失受益權。

其中的亮點在於：（1）保險標的轉讓， 保險合同不失效，

---

13 四川省高級人民法院 2002 年 3 月《關於適用〈中華人民共和國保險法〉若干問題的規定》。

權利義務隨之轉移。新保險法第 49 條第 1 款規定：保險標的的轉讓的，保險標的的受讓人承繼被保險人的權利和義務。鑑於財產保險利益與柴闈本身不可分哩，確認保險合同隨保險合同不轉移，獎使保險合同當事人及其關係人均感不便。（2）增加不可爭條款，用除飭期間限制保險人解約權。保險人行使解約權，對於被保險人具有實質性的意義。但是，端於行使期間、行使方式、解除合同是否具有溯及力等，就保險法未有熱核規定，應當完善，其重點是規定解除權的期間。爲此，新保險法第 16 條新增第 3 款規定：「前款規定的合同解除權，自保險人知道有解除事由之日起，超過三十日不行使而消滅。自合同成立之日起超過二年的，保險人不得解除合同；發生保險事故的，保險人應當承擔賠償或者幾副保險金的責任。」規定解除權期間，限制保險人的解除權，有利於穩定保險法律關係，維護被保險人的利益。

三、保險賠償和理賠：提高理賠效率，增強理賠公正

1、侵害保險人代位權的責任以被保險人故意或重大過失爲要件

舊保險法第 46 條第 3 款規定："由於被保險人的過錯致使保險人不能行使代位請求賠償的權利的，保險人可以相應扣減保險賠償金。"新保險法第 613 款則改爲："被保險人故意或者因重大過失致使保險人不能行使代位請求賠償的權利的，保險人可以扣減或者要求返還相應的保險賠償金。"新保險法改以"故意或重大過失"爲要件，旨在加強對於被保險人的保護。

2、保險人未及時得到事故通知情形不得任意免責

及時知道發生了保險事故，對於保險人十分重要，被稱爲保險人權益的安全網。但是，有的保險人濫用這一權利，極大地損害被保險方的利益，背離保險的目的。爲此必須做出合理而清晰的規制。德國保險合同法第 33 條規定：（1）投保人知悉發生保險

事故後應即通知保險人；（2）投保人未履行發生保險事故通知義務，而保險人已通過其他方式及時知悉的，保險人不得主張保險合同中關於免除給付義務的約定。第62條（2）規定：投保人故意或因重大過失而違反前項義務者，保險人免除給付的義務。因重大過失所致的違反，倘投保人履行義務也不能減少損失的範圍者，保險人仍有給付的義務。大陸新保險法第21條規定："投保人、被保險人或者受益人知道保險事故發生後，應當及時通知保險人。故意或者因重大過失未及時通知保險人，致使保險事故的性質、原因、損失程度等難以確定的，保險人對無法確定的部分，不承擔賠償或者給付保險金的責任，但保險人通過其他途徑已經及時知道或者應當及時知道保險事故發生的除外。"該條款在舊保險法第22條第1款規定通知義務的基礎上補充規定了違反通知義務的後果，但限定了主觀要件，同時利用通知除外[14]限制了保險人的權利。

3、保險人應當及時一次書面通知被保險人補充材料

舊保險法第23條沒有規定保險人要求補充材料的期限以及需要提供的證明和材料的範圍，而保險人常以被保險人未能提供相應材料，未盡證明義務為由拒絕承擔責任，從而引起不少糾紛。新保險法第22條第2款則要求保險人依照保險合同的約定，認為有關的證明和資料不完整的，應當"及時一次性書面"通知投保人、被保險人或者受益人補充提供。新保險法的補充可以避免保險人濫用權利，拖延理賠。

4、限制保險人定損期間

---

14 有些重大保險事故，保險人通過媒體等途徑可以很快得知事故的發生，並及時進行現場查勘，在這種情況下，即使有關當事人未能及時通知保險人，也不應免除保險人的保險責任。參 "修改後保險法注重保護投保人和被保險人利益" 中的袁傑答記者問，http://www.sina.com.cn　2009 年 02 月 28 日。

新保險法明確了定損期限。舊保險法第 24 條沒有規定定損的具體期限。爲了防止保險人藉口拖延定損，應當明確規定一個合理的定損期間，在此期間，保險人必須完成核定工作，但由於被保險人的原因引起的時間損失，由被保險人承擔。新保險法第 23 條第 1 款規定：保險人收到被保險人或者受益人的賠償或者給付保險金的請求後，應當及時作出核定；"情形複雜的，應當在 30 日內作出核定，但合同另有約定的除外"。

5、明確定值保險與不定值保險的效力

財產保險的賠償計算標準需要明確。舊保險法第 40 條規定，"保險標的的保險價值，可以由投保人和保險公司約定並在合同中載明，也可以按照保險事故發生時保險標的的實際價值確定"。但是，保險法沒有明確定值保險和不定值保險的具體規則。爲此，新保險法則進一步規定：投保人和保險人約定保險標的的保險價值並在合同中載明的，保險標的發生損失時，以約定的保險價值爲賠償計算標準（第 55 條第 1 款）。投保人和保險人未約定保險標的的保險價值的，保險標的發生損失時，以保險事故發生時保險標的的實際價值爲賠償計算標準（第 55 條第 2 款）。新保險法有助於提高理賠的效率和公正度，減少爭議，提升保險人的誠信度。不過，對於定值保險，爲了避免超額定值，平衡雙方利益，保險法可以補充規定，保險人能夠證明被保險人或投保人欺詐或者約定價值過高的，可以請求撤銷或變更。

6、確認責任保險中第三者直接請求權

新保險法第 65 條第 2 款和第 3 款規定：責任保險的被保險人給第三者造成損害，被保險人對第三者應負的賠償責任確定的，根據被保險人的請求，保險人應當直接向該第三者賠償保險金。被保險人怠于請求的，第三者有權就其應獲賠償部分直接向保險人請求賠償保險金。責任保險的被保險人給第三者造成損

害，被保險人未向該第三者賠償的，保險人不得向被保險人賠償保險金。[15]

新保險法確認了第三者的直接請求權。所謂第三者的直接請求權，是指責任保險的第三者依照法律規定或合同約定請求保險人直接給付保險賠償金的權利。實踐中，時常發生被保險人肇事後既不向第三者受害人履行賠償義務，又不向保險公司及時申請保險金的案例。直接請求權可以有效地維護第三者受害人的利益。臺灣地區保險法第 94 條規定：被保險人對第三者應負損失賠償責任確定時，第三者可在保險金額範圍內，以其應得的比例，直接向保險人請求給付賠償金額。第 95 條又規定：保險人可經被保險人通知，直接對第三者為賠償金額的給付。日本機動車損害賠償法第 16 條第 1 款規定：發生保有者損害賠償責任時，受害人根據政令的規定，可以在保險金額的限度內向保險人請求支付損害賠償額。新保險法吸收借鑒有關立法，確認了第三者的直接請求權。

關於保險人責任的開始，在臺灣地區，通說認為，被保險人對保險人提出請求時，保險人即應承擔保險責任；也有人認為，責任保險的賠償，取決於第三者對被保險人的賠償請求；在法國，判例認為對被保險人做出的敗訴判決構成危險的實現，該判決可以對抗保險人；還有人認為，責任保險中，被保險人的實際損失僅發生在承擔損害賠償責任之後。我認為，在非強制保險，被保險人對第三者應負損失賠償責任確定時，保險人才承擔保險責任。但在強制責任保險，第三者對被保險人提出請求時，保險人即應承擔責任保險責任。新保險法對此未作區分。

---

15 保險法修訂草案曾經規定：未經保險人參與，被保險人直接向第三者承擔賠償責任或者與其達成和解協議的，保險人可以按照合同約定核定保險賠償責任。

　　為了保證第三者權利的實現，新保險法還規定，保險人向被保險人支付的前提是，被保險人已向第三者賠償。臺灣地區有類似做法，其保險法第 94 條規定：保險人于第三者由被保險人應負責任事故所致的損失，未受賠償以前，不得以賠償金額的全部或一部給付被保險人。這樣的規定可以避免被保險人取得保險金後隱藏、破產或由於其他原因而不向第三者支付，損害第三者的利益。

　　該款較有意義的修改由以下幾點分述：（1）保險人未及時得到事故通知情形不得隨意免責。即時知道發生了保險事故，對於保險人十分重要，被稱為保險人權益的安全網。但有的保險人濫用這一權利，極大的損害被保險方的利益，背離保險的目的。為此必須做出合理而清晰的規則。我國新保險法第 21 條規定：「投保人、被保險人或者受益人之道保險事故發生後，應當及時通知保險人。故意或者因重大過失未及時通知保險人，致使保險事故的性質、原因、損失程度等難以確定的，保險人對無法確定的部份，不承擔賠償或者幾副保險金的責任，但保險人通過其他途徑已經即時知道或者應當即時知道保險事故發生的除外。」該條款在舊保險法第 22 條第 1 款規定通知義務的基礎上補充規定了違反通知義務的後果，同時限定了主觀要件，並利用通知除外限制了保險人的權利。（2）限制保險人定損期間，在此期間，保險人比須完成核定工作，但由於被保險人的原因引起的時間損失，由被保險人承擔。新保險法第 23 條第 1 款規定：保險人收到被保險人或者受益人的賠償或者給付保險金的請求後，應當即時作出核定；「情形複雜的，應當在 30 日內作出核定，但合同另有約定的除外」。（3）確認責任保險中第三者直接請求權。新保險法第 65 條第 2 款和第 3 款規定：責任保險的被保險人給第三者有權就其應獲賠償部分直接向該第三者賠償責任確定的，根據被保險人的

請求，保險人應當直接向該第三者賠償保險金。被保險人待於請求的，第三者有權就其應獲賠償部分直接向保險人請求賠償保險金。責任保險的被保險人使第三者造成損害，被保險人未向該第三者賠償的，保險人不得向被保險人賠償保險金。賦予第三者直接請求權，此為責任保險目的的所在。已可防止保險人獲取不當得利。

四、修改交付保費規則

1、保險合同生效當時不必交付首期保費

舊保險法第 57 條：投保人于合同成立後，可以向保險人一次支付全部保險費，也可以按照合同約定分期支付保險費。合同約定分期支付保險費的，投保人應當于合同成立時支付首期保險費，並應當按期支付其餘各期的保險費。新保險法第 35 條規定：投保人可以按照合同約定向保險人一次支付全部保險費或者分期支付保險費。據此，投保人並不一定在合同成立生效時就交付首期保費。

2、只有人壽保費才不得訴訟請求

舊保險法第 60 條規定："保險人對人身保險的保險費，不得用訴訟方式要求投保人支付。"新保險法第 38 條則將其中的"人身"改為"人壽"。這再次顯示出劃分人壽保險和其他人身保險的立法意願。然而，新保險法僅僅在訴訟時效[16]和保費請求上區別對待，尚有不足。

保險通常被分為財產保險和人身保險。財產保險包括火災保險、海上保險、陸上空中保險、責任保險和信用保險等。財產保險屬於賠償保險、損害保險、損失保險或非定額保險。人身保險則分為人壽保險、健康保險和意外傷害保險。人壽保險的定位比

---

16 舊保險法的保險合同部分僅有一個條文提到人壽保險，即第 27 條（時效）。

較明確，屬於定額保險。健康保險和意外傷害保險則須進一步分析。（1）關於健康保險和意外傷害保險的劃分。健康保險，從保障內容看，分爲疾病（包括生育）保險、醫療保險、失能收入損失保險和護理保險。意外傷害保險，按保險責任，分爲意外傷害死亡及殘疾保險、意外傷害醫療保險、綜合意外傷害保險和意外傷害誤工保險。（2）關於健康保險和意外傷害保險中的賠償保險和定額保險。首先，健康保險，從性質可分爲損害補償和定額給付兩種。前者有醫療費用保險、收入損失補償保險，它們以實際的費用或損失爲限。後者通常承保死亡、殘疾和特種疾病，它們不以實際損失爲標準。其次，意外傷害保險，在通常情況下是定額保險。但在某些情況下也可約定爲非定額給付。在 Theobald v. Railway Passenger's Assurance 一案[17]中，保單中有兩個不同的條款：第一，如果被保險人遭受意外傷害死亡，保險人賠付受益人 1000 英鎊保險金；第二，如果被保險人未死亡，則保險人在 1000 英鎊的限額內賠償被保險人住院治療所花費的各種費用。在該保單中，第二個條款體現了意外傷害保險合同的補償性，即補償被保險人因遭受意外傷害所支付的醫療費、手術費等。總之，健康保險和意外傷害保險中，既有定額保險，又有賠償保險。有立法例明確劃分了定額保險和非定額保險。歐洲保險合同法重述（草案）第 1:201 條[保險合同]規定：（1）"保險合同"是指保險人作爲一方當事人向另一方當事人即保單持有人收取保險費，允諾承保一定危險的合同。（3）"賠償保險（Indemnity insurance）"是指保險人有義務賠償保險事故造成的損失的保險。（4）"定額保險（Insurance of fixed sums）"是指保險事故發生後保險人有義務支付一定金額的保險。第 14:101 條[定額保險]規定:意外事故、

---

17 Raoul Colinvaux, The law of Insurance, 5th ed，Sweet&Maxwell, 1984.372.

健康、生命、婚姻、出生或其他人身保險（personal insurance）
可以採取定額保險。在大陸，短期健康保險和意外傷害保險被歸
為賠償保險[18]。它們具有如下特點：（1）其目的僅在於補償被保
險人的財產損失即因治療疾病所產生的費用。（2）精算基礎和財
產保險相同，都以損失率而非死亡率作為釐訂費率的基礎。（3）
保險費通常不包含利息因素。這跟財產保險一致，而不同於人壽
保險。人壽保險的保險費率考慮積累的利息，畢竟它是長期性業
務。（4）在責任準備金的提取和運用方面與財產保險基本一致。
鑒於這些特性，人們對其歸類產生了新的看法。有的主張，它們
應當從人身保險當中分出，歸入財險，並適用財產保險而非人身
保險的規則，因為精算基礎可以決定險種的設計、性質及其運營
歸屬。也有學者認為，將其歸入哪一類都不合適，而應效仿國際
上的通常作為，將其視為"第三領域"或"中間性保險"，畢竟
它們兼具人身保險和財產保險業務的某些特點。這些觀點實屬合
理。但是，鑒於大陸已經習慣於財產保險和人身保險的劃分，加
之人身保險中的賠償保險也具有人身保險的某些特徵，故不妨維
持原有立法體例，但是，必須牢記賠償保險和非定額保險的分類，
並精心在具體條文中體現兩類保險在保險利益、保險損失、保險
金額、保費請求、超額保險、重複保險、保險競合、保險代位、
訴訟時效等方面的差異，避免不公平的結果，也可防止道德風險。

　　五、退費或退還現金價值：改任意退費為強制退費；增加應
當退費的情形

　　1、投保人違反告知義務，保險人仍應退費

---

18 保險監督管理委員會《關於印發人身保險條款存在問題示例的通知（保監
　　發〔2004〕51號）》;《健康保險管理辦法》（保險監督管理委員會令2006年
　　第8號）；保險監督管理委員會《關於〈健康保險管理辦法〉實施中有關問
　　題的通知》。

　　新保險法第 16 條第 5 款規定：投保人因重大過失未履行如實告知義務，對保險事故的發生有嚴重影響的，保險人對於合同解除前發生的保險事故，不承擔賠償或者給付保險金的責任，但應當退還保險費。其中，將舊保險法第 17 條第 4 款下的“可以”改爲了“應當”。

　　2、投保人申報年齡不實，退費改爲退還現金價值

　　新保險法第 32 條第 1 款規定：投保人申報的被保險人年齡不真實，並且其真實年齡不符合合同約定的年齡限制的，保險人可以解除合同，並按照合同約定退還保險單的現金價值。該款對舊保險法第 54 條第 1 款的“並在扣除手續費後，向投保人退還保險費”做了修改。一是強調退還現金價值應當根據保險合同進行。二是將退費改爲退還現金價值。舊保險法區分了扣除手續費退還保險費與退還現金價值。綜合其有關規定，似乎只有解除或終止人身保險才存在退還現金價值問題，而且通常只有交付滿二年以上才實際退還現金價值，但舊保險法第 66 條（被保險人自殺條款）爲例外。新保險法則將人身保險退費統稱爲退還現金價值，而將財產保險退費統稱爲退還保險費。但是，新保險法仍未界定何謂現金價值。

　　3、合同不能複效而解除的，退費改爲退還現金價值

　　舊保險法第 59 條第 2 款規定：“依照前條規定合同效力中止的，經保險人與投保人協商並達成協定，在投保人補交保險費後，合同效力恢復。但是，自合同效力中止之日起二年內雙方未達成協議的，保險人有權解除合同。保險人依照前款規定解除合同，投保人已交足二年以上保險費的，保險人應當按照合同約定退還保險單的現金價值；投保人未交足二年保險費的，保險人應當在扣除手續費後，退還保險費。”新保險法第 37 條第 2 款則將其中退費部分修改爲“保險人依照前款規定解除合同的，保險人

應當按照合同約定退還保險單的現金價值。"

4、受益人製造保險事故不影響退還現金價值

舊保險法第 65 條第 1 款規定：投保人或受益人故意造成被保險人死亡、傷殘或者疾病的，保險人不承擔給付保險金的責任。投保人已交足 2 年以上保險費的，保險人應當按照合同約定向其他權利人退還保險單的現金價值。新保險法第 43 條第 1 款則刪除了其中的"受益人"一詞。需要注意的是，不承擔保險責任並不等於保險合同解除了或終止了。

5、協調被保險人自殺情形退還現金價值規則

關於以死亡為給付保險金條件的合同，被保險人自殺情形的退費，舊保險法第 66 條第 1 款規定，對投保人已支付的保險費，保險人應按照保險單退還其現金價值。新保險法第 44 條則改為：保險人不承擔給付保險金責任的，應當按照合同約定退還保險單的現金價值。新保險法的修改僅僅是文字上的。

6、新增被保險人抗拒刑事強制措施情形的退還現金價值規則

新保險法第 45 條規定：因被保險人故意犯罪或者抗拒依法採取的刑事強制措施導致其傷殘或者死亡的，保險人不承擔給付保險金的責任。投保人已交足二年以上保險費的，保險人應當按照合同約定退還保險單的現金價值。其中"抗拒依法採取的刑事強制措施"屬於新增內容。

7、投保人解除人身保險，即使未交足二年保費，保險人也得退還現金價值

舊保險法第 69 條規定："投保人解除合同，已交足二年以上保險費的，保險人應當自接到解除合同通知之日起三十日內，退還保險單的現金價值；未交足二年保險費的，保險人按照合同約定在扣除手續費後，退還保險費。"而新保險法 47 條規定："投保人解除合同的，保險人應當自接到解除合同通知之日起 30 日

內，按照合同約定退還保險單的現金價值”。按新保險法，不論是否交足二年保費，保險人都要退還現金價值。

8、新增危險程度增加情形退費規則

新保險法第 52 條第 1 款規定：在合同有效期內，保險標的的危險程度顯著增加，保險人解除合同的，應當將已收取的保險費，按照合同約定扣除自保險責任開始之日起至合同解除之日止應收的部分後，退還投保人。這是新增內容。

9、新增保險標的轉讓情形退費規則

新保險法第 49 條第 3 款規定：因保險標的轉讓導致危險程度顯著增加，保險人解除合同的，應當將已收取的保險費，按照合同約定扣除自保險責任開始之日起至合同解除之日止應收的部分後，退還投保人。這是新增內容。

10、投保人解除財產保險，即使保險責任已經開始，保險人也要退費

新保險法第 54 條規定：“保險責任開始前，投保人要求解除合同的，應當按照合同約定向保險人支付手續費，保險人應當退還保險費。保險責任開始後，投保人要求解除合同的，保險人應當按照合同約定收取自保險責任開始之日起至合同解除之日止期間的保險費，剩餘部分應當退還投保人。”較舊保險法強調“按照合同約定”。這一規定在舊保險法第 39 條的基礎上修改了兩項內容：一是即使保險責任開始後投保人解除合同，保險人也“應當”退還保費，而非原來的“可以”退費。有的保險合同約定：鑒於保險人自簽署本協定之日起，承擔所承保投保人履行合同的商業危險，因此本協議項下的保險費，收取後均不予退還。這一約定違反了本條的強制性規定，無效。二是增加了“按照合同約定”，強調收取手續費或部分保費必須符合合同事先的約定，杜絕了收費的任意性。

11、新增超額保險退費

新保險法第 55 條第 3 款在舊保險法第 40 條第 2 款 "保險金額不得超過保險價值；超過保險價值的，超過的部分無效" 之後補充規定 "保險人應當退還相應的保險費" 。據此，超額保險不論是否善意均應退費。

12、新增重複保險退費

新保險法第 56 條第 3 款規定： "重複保險的投保人可以就保險金額總和超過保險價值的部分，請求各保險人按比例返還保險費。" 這是在舊保險法第 41 條基礎上新增的。據此，重複保險不論是否善意均可退費。這與英國法不同。按英國 1906 年海上保險法第 84 條，若被保險人在明知的情況下訂立重複保險，保險費不予退還。

13、保險標的發生部分損失，即使投保人解約，保險人也須退費

新保險法第 58 條規定：保險標的發生部分損失的，自保險人賠償之日起三十日內，投保人可以解除合同；除合同另有約定外，保險人也可以解除合同，但應當提前十五日通知投保人。合同解除的，保險人應當將保險標的未受損失部分的保險費，按照合同約定扣除自保險責任開始之日起至合同解除之日止應收的部分後，退還投保人。較之於舊保險法第 43 條，即使投保人解除合同，保險人也要退費。同時，扣除應收部分必須 "按照合同的約定" 。

14、修改投保人故意造成被保險人死亡、傷殘或者疾病情形現金價值退還物件

關於保險費退還對象，舊保險法沒有明確的一般性規定，但從有關規定看，退費對象應為投保人。新保險法也是如此。關於現金價值退還物件，舊保險法也沒有明確的一般性規定，但按其

第 66 條、第 67 條、第 69 條，現金價值應當退還投保人。然而，從舊保險法第 65 條第 1 款看，現金價值的退還物件通常應當為被保險人或受益人。對於前三條規定的退還對象，新保險法對應的第 45 條、第 46 條和第 47 條未作改變。但是，對於第 65 條第 1 款退還物件 "其他享有權利的受益人" 新保險法第 43 條第 1 款修改為 "其他權利人"。誰是其他權利人？他們應當是保險人或受益人。

六、完善有關保險合同關係人規則

1、限定雇主保險的受益人，在舊法規定「投保人指定受益人時須經被保險人同意」址後增加了「投保人為與其有勞動關係的勞動者投保人身保險的，不得指定被保險人及其近親屬以外的人為受益人」（第 39 條第 2 款）。

2、新增規定「受益人指定不明無法確定」構成「沒有指定受益人」（第 42 條第 1 款第一項）；新增規定受益人與被保險人在同一事件中死亡，且不能確定死亡先後順序的，推定受益人死亡在先（第 42 條第 2 款）。

七、限制不利解釋規則的適用（第 30 條）

他在舊法的基礎上稱加了兩個方面的內容：

1、「採用保險人提供的格式條款訂立的保險合同」才能適用該規則。

2、「應當按照通常理解予以解釋」，此後如果尚有分歧，才可適用該規則。

八、新增時效起算點，規定保險請求權人「應當知道保險事故發生」也可開始訴訟時效期間（第 26 條）

第三節　完善合同關係人規則

在一定情形，保費應當退還。特別在人壽保險合同，投保人所交付的保險費，既不屬於保險人已經取得的利益，也非利潤。實際上，其中有一部分是保險人對投保人的債務，自應退還。誠如學者所言：人壽保險有投資之性質，投保人所付之保險費應累積爲責任準備金，而非保險人取得之利益。新保險法在若干條款完善了退費制度。比較明顯的是，將一些協議退費修改爲爲法定退費。然而，仍要注意的是，退費的原因是否還有遺漏，比如，保險財產非因保險事故完全滅失、投保人死亡或破產、保險人破產、從無保險利益或保險喪失、保險合同違法、保險合同不成立等，是否以及如何退費。因此需要補充列舉，或者應當考慮一兩個概括性條款。

一、完善有關保險合同關係人規則

1、限定雇主保險的受益人

舊保險法第 61 條第 2 款規定："投保人指定受益人時須經被保險人同意。"新保險法第 39 條第 2 款則在其後增加了"投保人爲與其有勞動關係的勞動者投保人身保險的，不得指定被保險人及其近親屬以外的人爲受益人"。這是針對雇主保險的特別規定。雇主保險的保險金通常用於雇員的福利安排，包括退休或婚喪之類的情況。例如，將保險金作爲對雇員家屬的撫恤金或弔唁費用支付給家屬。本來，雇主保險，受益人可以是雇主、雇員或其他人，只要經過被保險的雇員同意即可。但是，雇主可能利用其優勢地位迫使被保險員工同意指定被保險人及其近親屬以外的

人（如雇主等）爲受益人，如果這些人爲受益人，其領取保險金後，可能僅將很小部分用於雇員或其家屬，甚至全部爲自己使用。這就違背了法律設定雇主保險的初衷，會引發被保險雇員及其家屬的不滿，導致糾紛。爲了防止這種情況，新保險法的規定完全必要。

2、受益人指定不明無法確定視爲沒有指定；推定受益人死亡在先

舊保險法第 64 條第 1 款第 1 項爲 "沒有指定受益人"，新保險法第 42 條第 1 款第 1 項在之後補充了 "受益人指定不明無法確定"。所謂受益人指定不明，是指受益人一項雖有表示，但存在疑義。例如，受益人填爲 "自己"、"妻子"、"子女"、"法定" 等。若指定不明，則應探求當事人的真意。如仍無法確定，應當認定沒有受益人[19]。

此外，該條新增第 2 款規定： "受益人與被保險人在同一事件中死亡，且不能確定死亡先後順序的，推定受益人死亡在先，被保險人死亡在後"。死亡順序推定的目的在於解決保險金受益權的歸屬。推定受益人死亡在先，將保險金的受益權作爲被保險人的遺產由其繼承人繼承，合理妥當。這樣才能體現對被保險人終極關懷的立法精神[20]，還可避免保險金由與被保險人關係非常疏遠甚至沒有什麼利害關係的人所得。司法實踐，有的法院就提出，受益人和被保險人同時死亡的，應當推定受益人先于被保險人死亡，才符合投保人爲自己利益投保的目的[21]。美國 1940 年統一死亡法也規定：人壽或傷害保險的被保險人及受益人皆死亡而

---

19 參見鄭玉波，《保險法論》，1992 年 9 月增訂初版(劉春堂修訂)，三民書局，176 至 178 頁。
20 張紹陽：人身保險受益人相關法律問題研究，www.zwmscp.com。
21 江蘇省高級人民法院民二庭：加大保險糾紛案件審理力度，保障促進保險市場健康發展。www.sz-lawyer.cn。

不能證明爲同時死亡的，推定被保險人後於受益人死亡，以確定保險金的歸屬。

二、限制不利解釋規則的適用

關於保險術語和條款，保險雙方容易發生分歧，因此保險法需要給出一些解釋規則。舊保險法第 31 條對此有所規定。而新保險法第 30 條則規定："採用保險人提供的格式條款訂立的保險合同，保險人與投保人、被保險人或者受益人對合同條款有爭議的，應當按照通常理解予以解釋。對合同條款有兩種以上解釋的，人民法院或者仲裁機構應當作出有利於被保險人和受益人的解釋。"它在舊保險法第 31 條的基礎上增加了兩個方面的內容。（1）"採用保險人提供的格式條款訂立的保險合同"；（2）"應當按照通常理解予以解釋"。這些補充都是合理的。就前者來說，不利解釋的理論基礎在於附合合同理論[22]。質言之，保險合同通常由保險人制定，而投保人對保險合同的備制不能做任何事情。在制定時，保險人必然經過深思熟慮，反復推敲，內容多對自己有利，極少反映投保人、被保險人或者受益人的意思和利益。投保人在訂立保險合同中的弱勢地位是顯而易見的，一般只能表示接受或者不接受保險人擬就的條款。一旦合同成立而雙方發生糾紛，投保人將處於不利的地位。因此對保險合同必須做對保險人不利的解釋。不過，也有的保險合同條款是由雙方協商訂立或由被保險方單方訂立或提供的，這時失去了適用"不利解釋"規則的基礎。就後者而言，它是爲了保持與合同法第 41 條的協調而做的必要修改和完善，可以防止不利保險人解釋原則的濫用。

---

22 David S. Miller, Insurance as Contract: The argument for Abandoning the Ambiguity Doctrine, 88 Colum. L. Rew. 1849, 1854（1988）

三、新增時效起算點：保險請求權人 "應當知道保險事故發生"

新保險法第 26 條規定："人壽保險以外的其他保險的被保險人或者受益人，向保險人請求賠償或者給付保險金的訴訟時效期間為二年，自其知道或者應當知道保險事故發生之日起計算。人壽保險的被保險人或者受益人向保險人請求給付保險金的訴訟時效期間為五年，自其知道或者應當知道保險事故發生之日起計算。"其中，較之舊保險法第 27 條，其中增加了"應當知道"。這是對被保險方的限制。附帶指出，新保險法的訴訟時效沒有涉及責任保險中第三者請求權、投保人對於保險費或現金價值退還請求權、保險人向第三者行使代位權等。

四、小　結

如何評價新的保險法？英國劍橋大學法律系保險法教授克拉克指出：關於新的保險法或新的保單條款的任何建議，不論是海上的還是非海上的，只要被提出，都應結合下列要素進行評估[23]：（1）確定性。購買保險的主要理由是追求確定性：費用的確定[24]，保險範圍的確定[25]，甚至是老練的商人內心的平靜[26]。只有

---

23 Malcolm Clarke, ALTERATION OF RISK.
　www.comitemaritime.org/future/pdf/alt_risk.pdf.
24 與商業更有關聯的一件事 —— 一個保險人三年來一直要約固定的保費，因為研究證實穩定的保險計畫是一個賣點。
25 例如，在汽車強制保險中，明顯的是有法律規定，對於被保險的機動車駕駛者對其負有責任的第三人，不能提出某些抗辯。保險是如此重要以至於需要社會干預來確保它適當和有效。英格蘭（1988 年道路交通法（Road Traffic Act）第 148（1）條和第 151（1）條、法國（c. d'ass. R211-13-3）和其他國家有這樣的規定。
26 從保險人為其產品做廣告和普通法國家法院判決看，這一要素的重要性顯而易見 —— 但英國是例外。Clarke, The Law of Insurance Contracts, 4th edn.（London 2003）Chap 30-9C.

從這種情況出發才能提前做出商業計畫。（2）有效補償和分散損失。這是爲了鼓勵潛在有用的人類活動（同時嚇阻荒唐或浪費）[27]。（3）管理風險和避免損失。它暗示著一個規則，即它至少允許保險人在保險期間和保險合同訂立之前對保單持有人的行爲進行一定程度的干預和控制。我們不妨以此作爲參考。

此次修訂，框架上，它涵蓋了最大誠信（危險增加、欺詐索賠）、保險利益、賠償原則（涉及保險金額、代位、重複保險等）。條文上，它填補了若干空白，對若干條文進行了明確和完善[28]。主體上，它主要調整了保險人與被保險方之間的關係，兼顧了被保險方內部關係以及保險人、被保險方與第三者之間的關係。內容上，鑒於當事人地位具有較大差異，新保險法進一步限制了合同自由，增加了強制性條款，對事實上存在的不平等關係加以矯正，使之重歸平衡。同時，法律規則將合同雙方的危險分攤固定下來，創造了可預見性。從靜態看，新保險法著力合理配置當事人的權利義務責任，尤其是限制了保險人的權利，減輕了被保險方的義務和責任。從動的方面看，新保險法重在明確和穩定保險合同的效力，限制保險人脫離保險責任的權利，進而在保險合同有效的前提下，督促保險人履行保險責任，確保被保險方能夠及時獲取應得的賠償。總之，通過強化控制保險合同的格式條款，新保險法保障被保險人能夠獲得保險人的守約和履約保證。當然，保險法也把握保了險合同的技術性，注意維持適度的對價平衡。例如，適用不利解釋規則、保險人說明保險合同都以保險人提供格式條款爲條件等。畢竟，保險業離不開保險人的經營，保險法當使保險人有利可圖。諾斯指出，制度作爲一個社會賴以存

---

27 Abraham 'Distributing Risk'（New Haven 1986）p 60.
28 此外，新保險法取消了舊保險法關於保險標的的定義以及關於保密義務的規定。

在和運行的基礎，其主要作用是消除或降低社會中的不確定性。可以說新保險法基本達成了這一目標。新保險法有助於遏制比較嚴重的索賠難現象，保障被保險方的合理期待，實現保險的宗旨和功能，避免和化解保險糾紛，有力提振人們對於保險市場的信心，促進保險業的發展。

新保險法頗值肯定，然而，還是存在一些缺憾。（1）就修改的條款而言，尚有某些不足。這在評述中已經一一列舉。（2）有不少空白未予填補。例如，合理期待規則[29]未能引起重視；棄權和禁止反悔規則沒有一般條款[30]；沒有科學劃分賠償保險和定額保險；短期健康保險和意外傷害保險尚無科學定位；因果關係規則未得補充；未能全面具體強化保險人的誠信義務；保險格式條款進入合意規則尚不系統完善；保險合同轉讓和質押規則十分貧乏；保險費交付對合同效力影響不明；沒有運用懲罰性賠償制度懲戒保險人欺詐拒賠；未能規範實踐中時常引發糾紛的信用保險；缺乏團體保險規則；訴訟時效規則沒有充實。（3）保險法合同部分的結構未能優化。保險法合同部分的整個結構應當邏輯嚴謹，層次清楚，重點突出，更加合理，易於理解，成為保單通俗化的示範和基礎。比如，可以考慮由保險合同的原則，保險合同構成要素，保險合同成立和效力，保險合同的變更、轉讓、解除、終止，交付保險費，保險理賠，退費，財產保險合同，人身保險

---

29 合理期待原則，是指當保險合同當事人就合同內容的解釋發生爭議之時，應以被保險人或受益人對於合同締約目的之合理期待作為出發點對保險合同進行解釋，即使仔細研究保單條款表明這種期望違背了保險人的明示意圖。

30 另外，新保險法第 16 條第 6 條（違反告知義務）、第 17 條第 1 款（向投保人說明合同內容）、第 17 條第 2 款（向投保人明確說明免責條款）、第 21 條（保險人知道或應當知道保險事故）、第 32 條第 1 款（投保人申報年齡不實）借鑒吸收了這一制度，有利於平衡保險當事人的地位和利益。然而，列舉式規定難免遺漏，因此我國保險法最好對此做一總的規定，然後輔以具體條款。

合同，其他等幾部分組成。但由於種種原因，除將財產保險部分與人身保險部分對調外，結構無甚變化，甚至條文次序也未做大的變動，從而窒息了保險合同重要制度和條款穿插挪騰的活力。（4）保險法的體例不盡合理。新保險法保持舊保險法原有框架不變，保險合同法和保險業法繼續同處一法，這就擠佔了保險合同法的空間。另方面，保險業與保險監管地位重要，在當前金融危機下更顯突出，然而，其與保險合同法同處一室，也難免受到掣肘，不利於有關制度的建立健全。綜上可知，新保險法仍須在以後的實踐中基於充分而深入的研究不斷改進。

第五章 台灣保險法仍存之爭議問題與修正建議

第一節 台灣保險法存在之爭議問題[1]

一、保險契約如何分類

現行保險法第 13 條規定「保險分為財產保險及人身保險。財產保險包括火災保險、海上保險、陸空保險、責任保險、保證保險及經主管機關核准之其他保險。人身保險，包括人壽保險、健康保險、傷害保險及年金保險。」顯然係以保險標的為分類之標準，然而此一分類若作為保險業務經營範圍之劃分基礎，尚可勉強合乎世界潮流，但若以此作為保險契約權利義務之規範基礎，即立即顯現無法有效規範之 窘境，於此即衍生出保險契約之分類標準是否應予變動之爭議。

二、保險契約之當事人與關係人

保險契約之雙方當事人究為何人，向是一極大之爭論，有認為保險契約之當事人一方為保險人，另一方為要保人者；亦有認保險契約之當事人一方為保險人，另一方為被保險人者。

---

1 同註 1。

　　按保險契約之基本架構不外下列二種：有受益人之保險契約及無受益人之保險契約。如無受益人，則保險契約當事人加上關係人，應只涉及三個人，如有受益人，最多亦僅涉及四個人。然而保險法卻於第 2 條規定有「保險人」，第 3 條規定有「要保人」，第 4 條、第四章規定有「被保險人」，第 5 條又有「受益人」之規定，再加上第 3 條、第 17 條、第 18 條、第 23 條、第 33 條、第 38 條、第 76 條、第 77 條…等條文尚有「保險標的」或「保險標的物」之規定，總共出現五個人，終造成保險法上下列無法妥適解釋之問題：

　　1、若以要保人為當事人，則被保險人將與受益人相衝突。

　　2、如以被保險人為當事人，則被保險人將與要保人相衝突。

　　3、如以被保險人為保險事故發生之對象，則被保險人將與保險標的相衝突。

　　4、在保險法第 5 條及第 111 條規定下，究竟係要保人抑係保險人，有權指定受益人？

　　5、在保險法第 17 條規定下，究竟係要保人抑係被保險人應對於保險標的具有保險利益，亦即保險利益之歸屬主體究為要保人抑為被保險人？

　　6、保險法第 18 條「被保險人死亡保險契約除另有規定外，仍為繼承人之利益而存在」之規定，在人壽保險有無適用之餘地？

　　7、保險法第 33 條、第 59 條、第 65 條、第 80 條、第 97 條及第 98 條等條文均以「要保人或被保險人」並稱，就何所指？

三、保險契約是否為要式契約或要物契約？

　　（一）保險契約是否為「要式」契約？

　　保險法第 43 條規定：「保險契約應以保險單或暫保險單為之」，保險法第 55 條規定「保險契約除本法另有規定外，應記載

左列事項：（下略）」，再加上保險法第 87 條、第 95 條之 2、第 95
條之 3、第 108 條、第 129 條、第 132 條、第 135 條之 2 等規定，
乃形成保險契約是否要式契約，亦即是否以保險單或暫保單之簽
發爲特別成立要件之爭論。

甲、要式契約說

學者中主張保險契約係要式契約者，無非以保險法第 43 條
之文義解釋爲依據，認爲由上引保險法第 43 條等條文之規定觀
之，保險契約之訂立以具備一定之方式，載明一定之事項爲要件，
故保險契約係要式契約。

我國最高法院於 53 年度台上字第 3690 號判決中曾謂：「保
險契約之成立，爲法律行爲的要式行爲之一種，應以保險單或暫
保單之書面爲之，此就保險法第四十三條之規定觀之甚明。是要
保人所爲投保之要約意思表示，與保險人所爲，承保之意思表示，
縱另口頭上已臻和致，要之雙方當事人未訂立保險單或暫保單之
書面契約以前，尚難謂該保險契約已合法成立。」

乙、不要式契約說

我國學者通說認爲保險契約爲不要式契約，並解釋保險法第
43 條係在規定保險契約成立後，保險人有簽發保險單或暫保單義
務，以作爲保險契約內容之憑證。

在日本一般認爲現行法對於保險契約之成立未設特別規
定，因此保險契約之成立應適用民法（第 521 條～528 條）及商
法（第 504 條～第 509 條）之規定，從而保險契約與其他契約一
樣，亦基於加入者一方之申請與保險人一方之承諾而成立。直言
之，保險契約於要保人與保險人意思表示和致時成立，不以書面
之作成爲成立要件，已經爲日本學說所一致承認。

就現行保險實務而言，基於下述理由，可認爲保險契約爲不
要式契約：

1、由於保險人在收受要保人或被保險人之要保書及相關資料後，除少數不需核保之險種外，經由核保程序通過簽發保險單或暫保單交給要保人或被保險人，皆需要一段時間，其時間尚因險種及公司業務規模而有不同，故各種要保書、保費收據或送金單、保險證或保單條款及其他保險相關文件上鮮有明文約定以保險單或暫保單之簽發為成立要件者。保險實務上甚至有部份險種僅以電話投保即可成立契約之習慣，如海上貨物保險是。

2、觀諸各種要保書、保費收據或送金單、保險證或保單條款及其他保險相關文件上均無以保險單或暫保單之簽發為保險人負保險責任之前提要件之聲明，亦可證明保險實務上並不認保險契約為要式契約。

3、現行保險法施行細則第 4 條第二項「產物保險之要保人在保險人簽發保險單或暫保單前，先交付保險費而發生應予賠償或給付之保險事故時，保險人應負賠償責任」之規定，在產險業界以形成一普遍之業務運作慣例，故保險契約應非屬要式契約。

4、「人壽保險單示範條款」第 2 條「本公司對本契約應負賠償 之責任，自本公司同意承保且要保人交付第一期保險費時開始，本公司並應發給保險單作為承保之憑證。」（第二項）要保人在本公司簽發保險單前先交付相當第一期之保險費而發生應予給付之保險事故，本公司仍負保險契約責任」之規定，幾乎成為壽險業者設計實際保單條款所採用而成為保險契約之內容，故保險契約在壽險實務上以非要式契約，至為顯然。

茲據上述分析，保險契約應解為不要式契約較為妥當，理由如下：

1、就外國學說、立法例、保險實務及法院判決觀察，保險契約為不要式契約已被一致接受與肯定。我國因有保險法第四十三條等條文之規定而有所爭論，但主張保險契約為要式契約之學

說終究屬於少數，不要式契約說不僅爲多數學者所接受，且顯然已成爲近年來之學說趨向。

2、就法院見解而言，早期雖見法院採取要式契約之判決，惟自民國72年5月司法院第三期司法業務研究會作成保險契約爲不要式契約之結論，其結論且爲司法第一廳所肯定後，即已鮮見法院再有保險契約爲要式契約之判決。

3、最重要者，保險實務上顯然少有且顯能堅持要式契約，若仍將保險契約解釋爲要式契約，須俟保險單或暫保單之簽發，保險契約始告成立，則反將干擾保險實務之運作，且一旦保險事故發生，投保大眾反而無法獲得保障。

4、就立法目的而言，法律規定某些行爲必須具備一定方式，其目的不外保留證據以明確當事人之權義關係，或向社會公開宣示以避免法律關係混淆。就此而論，保險契約應可定位爲不要式契約，蓋保險契約訂立後，保險人通常均簽發保險單，雖經過長時期，亦無權義關係不明確之虞；再者，保險契約性質上無向公眾宣示之必要。至於保險實務上如少數險種爲昭慎種，有以保險單之簽發爲特別成立要件，當可以特別約定之方式達到相同之結果，而無將所有保險契約定位爲要式契約之必要。因此，除當事人約定以保險單或暫保單之簽發或其他方式之具備爲成立要件，可認爲係意定要式契約外，應解釋爲非法定要式契約。

5、財政部57年12月12日台財發錢第14886號令說明二雖謂：『查保險法第二十一條規定「保險費分一次交付及分期交付兩種。保險契約規定一次交付或分期交付之第一期保險費，應於契約生效前交付之，但保險契約簽訂時，保險費未能確定者，不在此限」同法第四十三條，「保險契約應以保險單或暫保單爲之」，同法第四十四條，「保險契約由保險人於同意要保人聲請後簽訂」』。綜上三條，保險契約爲要式契約。由保險人於同意要保人

之聲請後簽訂，於要保人依保險契約規定交付第一次保險費生效。並無要保人雖已繳納第一期保險費，而保險契約並不因此即行生效之規定。』，似強調保險契約爲要式契約，但揆諸 52 年保險法第四十四條修正旨意載有「查保險人既經同意要保人之聲請，即屬雙方意思表示一致，依民法第一百五十三條即爲成立」，顯見該法令違反法律立法意旨，應解爲無效，而 52 年保險法第44 條修正意旨更足以支持保險契約爲不要式契約。

（二）保險契約是否爲「要物」契約？

甲、要物契約說

主張保險契約爲要物契約者，其理由無非以保險法第 21 條之規定爲強制規定，保險契約違背此一強制規定，應屬無效。申言之，未交付保險費者，不論保險人是否已簽發保險單，亦不論是否有保險費之約定，保險契約仍不生效力。

最高法院 70 台上 2818 判決謂：「」保險法第二十一條規定，保險費應於保險契約生效前交付之，可見保險費之給付，爲保險契約之生效要件，上訴人既自認其尚未繳納保險費，保險契約自難謂已生效」，即係採要物契約說。

乙、不要物契約說

我國學者通說認爲保險契約爲不要物契約。其理由不外乎保險契約爲有償契約，應有保險費之約定，否則保險契約不成立，但保險費應於何時交付，應由當事人自行決定，法律無加以干預之必要，保險法第 21 條應解爲訓示規定。

保險實務上，團體一年定期人壽保險單示範條款第 3 條雖亦有類似壽險範例條款第 2 條之規定，但實際上，保險公司基於業務競爭之考量，無不配合要保單位之撥款日期或作業程序而收取保費，縱在收取保險費前，保險事故發生，保險人鮮有因保險費未收取而拒絕理賠者，故團險實務上並不以保費之交付爲保險契

約成立之要件。

就財產保險而言，雖仍有部份之保單條款載明保險費交付爲契約生效之前提，但實際上 85 年 5 月 1 日施行之住宅火災保險單基本條款第 11 條已修正爲：「保險費應於本保險契約成立時交付。除經本公司同意延緩交付者外，對於保險費交付前所發生之損失，本公司不負賠償責任。」91 年 4 月 1 日起實施之住宅火災及地震基本保險條款第 6 條亦有相同之規定。85 年 7 月 1 日施行，91 年 7 月 15 日修正實施之自用汽車保險共同條款第 6 條亦已修正爲：「要保人應於本保險契約訂立時獲約定期限內，向本公司交付保險費。…」，均容許延欠保費；且財政部亦需核頒有「保險費延緩交付特約條款」五式，分別容許延欠保費十日至三十日，只要在保險單上附貼上述特約條款任何一式，該保險契約即成爲不要物契約矣。基此，可見保險契約大部分爲不要物契約。

最高法院 76 台上 595 判決謂：「保險爲契約之一種，於當事人相互意思表示一致時，即告成立，並非要式行爲，故對於特定之保險標的，一方同意交付保險費，他方同意承擔其危險者，保險契約即應認爲成立，並不已作成保險單或暫保單爲要件」，及認保險契約不僅爲不要式契約，且爲不要物契約。最高法院 60 台上 1937 判決及 65 台上 1425 判決亦均採不要物契約說。

四、保險利益之適用範圍

於保險利益學說發展過程中，歐陸學者本亦主張保險利益之概念亦適用於人身保險，但因人身保險缺乏保險利益之計算標準，大部分學者逐漸放棄保險利益在人身保險之適用，而將保險利益之研究集中於財產保險，認爲保險利益之概念只適用於損害填補保險。大部分歐陸學者所以否定保險利益概念在人身保險之適用，其理由不外：

1、保險利益之功能在決定保險價值之多寡，人身保險雖亦有關係連接對象，但其價值無法以金錢客觀估定。

2、人身保險無客觀價值標準。

3、在人身保險只要經被保險人同意以其生命為保險標的，則要保人對被保險人應具有保險利益之規定，並無實質意義可言。

由上述分析可知，大陸法系所以發展出保險利益之概念僅適用於損失填補保險，而否定其對於定額給付保險之適用，實係因自限於保險利益功能之窠臼所致。按大陸法系學者強調保險利益之主要功能在決定保險價值，並進而防止不當得利之發生，並基於此種概念而認為縱承認人身保險應具保險利益，亦無從達到上述利益，從而否定保險利益概念在定額給付保險之存在價值。

在英美法系強調人壽保險道德危險防止之兩大防護體：

1、契約當事人對於保險標的須具備保險利益。

2、保險契約之訂立須經為保險標的人之同意。

兩者相輔相成，始成更有效地達到防止道德危險之目的。大陸法系認為只要經被保險人（即為人壽保險標的之人）之同意即可，至於被保險人同意後，如何處置保險金之歸屬，乃屬其個人「意思自由決定」之問題。

五、複保險之適用範圍與效力

保險種類眾多，複保險制度對於所有險種是否均有適用，學說與實務見解仍莫衷一是，歸納如下：

1、我國學者通說將保險之分類依據保險法第 13 條採二分法，並認財產保險應受複保險之限制，而人身保險不適用複保險。

2、有認保險法既將複保險列入總則，自對任何險種均有適用者。

3、有認為複保險雖不適用人壽保險。但適用健康保險傷害

保險及喪葬費用保險者。

4、有主張複保險適用於生存保險、以他人為被保險人之死亡保險、健康保險及傷害保險者。

保險實務上多數壽險公司對於重複人壽保險或傷害保險，常依據保險法第 37 條拒絕理賠，而我國法院實務上早期亦傾向主張複保險對各種保險均有適用，甚至作成 76 台上 1166 號此一荒謬判例「所謂複保險，係指要保人對於同一保險利益，同一保險事故，與數保險人分別訂立數個保險之契約行為而言，保險法第三十五條定有明文。依同法第三十六條規定，複保險除另有約定外，要保人應將他保險人之名稱及保險金額通知各保險人。準此，複保險之成立，應以要保人與數保險人分別訂立之數保險契約同時並存為必要。若要保人先後與二以上之保險人訂立保險契約，先行訂立之保險契約，即非複保險，因其保險契約成立時，尚未呈複保險之狀態。要保人嗣與他保險人訂立之保險契約，故意不將先行所訂保險契約之事實通知後一保險契約之保險人，依保險法第三十七條規定，後一保險契約應屬無效，非謂成立在先之保險契約亦屬無效」。

六、違反告知義務之要件

違反告知義務之構成要件計有：告知義務人、告知時期、告知範圍、主觀構成要件及客觀構成要件，其中客觀構成要件係民國八十一年保險法第 64 條二度修正之主要重點。

綜觀各國立法例，因果關係說兼採危險估計說終屬少數（德國 VVG21，日商法 645、678，美 Kansas,Missouri,Rhode Island 三州）。我國保險法 81 年 4 月 20 日修正時，何以兼顧對價平衡原則；限制危險估計說固能維護最大善意原則，但未能兼顧對價平衡原則；限制危險估計說則破壞最大善意原則；因果關係說雖能

顧及危險發生時之對價平衡，但仍損及投保時之對價平衡，均有不足之處。

七、保險標的與保險契約之轉讓

保險契約乃在承擔危險，保險人對於保險標的之危險程度極為重視，不但在承保前須仔細評估危險，在承保後一旦當事人發生變動，危險程度隨之發生變化，此時須給予保險人重新評估危險之機會，不能要求保險人照單全收，視為屬人性化原則，當事人發生變動之情形，一為保險標的之轉讓，一為保險契約之轉讓。關於危險程度隨著當事人變動而發生變化時，保險人控制危險之方法，英美法系係屬人性原則，除少數例外情形外，非經保險人批准同意不受拘束。大陸法系雖採當然繼受主義，但因輔以危險增加通知義務制度，保險人仍有效控制危險之變動。

（一）保險標的之轉讓

我國保險法顯然兼採兩法系制度：

1、在法定轉讓中之當事人死亡，原則上採當然繼受主義，類似英美法系制度，但容許契約另作約定（保 18）。

2、在法定轉讓中之當事人破產，原則上採當然繼受主義，但容許保險人在三個月內終止保險契約，類似德國規定（保 28）。

3、在單獨所有權之意定轉讓，形式上採當人繼受主義，實質上容許契約另作約定（保 18），而實際保單之約定多採屬人性之約定（例如商業火險基本條款第 14 條，自用汽車保險單共同條款第 12 條前段等），故具屬人性原則之色彩。

4、在共同所有權之意定轉讓，採當然繼受主義，但係英美法系下之制度，即因危險未變動，故不適用屬人性原則，非大陸法系之相對當然繼受主義（保 19）。

前已言及，保險標的之法定轉讓係因法律規定之原因所致標

的權利之移轉，縱有危險之變動，亦非當事人之行為所致，為保障受讓人，宜仿英美法系及日本商法第 652 條意旨，採絕對當然繼受主義。德國保險契約法第 14 條及我國保險法第 28 條賦予保險人終止契約之權利，均非妥當。我國保險法第 18 條將被保險人死亡（該條之被保險人乃英美法上當事人之被保險人，非大陸法系損害賠償保險之被保險人）與意定轉讓混為一條，已有待商榷；又容許契約另作約定，而保險契約常有牴觸法定轉讓之當然繼受主義之精神者，如自用汽車保險單共同條款第 12 條後段是，更屬不當。

（二）保險契約之轉讓

我國保險法第 49 條規定：「保險契約除人身保險外，得為指示或無記名式。保險人對於要保人所得為之抗辯，亦得以之對抗保險契約之受讓人。」顯係誤將保險契約或保險單當作有價證券而加以規定。按有價證券特徵之一為「表彰特定私有財產權」，而保險契約或保險單乃不確定危險之承擔，保險事故是否發生，屬不確定狀態，顯然欠缺此一特徵，保險實務上亦無指示或無記名是保單。

八、保險代位權與代位求償金額

在保險人因給付再保險賠款，對於造成保險事故之第三人亦取得代位權，惟此一代位權習慣上均由保險人代為併同保險人之代位權一起行使，故保險人代位時可就全部金額請求。在英美及日本均採此一見解，亦為國內通說，乃我國最高法院 69 台上 1569 判決竟判認應扣除再保險給付金額。此一判決除忽視國際再保慣例，貽笑大方外，最嚴重之後果乃造成保險事故之第三人卻可因在保契約之存在而減少賠償金額，對於價值判斷之扭曲，莫此為甚。

九、保險代位之妨礙

所謂代位權之妨礙，係指保險人代位前被保險人所爲之行爲，致保險人代位時無法完全實現其代位權。

當被保險人之行爲終究妨礙保險人之代位權時，除經保險人同意者外，如無補救措施，保險代位制度將遭根本破壞，可惜保險法第 53 條並未就此有所規定，補救之道之儘速修正保險法。

第二節　台灣保險法修正之建議[2]

一、關於保險契約如何分類

按契約權利義務之規範，應就權利義務之性質著眼，始能有效落實規範目的。因此，保險契約之分類亦應以保險契約權利義務之性質爲標準，始能達到有效規範保險契約權利義務之目的。現行保險法第十三條以保險標的爲標準之分類，顯然未注意及此。學者以爲應將保險契約區分損失塡補保險（policy of indemnity）與定額給付保險（fixed amount policy, cash-payment policy），最能有效規範保險契約之權利義務。

將保險契約區分爲損失塡補保險與定額給付保險，其分類標準爲保險利益之存在基礎是否經濟上之利益（pecuniary interest）或基於愛情或關懷所生之利益（interest based on love or affection）。保險契約若係基於經濟上利益所生之保險利益而投保，保險事故發生，當事人所遭受者即爲得以金錢估計之損失，此時保險人依保險契約所爲之理賠乃在塡補當事人所遭受之實際

---

2 同註 1。

損失，是爲損失塡補保險；反之，若係基於身分上利益所生之保險利益而投保，保險事故發生，當事人所遭受者則爲無法以金錢估算之損失，此時保險人依保險契約所爲之理賠乃純係依約定之金額爲給付，無關實際損失之塡補，是爲定額保險之性質表示如下：

依據上述標準，可將各種保險之性質表示如下：

財產保險	經濟上利益	有形財產保險 無形財產保險	損失塡埔保險
責任保險		侵權責任保險 契約責任保險	
人身保險	經濟上利益	死亡給付（信用壽險） 限額型醫療給付 限額型失能給付	定額給付保險
	身分上利益	滿期給付（或稱生命給付） 死亡給付 殘廢給付 日額型醫療給付 定額型失能給付 年金給付 投資給付	

從上表可知，財產保險及責任保險（保險法第三章併稱爲財產保險）由於其保險利益之存在基礎以經濟上利益爲限，故均屬損失塡補，然人身保險之保險利益存在基礎則可以係經濟上之利益，因此即有損失塡補保險與定額保險之分。申言之，人身保險之各種給付，大多數爲定額給付保險，惟下列三種給付則爲損失塡補保險：（1）要保人基於對被保險人之經濟上保險利益投保死亡給付保險，如信用壽險，（2）限額型（或稱實支實付型）醫療費用保險，如傷害保險附加傷害醫療保險給付條款（甲型），（3）限額型失能給付保險。

損失塡補保險須受損失塡補原則（Principle of Indemnity）之限制，定額給付保險則完全不受損失塡補原則之限制。如上所述，

人身保險中既同時含有定額給付與損失填補不同性質之險種，區分爲人身保險與財產保險，即難以釐清權利義務關係，故應將保險契約區分爲損失填補與定額給付保險，始能有效釐清保險契約權利義務關係。

日本商法與德國保險契約及我國舊保險法均將保險區分爲損害保險與人壽保險，彼等所稱損害保險，即損失填補保險之意，但對相應者稱爲人壽保險，則顯然仍未掌握人壽保險中有部份屬於損失填補之性質，是其不足之處。

二、關於保險契約之當事人與關係人

（一）我國保險法之所以發生此爭議，實乃因保險法兼採大陸法系及英美法系兩種制度所致。

按英美法系通稱保險法契約之當事人一方爲保險人（the insurer），另一方面爲被保險人（the insurer,the assured），至於保險事故發生之對象或客體，則通稱爲保險標的（the subject matter），而保險標的泛指各種險體之保險對象，包括財產、責任、利益、生命、身體，健康及老年等（參照各州保險法 22、23、150、151 等條文）。

雖然美國保險實務上亦有稱壽險契約之當事人爲要保人（the applicant），而稱以其生命爲保險標的之人爲「被保險人」（the insurer）者，但究屬少數，英美法法系認爲由於一般人通常係爲自己利益而投保，亦即其投保之目的在保障自己，故稱當事人爲 the Insurer，投保之後，基於契約當事人之地位亦負有交付保險費之義務。而另一方面，爲防止道德危險之發生，乃進而要求保險人對於保險標的需具備保險利益，如以他人爲死亡保險之保險標的，則尚須該他人同意。當被保險人與使他人享有保險給付時，則在財產保險通常透過保險金請求權之轉讓（即在保單上附加

Loss payable clause）或保險契約之轉讓（assignment of policy）方式爲之。

（二）至於大陸法系，則通稱保險契約之當事人一方爲保險人（德:Versicherer；日：保險者），另一方爲要保人（德：Versicherungsnehmer；日：被保險者）及受益人。

在損失塡補保險（Schadensversicherung，損失保險）中,「被保險人」係指基於保險人與要保人間之契約，於保險事故發生時有權受領保險金之人；在人壽保險中,「被保險人」則係指以其生存或死亡爲保險事故之人或指保險事故發生之客體（參照德國保險契約法 162、169、170 等條文；日本商法 674 I 、III ，676 I 、678 I 等條文）。

此外，在損失塡補保險，保險事故發生之對象或客體，稱爲「保險標的」或「保險標的物」（versicherten Sache，日：保險目的；保險目的物）（參照德國保險契約 52、69 I 、III 、71 I 、72 等條文；日本商法 64 I 、649 II -1、650、654、659、661、829、833 等條文）；在人壽保險，要保人指定之保險金請求權人稱爲「受益人」或「保險金受領人」（德：Begunetiger,Bezugsberechtiger；日：保險金受取人）。如以圖示表示，則大陸法系之保險契約架構應分爲損失塡補保險與人壽保險兩種。

依據上述對於英美法系及大陸法系制度差異性之分析，對照我國保險法之規定，即可發現我國保險法顯然兼採兩個法系之制度，然而卻亦因而造成解釋及適用上無窮之困擾，茲僅舉數例證明之：

1、我國保險法第 3 條稱與保險人處於相對立之當事人爲「要保人」，係以兼採大陸法系制度，但要保人對於保險標的的應具有保險利益，且不分險種均需具備保險利益，則又係採英美法系制度，蓋在大陸法系，僅於損害保險（損失塡補保險）使須具備保

險利益，且係就「被保險人」而判斷保險利益之有無，亦即保險
利益之歸屬主體爲被保險人，而損害保險之被保險人也在大陸法
系乃保險事故發生時得請求保險給付之人，並非當事人也。

　　2、我國保險法第 4 條稱保險事故發生時有權請求保險金之
人爲「被保險人」，似又兼採兩種法系之制度。蓋在英美法系，被
保險人爲契約當事人（不分險種），且除另有特別安排（如
loss-payee,3rd-party beneficiary,assignee of policy）外，被保險人
基於當事人地位，當然取得保險給付請求權。而在大陸法系，被
保險人得在保險事故發生時請求保險給付者，僅指損害保險之被
保險人，不包括人壽保險之被保險人，因在人壽保險，被保險人
係保險事故發生之客體，與損害保險之被保險人意義完全不相
同。故如將保險法第 4 條之被保險人解釋爲當事人，則近英美法
系，但如將第 4 條之被保險人解釋爲損害賠償保險之保險金受領
權人，則又近大陸法系。

　　3、我國保險法第 5 條稱經當事人指定之保險金受領人爲「受
益人」，就其規定「被保險人或要保人約定」文字以觀，似兼採兩
法系之制度。蓋不分險種均可指定受益人，乃英美法系之概念，
在大陸法系僅有人壽保險有受益人之指定，損害保險無之也。又
被保險人可指定受益人乃英美法系之概念，因在英美法系被保險
人爲契約當事人；而保險法第 5 條要保人可指定受益人，則又係
大陸法系人壽保險概念也。

　　4、我國保險法於第一二章第 3 條、第 17 條、第 51 條等共
通性條文稱保險事故發生之客體爲「保險標的」，顯係英美法系之
概念，但於第三章中稱保險事故發生之客體爲「保險標的」，而於
第四章中稱保險事故發生之客體爲「被保險人」，則又係大陸法系
之制度。

　　5、保險法第 3 條、第 17 條不分險種，規定當事人對於保險

標的需具有保險利益，並於第 14、15、20 條規定財產保險之保險利益之範圍，而於第 16 條規定人壽保險之保險利益之範圍，此類係採英美法系之制度，因大陸法系僅在損害保險始有保險利益相關規定也，惟保險契約第 17 條「…被保險人對於保險標的物無保險利益者，保險契約失其效力」之規定，則又類似大陸法系損失保險之規定。

　　按保險契約既為雙方行為，則保險契約之當事人，除保險人外，相對於保險人之另一方原應僅有一人。此一當事人如仿英美法系，應稱為被保險人，並規定該人具有交費義務及保險給付請求權，惟現行保險法第三條及第四條卻不當地將同屬該當事人之權利義務（交費義務及保險給付請求權）分割，分別以要保人（有交費義務）及被保險人（有保險金請求權）稱之。反之，如仿大陸法系，當事人固應稱為要保人，但被保險人（有保險金請求權）稱之。反之，如仿大陸法系，當事人故應稱為要保人，但被保險人在損害保險與人壽保險雖同名卻意異，應注意區別。乃我國保險法於第四章將以其生命、身體或健康為保險標的之人誤與第四條之被保險人同一名稱，而產險實務上又常以被保險人指稱當事人，逐形成財產保險與人身保險以不同之名稱指稱同一當事人（如當事人在產險多稱為被保險人，在壽險則稱為要保人），而又以同一名稱分只不同地位之人（如被保險人在產險多指當事人，在壽險方面則指保險標的之本人），終而紛擾不清。

　　保險契約為雙方行為，其當事人僅有二人，當事人以外僅係關係人。由於當事人與關係人。由於當事人與關係人在法律地位上全然不同，其權利義務自亦大不相同，現行保險法及保險實務容易造成紛歧混淆，實有立即修正保險法加以釐清統一之必要。

三、關於保險契約是否為要式契約或要物契約

（一）保險契約是否為要式契約

我國現行保險法第 43 條之規定實為引起保險契約是否要式契約之爭論來源，而保險契約，除當事人約定以保險單或暫保單之簽發或其他方式之具備為成立要件，例外成為意定要式契約外，在法律上應解釋為不要式契約。

據此，現行保險保第 43 條應立即修正為：『保險契約於當事人意思表示合致時成立。但當事人另有約定者，不在此限。保險人或其代理人招攬保險之意思表示，視為要約。但保險人聲明須經核保或為其他相反之聲明者，不在此限保險人簽發保險單或暫保單者，除保險單或暫保單另有約定外，視為意思表示合致。』

此外，保險法第 44 條亦應配合修正為：『保險契約成立後，保險人應出具保險單或暫保單，交付要保人。利害關係人亦得付費請求保險人發給保險單或暫保單之謄本。保險單簽發前，暫保單與保險單有同一效力；保險單簽發後，暫保單失其效力。但保險單或暫保單另有約定者，依其約定』

（二）保險契約是否為要物契約

保險契約應解為不要物契約較為妥當。其理由如下：

1、我國學者對保險法第 21 條規定之解釋雖有所爭論，但主張保險契約為要物契約之學說終究屬於少數，不要物契約說不僅為多數學者所接受，且顯然已成為近年來之學說趨向。

2、我國保險法第 21 條「…保險費應在保險契約生效前交付之…」之用詞，與德國保險契約第 38 條第二項「保險事故發生時，保險費尚未交付者，保險人不負給付之義務」及日本保單條款通常規定「保險人在保險費未交付前，不負責任」之用詞，目的應屬相同，均在維護保險契約之有償性，是以對於保險費未交付之

效果，亦應做相同之解釋，亦即應參照德、日學說及判決，以保險費之交付為保險人負保險責任之要件，而非保險契約之成立要件。

3、保險法第 21 條設有「但保險契約簽訂時，保險費未能確定者，不在此限」之規定，此一但書規定即已破壞將保險契約解釋為要物契約之一慣性。再者，保險契約簽訂時保險費未能確定者通常係指暫保單之簽發之情形，亦即因保險費未能確定者而卻需要立即獲得保險之保障，故先行簽發暫保單，以資因應。若堅持保險契約係要物契約，則暫保單將因此不具效力，一旦發生事故，被保險人反而無法獲得保險給付，豈非因噎廢食。

4、我國法院有關判決雖有採要物契約說，亦有採不要物契約說之歧見現象，但保險實務上除少數險種外，多容許要保人延欠或寬限保險費，故如仍堅持保險契約為要物契約，將嚴重干擾業務之運作。

5、如前所述，保險法第 21 條之立法意旨故在矯正保費延欠之習慣，保險主管機關亦曾一再強調該條為強制規定，但最後卻被迫迂迴透過保險第 54 條第一項「本法之強制規定，不以契約變更之。但有利於被保險人者，不在此限」之規定，核定頒佈「保險費延緩繳費特約條款」。而該特約條款並非當然構成保險契約之內容，從而，同樣均為未交付保費之要保人，知有特約條款並要求貼附於保單者，即可享受保費延欠之好處，保險事故發生，仍可獲得理賠。

6、將保險法第 21 條解釋為不要物契約，保險人就某一險種如認非有保管之交付，不願承擔危險，或對要保人之交費能力或意願有所懷疑者，儘可約定以保費之交付為保險契約之成立要件（即意定要物契約）或約定以保費之交付為保險人複保險責任之條件（即停止條件）。至於無此需要者，則法律自無加以干涉之必

要。換言之，保險費何時交付，任由當事人自行決定（保險法第22 條第一項）。

據上分析，保險法第二十一條及第二十二條應修正如下：

第二十一條：

『保險契約無保險費之約定者，無效。但依可得確定之方法約定保險費者，視爲已有保險費之約定。』

第二十二條：

『保險費應由要保人依契約規定交付。受益人或利害關係人均得代要保人交付保險費，保險人不得拒絕。保險費已交付者，除保險契約另有約定外，保險契約視爲成立。』

四、關於保險利益之適用範圍

（一）大陸法系若以他人之死亡爲保險而可不問保險利益之有無，顯給與不肖之徒以重金收購被保險人同意書之機會，危害生命之事必層出不窮。即使要保人並無危害保險人之意圖，但以他人生命爲賭博，亦屬有背於公序良俗。如能認清被保險人之同意權畢竟操諸被保險人之主觀決定，在不得已情況下，難免簽下同意書，當可體會保險利益之具備所具有之第二層防護功能。

（二）我國保險法第 3 條、第 16 條，及第 105 條實係仿英美法系而爲規定，在被保險人同意之外，另加上保險利益之雙重防護，期以有效防止道德危險之發生。觀諸實務上道德危險之發生，壽險往往高於產險，更應肯定我國保險法要求人壽保險亦需具備保險利益之規定。

五、關於複保險之適用範圍與效力

爲釐清複保險之適用範圍，應注意下列前提：

（一）複保險制度乃源自損失塡補原則，故基本上必屬損失

填補保險始有複保險適用可能，如屬定額給付保險，即無複保險之適用。

（二）複保險制度乃在防止超額保險所可能引起之道德危險，故損失填補保險中必須保險標的之可以金錢估計者，始有複保險之適用。若雖損失填補，但其保險標的無法以金錢估計，即無複保險之適用。

（三）我國保險法之規定之保險財產固均屬損失填補保險，但人身保險則並非皆屬定額給付保險，亦有部份險種屬於損失填補保險。

如前所述，基於保險利益之存在基礎，可將保險契約區分為損失填補與定額給付保險。須注意者，複保險制度固源自損失填補保險，基本上必屬損失填補保險始有複保險適用之可能，但並非所有損失填補保險均有複保險之適用。蓋複保險制度主要之規範目的乃在防止超額保險所可能引起之道德危險，故必保險標的價值得以估計，始能判斷重複投保 數保險之保險金總額是否超過保險標的之價值，此觀諸保險法第三十八條規定自明。因此，責任保險、限額型醫療費用保險，性質上故係損失填補保險，然因其保險標的的為可能發生之損害賠償責任、可能支出之醫療費用，均無從確定其保險標的之價值（保險事故發生時應負賠償金額或應支出之醫療費用，在保險中相當於損失填補金額，非保險標的之價值），故如有重複投保之情形，亦僅能適用保險競合（我保險法對此完全未設規定），而不得逕行適用複保險之規定。

六、關於違反告知義務之要件

按告知事項係足以變更抑或足以減少危險之估計，而有不同之效力。其足以減少危險估計者，在危險發生前得加收保費或解除契約，在危險發生後僅得按比例減少保險給付，不得解除契約，

既能維護最大善意原則，又能兼顧對價平衡原則。

七、關於保險標的與保險契約之轉讓

（一）保險標的之轉讓

關於意定轉讓，英美法系採事先重估危險之人性原則，大陸法系則採事後重估危險之相對當然繼受主義，兩者均賦予保險人重估危險之機會，惟大陸法系對於受讓人之保障較爲周到。我國保險法第 18 條形式上雖採大陸法系，但容許契約另作約定之結果卻接近英美法系，爲保障受讓人，宜採大陸法系制度。至於第 19 條則可保留或併入第 18 條之意定轉讓一併規定。但如保留，該條「…讓與保險利益於他人者，…」應修正爲「…讓與保險利益於他合夥人或共有人者，…」

（二）保險契約之轉讓

保險法 49 條顯然規定錯誤，宜參考英美法系制度修正。按英美法系對於保險契約之法定轉讓（當事人死亡或破產），仍採當然繼受主義；而在意定轉讓則分屬人性契約與非屬人性契約轉讓時，由於危險變動不大，故原保險契約之力繼續有效；反之，屬人性契約轉讓時，則非經保險人事先批註同意，對保險人不生效力。

八、關於保險代位權與代位求償金額

爲補救最高法院判決所引起之不當後果，根本之道應修正保險法第 53 條。惟在修正前，實務上只有由再保險人自行或委託保險人就再保險給付金額部份向第三人代位。於此則衍生出另一問題，即再保險人可否依保險法行使代位權？基於下述理由，此一問題採肯定見解：

（一）國際保險慣例承認再保險人因給付再保險條款而取得

代位權，此一代位權固然通常由保險人代為行使，再按再保比例或成分攤還再保險人，則再保險人自行行使自無不許之理。我國保險法雖無明確規定，但可構成民法第一條之「法理」而加以適用。

（二）英美及日本法院，或基於公共政策（public policy）之考量。承認再保險人有代位權；或基於再保險之性質與經濟作用，承認保險人之代位權在再保險人給付之再保賠款範圍內，轉移與再保險人。此等見解亦可構成民法第一條之「法理」而加以適用。

九、關於保險代位之妨礙

在保險法修正前，唯有依賴保險契約之規定。然因保險人之理賠金額未必能百分之百彌補被保險人之損失，且被保險人之行為未必百分之百妨礙代位權，故以保險契約補救時，應以被妨礙金額為限，試擬一防礙代位條款，供參考：

『除經本公司同意者外，被保險人不得有任何妨礙本公司代位權之行為。本公司在理賠前發現被保險人之行為足以妨礙代位權者，在可能被妨礙之範圍內，本公司免除給付保險金之義務。本公司在理賠後發現被保險人之行為妨礙代位權者，在被妨礙之金額範圍內，本公司得請求被保險人返還保險金。』

第六章 結論與建議[1]

一、大陸可參考台灣保險立法，儘速修法，以符需要。

大陸自 1995 年保險法頒布以來，期間因為保險業的外部環境和內部結構都，發生了巨大變化，於 2002 年 12 月對保險法進行修改。近期修改突出了對保險人和受益人利益的保護，進一步實現誠實信用原則在保險法上的應用，完善保險業監管的各項制度和措施，暫時可滿足大陸的保險業發展的現實需要。但因為近期修改並不徹底，使大陸保險法仍然存在很大的修改空間。

大陸保險法所規定的分業經營制度、保險資金的運用以及保險業的組織形式等制度，需要隨著大陸保險業的發展作出進一步的調整，此點可參考台灣保險法之立法予以調整；又大陸保險法針對保險合同的成立與履行過程所設計的諸多制度仍然存在明顯不足，有極大的缺陷，有待于進一步修改。亦可參照台灣保險法對保險契約之有關規定予以彌補完善。

二、大陸高等教育應重視保險法教育，應普設保險法有關課程。

三、大陸保險業儘速培訓從業人員，以應業務需要。

四、舉辦兩岸保險學者、法官、律師及保險界之交流，以吸取台灣保險學者之理論、業界及司法判決之實務經驗。

五、大陸開放台灣保險業到大陸設立分公司，及開放保險代

---

1 尹章華、劉孟錦，兩岸保險契約法，文笙書局，92 年 9 月初版。

理人、保險經紀人、保險公證人之資格考試。目前現況僅開放一、二家到大陸設立辦事處，但顯然不足，應加速開放台灣保險公司到大陸設立分公司，以應需要。

六、台灣保險業之管理、服務，行銷人才濟濟，在大陸發展具有相當優勢，大陸保險公司應可聘請台灣保險學人士參與經營管理。

七、大陸為履行加入 WTO 之承諾，修訂保險法，頒布實施「外資保險公司管理條例」，外國保險機構駐華代表「機構管理辦法」等，另外，大陸保監會正在就外資保險公司的管理，制訂更為詳盡的實施細則，計畫推出一系列政策舉措，將入世承諾訴諸於法律，從法律層面保障保險業對外開放的貫徹落實，確值得肯定，惟對台灣之業界在大陸設立公司，開放腳步仍然緩慢，是為憾事。

八、兩岸保險事業合作，共創興榮

由於兩岸保險事業發展，具有互補性，台灣之實務經驗、人才培育、管理、行銷、服務等，均值得大陸借鏡，而大陸資源人才不虞匱乏，市場廣大。環顧兩岸經濟發展情況，假如能善用雙方之優勢，做宏觀之規劃，互助合作，同心協力，構成一個大中華亞太區域經濟體，從事世界經濟合作發展，將保險事業透過合作化解競爭，達到雙贏的最高策略，必可為海峽兩岸保險事業創造輝煌的前程。

參考書目

01、賴上林，兩岸保險法之比較，基準企業管理顧問公司，90 年 3 月。

02、簡育宗，兩岸保險法比較（實務問答篇），漢興書局有限公司，1999 年 3 月 1 刷。

03、袁宗蔚，保險學，三民書局。

04、尹章華、潘秀菊、馮震宇、陳連順，商事法入門，月旦出版社。

05、鄭玉波，保險法論，三民書局。

06、尹章華，保險法論文集，漢興書局，83 年 9 月。

07、江朝國，保險法論文集，瑞興圖書出版社，91 年 1 月。

08、保險法令彙編，財團法人保險事業發展中心，1996 年 1 月。

09、林勳發，保險契約效力論，政大法學叢書，1996 年 3 月。

10、江朝國，保險法基礎理論，瑞興圖書出版社，92 年 9 月 4 版。

11、尹章華、劉孟錦，兩岸保險契約法，文笙書局，92 年 9 月 1 版。

12、施文森，保險法判例之研究，政大保研叢書。

13、劉宗榮，保險法，三民書局，2007 年 1 月。

14、桂裕，保險法，三民書局。

15、江朝國，保險法論，瑞興圖書出版社。

16、林勳發，台灣保險法的發展與主要爭議問題，國立政治大學法學院財經法新趨勢研討會（八）暨兩岸財經法學術研討會

（一），93 年 11 月。

17、鄒海林，大陸保險法的發展與主要爭議問題，國立政治大學法學院財經法新趨勢研討會（八）暨兩岸財經法學術研討會（一），93 年 11 月。

18、李玉泉，保險法，法律出版社。

19、覃有土，保險法概論，北京大學出版社。

20、覃有土，保險法教程，法律出版社。

21、鄒海林、常敏，保險法釋義，中國檢察出版社。

22、梁宇賢，保險法，自版 82 年 3 月增訂版。

23、保險法規彙編，元照書局，2002 年 7 月 2 版 1 刷。

24、汪信君、廖世昌，保險法理論與實務，元照出版公司，2006 年 9 月初版 1 刷。

25、邢海寶，中國保險合同比較立法建議及說明，中國法制出版社，2009 年 5 月 1 版。

附錄一：

臺灣部份

（一）保險法（96 年 7 月 18 日修正公佈）

第一章　總　則
第一節　定義及分類

第 1 條

本法所稱保險，謂當事人約定，一方交付保險費於他方，他方對於因不可預料，或不可抗力之事故所致之損害，負擔賠償財物之行爲。根據前項所訂之契約，稱爲保險契約。

第 2 條

本法所稱保險人，指經營保險事業之各種組織，在保險契約成立時，有保險費之請求權；在承保危險事故發生時，依其承保之責任，負擔賠償之義務。

第 3 條

本法所稱要保人，指對保險標的具有保險利益，向保險人申請訂立保險契約，並負有交付保險費義務之人。

第 4 條

本法所稱被保險人，指於保險事故發生時，遭受損害，享有賠償請求權之人；要保人亦得爲被保險人。

第 5 條

本法所稱受益人，指被保險人或要保人約定享有賠償請求權

之人，要保人或被保險人均得爲受益人。

第　6　條

Ⅰ本法所稱保險業，指依本法組織登記，以經營保險爲業之機構。

Ⅱ本法所稱外國保險業，指依外國法律組織登記，並經主管機關許可，在中華民國境內經營保險爲業之機構。

第　7　條

本法所稱保險業負責人，指依公司法或合作社法應負責之人。

第　8　條

本法所稱保險代理人，指根據代理契約或授權書，向保險人收取費用，並代理經營業務之人。

第　8-1　條

本法所稱保險業務員，指爲保險業、保險經紀人公司、保險代理人公司，從事保險招攬之人。

第　9　條

本法所稱保險經紀人，指基於被保險人之利益，洽訂保險契約或提供相關服務，而收取佣金或報酬之人。

第　10　條

本法所稱公證人，指向保險人或被保險人收取費用，爲其辦理保險標的之查勘，鑑定及估價與賠款之理算、洽商，而予證明之人。

第　11　條

本法所定各種準備金，包括責任準備金、未滿期保費準備金、特別準備金、賠款準備金及其他經主管機關規定之準備金。

第　12　條

本法所稱主管機關爲行政院金融監督管理委員會。但保險合

作社除其經營之業務，以行政院金融監督管理委員會為主管機關外，其社務以合作社之主管機關為主管機關。

第　13　條

I 保險分為財產保險及人身保險。

II 財產保險，包括火災保險、海上保險、陸空保險、責任保險、保證保險及經主管機關核准之其他保險。

III 人身保險，包括人壽保險、健康保險、傷害保險及年金保險。

第二節　保險利益

第　14　條

要保人對於財產上之現有利益，或因財產上之現有利益而生之期待利益，有保險利益。

第　15　條

運送人或保管人對於所運送或保管之貨物，以其所負之責任為限，有保險利益。

第　16　條

要保人對於左列各人之生命或身體，有保險利益。

一、本人或其家屬。

二、生活費或教育費所仰給之人。

三、債務人。

四、為本人管理財產或利益之人。

第　17　條

要保人或被保險人，對於保險標的物無保險利益者，保險契約失其效力。

第　18　條

被保險人死亡或保險標的物所有權移轉時，保險契約除另有訂定外，仍為繼承人或受讓人之利益而存在。

第　19　條

合夥人或共有人聯合為被保險人時，其中一人或數人讓與保險利益於他人者，保險契約不因之而失效。

第　20　條

凡基於有效契約而生之利益，亦得為保險利益。

第三節　保險費

第　21　條

保險費分一次交付，及分期交付兩種。保險契約規定一次交付，或分期交付之第一期保險費，應於契約生效前交付之，但保險契約簽訂時，保險費未能確定者，不在此限。

第　22　條

I 保險費應由要保人依契約規定交付。信託業依信託契約有交付保險費義務者，保險費應由信託業代為交付之。

II 要保人為他人利益訂立之保險契約，保險人對於要保人所得為之抗辯，亦得以之對抗受益人。

第　23　條

I 以同一保險利益，同一保險事故，善意訂立數個保險契約，其保險金額之總額超過保險標的之價值者，在危險發生前，要保人得依超過部分，要求比例返還保險費。

II 保險契約因第三十七條之情事而無效時，保險人於不知情之時期內，仍取得保險費。

第　24　條

I 保險契約因第五十一條第二項之情事，而保險人不受拘束時，保險人得請求償還費用。其已收受之保險費，無須返還。

II 保險契約因第五十一條第三項之情事而要保人不受拘束時，保險人不得請求保險費及償還費用。其已收受者，應返還之。

III 保險契約因第六十條或第八十一條之情事而終止，或部分

終止時，除保險費非以時間為計算基礎者外，終止後之保險費已交付者，應返還之。

第　25　條

保險契約因第六十四條第二項之情事而解除時，保險人無須返還其已收受之保險費。

第　26　條

Ⅰ保險費依保險契約所載增加危險之特別情形計算者，其情形在契約存續期內消滅時，要保人得按訂約時保險費率，自其情形消滅時起算，請求比例減少保險費。

Ⅱ保險人對於前項減少保險費不同意時，要保人得終止契約。其終止後之保險費已交付者，應返還之。

第　27　條

保險人破產時，保險契約於破產宣告之日終止，其終止後之保險費，已交付者，保險人應返還之。

第　28　條

要保人破產時，保險契約仍為破產債權人之利益而存在，但破產管理人或保險人得於破產宣告三個月內終止契約。其終止後之保險費已交付者，應返還之。

第四節　保險人之責任

第　29　條

Ⅰ保險人對於由不可預料或不可抗力之事故所致之損害，負賠償責任。但保險契約內有明文限制者，不在此限。

Ⅱ保險人對於由要保人或被保險人之過失所致之損害，負賠償責任。但出於要保人或被保險人之故意者，不在此限。

第　30　條

保險人對於因履行道德上之義務所致之損害，應負賠償責任。

第　31　條

保險人對於因要保人，或被保險人之受僱人，或其所有之物或動物所致之損害，應負賠償責任。

第　32　條

保險人對於因戰爭所致之損害，除契約有相反之訂定外，應負賠償責任。

第　33　條

Ⅰ保險人對於要保人或被保險人，為避免或減輕損害之必要行為所生之費用，負償還之責。其償還數額與賠償金額，合計雖超過保險金額，仍應償還。

Ⅱ保險人對於前項費用之償還，以保險金額對於保險標的之價值比例定之。

第　34　條

Ⅰ保險人應於要保人或被保險人交齊證明文件後，於約定期限內給付賠償金額。無約定期限者，應於接到通知後十五日內給付之。

Ⅱ保險人因可歸責於自己之事由致未在前項規定期限內為給付者，應給付遲延利息年利一分。

第五節　複保險

第　35　條

複保險，謂要保人對於同一保險利益，同一保險事故，與數保險人分別訂立數個保險之契約行為。

第　36　條

複保險，除另有約定外，要保人應將他保險人之名稱及保險金額通知各保險人。

第　37　條

要保人故意不為前條之通知，或意圖不當得利而為複保險

者，其契約無效。

第　38　條

善意之複保險，其保險金額之總額超過保險標的之價值者，除另有約定外，各保險人對於保險標的之全部價值，僅就其所保金額負比例分擔之責。但賠償總額，不得超過保險標的之價值。

第六節　再保險

第　39　條

再保險，謂保險人以其所承保之危險，轉向他保險人為保險之契約行為。

第　40　條

原保險契約之被保險人，對於再保險人無賠償請求權。但原保險契約及再保險契約另有約定者，不在此限。

第　41　條

再保險人不得向原保險契約之要保人請求交付保險費。

第　42　條

原保險人不得以再保險人不履行再保險金額給付之義務為理由，拒絕或延遲履行其對於被保險人之義務。

第二章　保險契約

第一節　通則

第　43　條

保險契約，應以保險單或暫保單為之。

第　44　條

Ⅰ保險契約，由保險人於同意要保人聲請後簽訂。

Ⅱ利害關係人，均得向保險人請求保險契約之謄本。

第　45　條

要保人得不經委任，為他人之利益訂立保險契約。受益人有疑義時，推定要保人為自己之利益而訂立。

第　46　條

保險契約由代理人訂立者，應載明代訂之意旨。

第　47　條

保險契約由合夥人或共有人中之一人或數人訂立，而其利益及於全體合夥人或共有人者，應載明爲全體合夥人或共有人訂立之意旨。

第　48　條

Ⅰ保險人得於約定保險標的物之一部份，應由要保人自行負擔由危險而生之損失。

Ⅱ有前項約定時，要保人不得將未經保險之部份，另向他保險人訂立保險契約。

第　49　條

Ⅰ保險契約除人身保險外，得爲指示式或無記名式。

Ⅱ保險人對於要保人所得爲之抗辯，亦得以之對抗保險契約之受讓人。

第　50　條

Ⅰ保險契約分不定值保險契約，及定值保險契約。

Ⅱ不定值保險契約，爲契約上載明保險標的之價值，須至危險發生後估計而訂之保險契約。

Ⅲ定值保險契約，爲契約上載明保險標的一定價值之保險契約。

第　51　條

Ⅰ保險契約訂立時，保險標的之危險已發生或已消滅者，其契約無效。但爲當事人雙方所不知者，不在此限。

Ⅱ訂約時，僅要保人知危險已發生者，保險人不受契約之拘束。

Ⅲ訂約時，僅保險人知危險已消滅者，要保人不受契約之拘

束。

第　52　條

為他人利益訂立之保險契約，於訂約時，該他人未確定者，由要保人或保險契約所載可得確定之受益人，享受其利益。

第　53　條

Ⅰ被保險人因保險人應負保險責任之損失發生，而對於第三人有損失賠償請求權者，保險人得於給付賠償金額後，代位行使被保險人對於第三人之請求權；但其所請求之數額，以不逾賠償金額為限。

Ⅱ前項第三人為被保險人之家屬或受僱人時，保險人無代位請求權。但損失係由其故意所致者，不在此限。

第　54　條

Ⅰ本法之強制規定，不得以契約變更之。但有利於被保險人者，不在此限。

Ⅱ保險契約之解釋，應探求契約當事人之真意，不得拘泥於所用之文字；如有疑義時，以作有利於被保險人之解釋為原則。

第　54-1　條

保險契約中有左列情事之一，依訂約時情形顯失公平者，該部分之約定無效：

一、免除或減輕保險人依本法應負之義務者。

二、使要保人、受益人或被保險人拋棄或限制其依本法所享之權利者。

三、加重要保人或被保險人之義務者。

四、其他於要保人、受益人或被保險人有重大不利益者。

第二節　基本條款

第　55　條

保險契約，除本法另有規定外，應記載左列各款事項：

一、當事人之姓名及住所。

二、保險之標的物。

三、保險事故之種類。

四、保險責任開始之日時及保險期間。

五、保險金額。

六、保險費。

七、無效及失權之原因。

八、訂約之年月日。

第　56　條

變更保險契約或恢復停止效力之保險契約時，保險人於接到通知後十日內不爲拒絕者，視爲承諾。但本法就人身保險有特別規定者，從其規定。

第　57　條

當事人之一方對於他方應通知之事項而怠於通知者，除不可抗力之事故外，不問是否故意，他方得據爲解除保險契約之原因。

第　58　條

要保人、被保險人或受益人，遇有保險人應負保險責任之事故發生，除本法另有規定，或契約另有訂定外，應於知悉後五日內通知保險人。

第　59　條

Ⅰ 要保人對於保險契約內所載增加危險之情形應通知者，應於知悉後通知保險人。

Ⅱ 危險增加，由於要保人或被保險人之行爲所致，其危險達於應增加保險費或終止契約之程度者，要保人或被保險人應先通知保險人。

Ⅲ 危險增加，不由於要保人或被保險人之行爲所致者，要保人或被保險人應於知悉後十日內通知保險人。

Ⅳ危險減少時，被保險人得請求保險人重新核定保費。

第　60　條

Ⅰ保險遇有前條情形，得終止契約，或提議另定保險費。要保人對於另定保險費不同意者，其契約即為終止。但因前條第二項情形終止契約時，保險人如有損失，並得請求賠償。

Ⅱ保險人知危險增加後，仍繼續收受保險費，或於危險發生後給付賠償金額，或其他維持契約之表示者，喪失前項之權利。

第　61　條

危險增加如有左列情形之一時，不適用第五十九條之規定：

一、損害之發生不影響保險人之負擔者。

二、為防護保險人之利益者。

三、為履行道德上之義務者。

第　62　條

當事人之一方對於左列各款，不負通知之義務：

一、為他方所知者。

二、依通常注意為他方所應知，或無法諉為不知者。

三、一方對於他方經聲明不必通知者。

第　63　條

要保人或被保險人不於第五十八條，第五十九條第三項所規定之限期內為通知者，對於保險人因此所受之損失，應負賠償責任。

第　64　條

Ⅰ訂立契約時，要保人對於保險人之書面詢問，應據實說明。

Ⅱ要保人故意隱匿，或因過失遺漏，或為不實之說明，足以變更或減少保險人對於危險之估計者，保險人得解除契約；其危險發生後亦同。但要保人證明危險之發生未基於其說明或未說明之事實時，不在此限。

Ⅲ前項解除契約權,自保險人知有解除之原因後,經過一個月不行使而消滅;或契約訂立後經過二年,即有可以解除之原因,亦不得解除契約。

第　65　條

由保險契約所生之權利,自得為請求之日起,經過二年不行使而消滅。有左列各款情形之一者,其期限之起算,依各該款之規定:

一、要保人或被保險人對於危險之說明,有隱匿、遺漏或不實者,自保險人知情之日起算。

二、危險發生後,利害關係人能證明其非因疏忽而不知情者,自其知情之日起算。

三、要保人或被保險人對於保險人之請求,係由於第三人之請求而生者,自要保人或被保險人受請求之日起算。

第三節　特約條款

第　66　條

特約條款,為當事人於保險契約基本條款外,承認履行特種義務之條款。

第　67　條

與保險契約有關之一切事項,不問過去現在或將來,均得以特約條款定之。

第　68　條

Ⅰ保險契約當事人之一方違背特約條款時,他方得解除契約;其危險發生後亦同。

Ⅱ第六十四條第三項之規定,於前項情形準用之。

第　69　條

關於未來事項之特約條款,於未屆履行期前危險已發生,或其履行為不可能,或在訂約地為不合法而未履行者,保險契約不

因之而失效。

第三章　財產保險

第一節　火災保險

第　70　條

Ⅰ火災保險人，對於由火災所致保險標的物之毀損或滅失，除契約另有訂定外，負賠償之責。

Ⅱ因救護保險標的物，致保險標的物發生損失者，視同所保危險所生之損失。

第　71　條

Ⅰ就集合之物而總括為保險者，被保險人家屬、受僱人或同居人之物，亦得為保險標的，載明於保險契約，在危險發生時，就其損失享受賠償。

Ⅱ前項保險契約，視同並為第三人利益而訂立。

第　72　條

保險金額為保險人在保險期內，所負責任之最高額度。保險人應於承保前，查明保險標的物之市價，不得超額承保。

第　73　條

Ⅰ保險標的，得由要保人，依主管機關核定之費率及條款，作定值或不定值約定之要保。

Ⅱ保險標的，以約定價值為保險金額者，發生全部損失或部份損失時，均按約定價值為標準計算賠償。

Ⅲ保險標的未經約定價值者，發生損失時，按保險事故發生時實際價值為標準，計算賠償，其賠償金額，不得超過保險金額。

第　74　條

第七十三條所稱全部損失，係指保險標的全部滅失或毀損，達於不能修復或其修復之費用，超過保險標的恢復原狀所需者。

第　75　條

保險標的物不能以市價估計者，得由當事人約定其價值。賠償時從其約定。

第　76　條

I 保險金額超過保險標的價值之契約，係由當事人一方之詐欺而訂立者，他方得解除契約。如有損失，並得請求賠償。無詐欺情事者，除定值保險外，其契約僅於保險標的價值之限度內為有效。

II 無詐欺情事之保險契約，經當事人一方將超過價值之事實通知他方後，保險金額及保險費，均應按照保險標的之價值比例減少。

第　77　條

保險金額不及保險標的物之價值者，除契約另有訂定外，保險人之負擔，以保險金額對於保險標的物之價值比例定之。

第　78　條

損失之估計，因可歸責於保險人之事由而遲延者，應自被保險人交出損失清單一個月後加給利息。損失清單交出二個月後損失尚未完全估定者，被保險人得請求先行交付其所應得之最低賠償金額。

第　79　條

I 保險人或被保險人為證明及估計損失所支出之必要費用，除契約另有訂定外，由保險人負擔之。

II 保險金額不及保險標的物之價值時，保險人對於前項費用，依第七十七條規定比例負擔之。

第　80　條

損失未估定前，要保人或被保險人除為公共利益或避免擴大損失外，非經保險人同意，對於保險標的物不得加以變更。

第　81　條

保險標的物非因保險契約所載之保險事故而完全滅失時，保險契約即爲終止。

第　82　條

Ⅰ保險標的物受部份之損失者，保險人與要保人均有終止契約之權。終止後，已交付未損失部份之保險費應返還之。

Ⅱ前項終止契約權，於賠償金額給付後，經過一個月不行使而消滅。

Ⅲ保險人終止契約時，應於十五日前通知要保人。

Ⅳ要保人與保險人均不終止契約時，除契約另有訂定外，保險人對於以後保險事故所致之損失，其責任以賠償保險金額之餘額爲限。

第　82-1　條

Ⅰ第七十三條至第八十一條之規定，於海上保險、陸空保險、責任保險、保證保險及其他財產保險準用之。

Ⅱ第一百二十三條及第一百二十四條之規定，於超過一年之財產保險準用之。

第二節　海上保險

第　83　條

海上保險人對於保險標的物，除契約另有規定外，因海上一切事變及災害所生之毀損、滅失及費用，負賠償之責。

第　84　條

關於海上保險，適用海商法海上保險章之規定。

第三節　陸空保險

第　85　條

陸上、內河及航空保險人，對於保險標的物，除契約另有訂定外，因陸上、內河及航空一切事變及災害所致之毀損、滅失及費用，負賠償之責。

第 86 條

關於貨物之保險，除契約另有訂定外，自交運之時以迄於其目的地收貨之時為其期間。

第 87 條

保險契約，除記載第五十五條規定事項外，並應載明左列事項：

一、運送路線及方法。

二、運送人姓名及商號名稱。

三、交運及取貨地點。

四、運送有期限者，其期限。

第 88 條

因運送上之必要，暫時停止或變更運送路線或方法時，保險契約除另有訂定外，仍繼續有效。

第 89 條

航行內河船舶運費及裝載貨物之保險，除本節另有規定外，準用海上保險有關條文之規定。

第四節　責任保險

第 90 條

責任保險人於被保險人對於第三人，依法應負賠償責任，而受賠償之請求時，負賠償之責。

第 91 條

Ⅰ被保險人因受第三人之請求而為抗辯，所支出之訴訟上或訴訟外之必要費用，除契約另有訂定外，由保險人負擔之。

Ⅱ被保險人得請求保險人墊給前項費用。

第 92 條

保險契約係為被保險人所營事業之損失賠償責任而訂立者，被保險人之代理人、管理人或監督人所負之損失賠償責任，

亦享受保險之利益，其契約視同並爲第三人之利益而訂立。

第　93　條

保險人得約定被保險人對於第三人就其責任所爲之承認、和解或賠償，未經其參與者，不受拘束。但經要保人或被保險人通知保險人參與而無正當理由拒絕或藉故遲延者，不在此限。

第　94　條

Ⅰ保險人於第三人由被保險人應負責任事故所致之損失，未受賠償以前，不得以賠償金額之全部或一部給付被保險人。

Ⅱ被保險人對第三人應負損失賠償責任確定時，第三人得在保險金額範圍內，依其應得之比例，直接向保險人請求給付賠償金額。

第　95　條

保險人得經被保險人通知，直接對第三人爲賠償金額之給付。

第四節之一　保證保險

第　95-1　條

保證保險人於被保險人因其受僱人之不誠實行爲或其債務人之不履行債務所致損失，負賠償之責。

第　95-2　條

以受僱人之不誠實行爲爲保險事故之保證保險契約，除記載第五十五條規定事項外，並應載明左列事項：

一、被保險人之姓名及住所。

二、受僱人之姓名、職稱或其他得以認定爲受僱人之方式。

第　95-3　條

以債務人之不履行債務爲保險事故之保證保險契約，除記載第五十五條規定事項外，並應載明左列事項：

一、被保險人之姓名及住所。

二、債務人之姓名或其他得以認定爲債務人之方式。

第五節　其他財產保險

第　96　條

其他財產保險爲不屬於火災保險、海上保險、陸空保險、責任保險及保證保險之範圍，而以財物或無形利益爲保險標的之各種保險。

第　97　條

保險人有隨時查勘保險標的物之權，如發現全部或一部份處於不正常狀態，經建議要保人或被保險人修復後，再行使用。如要保人或被保險人不接受建議時，得以書面通知終止保險契約或其有關部份。

第　98　條

Ⅰ要保人或被保險人，對於保險標的物未盡約定保護責任所致之損失，保險人不負賠償之責。

Ⅱ危險事故發生後，經鑑定係因要保人或被保險人未盡合理方法保護標的物，因而增加之損失，保險人不負賠償之責。

第　99　條

保險標的物受部份之損失，經賠償或回復原狀後，保險契約繼續有效。但與原保險情況有異時，得增減其保險費。

第　100　條　（刪除）

第四章　人身保險

第一節　人壽保險

第　101　條

人壽保險人於被保險人在契約規定年限內死亡，或屆契約規定年限而仍生存時，依照契約負給付保險金額之責。

第　102　條

人壽保險之保險金額，依保險契約之所定。

第　103　條

人壽保險之保險人，不得代位行使要保人或受益人因保險事故所生對於第三人之請求權。

第　104　條

人壽保險契約，得由本人或第三人訂立之。

第　105　條

Ⅰ由第三人訂立之死亡保險契約，未經被保險人書面同意，並約定保險金額，其契約無效。

Ⅱ被保險人依前項所為之同意，得隨時撤銷之。其撤銷之方式應以書面通知保險人及要保人。

Ⅲ被保險人依前項規定行使其撤銷權者，視為要保人終止保險契約。

第　106　條

由第三人訂立之人壽保險契約，其權利之移轉或出質，非經被保險人以書面承認者，不生效力。

第　107　條

Ⅰ訂立人壽保險契約時，以未滿十四歲之未成年人，或心神喪失或精神耗弱之人為被保險人，除喪葬費用之給付外，其餘死亡給付部分無效。

Ⅱ前項喪葬費用之保險金額，不得超過主管機關所規定之金額。

第　108　條

人壽保險契約，除記載第五十五條規定事項外，並應載明左列事項：

一、被保險人之姓名、性別、年齡及住所。

二、受益人姓名及與被保險人之關係或確定受益人之方法。

三、請求保險金額之保險事故及時期。

四、依第一百十八條之規定，有減少保險金額之條件者，其條件。

第 109 條

I 被保險人故意自殺者，保險人不負給付保險金額之責任。但應將保險之保單價值準備金返還於應得之人。

II 保險契約載有被保險人故意自殺，保險人仍應給付保險金額之條款者，其條款於訂約二年後始生效力。恢復停止效力之保險契約，其二年期限應自恢復停止效力之日起算。

III 被保險人因犯罪處死或拒捕或越獄致死者，保險人不負給付保險金額之責任。但保險費已付足二年以上者，保險人應將其保單價值準備金返還於應得之人。

第 110 條

I 要保人得通知保險人，以保險金額之全部或一部，給付其所指定之受益人一人或數人。

II 前項指定之受益人，以於請求保險金額時生存者為限。

第 111 條

I 受益人經指定後，要保人對其保險利益，除聲明放棄處分權者外，仍得以契約或遺囑處分之。

II 要保人行使前項處分權，非經通知，不得對抗保險人。

第 112 條

保險金額約定於被保險人死亡時給付於其所指定之受益人者，其金額不得作為被保險人之遺產。

第 113 條

死亡保險契約未指定受益人者，其保險金額作為被保險人遺產。

第 114 條

受益人非經要保人之同意，或保險契約載明允許轉讓者，不

得將其利益轉讓他人。

第　115　條

利害關係人，均得代要保人交付保險費。

第　116　條

Ⅰ人壽保險之保險費到期未交付者，除契約另有訂定外，經催告到達後屆三十日仍不交付時，保險契約之效力停止。

Ⅱ催告應送達於要保人，或負有交付保險費義務之人之最後住所或居所，保險費經催告後，應於保險人營業所交付之。

Ⅲ第一項停止效力之保險契約，於停止效力之日起六個月內清償保險費、保險契約約定之利息及其他費用後，翌日上午零時起，開始恢復其效力。要保人於停止效力之日起六個月後申請恢復效力者，保險人得於要保人申請恢復效力之日起五日內要求要保人提供被保險人之可保證明，除被保險人之危險程度有重大變更已達拒絕承保外，保險人不得拒絕其恢復效力。

Ⅳ保險人未於前項規定期限內要求要保人提供可保證明或於收到前項可保證明後十五日內不為拒絕者，視為同意恢復效力。

Ⅴ保險契約所定申請恢復效力之期限，自停止效力之日起不得低於二年，並不得遲於保險期間之屆滿日。

Ⅵ保險人於前項所規定之期限屆滿後，有終止契約之權。

Ⅶ保險契約終止時，保險費已付足二年以上，如有保單價值準備金者，保險人應返還其保單價值準備金。

Ⅷ保險契約約定由保險人墊繳保險費者，於墊繳之本息超過保單價值準備金時，其停止效力及恢復效力之申請準用第一項至第六項規定。

第　117　條

Ⅰ保險人對於保險費，不得以訴訟請求交付。

Ⅱ以被保險人終身為期，不附生存條件之死亡保險契約，或

契約訂定於若干年後給付保險金額或年金者，如保險費已付足二年以上而有不交付時，於前條第五項所定之期限屆滿後，保險人僅得減少保險金額或年金。

第　118　條

Ⅰ保險人依前條規定，或因要保人請求，得減少保險金額或年金。其條件及可減少之數額，應載明於保險契約。

Ⅱ減少保險金額或年金，應以訂原約時之條件，訂立同類保險契約為計算標準。其減少後之金額，不得少於原契約終止時已有之保單價值準備金，減去營業費用，而以之作為保險費一次交付所能得之金額。

Ⅲ營業費用以原保險金額百分之一為限。

Ⅳ保險金額之一部，係因其保險費全數一次交付而訂定者，不因其他部分之分期交付保險費之不交付而受影響。

第　119　條

Ⅰ要保人終止保險契約，而保險費已付足一年以上者，保險人應於接到通知後一個月內償付解約金；其金額不得少於要保人應得保單價值準備金之四分之三。

Ⅱ償付解約金之條件及金額，應載明於保險契約。

第　120　條

Ⅰ保險費付足一年以上者，要保人得以保險契約為質，向保險人借款。

Ⅱ保險人於接到要保人之借款通知後，得於一個月以內之期間，貸給可得質借之金額。

Ⅲ以保險契約為質之借款，保險人應於借款本息超過保單價值準備金之日之三十日前，以書面通知要保人返還借款本息，要保人未於該超過之日前返還者，保險契約之效力自借款本息超過保單價值準備金之日停止。

Ⅳ保險人未依前項規定為通知時，於保險人以書面通知要保人返還借款本息之日起三十日內要保人未返還者，保險契約之效力自該三十日之次日起停止。

Ⅴ前二項停止效力之保險契約，其恢復效力之申請準用第一百十六條第三項至第六項規定。

第　121　條

Ⅰ受益人故意致被保險人於死或雖未致死者，喪失其受益權。

Ⅱ前項情形，如因該受益人喪失受益權，而致無受益人受領保險金額時，其保險金額作為被保險人遺產。

Ⅲ要保人故意致被保險人於死者，保險人不負給付保險金額之責。保險費付足二年以上者，保險人應將其保單價值準備金給付與應得之人，無應得之人時，應解交國庫。

第　122　條

Ⅰ被保險人年齡不實，而其真實年齡已超過保險人所定保險年齡限度者，其契約無效。

Ⅱ因被保險人年齡不實，致所付之保險費少於應付數額者，保險金額應按照所付之保險費與被保險人之真實年齡比例減少之。

第　123　條

Ⅰ保險人破產時，受益人對於保險人得請求之保險金額之債權，以其保單價值準備金按訂約時之保險費率比例計算之。要保人破產時，保險契約訂有受益人者，仍為受益人之利益而存在。

Ⅱ投資型保險契約之投資資產，非各該投資型保險之受益人不得主張，亦不得請求扣押或行使其他權利。

第　124　條

人壽保險之要保人、被保險人、受益人，對於被保險人之保

單價值準備金，有優先受償之權。

第二節　健康保險

第　125　條

健康保險人於被保險人疾病、分娩及其所致殘廢或死亡時，負給付保險金額之責。

第　126　條

Ⅰ保險人於訂立保險契約前，對於被保險人得施以健康檢查。

Ⅱ前項檢查費用，由保險人負擔。

第　127　條

保險契約訂立時，被保險人已在疾病或妊娠情況中者，保險人對是項疾病或分娩，不負給付保險金額之責。

第　128　條

被保險人故意自殺或墮胎所致疾病、殘廢、流產或死亡，保險人不負給付保險金額之責。

第　129　條

被保險人不與要保人為同一人時，保險契約除載明第五十五條規定事項外，並應載明左列各款事項：

一、被保險人之姓名、年齡及住所。

二、被保險人與要保人之關係。

第　130　條

第一百零二條至第一百零五條、第一百十五條、第一百十六條、第一百二十三條及一百二十四條，於健康保險準用之。

第三節　傷害保險

第　131　條

Ⅰ傷害保險人於被保險人遭受意外傷害及其所致殘廢或死亡時，負給付保險金額之責。

Ⅱ前項意外傷害，指非由疾病引起之外來突發事故所致者。

第　132　條

傷害保險契約，除記載第五十五條規定事項外，並應載明左列事項：

一、被保險人之姓名、年齡、住所及與要保人之關係。

二、受益人之姓名及與被保險人之關係或確定受益人之方法。

三、請求保險金額之事故及時期。

第　133　條

被保險人故意自殺，或因犯罪行為，所致傷害、殘廢或死亡，保險人不負給付保險金額之責任。

第　134　條

Ⅰ受益人故意傷害被保險人者，無請求保險金額之權。

Ⅱ受益人故意傷害被保險人未遂時，被保險人得撤銷其受益權利。

第　135　條

第一百○二條至第一百○五條、第一百○七條、第一百十條至第一百十六條、第一百二十三條及第一百二十四條，於傷害保險準用之。

第四節　年金保險

第 135- 1 條

年金保險人於被保險人生存期間或特定期間內，依照契約負一次或分期給付一定金額之責。

第 135- 2 條

年金保險契約，除記載第五十五條規定事項外，並應載明左列事項：

一、被保險人之姓名、性別、年齡及住所。

二、年金金額或確定年金金額之方法。

三、受益人之姓名及與被保險人之關係。

四、請求年金之期間、日期及給付方法。

五、依第一百十八條規定，有減少年金之條件者，其條件。

第 135-3 條

Ⅰ受益人於被保險人生存期間爲被保險人本人。

Ⅱ保險契約載有於被保險人死亡後給付年金者，其受益人準用第一百十條至第一百十三條規定。

第 135-4 條

第一百零三條、第一百零四條、第一百零六條、第一百十四條至第一百二十四條規定，於年金保險準用之。但於年金給付期間，要保人不得終止契約或以保險契約爲質，向保險人借款。

第五章　保險業

第一節　通　則

第 136 條

Ⅰ保險業之組織，以股份有限公司或合作社爲限。但經主管機關核准者，不在此限。

Ⅱ非保險業不得兼營保險或類似保險之業務。

Ⅲ違反前項規定者，由主管機關或目的事業主管機關會同司法警察機關取締，並移送法辦；如屬法人組織，其負責人對有關債務，應負連帶清償責任。

Ⅳ執行前項任務時，得依法搜索扣押被取締者之會計帳簿及文件，並得撤除其標誌等設施或爲其他必要之處置。

Ⅴ保險業之組織爲股份有限公司者，除其他法律另有規定或經主管機關許可外，其股票應辦理公開發行。

第 137 條

Ⅰ保險業非經主管機關許可，並依法爲設立登記，繳存保證

金，領得營業執照後，不得開始營業。

Ⅱ保險業申請設立許可應具備之條件、程序、應檢附之文件、發起人、董事、監察人與經理人應具備之資格條件、廢止許可、分支機構之設立、保險契約轉讓、解散及其他應遵行事項之辦法，由主管機關定之。

Ⅲ外國保險業非經主管機關許可，並依法為設立登記，繳存保證金，領得營業執照後，不得開始營業。

Ⅳ外國保險業，除本法另有規定外，準用本法有關保險業之規定。

Ⅴ外國保險業申請設立許可應具備之條件、程序、應檢附之文件、廢止許可、營業執照核發、增設分公司之條件、營業項目變更、撤換負責人之情事、資金運用及其他應遵行事項之辦法，由主管機關定之。

Ⅵ依其他法律設立之保險業，除各該法律另有規定外，準用本法有關保險業之規定。

第 137-1 條

保險業負責人應具備之資格，由主管機關定之。

第 138 條

Ⅰ財產保險業經營財產保險，人身保險業經營人身保險，同一保險業不得兼營財產保險及人身保險業務。但財產保險業經主管機關核准經營傷害保險及健康保險者，不在此限。

Ⅱ財產保險業依前項但書規定經營傷害保險及健康保險業務應具備之條件、業務範圍、申請核准應檢附之文件及其他應遵行事項之辦法，由主管機關定之。

Ⅲ保險業不得兼營本法規定以外之業務。但經主管機關核准辦理其他與保險有關業務者，不在此限。

Ⅳ保險業辦理前項與保險有關業務，涉及外匯業務之經營

者，須經中央銀行之許可。

　　V保險合作社不得經營非社員之業務。

　　第 138- 1 條

　　I財產保險業應承保住宅地震危險，以主管機關建立之危險分散機制爲之。

　　II前項危險分散機制，應成立財團法人住宅地震保險基金負責管理，就超過財產保險業共保承擔限額部分，由該基金承擔、向國內、外爲再保險、以主管機關指定之方式爲之或由政府承受。

　　III前二項有關危險分散機制之承擔限額、保險金額、保險費率、各種準備金之提存及其他應遵行事項之辦法，由主管機關定之。

　　IV財團法人住宅地震保險基金之捐助章程、業務範圍、資金運用及其他管理事項之辦法，由主管機關定之。

　　V因發生重大震災，致住宅地震保險基金累積之金額不足支付應攤付之賠款，爲保障被保險人之權益，必要時，該基金得請求主管機關會同財政部報請行政院核定後，由國庫提供擔保，以取得必要之資金來源。

　　第 138- 2 條

　　I保險業經營人身保險業務，保險契約得約定保險金一次或分期給付。

　　II人身保險契約中屬死亡或殘廢之保險金部分，要保人於保險事故發生前得預先洽訂信託契約，由保險業擔任該保險信託之受託人，其中要保人與被保險人應爲同一人，該信託契約之受益人並應爲保險契約之受益人，且以被保險人、未成年人、心神喪失或精神耗弱之人爲限。

　　III前項信託給付屬本金部分，視爲保險給付。

　　IV保險業辦理保險金信託業務應設置信託專戶，並以信託財

產名義表彰。

　Ⅴ前項信託財產為應登記之財產者，應依有關規定為信託登記。

　Ⅵ第四項信託財產為有價證券者，保險業設置信託專戶，並以信託財產名義表彰；其以信託財產為交易行為時，得對抗第三人，不適用信託法第四條第二項規定。

　Ⅶ保險業辦理保險金信託，其資金運用範圍以下列為限：

一、現金或銀行存款。

二、公債或金融債券。

三、短期票券。

四、其他經主管機關核准之資金運用方式。

第 138-3 條

　Ⅰ保險業經營保險金信託業務，應經主管機關許可，其營業及會計必須獨立。

　Ⅱ保險業為擔保其因違反受託人義務而對委託人或受益人所負之損害賠償、利益返還或其他責任，應提存賠償準備。

　Ⅲ保險業申請許可經營保險金信託業務應具備之條件、應檢附之文件、廢止許可、應提存賠償準備額度、提存方式及其他應遵行事項之辦法，由主管機關定之。

第 139 條

　各種保險業資本或基金之最低額，由主管機關，審酌各地經濟實況，及各種保險業務之需要，分別呈請行政院核定之。

第 140 條

　Ⅰ保險公司得簽訂參加保單紅利之保險契約。

　Ⅱ保險合作社簽訂之保險契約，以參加保單紅利者為限。

　Ⅲ前二項保單紅利之計算基礎及方法，應於保險契約中明訂之。

第 141 條

保險業應按資本或基金實收總額百分之十五，繳存保證金於國庫。

第 142 條

Ⅰ保證金之繳存應以現金爲之。但經主管機關之核准，得以公債或庫券代繳之。

Ⅱ前項繳存保證金非俟宣告停業依法完成清算，不予發還。

Ⅲ以有價證券抵繳保證金者，其息票部份，在宣告停業依法清算時，得准移充清算費用。

第 143 條

保險業不得向外借款、爲保證人或以其財產提供爲他人債務之擔保。但保險業有下列情形之一，報經主管機關核准向外借款者，不在此限：

一、爲給付鉅額保險金、大量解約或大量保單貸款之週轉需要。

二、因合併或承受經營不善同業之有效契約。

三、爲強化財務結構，發行具有資本性質之債券。

第 143-1 條

Ⅰ爲保障被保險人之基本權益，並維護金融之安定，財產保險業及人身保險業應分別提撥資金，設置財團法人安定基金。

Ⅱ財團法人安定基金之組織及管理等事項之辦法，由主管機關定之。

Ⅲ安定基金由各保險業者提撥；其提撥比率，由主管機關審酌經濟、金融發展情形及保險業承擔能力定之，並不得低於各保險業者總保險費收入之千分之一。

Ⅳ安定基金累積之金額不足保障被保險人權益，且有嚴重危及金融安定之虞時，得報經主管機關同意，向金融機構借款。

第 143-2 條　（刪除）

第 143-3 條

I 安定基金辦理之事項如下：

一、對經營困難保險業之貸款。

二、保險業因與經營不善同業進行合併或承受其契約，致遭受損失時，安定基金得予以低利貸款或補助。

三、保險業依第一百四十九條第四項規定被接管、勒令停業清理或命令解散，或經接管人依第一百四十九條之二第三項規定向法院聲請重整時，安定基金於必要時應代該保險業墊付要保人、被保險人及受益人依有效契約所得為之請求，並就其墊付金額取得並行使該要保人、被保險人及受益人對該保險業之請求權。

四、保險業依本法規定進行重整時，為保障被保險人權益，協助重整程序之迅速進行，要保人、被保險人及受益人除提出書面反對意見者外，視為同意安定基金代理其出席關係人會議及行使重整相關權利。安定基金執行代理行為之程序及其他應遵行事項，由安定基金訂定，報請主管機關備查。

五、受主管機關委託擔任接管人、清理人或清算人職務。

六、經主管機關核可承接不具清償能力保險公司之保險契約。

七、其他為安定保險市場或保障被保險人之權益，經主管機關核定之事項。

II 安定基金辦理前項第一款至第三款及第七款事項，其資金動用時點、範圍及限額，由安定基金擬訂，報請主管機關核定。

III 保險業與經營不善同業進行合併或承受其契約致遭受損失，依第一項第二款規定申請安定基金補助者，其金額不得超過安定基金依同項第三款規定墊付之總額。

第 143-4 條

Ⅰ保險業自有資本與風險資本之比率，不得低於百分之二百；必要時，主管機關得參照國際標準調整比率。

Ⅱ保險業自有資本與風險資本之比率未達前項規定之比率者，不得分配盈餘，主管機關並得視其情節輕重爲其他必要之處置或限制。

Ⅲ前二項所定自有資本與風險資本之範圍、計算方法、管理、必要處置或限制之方式及 其他應遵行事項之辦法，由主管機關定之。

第 144 條

Ⅰ保險業之各種保險單條款、保險費及其他相關資料，由主管機關視各種保險之發展狀況，分別規定銷售前應採行之程序、審核及內容有錯誤、不實或違反規定之處置等事項之準則。

Ⅱ爲健全保險業務之經營，保險業應聘用精算人員並指派其中一人爲簽證精算人員，負責保險費率之釐訂、各種準備金之核算簽證及辦理其他經主管機關指定之事項；其資格條件、簽證內容、教育訓練、懲處及其他應遵行事項之辦法，由主管機關定之。

Ⅲ前項簽證精算人員之指派應經董（理）事會同意，並報主管機關備查。

Ⅳ簽證精算人員應本公正及公平原則向其所屬保險業之董（理）事會及主管機關提供各項簽證報告；其簽證報告內容有虛僞、隱匿、遺漏或錯誤情事者，主管機關得視其情節輕重爲警告、停止於一年以內期間簽證或廢止其簽證精算人員資格。

第 144-1 條

有下列情形之一者，保險業得以共保方式承保：

一、有關巨災損失之保險者。

二、配合政府政策需要者。

三、基於公共利益之考量者。

四、能有效提昇對投保大眾之服務者。

五、其他經主管機關核准者。

第 145　條

Ⅰ保險業於營業年度屆滿時，應分別保險種類，計算其應提存之各種準備金，記載於特設之帳簿。

Ⅱ前項所稱各種準備金之提存比率、計算方式及其他應遵行事項之辦法，由主管機關定之。

第 145-1　條

Ⅰ保險業於完納一切稅捐後，分派盈餘時，應先提百分之二十為法定盈餘公積。但法定盈餘公積，已達其資本總額或基金總額時，不在此限。

Ⅱ保險業得以章程規定或經股東會或社員大會決議，另提特別盈餘公積。主管機關於必要時，亦得命其提列。

Ⅲ第一項規定，自本法中華民國九十六年六月十四日修正之條文生效之次一會計年度施行。

第 146　條

Ⅰ保險業資金之運用，除存款外，以下列各款為限：

一、有價證券。

二、不動產。

三、放款。

四、辦理經主管機關核准之專案運用、公共及社會福利事業投資。

五、國外投資。

六、投資保險相關事業。

七、從事衍生性商品交易。

八、其他經主管機關核准之資金運用。

Ⅱ前項所定資金，包括業主權益及各種準備金。

Ⅲ第一項所定存款，其存放於每一金融機構之金額，不得超過該保險業資金百分之十。但經主管機關核准者，不在此限。

Ⅳ第一項第六款所稱保險相關事業，指保險、金融控股、銀行、票券、信託、信用卡、融資性租賃、證券、期貨、證券投資信託、證券投資顧問事業及其他經主管機關認定之保險相關事業。

Ⅴ保險業經營投資型保險業務、勞工退休金年金保險業務應專設帳簿，記載其投資資產之價值。

Ⅵ投資型保險業務專設帳簿之管理、保存、投資資產之運用及其他應遵行事項之辦法，由主管機關定之，不受第一項、第三項、第一百四十六條之一、第一百四十六條之二、第一百四十六條之四、第一百四十六條之五及第一百四十六條之七規定之限制。

Ⅶ依第五項規定應專設帳簿之資產，如要保人以保險契約委任保險業全權決定運用標的，且將該資產運用於證券交易法第六條規定之有價證券者，應依證券投資信託及顧問法申請兼營全權委託投資業務。

Ⅷ保險業依第一項第七款規定從事衍生性商品交易之條件、交易範圍、交易限額、內部處理程序及其他應遵行事項之辦法，由主管機關定之。

第 146- 1 條

Ⅰ保險業資金得購買下列有價證券：

一、公債、國庫券。

二、金融債券、可轉讓定期存單、銀行承兌匯票、金融機構保證商業本票；其總額不得超過該保險業資金百分之三十五。

三、經依法核准公開發行之公司股票；其購買每一公司之股票總額，不得超過該保險業資金百分之五及該發行股票之公司實收資本額百分之十。

四、經依法核准公開發行之有擔保公司債，或經評等機構評

定為相當等級以上之公司所發行之公司債；其購買每一公司之公司債總額，不得超過該保險業資金百分之五及該發行公司債之公司實收資本額百分之十。

五、經依法核准公開發行之證券投資信託基金及共同信託基金受益憑證；其投資總額不得超過該保險業資金百分之十及每一基金已發行之受益憑證總額百分之十。

六、證券化商品及其他經主管機關核准保險業購買之有價證券；其總額不得超過該保險業資金百分之十。

Ⅱ前項第三款及第四款之投資總額，合計不得超過該保險業資金百分之三十五。

Ⅲ保險業依第一項第三款投資，不得有下列情事之一：

一、以保險業或其代表人擔任被投資公司董事、監察人。

二、行使表決權支持其關係人或關係人之董事、監察人、職員擔任被投資金融機構董事、監察人。

三、指派人員獲聘為被投資公司經理人。

Ⅳ保險業依第一項第三款至第六款規定投資於公開發行之未上市、未上櫃有價證券、私募之有價證券；其應具備之條件、投資範圍、內容、投資規範及其他應遵行事項之辦法，由主管機關定之。

第 146-2 條

Ⅰ保險業對不動產之投資，以所投資不動產即時利用並有收益者為限；其投資總額，除自用不動產外，不得超過其資金百分之三十。但購買自用不動產總額不得超過其業主權益之總額。

Ⅱ保險業不動產之取得及處分，應經合法之不動產鑑價機構評價。

第 146-3 條

Ⅰ保險業辦理放款，以下列各款為限：

一、銀行或主管機關認可之信用保證機構提供保證之放款。

二、以動產或不動產為擔保之放款。

三、以合於第一百四十六條之一之有價證券為質之放款。

四、人壽保險業以各該保險業所簽發之人壽保險單為質之放款。

II前項第一款至第三款放款，每一單位放款金額不得超過該保險業資金百分之五；其放款總額，不得超過該保險業資金百分之三十五。

III保險業依第一項第一款、第二款及第三款對其負責人、職員或主要股東，或對與其負責人或辦理授信之職員有利害關係者，所為之擔保放款，應有十足擔保，其條件不得優於其他同類放款對象，如放款達主管機關規定金額以上者，並應經三分之二以上董事之出席及出席董事四分之三以上同意；其利害關係人之範圍、限額、放款總餘額及其他應遵行事項之辦法，由主管機關定之。

IV保險業依第一百四十六條之一第一項第三款及第四款對每一公司股票及公司債之投資與依第一項第三款以該公司發行之股票及公司債為質之放款，合併計算不得超過其資金百分之十與該發行股票及公司債之公司實收資本額百分之十。

第 146-4 條

I保險業資金辦理國外投資，以下列各款為限：

一、外匯存款。

二、國外有價證券。

三、設立或投資國外保險公司、保險代理人公司、保險經紀人公司或其他經主管機關核准之保險相關事業。

四、其他經主管機關核准之國外投資。

II保險業資金依前項規定辦理國外投資總額，由主管機關視

各保險業之經營情況核定之，最高不得超過各該保險業資金百分之四十五。

　　Ⅲ保險業資金辦理國外投資之投資規範、投資額度、審核及其他應遵行事項之辦法，由主管機關定之。

第 146-5 條

　　Ⅰ保險業資金辦理專案運用、公共及社會福利事業投資應申請主管機關核准；其申請核准應具備之文件、程序、運用或投資之範圍、限額及其他應遵行事項之辦法，由主管機關定之。

　　Ⅱ前項資金運用方式為投資公司股票時，準用第一百四十六條之一第三項規定；其投資之條件及比率，不受第一百四十六條之一第一項第三款規定之限制。

第 146-6 條

　　Ⅰ保險業業主權益，超過第一百三十九條規定最低資本或基金最低額者，得經主管機關核准，投資保險相關事業所發行之股票，不受第一百四十六條之一第一項第三款及第三項規定之限制；其投資總額，最高不得超過該保險業業主權益。

　　Ⅱ保險業依前項規定投資而與被投資公司具有控制與從屬關係者，其投資總額，最高不得超過該保險業業主權益百分之四十。

　　Ⅲ保險業依第一項規定投資保險相關事業，其控制與從屬關係之範圍、投資申報方式及其他應遵行事項之辦法，由主管機關定之。

第 146-7 條

　　Ⅰ主管機關對於保險業就同一人、同一關係人或同一關係企業之放款或其他交易得予限制；其限額、其他交易之範圍及其他應遵行事項之辦法，由主管機關定之。

　　Ⅱ前項所稱同一人，指同一自然人或同一法人；同一關係人

之範圍，包含本人、配偶、二親等以內之血親及以本人或配偶爲負責人之事業；同一關係企業之範圍，適用公司法第三百六十九條之一至第三百六十九條之三、第三百六十九條之九及第三百六十九條之十一規定。

Ⅲ主管機關對於保險業與其利害關係人從事放款以外之其他交易得予限制；其利害關係人及交易之範圍、決議程序、限額及其他應遵行事項之辦法，由主管機關定之。

第 146- 8 條

Ⅰ第一百四十六條之三第三項所列舉之放款對象，利用他人名義向保險業申請辦理之放款，適用第一百四十六條之三第三項規定。

Ⅱ向保險業申請辦理之放款，其款項爲利用他人名義之人所使用，或其款項移轉爲利用他人名義之人所有時，推定爲前項所稱利用他人名義之人向保險業申請辦理之放款。

第 146- 9 條

Ⅰ保險業因持有有價證券行使股東權利時，不得有股權交換或利益輸送之情事，並不得損及要保人、被保險人或受益人之利益。

Ⅱ保險業於出席被投資公司股東會前，應將行使表決權之評估分析作業作成說明，並應於各該次股東會後，將行使表決權之書面紀錄，提報董事會。

Ⅲ保險業及其從屬公司，不得擔任被投資公司之委託書徵求人或委託他人擔任委託書徵求人。

第 147 條

保險業辦理再保險之分出、分入或其他危險分散機制業務之方式、限額及其他應遵行事項之辦法，由主管機關定之。

第 147- 1 條

Ⅰ保險業專營再保險業務者，爲專業再保險業，不適用第一百三十八條第一項、第一百四十三條之一、第一百四十三條之三及第一百四十四條第一項規定。

Ⅱ前項專業再保險業之業務、財務及其他相關管理事項之辦法，由主管機關定之。

第 148 條

Ⅰ主管機關得隨時派員檢查保險業之業務及財務狀況，或令保險業於限期內報告營業狀況。

Ⅱ前項檢查，主管機關得委託適當機構或專業經驗人員擔任；其費用，由受檢查之保險業負擔。

Ⅲ前二項檢查人員執行職務時，得爲下列行爲，保險業負責人及相關人員不得規避、妨礙或拒絕：

一、令保險業提供第一百四十八條之一第一項所定各項書表，並提出證明文件、單據、表冊及有關資料。

二、詢問保險業相關業務之負責人及相關人員。

三、評估保險業資產及負債。

Ⅳ第一項及第二項檢查人員執行職務時，基於調查事實及證據之必要，於取得主管機關許可後，得爲下列行爲：

一、要求受檢查保險業之關係企業提供財務報告，或檢查其有關之帳冊、文件，或向其有關之職員詢問。

二、向其他金融機構查核該保險業與其關係企業及涉嫌爲其利用名義交易者之交易資料。

Ⅴ前項所稱關係企業之範圍，適用公司法第三百六十九條之一至第三百六十九條之三、第三百六十九條之九及第三百六十九條之十一規定。

第 148- 1 條

Ⅰ保險業每屆營業年度終了，應將其營業狀況連同資金運用

情形，作成報告書，併同資產負債表、損益表、股東權益變動表、現金流量表及盈餘分配或虧損撥補之議案及其他經主管機關指定之項目，先經會計師查核簽證，並提經股東會或社員代表大會承認後，十五日內報請主管機關備查。

Ⅱ保險業除依前項規定提報財務業務報告外，主管機關並得視需要，令保險業於規定期限內，依規定之格式及內容，將業務及財務狀況彙報主管機關或其指定之機構，或提出帳簿、表冊、傳票或其他有關財務業務文件。

Ⅲ前二項財務報告之編製準則，由主管機關定之。

第 148-2 條

Ⅰ保險業應依規定據實編製記載有財務及業務事項之說明文件提供公開查閱。

Ⅱ保險業於有攸關消費大眾權益之重大訊息發生時，應於二日內以書面向主管機關報告，並主動公開說明。

Ⅲ第一項說明文件及前項重大訊息之內容、公開時期及方式，由主管機關定之。

第 148-3 條

Ⅰ保險業應建立內部控制及稽核制度；其辦法，由主管機關定之。

Ⅱ保險業對資產品質之評估、各種準備金之提存、逾期放款、催收款之清理、呆帳之轉銷及保單之招攬核保理賠，應建立內部處理制度及程序；其辦法，由主管機關定之。

第 149 條

Ⅰ保險業違反法令、章程或有礙健全經營之虞時，主管機關除得予以糾正或命其限期改善外，並得視情況為下列處分：

一、限制其營業或資金運用範圍。

二、命其停售保險商品或限制其保險商品之開辦。

三、命其增資。

四、命其解除經理人或職員之職務。

Ⅱ保險業不遵行前項處分，主管機關應依情節，分別為下列處分：

一、撤銷法定會議之決議。

二、解除董（理）事、監察人（監事）職務或停止其於一定期間內執行職務。

三、其他必要之處置。

Ⅲ依前項第二款規定解除董（理）事、監察人（監事）職務時，由主管機關通知公司（合作社）登記之主管機關註銷其董（理）事、監察人（監事）登記。

Ⅳ保險業因業務或財務狀況顯著惡化，不能支付其債務，或無法履行契約責任或有損及被保險人權益之虞時，主管機關得依情節之輕重，分別為下列處分：

一、監管。

二、接管。

三、勒令停業清理。

四、命令解散。

Ⅴ依前項規定監管、接管、停業清理或解散者，主管機關得委託其他保險業、保險相關機構或具有專業經驗人員擔任監管人、接管人、清理人或清算人；其有涉及安定基金補償事項時，並應通知安定基金配合辦理。

Ⅵ前項經主管機關委託之相關機構或個人，於辦理受委託事項時，不適用政府採購法之規定。

Ⅶ保險業受接管或被勒令停業清理時，不適用公司法有關臨時管理人或檢查人之規定，除依本法規定聲請之重整外，其他重整、破產、和解之聲請及強制執行程序當然停止。

Ⅷ接管人依本法規定聲請重整，就該受接管保險業於受接管前已聲請重整者，得聲請法院合併審理或裁定；必要時，法院得於裁定前訊問利害關係人。

Ⅸ保險業經主管機關依第四項第一款規定為監管處分時，非經監管人同意，保險業不得為下列行為：

一、支付款項或處分財產，超過主管機關規定之限額。

二、締結契約或重大義務之承諾。

三、其他重大影響財務之事項。

Ⅹ監管人執行監管職務時，準用第一百四十八條有關檢查之規定。

Ⅺ保險業監管或接管之程序、監管人與接管人之職權、費用負擔及其他應遵行事項之辦法，由主管機關定之。

第 149-1 條

Ⅰ保險業收受主管機關接管處分之通知後，應將其業務之經營及財產之管理處分權移交予接管人。原有股東會、董事、監察人或類似機構之職權即行停止。

Ⅱ保險業之董事、經理人或類似機構應將有關業務及財務上一切帳冊、文件與財產列表移交與接管人。董事、監察人、經理人或其他職員，對於接管人所為關於業務或財務狀況之詢問，有答復之義務。

第 149-2 條

Ⅰ保險業於受接管期間內，主管機關對其新業務之承接、受理有效保險契約之變更或終止、受理要保人以保險契約為質之借款或償付保險契約之解約金，得予以限制。

Ⅱ接管人執行職務而有下列行為時，應事先取得主管機關許可：

一、增資或減資後再增資。

二、讓與全部或部分營業、資產或負債。

三、與其他保險業合併。

四、其他經主管機關指定之重要事項。

Ⅲ接管人接管保險業後三個月內未將全部營業、資產或負債移轉者，除有重建更生之可能應向法院聲請重整外，應報請主管機關為清理之處分。上述期限，必要時接管人得向主管機關申請展延。

Ⅳ法院受理接管人依本法規定之重整聲請時，得逕依主管機關所提出之財務業務檢查報告及意見於三十日內為裁定。

Ⅴ依保險契約所生之權利於保險業重整時，有優先受償權，並免為重整債權之申報。

Ⅵ接管人依本法聲請重整之保險業，不以公開發行股票或公司債之公司為限，且其重整除本法另有規定外，準用公司法有關重整之規定。

Ⅶ受接管保險業依第二項第二款規定讓與全部或部分營業、資產或負債時，如受接管保險業之有效保險契約之保險費率與當時情況有顯著差異，非調高其保險費率或降低其保險金額，其他保險業不予承接者，接管人得報經主管機關核准，調整其保險費率或保險金額。

第 149-3 條

Ⅰ監管、接管之期限，由主管機關定之。在監管、接管期間，監管、接管原因消失時，監管人、接管人應報請主管機關終止監管、接管。

Ⅱ接管期間屆滿或雖未屆滿而經主管機關決定終止接管時，接管人應將經營之有關業務及財務上一切帳冊、文件與財產，列表移交與該保險業之代表人。

第 149-4 條

　　依第一百四十九條爲解散之處分者，其清算程序，除本法另有規定外，其爲公司組織者，準用公司法關於股份有限公司清算之規定；其爲合作社組織者，準用合作社法關於清算之規定。但有公司法第三百三十五條特別清算之原因者，均應準用公司法關於股份有限公司特別清算之程序爲之。

　　第 149- 5 條

　　Ⅰ監管人、接管人、清理人或清算人之報酬及因執行職務所生之費用，由受監管、接管、清理、清算之保險業負擔，並優先於其他債權受清償。

　　Ⅱ前項報酬，應報請主管機關核定。

　　第 149- 6 條

　　保險業經主管機關依第一百四十九條第四項規定爲監管、接管、勒令停業清理或命令解散之處分時，主管機關對該保險業及其負責人或有違法嫌疑之職員，得通知有關機關或機構禁止其財產爲移轉、交付或設定他項權利，並得函請入出境許可之機關限制其出境。

　　第 149- 7 條

　　Ⅰ股份有限公司組織之保險業受讓依第一百四十九條之二第二項第二款受接管保險業讓與之營業、資產或負債時，適用下列規定：

　　一、股份有限公司受讓全部營業、資產或負債時，應經代表已發行股份總數過半數股東出席之股東會，以出席股東表決權過半數之同意行之；不同意之股東不得請求收買股份，免依公司法第一百八十五條至第一百八十七條規定辦理。

　　二、債權讓與之通知以公告方式辦理之，免依民法第二百九十七條之規定辦理。

　　三、承擔債務時免依民法第三百零一條債權人承認之規定辦

理。

　　四、經主管機關認為有緊急處理之必要，且對市場競爭無重大不利影響時，免依公平交易法第十一條第一項規定向行政院公平交易委員會申報結合。

　　Ⅱ保險業依第一百四十九條之二第二項第三款與受接管保險業合併時，除適用前項第一款及第四款規定外，解散或合併之通知得以公告方式辦理之，免依公司法第三百十六條第四項規定辦理。

　　第 149- 8 條

　　Ⅰ保險業之清理，主管機關應指定清理人為之，並得派員監督清理之進行。

　　Ⅱ清理人之職務如下：

　　一、了結現務。

　　二、收取債權，清償債務。

　　Ⅲ保險業經主管機關為勒令停業清理之處分時，準用第一百四十九條之一、第一百四十九條之二第一項及第七項規定。

　　Ⅳ清理人執行第二項職務，有代表保險業為訴訟上及訴訟外一切行為之權。但將保險業營業、資產或負債予以轉讓，或與其他保險業合併時，應報經主管機關核准。

　　Ⅴ其他保險業受讓受清理保險業之營業、資產或負債或與其合併時，應依前條規定辦理。

　　Ⅵ清理人執行職務聲請假扣押、假處分時，得免提供擔保。

　　第 149- 9 條

　　Ⅰ清理人就任後，應即於保險業所在地之日報為三日以上之公告，催告債權人於三十日內申報其債權，並應聲明屆期不申報者，不列入清理。但清理人所明知之債權，不在此限。

　　Ⅱ清理人應即查明保險業之財產狀況，於申報期限屆滿後三

個月內造具資產負債表及財產目錄，並擬具清理計畫，報請主管機關備查，並將資產負債表於保險業所在地日報公告之。

Ⅲ清理人於第一項所定申報期限內，不得對債權人爲清償。但對已屆清償期之職員薪資，不在此限。

第 149-10　條

Ⅰ保險業經主管機關勒令停業進行清理時，第三人對該保險業之債　權，除依訴訟程序確定其權利者外，非依前條第一項規定之清理程序，不得行使。

Ⅱ前項債權因涉訟致分配有稽延之虞時，清理人得按照清理分配比例提存相當金額，而將所餘財產分配於其他債權人。

Ⅲ下列各款債權，不列入清理：

一、債權人參加清理程序爲個人利益所支出之費用。

二、保險業停業日後債務不履行所生之損害賠償及違約金。

三、罰金、罰鍰及追繳金。

Ⅳ在保險業停業日前，對於保險業之財產有質權、抵押權或留置權者，就其財產有別除權；有別除權之債權人不依清理程序而行使其權利。但行使別除權後未能受清償之債權，得依清理程序申報列入清理債權。

Ⅴ清理人因執行清理職務所生之費用及債務，應先於清理債權，隨時由受清理保險業財產清償之。

Ⅵ依前條第一項規定申報之債權或爲清理人所明知而列入清理之債權，其請求權時效中斷，自清理完結之日起重行起算。

Ⅶ債權人依清理程序已受清償者，其債權未能受清償之部分，對該保險業之請求權視爲消滅。清理完結後，如復發現可分配之財產時，應追加分配，於列入清理程序之債權人受清償後，有剩餘時，第三項之債權人仍得請求清償。

第 149-11　條

Ⅰ清理人應於清理完結後十五日內造具清理期內收支表、損益表及各項帳冊，並將收支表及損益表於保險業所在地之新聞紙及主管機關指定之網站公告後，報主管機關廢止保險業許可。

Ⅱ前項經廢止許可之保險業，自停業時起視為解散，原有清理程序視為清算。

第 150　條

保險業解散清算時，應將其營業執照繳銷。

第二節　保險公司

第 151　條

保險公司除本法另有規定外，適用公司法關於股份有限公司之規定。

第 152　條

保險公司之股票，不得為無記名式。

第 153　條

Ⅰ保險公司違反保險法令經營業務，致資產不足清償債務時，其董事長、董事、監察人、總經理及負責決定該項業務之經理，對公司之債權人應負連帶無限清償責任。

Ⅱ主管機關對前項應負連帶無限清償責任之負責人，得通知有關機關或機構禁止其財產為移轉、交付或設定他項權利，並得函請入出境許可之機關限制其出境。

Ⅲ第一項責任，於各該負責人卸職登記之日起滿三年解除。

第 154　條　（刪除）

第 155　條　（刪除）

第三節　保險合作社

第 156　條

保險合作社除依本法規定外，適用合作社法及其有關法令之規定。

第 157　條

Ⅰ保險合作社，除依合作社法籌集股金外，並依本法籌足基金。

Ⅱ前項基金非俟公積金積至與基金總額相等時，不得發還。

第 158　條

保險合作社於社員出社時，現存財產不足抵償債務，出社之社員仍負擔出社前應負之責任。

第 159　條

保險合作社之理事，不得兼任其他合作社之理事、監事或無限責任社員。

第 160　條　（刪除）

第 161　條

保險合作社之社員，對於保險合作社應付之股金及基金，不得以其對保險合作社之債權互相抵銷。

第 162　條

財產保險合作社之預定社員人數不得少於三百人；人身保險合作社之預定社員人數不得少於五百人。

第四節　保險業代理人、經紀人、公證人

第 163　條

Ⅰ保險業之經紀人、代理人、公證人，非向主管機關登記，繳存保證金或投保責任保險，領有執業證書，不得執行業務。

Ⅱ前項經紀人、代理人、公證人，或其他個人及法人，不得為未經主管機關核准之保險業經營或介紹保險業務。

第 164　條

保險業代理人、經紀人、公證人，應繳存之保證金或投保責任保險之保險金額，由主管機關訂之。

第 165　條

保險業代理人、經紀人、公證人，應有固定業務處所，並專設帳簿記載業務收支。

第四節之一　同業公會

第 165-1 條

保險業、保險代理人公司、保險經紀人公司、保險公證人公司非加入同業公會，不得營業；同業公會非有正當理由，不得拒絕其加入，或就其加入附加不當之條件。

第 165-2 條

I 同業公會爲會員之健全經營及維護同業之聲譽，應辦理下列事項：

一、訂定共同性業務規章、自律規範及各項實務作業規定，並報請主管機關備查後供會員遵循。

二、就會員所經營業務，爲必要指導或協調其間之糾紛。

三、主管機關規定或委託辦理之事項。

四、其他爲達成保險業務發展及公會任務之必要業務。

II 同業公會爲辦理前項事項，得要求會員提供有關資料或提出說明。

第 165-3 條

同業公會之業務、財務規範與監督、章程應記載事項、負責人與業務人員之資格條件及其他應遵行事項之規則，由主管機關定之。

第 165-4 條

同業公會之理事、監事有違反法令、怠於遵守該會章程、規章、濫用職權或違背誠實信用原則之行爲者，主管機關得予以糾正或命令同業公會予以解任。

第 165-5 條

主管機關爲健全保險市場或保護被保險人之權益，必要時，

得命令同業公會變更其章程、規章、規範或決議，或提供參考、報告之資料，或為其他一定之行為。

第 165- 6 條

同業公會得依章程之規定，對會員或其會員代表違反章程、規章、自律規範、會員大會或理事會決議等事項時，為必要之處置。

第 165- 7 條

同業公會章程之變更及理事會、監事會會議紀錄，應報請主管機關備查。

第五節　罰　則

第 166 條

未依第一百三十七條規定，經主管機關核准經營保險業務者，應勒令停業，並處新臺幣三百萬元以上一千五百萬元以下罰鍰。

第 167 條

I 非保險業經營保險或類似保險業務者，處三年以上十年以下有期徒刑，得併科新臺幣一千萬元以上二億元以下罰金。其犯罪所得達新臺幣一億元以上者，處七年以上有期徒刑，得併科新臺幣二千五百萬元以上五億元以下罰金。

II 法人犯前項之罪者，處罰其行為負責人。

第 167- 1 條

違反第一百六十三條規定者，處新臺幣九十萬元以上四百五十萬元以下罰鍰。

第 167- 2 條

違反第一百七十七條所定保險代理人經紀人公證人管理規則者，除本法另有規定者外，應限期改正，或併處新臺幣九十萬元以上四百五十萬元以下罰鍰；情節重大者，並得命令停止執業

或撤銷執業證書。

第 168 條

I 保險業違反第一百三十八條第一項、第三項、第五項或第二項所定辦法中有關業務範圍之規定者，處新臺幣九十萬元以上四百五十萬元以下罰鍰。

II 保險業違反第一百三十八條之二第二項、第四項、第五項、第七項、第一百三十八條之三第一項、第二項或第三項所定辦法中有關賠償準備金提存額度、提存方式之規定者，處新臺幣九十萬元以上四百五十萬元以下罰鍰；其情節重大者，並得廢止其經營保險金信託業務之許可。

III 保險業違反第一百四十三條者，處新臺幣九十萬元以上四百五十萬元以下罰鍰。

IV 保險業資金之運用有下列情形之一者，處新臺幣九十萬元以上四百五十萬元以下罰鍰或勒令撤換其負責人；其情節重大者，並得撤銷其營業執照：

一、違反第一百四十六條第一項、第三項、第五項、第七項或第六項所定辦法中有關專設帳簿之管理、保存及投資資產運用之規定，或違反第八項所定辦法中有關保險業從事衍生性商品交易之條件、交易範圍、交易限額、內部處理程序之規定。

二、違反第一百四十六條之一第一項、第二項、第三項或第四項所定辦法中有關投資條件、投資範圍、內容及投資規範之規定。

三、違反第一百四十六條之二規定。

四、違反第一百四十六條之三第一項、第二項或第四項規定。

五、違反第一百四十六條之四第一項、第二項或第三項所定辦法中有關投資規範或投資額度之規定。

六、違反第一百四十六條之五第一項前段規定、同條後段所

定辦法中有關投資範圍或限額之規定。

　　七、違反第一百四十六條之六第一項、第二項或第三項所定辦法中有關投資申報方式之規定。

　　八、違反第一百四十六條之七第一項所定辦法中有關放款或其他交易限額之規定，或第三項所定辦法中有關決議程序或限額之規定。

　　九、違反第一百四十六條之九第一項、第二項或第三項規定。

　　Ⅴ 保險業依第一百四十六條之三第三項或第一百四十六條之八第一項規定所為之放款無十足擔保或條件優於其他同類放款對象者，其行為負責人，處三年以下有期徒刑或拘役，得併科新臺幣二千萬元以下罰金。

　　Ⅵ 保險業依第一百四十六條之三第三項或第一百四十六條之八第一項規定所為之擔保放款達主管機關規定金額以上，未經董事會三分之二以上董事之出席及出席董事四分之三以上同意者，或違反第一百四十六條之三第三項所定辦法中有關放款限額、放款總餘額之規定者，其行為負責人，處新臺幣二百萬元以上一千萬元以下罰鍰。

　　第 168-1 條

　　Ⅰ 主管機關依第一百四十八條規定派員，或委託適當機構或專業經驗人員，檢查保險業之業務及財務狀況或令保險業於限期內報告營業狀況時，保險業之負責人或職員有下列情形之一者，處新臺幣一百八十萬元以上九百萬元以下罰鍰：

　　一、拒絕檢查或拒絕開啟金庫或其他庫房。

　　二、隱匿或毀損有關業務或財務狀況之帳冊文件。

　　三、無故對檢查人員之詢問不為答復或答復不實。

　　四、逾期提報財務報告、財產目錄或其他有關資料及報告，或提報不實、不全或未於規定期限內繳納查核費用者。

II保險業之關係企業或其他金融機構，於主管機關依第一百四十八條第四項派員檢查時，怠於提供財務報告、帳冊、文件或相關交易資料者，處新臺幣一百八十萬元以上九百萬元以下罰鍰。

第 168-2 條

I保險業負責人或職員或以他人名義投資而直接或間接控制該保險業之人事、財務或業務經營之人，意圖為自己或第三人不法之利益，或損害保險業之利益，而為違背保險業經營之行為，致生損害於保險業之財產或利益者，處三年以上十年以下有期徒刑，得併科新臺幣一千萬元以上二億元以下罰金。其犯罪所得達新臺幣一億元以上者，處七年以上有期徒刑，得併科新臺幣二千五百萬元以上五億元以下罰金。

II保險業負責人或職員或以他人名義投資而直接或間接控制該保險業之人事、財務或業務經營之人，二人以上共同實施前項犯罪之行為者，得加重其刑至二分之一。

III第一項之未遂犯罰之。

第 168-3 條

I犯第一百六十七條或第一百六十八條之二之罪，於犯罪後自首，如有犯罪所得並自動繳交全部所得財物者，減輕或免除其刑；並因而查獲其他正犯或共犯者，免除其刑。

II犯第一百六十七條或第一百六十八條之二之罪，在偵查中自白，如有犯罪所得並自動繳交全部所得財物者，減輕其刑；並因而查獲其他正犯或共犯者，減輕其刑至二分之一。

III犯第一百六十七條或第一百六十八條之二之罪，其犯罪所得利益超過罰金最高額時，得於所得利益之範圍內加重罰金；如損及保險市場穩定者，加重其刑至二分之一。

第 168-4 條

犯本法之罪，因犯罪所得財物或財產上利益，除應發還被害

人或得請求損害賠償之人外，屬於犯人者，沒收之。如全部或一部不能沒收時，追徵其價額或以其財產抵償之。

第 168- 5 條

犯本法之罪，所科罰金達新臺幣五千萬元以上而無力完納者，易服勞役期間爲二年以下，其折算標準以罰金總額與二年之日數比例折算；所科罰金達新臺幣一億元以上而無力完納者，易服勞役期間爲三年以下，其折算標準以罰金總額與三年之日數比例折算。

第 168- 6 條

I 第一百六十八條之二第一項之保險業負責人、職員或以他人名義投資而直接或間接控制該保險業之人事、財務或業務經營之人所爲之無償行爲，有害及保險業之權利者，保險業得聲請法院撤銷之。

II 前項之保險業負責人、職員或以他人名義投資而直接或間接控制該保險業之人事、財務或業務經營之人所爲之有償行爲，於行爲時明知有損害於保險業之權利，且受益之人於受益時亦知其情事者，保險業得聲請法院撤銷之。

III 依前二項規定聲請法院撤銷時，得並聲請命受益之人或轉得人回復原狀。但轉得人於轉得時不知有撤銷原因者，不在此限。

IV 第一項之保險業負責人、職員或以他人名義投資而直接或間接控制該保險業之人事、財務或業務經營之人與其配偶、直系親屬、同居親屬、家長或家屬間所爲之處分其財產行爲，均視爲無償行爲。

V 第一項之保險業負責人、職員或以他人名義投資而直接或間接控制該保險業之人事、財務或業務經營之人與前項以外之人所爲之處分其財產行爲，推定爲無償行爲。

VI 第一項及第二項之撤銷權，自保險業知有撤銷原因時起，

一年間不行使，或自行為時起經過十年而消滅。

第 168-7 條

第一百六十八條之二第一項之罪，為洗錢防制法第三條第一項所定之重大犯罪，適用洗錢防制法之相關規定。

第 169 條

保險業違反第七十二條規定超額承保者，除違反部分無效外，處新臺幣四十五萬元以上二百二十五萬元以下罰鍰。

第 169-1 條　（刪除）

第 169-2 條

保險業對於安定基金之提撥，如未依限或拒絕繳付者，主管機關得視情節之輕重，處新臺幣二十四萬元以上一百二十萬元以下罰鍰，或勒令撤換其負責人。

第 170 條　（刪除）

第 170-1 條

Ⅰ 保險業辦理再保險業務違反第一百四十七條所定辦法中有關再保險之分出、分入、其他危險分散機制業務之方式或限額之規定者，處新臺幣九十萬元以上四百五十萬元以下罰鍰。

Ⅱ 專業再保險業違反第一百四十七條之一第二項所定辦法中有關業務範圍或財務管理之規定者，處新臺幣九十萬元以上四百五十萬元以下罰鍰。

第 171 條

保險業違反第一百四十四條、第一百四十五條規定者，處新臺幣六十萬元以上三百萬元以下罰鍰，並得撤換其核保或精算人員。

第 171-1 條

Ⅰ 保險業違反第一百四十八條之一第一項或第二項規定者，處新臺幣六十萬元以上三百萬元以下罰鍰。

Ⅱ保險業違反第一百四十八條之二第一項規定，未提供說明文件供查閱、或所提供之說明文件未依規定記載，或所提供之說明文件記載不實，處新臺幣六十萬元以上三百萬元以下罰鍰。

Ⅲ保險業違反第一百四十八條之二第二項規定，未依限向主管機關報告或主動公開說明，或向主管機關報告或公開說明之內容不實，處新臺幣三十萬元以上一百五十萬元以下罰鍰。

Ⅳ保險業違反第一百四十八條之三第一項規定，未建立或未執行內部控制或稽核制度，處新臺幣六十萬元以上三百萬元以下罰鍰。

Ⅴ保險業違反第一百四十八條之三第二項規定，未建立或未執行內部處理制度或程序，處新臺幣六十萬元以上三百萬元以下罰鍰。

第 172 條

保險業經撤銷登記延不清算者，得處負責人各新臺幣六十萬元以上三百萬元以下罰鍰。

第 172-1 條

保險業於主管機關監管、接管或勒令停業清理時，其董（理）事、監察人（監事）、經理人或其他職員有下列情形之一者，處一年以上七年以下有期徒刑，得併科新臺幣二千萬元以下罰金：

一、拒絕將保險業業務財務有關之帳冊、文件、印章及財產等列表移交予監管人、接管人或清理人或不為全部移交。

二、隱匿或毀損與業務有關之帳冊、隱匿或毀棄該保險業之財產，或為其他不利於債權人之處分。

三、捏造債務，或承認不真實之債務。

四、無故拒絕監管人、接管人或清理人之詢問，或對其詢問為虛偽之答覆，致影響被保險人或受益人之權益者。

第 172-2 條

　　保險業經依本節規定處罰後，於規定限期內仍不予改正者，得對其同一事實或行為，再予加一倍至五倍處罰。

　　第　173　條　（刪除）

第六章　附　則

　　第　174　條

　　社會保險另以法律定之。

　　第 174-1 條

　　法院為審理違反本法之犯罪案件，得設立專業法庭或指定專人辦理。

　　第　175　條

　　本法施行細則，由主管機關定之。

　　第 175-1 條

　　Ⅰ為促進我國與其他國家保險市場主管機關之國際合作，政府或其授權之機構依互惠原則，得與外國政府、機構或國際組織，就資訊交換、技術合作、協助調查等事項，簽訂合作條約或協定。

　　Ⅱ除有妨害國家利益或投保大眾權益者外，主管機關依前項簽訂之條約或協定，得洽請相關機關、機構依法提供必要資訊，並基於互惠及保密原則，提供予與我國簽訂條約或協定之外國政府、機構或國際組織。

　　第　176　條

　　保險業之設立、登記、轉讓、合併及解散清理，除依公司法規定外，應將詳細程序明訂於管理辦法內。

　　第　177　條

　　代理人、經紀人、公證人及保險業務員之資格取得、登錄、撤銷登錄、教育訓練、懲處及其他應遵行事項之管理規則，由主管機關定之。

　　第　178　條

本法除中華民國九十五年五月三十日修正公布之條文自中華民國九十五年七月一日施行外，自公布日施行。

（二）保險法施行細則（97 年 6 月 13 日修正）

第 一 條

本細則依保險法（以下簡稱本法）第一百七十五條規定訂定之。

第 二 條

本法所稱保險業及外國保險業，包括依本法第六條規定設立，專以經營本

法第三十九條所稱再保險為業之專業再保險業。

第 三 條

保險人收取保險費，應由其總公司 （社） 或分公司 （分社） 簽發正式收據。

第 四 條

Ⅰ依本法第四十三條規定簽發保險單或暫保單，須與交付保險費全部或一部同時為之。

Ⅱ財產保險之要保人在保險人簽發保險單或暫保單前，先交付保險費而發生應予賠償之保險事故時，保險人應負保險責任。

Ⅲ人壽保險人於同意承保前，得預收相當於第一期保險費之金額。保險人應負之保險責任，以保險人同意承保時，溯自預收相當於第一期保險費金額時開始。

第 五 條

保險業經營各種保險之保險單條款，應使用中文。但因業務需要，得使用外文，並附中文譯本或節譯本。

第 六 條

要保人以其所有之藝術品、古玩品及不能依市價估定價值之

物品要保者，應依本法第七十三條及第七十五條規定約定價值，為定值之保險。

第　七　條

保險人與被保險人或受益人，對於賠款金額或給付金額有爭議時，保險人應就其已認定賠付或給付部分，依照契約規定期限，先行賠付或給付；契約內無期限規定者，應自證明文件交齊之日起十五日內先行賠付或給付。

第　八　條

Ⅰ因本法第八十一條所載之原因而終止之火災保險契約，自終止事故發生之日起，其已交付未到期之保險費，應返還之。

Ⅱ前項保險費之返還，除契約另有約定者外，保險人得按短期保險費之規定扣除保險契約有效期間之保險費後返還之。但前項終止契約之原因不可歸責於被保險人者，應將自原因發生之日起至滿期日止之保險費，按日數比例返還之。

第　九　條

第三人依本法第九十四條第二項規定，直接向保險人請求給付賠償金額時，保險人基於保險契約所得對抗被保險人之事由，皆得以之對抗第三人。

第　十　條

本法第一百零五條及第一百零七條之適用，依保險契約訂定時之法律。

第　十一　條

本法所稱保單價值準備金，指人身保險業以計算保險契約簽單保險費之利率及危險發生率為基礎，並依主管機關規定方式計算之準備金。

第　十二　條

(刪除)

第 十三 條

保險期間為一年期以下之人身保險終止契約時，其已交付未到期之保險費，應返還之。

第 十四 條

本法第一百二十三條第二項及第一百四十六條第五項所稱投資型保險，指保險人將要保人所繳保險費，依約定方式扣除保險人各項費用，並依其同意或指定之投資分配方式，置於專設帳簿中，而由要保人承擔全部或部分投資風險之人身保險。

第 十五 條

本法第一百三十六條第一項所稱合作社，指有限責任合作社。

第 十六 條

本法第一百五十九條所稱其他合作社，指保險或信用合作社。

第 十七 條

本細則自發布日施行。

（三）保險業務員管理規則（98 年 5 月 27 日修正公佈）

第一章　通　則

第一條

本規則依保險法（以下簡稱本法）第一百七十七條規定訂定之。

第二條

本規則所用名詞定義如下：

一、業務員：指本法第八條之一規定之保險業務員。

二、所屬公司：指保險業、保險代理人公司及保險經紀人公司。

三、各有關公會：指中華民國產物保險商業同業公會及中華民國人壽保險商業同業公會。

第三條

Ⅰ業務員非依本規則辦理登錄，領得登錄證，不得爲其所屬公司招攬保險。

Ⅱ業務員與所屬公司簽訂之勞務契約，依民法及相關法令規定辦理。

第四條

業務員得招攬之保險種類，由其所屬公司定之。但應通過特別測驗始得招攬之保險，由主管機關審酌保險業務發展情形另定之。

第二章　資格之取得及登錄

第五條

Ⅰ保險業務員資格之取得，應年滿二十歲，具有高中（職）以上學校畢業或同等學歷，並應符合下列條件之一：

一、參加各有關公會舉辦之業務員資格測驗合格。

二、曾依本規則辦理登錄且未受第十九條撤銷登錄處分者。

Ⅱ參加前項第一款資格測驗者，應依各有關公會所訂之業務員資格測驗要點規定報名。

Ⅲ各有關公會得考量保險市場發展情形，於報經主管機關核准後，舉辦單一保險種類之業務員資格測驗。

Ⅳ前二項業務員資格測驗要點由各有關公會訂定報主管機關備查。

Ⅴ第一項有關學歷限制之規定，自中華民國一百年一月一日起施行。

第六條

Ⅰ具前條第一項資格者，得填妥登錄申請書，由所屬公司爲

其向各有關公會辦理登錄。

　　II各有關公會應將審查合格之業務員通知其所屬公司，以憑製發登錄證，所屬公司並應於每月十五日前，將上月製發登錄證情形報各有關公會彙總。

　　III登錄申請書、登錄程序及登錄證之格式與應記載事項，由各有關公會定之。

　　IV已領有保險代理人、保險經紀人執業證書者，得向主管機關繳銷執業證書後，檢附繳銷執業證書證明，由其所屬公司為其辦理登錄。

　　V曾受第十九條撤銷業務員登錄處分者，應重新參加前條第一項第一款所定資格測驗合格，始得辦理登錄。

　　VI業務員於招攬保險時，應出示登錄證，並告知授權範圍。

　　第七條

　　I申請登錄之業務員有下列情事之一者，各有關公會應不予登錄；已登錄者，應予撤銷：

　　一、無行為能力或限制行為能力。

　　二、申請登錄之文件有虛偽之記載。

　　三、曾犯組織犯罪防制條例規定之罪，經有罪判決確定，尚未執行完畢，或執行完畢、緩刑期滿或赦免後尚未逾五年。

　　四、曾犯偽造文書、侵占、詐欺、背信罪，經宣告有期徒刑以上之刑確定，尚未執行完畢，或執行完畢、緩刑期滿或赦免後尚未逾三年。

　　五、違反保險法、銀行法、金融控股公司法、信託業法、票券金融管理法、金融資產證券化條例、不動產證券化條例、證券交易法、期貨交易法、證券投資信託及顧問法、管理外匯條例、信用合作社法、洗錢防制法或其他金融管理法律，受刑之宣告確定，尚未執行完畢，或執行完畢、緩刑期滿或赦免後尚未逾三年。

六、受破產之宣告，尚未復權。

七、有重大喪失債信情事尚未了結或了結後尚未逾三年。

八、依第十九條規定在受停止招攬行為期限內或受撤銷業務員登錄處分尚未逾三年。

九、已登錄為其他經營同類保險業務之保險業、保險代理人公司或保險經紀人公司之業務員未予註銷，而重複登錄。

十、已領得保險代理人或保險經紀人執業證書。

十一、最近三年有事實證明從事或涉及其他不誠信或不正當之活動，顯示其不適合擔任業務員。

II前項第九款所稱經營同類保險業務，指所經營之業務同為財產保險或同為人身保險。

第八條

I各有關公會及所屬公司應備置業務員登錄檔案，依序編號，並載明下列事項：

一、業務員之姓名、性別、出生年、月、日、住所、身分證統一編號或外僑永久居留證號碼、業務員資格測驗合格年度及登錄證有效期間。

二、所屬公司名稱、所在地及電話。

三、登錄年、月、日。

四、有變更、停止招攬、註銷或撤銷登錄者，其事由。

五、授權業務員招攬行為之範圍。

六、得招攬之保險種類。

七、其他經主管機關規定應予登錄之事項。

II利害關係人於必要時，得向各有關公會及所屬公司查詢業務員之登錄，各有關公會及所屬公司不得拒絕。

第九條

I業務員登錄證有效期間為五年，應於期滿前辦妥換發登錄

證手續，未辦妥前不得為保險之招攬。

Ⅱ業務員換證作業規範，由各有關公會訂定報主管機關備查。

第十條

Ⅰ業務員有異動者，所屬公司應於異動後五日內，依下列規定向各有關公會申報：

一、登錄事項有變更者，為變更登錄。

二、業務員受停止招攬行為之處分者，為停止招攬登錄。

三、業務員有死亡、喪失行為能力、終止合約、或其他終止招攬行為之情事者，為註銷登錄。

四、業務員有第七條、第十三條或第十九條撤銷之情事者，為撤銷登錄。

Ⅱ前項第二款至第四款情形，業務員應向原所屬公司繳銷登錄證。前項第三款業務員之異動日，應以業務員辦妥異動手續日為準。

Ⅲ所屬公司在辦妥異動登錄前，對於該業務員之保險招攬行為仍視為所屬公司之行為。

Ⅳ所屬公司如有停業、解散或其他原因無法繼續經營或執行業務者，應為其業務員向各有關公會辦理註銷登錄；所屬公司未辦理者，業務員得委由其所屬公（協）會向各有關公會辦理註銷登錄。

第十一條

Ⅰ第四條之特別測驗，由財團法人保險事業發展中心、各有關公會或其他經主管機關認可之保險相關機構舉辦之。

Ⅱ業務員從事第四條所定應通過特別測驗之保險招攬前，應經所屬公司向前項測驗機構報名，參加其舉辦之特別測驗，

Ⅲ合格者由所屬公司依第十條第一項第一款向各有關公會

辦理變更登錄，始得招攬該種保險。

第三章　教育訓練

第十二條

Ⅰ業務員應自登錄後每年參加所屬公司辦理之教育訓練。

Ⅱ各有關公會應訂定教育訓練要點，並報主管機關備查後通知所屬會員公司辦理。

Ⅲ前項教育訓練要點應依業務員招攬保險種類訂定相關課程。

第十三條

Ⅰ業務員不參加教育訓練者，所屬公司應撤銷其業務員登錄。

Ⅱ參加教育訓練成績不合格，於一年內再行補訓成績仍不合格者，亦同。

第四章　管　理

第十四條

Ⅰ業務員經登錄後，應專為其所屬公司從事保險之招攬。

Ⅱ業務員經所屬公司同意，並取得相關資格後，保險業、保險代理人公司之業務員得登錄於另一家非經營同類保險業務之保險業或保險代理人公司；保險經紀人公司之業務員得登錄為另一家非經營同類保險業務之保險經紀人公司，同時為財產保險及人身保險業務員。

Ⅲ前項所稱經營同類保險業務，適用第七條第二項規定。

Ⅳ業務員轉任他公司時，應依第六條規定重新登錄；異動後再任原所屬公司之業務員者，亦同。

第十五條

Ⅰ業務員經授權從事保險招攬之行為，視為該所屬公司授權範圍之行為，所屬公司對其業務員之招攬行為應嚴加管理並就其

業務員招攬行為所生之損害依法負連帶責任。

Ⅱ業務員同時登錄為財產保險及人身保險業務員者，其分別登錄之所屬公司應依法負連帶責任。

Ⅲ前項授權，應以書面為之，並載明於其登錄證上。

Ⅳ第一項所稱保險招攬之行為，係指下列之行為：

一、解釋保險商品內容及保單條款。

二、說明填寫要保書注意事項。

三、轉送要保文件及保險單。

四、其他經所屬公司授權從事保險招攬之行為。

第十六條

Ⅰ業務員從事保險招攬所用之文書、圖畫、廣告文宣，應標明所屬公司之名稱，所屬公司為代理人、經紀人者並應標明往來保險業名稱，並不得假借其他名義、方式為保險之招攬。

Ⅱ前項文書、圖畫、廣告文宣之內容，應與保險業報經主管機關審查通過之保險單條款、費率及要保書等文件相符，且經所屬公司核可同意使用。其內容並應符合主管機關訂定之資訊揭露規範。

Ⅲ保險代理人、經紀人所屬業務員使用之文書、圖畫、廣告文宣應經其往來保險業同意方可使用。

第十七條

業務員如有涉嫌違反保險法令之情事或主管機關就業務員從事保險招攬相關事項之查詢，所屬公司或業務員應於主管機關所訂期間內，向主管機關說明或提出書面報告資料。

第五章　獎　懲

第十八條

Ⅰ業務員所屬公司對業務員之招攬行為應訂定獎懲辦法，並報各有關公會備查。

Ⅱ主管機關或各有關公會對績優之公司及優秀業務員得予以表揚或以其他方式獎勵之。

第十九條

Ⅰ業務員有下列情事之一者，除有犯罪嫌疑，應依法移送偵辦外，其行為時之所屬公司並應按其情節輕重，予以三個月以上一年以下停止招攬行為或撤銷其業務員登錄之處分：

一、就影響要保人或被保險人權益之事項為不實之說明或不為說明。

二、唆使要保人或被保險人對保險人為不告知或不實之告知；或明知要保人或被保險人不告知或為不實之告知而故意隱匿。

三、妨害要保人或被保險人為告知。

四、對要保人或被保險人以錯價、放佣或其他不當折減保險費之方法為招攬。

五、對要保人、被保險人或第三人以誇大不實之宣傳、廣告或其他不當之方法為招攬。

六、未經所屬公司同意而招聘人員。

七、未經保險契約當事人同意或授權而為填寫、簽章有關保險契約文件。

八、以不當之方法唆使要保人終止有效契約而投保新契約致使要保人受損害。

九、未經授權而代收保險費或經授權代收保險費而挪用、侵占所收保險費或代收保險費未依規定交付保險業開發之正式收據。

十、領證一年內尚未開始招攬或開始招攬後自行停止招攬一年以上。

十一、以登錄證供他人使用。

十二、招攬或推介未經主管機關核准之保險業務或其他金融

商品。

　　十三、為未經主管機關核准經營保險業務之法人或個人招攬保險或類似保險業務。

　　十四、以不同保險契約內容作不公平或不完全之比較，而陳述或散布足以損害其他公司營業、信譽。

　　十五、散播不實言論或文宣，擾亂金融秩序。

　　十六、於參加第五條之資格測驗，或參加第十一條之特別測驗時，發生重大違規、舞弊，經查證屬實。

　　十七、違反第九條、第十一條第二項、第十四條第一項或第十六條規定。

　　十八、其他有損保險形象。

　　II登錄有效期間內受停止招攬行為處分期間累計達二年者，應予撤銷其業務員登錄處分。

　　III對於受停止招攬登錄、撤銷登錄處分之業務員，得於受處分之通知到達之日起三個月內，向各有關公會組成之紀律委員會申請覆核。

　　IV前項紀律委員會之組織由各有關公會訂定後報主管機關備查。

　　第二十條

　　I各所屬公司對於前條第一項各款情事之業務員，應通知其本人並將其資料造冊報各有關公會彙整，並由各有關公會通報各所屬會員公司及定期將有關之統計分析報表報主管機關備查。

　　II各所屬公司有違反本規則之各項規定或於業務員定著率或契約繼續率未達各有關公會所定報經主管機關核准比率者，主管機關除依本法有關規定處罰外，必要時，並得限制該所屬公司辦理新業務員之登錄或限制新種保險之開辦。

　　第二十一條

本規則自發布日施行。

（四）保險公證人管理規則（96 年 4 月 24 日修正公佈）

第一章　通　則

第一條

本規則依保險法第一百七十七條規定訂定之。

第二條

本規則所稱保險公證人（以下簡稱公證人），指保險法第十條規定之公證人。

第三條

公證人非依本規則取得執業證書，不得執行業務。

第四條

Ⅰ公證人分一般保險公證人及海事保險公證人。

Ⅱ一般保險公證人，指向保險人或被保險人收取費用，為其辦理海上保險以外保險標的之查勘、鑑定及估價與賠款之理算、洽商，而予證明之人。

Ⅲ海事保險公證人，指向保險人或被保險人收取費用，為其辦理海上保險標的之查勘、鑑定及估價與賠款之理算、洽商，而予證明之人。

第二章　資格條件

第五條

Ⅰ公證人應具備下列資格之一：

一、經專門職業及技術人員保險公證人考試及格者。

二、前曾應主管機關舉辦之公證人資格測驗合格者。

三、曾領有公證人執業證書並執業有案者。

四、具有專門職業及技術人員技師考試及格證書，並執行業務五年以上者。

五、曾任總噸位一萬噸以上船舶船長五年以上者。

六、領有經主管機關認可之外國海事保險公證人執業證書或證明文件者。

II具備前項第三款資格者，以執行同類業務爲限；具備前項第四款資格者，僅得執行與其本業有關之公證業務；具備前項第五款、第六款資格者，僅得執行海事保險公證業務。

第六條

兼有公證人、保險代理人或經紀人資格者，僅得擇一申領執業證書。

第七條

有下列情事之一者，不得申領公證人執業證書，或充任公證人公司之董事、監察人或經理人：

一、無行爲能力或限制行爲能力。

二、曾犯組織犯罪防制條例規定之罪，經有罪判決確定。

三、曾犯侵占、詐欺、背信、僞造文書罪，經宣告有期徒刑以上之刑確定，執行完畢、緩刑期滿或赦免後尚未逾三年。

四、違反保險法、銀行法、金融控股公司法、信託業法、票券金融管理法、金融資產證券化條例、不動產證券化條例、證券交易法、期貨交易法、證券投資信託及顧問法、管理外匯條例、信用合作社法或其他金融管理法律，受刑之宣告確定，執行完畢、緩刑期滿或赦免後尚未逾三年。

五、受破產之宣告，尚未復權。

六、曾任法人宣告破產時之負責人，破產終結尚未逾三年，或調協未履行。

七、有重大喪失債信情事尚未了結或了結後尚未逾三年。

八、曾違反保險法或公平交易法被撤換，或受罰鍰處分尚未逾三年。

　　九、最近三年內有事實證明從事或涉及其他不誠信或不正當之活動，顯示其不適任。

　　十、任職保險業及有關公會現職人員。

　　十一、已登錄為保險業務員者。

　　十二、執業證書經主管機關撤銷尚未滿五年者。

　　十三、涉及專門職業及技術人員之保險從業人員特種考試重大舞弊行為，經有期徒刑判決確定者。

　　十四、其他法律有限制規定者。

第三章　執業登記及執業證書取得

　　第八條

　　Ⅰ具備本規則所定公證人資格者，得以個人名義或受公司組織之僱用於取得執業證書後執行業務。

　　Ⅱ以公司組織申請經營公證人業務者，應僱用具備前項所定公證人資格者至少一人，擔任簽署工作，向主管機關辦理許可登記，其人數並應視業務規模，由公司作適當調整，必要時主管機關並得視情況，要求公司增僱公證人擔任簽署工作。

　　Ⅲ依前項規定辦理登記後，應依法向有關機關辦理設立登記。

　　Ⅳ每一公證人不得同時為二家以上公司擔任簽署工作。

　　第九條

　　以個人名義執行公證人業務者，應檢附下列文件，向主管機關辦理許可登記：

　　一、申請書。

　　二、符合本規則所定資格條件之證明。

　　三、最近二年內取得主管機關認可之職前教育訓練證明；取得之職前教育訓練證明已逾二年者，得檢附該職前教育訓練證明及第二十三條規定之在職教育訓練證明；依第五條第一項第三款

之資格辦理許可登記者，得檢附第二十三條規定之在職教育訓練證明。

四、身分證明。

五、營業計畫書。

六、無第七條各款所列情事之書面聲明。

第十條

I 以公司組織名義執行公證人業務者，其公司名稱應標明「保險公證」字樣，並應檢附下列文件，向主管機關辦理許可登記：

一、申請書。

二、所僱用之公證人符合本規則所定資格條件之證明。

三、所僱用之公證人之身分證明。

四、所僱用之公證人最近二年內取得主管機關認可之職前教育訓練證明；取得之職前教育訓練證明已逾二年者，得檢附該職前教育訓練證明及第二十三條規定之在職前教育訓練證明；依第五條第一項第三款之資格辦理許可登記者，得檢附第二十三條規定之在職教育訓練證明。

五、所僱用之公證人無第七條第一款至第九款及第十二款至第十四款情事之書面聲明。

六、營業計畫書。

七、發起人或股東清冊，載明發起人或股東姓名、性別、出生年月日、住所、身分證統一編號及所認繳股款。

八、公司章程。

九、繳足股款證明或公司存款餘額證明。

十、預定經理人之資格證明文件。

II 前項第七款發起人或股東，為外國保險公證人公司者，應另檢具第三十八條第一項第一款至第四款之文件。

第十一條

公證人公司之經理人應具備下列資格之一：

一、國內外專科以上學校畢業或具有同等學歷，並具保險公司、保險合作社、保險公證人公司、保險代理人公司或保險經紀人公司之工作經驗三年以上者。

二、國內外專科以上學校畢業或具同等學歷，並曾擔任保險公證人之簽署工作二年以上者。

三、有其他事實足資證明具備保險專業知識或保險工作經驗，可健全有效經營保險公證業務者。

第十二條

公證人公司董事、監察人、經理人變更時，應檢具無第七條各款所列情事之書面聲明，報所屬公證商業同業公會備查。

第十三條

I 公證人公司增僱或變更公證人，而該公證人已領有執業證書者，公證人公司應於增僱或變更公證人後一週內，向所屬公證商業同業公會報備。

II 前項作業要點，由公證商業同業公會訂之。

第十四條

公司組織申請經營公證人之業務者，其最低實收資本額為新臺幣二百萬元。發起人及股東之出資以現金為限。

第十五條

I 公證人經許可登記後，應持向中央銀行或其委託之銀行繳納保證金之收據，或投保專業責任保險之保險單，送請主管機關核發執業證書。

II 個人執行業務者，應繳存保證金新臺幣二十萬元；公司組織者，保證金應按實收資本額百分之十五繳存。但繳存金額不得低於新臺幣六十萬元。

Ⅲ同時申領一般保險公證人及海事保險公證人執業證書者，應分別依前二項規定繳存保證金。

Ⅳ保證金之繳存，得以現金、公債或國庫券為之。

Ⅴ繳存之保證金須俟執業證書繳銷後申請發還之。

Ⅵ投保專業責任保險者，其保險期間不得中斷，且每一事故保險金額，個人執行業務者不得低於新臺幣五十萬元；公司組織者應按實收資本額之百分之十五投保，但不得低於新臺幣一百萬元。

Ⅶ前項專業責任保險，每一保險期間之累積保險金額不得低於前項最低每一事故保險金額之三倍。

Ⅷ投保專業責任保險者，每年續保後應報請公證商業同業公會備查；有解除或終止保險契約改以繳存保證金情事者，應先報請主管機關核准。

第十六條

Ⅰ公證人應自許可登記之日起六個月內，申請主管機關核發執業證書並開始營業；屆期未申請或未開始營業者，由主管機關廢止其登記。

Ⅱ公證人公司經主管機關核准得申請暫停執業。但應於一年內僱用合格公證人至少一人擔任簽署工作並重行營業，逾期由主管機關註銷執業登記及執業證書。

Ⅲ前二項所定期限，如有正當理由，得申請延長之，並以一次為限。

Ⅳ公證人公司經營業務後未依第八條第二項規定僱用合格公證人至少一人擔任簽署工作者，不得執行業務，並應於三個月內僱用合格公證人至少一人擔任簽署工作，逾期由主管機關註銷執業登記及執業證書。

第十七條

Ⅰ公證人申請主管機關核發執業證書時，應繳交主管機關所定之規費，並檢附繳存保證金之證明，或投保專業責任保險之保險單。

Ⅱ公司組織應另檢附設立登記表、董事監察人名冊，以及董事、監察人、經理人無第七條各款所列情事之聲明書及所僱用之公證人無第七條第十款及第十一款規定情事之證明。

Ⅲ公證人公司解散清算及個人名義執業之公證人停止執行業務時，應將其執業證書繳銷。

第十八條

執業證書之有效期間爲五年，並應於期滿前辦妥換發執業證書手續。

申請換發執業證書時，應繳交主管機關所定之規費，並檢附下列文件：

一、原領執業證書。

二、主管機關認可之在職教育訓練證明。

三、繳存保證金之證明或投保專業責任保險之保險單。

四、最近三年公證人列有所得來源之綜合所得稅結算申報書、附切結書之扣繳憑單或其他有執業實績證明之文件。

五、無第七條各款所列情事之聲明書。

六、依第三十一條規定加入所屬公證商業同業公會之證明。

第十九條

有下列情事之一者，主管機關應不予換發其執業證書：

一、違反第六條規定。

二、有第七條各款所列情事之一。

三、違反第八條第二項及第四項規定。

四、未於第十八條所定限期內申請換發執業證書。

五、未於第二十九條第二項所定限期內辦理變更登記並換發

執業證書。

六、未依第三十條規定申報業務及財務報表。

七、未依規定繳交罰鍰、監理年費、檢查費及其他規費。

第二十條

公證人同時具備一般保險公證人及海事保險公證人資格者，得同時申領一般保險公證人及海事保險公證人執業證書。

第四章　教育訓練

第二十一條

教育訓練分爲職前教育訓練與在職教育訓練。

第二十二條

Ⅰ以個人名義或以公司名義執行公證人業務者，應於申請執行業務前二年內參加職前教育訓練達三十二小時以上。

Ⅱ職前教育訓練得由財團法人保險事業發展中心或大學院校推廣教育機構辦理之；其教育訓練要點與內容，須報請主管機關核可。

第二十三條

Ⅰ以個人名義或以公司名義執行公證人業務者，應於申請換發執業證書前二年內參加在職教育訓練達二十四小時以上。

Ⅱ在職教育訓練得由財團法人保險事業發展中心、公證人商業同業公會、大學院校推廣教育機構、或其他經主管機關認可之機構辦理之；其教育訓練要點與內容，須報請主管機關核可。

第五章　管　理

第二十四條

公證人執行業務，應於公證報告及其他有關文件簽署，並依法負相關責任。

第二十五條

公證人執行業務應獨立公正，應兼顧保險人及被保險人雙方

之利益並應遵守誠實信用原則，就受託業務負有忠實查勘、核估之義務不得有不正當行爲及違反或廢弛其職務上應盡之義務。

第二十六條

公證人不得爲其本身利益及有利害關係之委託人執行公證業務。

第二十七條

公證人執行業務，非經委任人書面同意，不得複委託他公證人執行之。

第二十八條

公證人執行公證業務，應保存公證報告，備主管機關查核。

前項應保存各項文件之期限最少爲五年。但法令另有規定者，依其規定。

第二十九條

I 公證人應有固定之營業處所，並不得設於保險公司總、分公司內；營業處所變更時，應於一個月內向主管機關報備，並副知公證人商業同業公會。

II 公司執業證書登記事項有變更者，應於三十日內檢附變更登記表，繳交主管機關所定之規費換發執業證書。

III 公證人應將執業證書正本懸掛於營業處所明顯之處。

IV 公證人執行業務時，應出示執業證書及服務證件正本或影本。

第三十條

I 公證人應專設帳簿，記載業務收支，並於主管機關規定之期限內，將各類業務及財務報表，彙報主管機關或其指定之機構；其報表格式由主管機關另定之。

II 主管機關得隨時派員檢查公證人之營業及資產負債，或令其於限期內報告營業狀況。

第三十一條

Ⅰ公證人經主管機關許可登記後，應加入公證商業同業公會。

Ⅱ公證人非依前項規定加入商業同業公會，領有會員證，不得申領執業證書執行業務。

第三十二條

Ⅰ公證商業同業公會成立或改選時，應將章程、會員及理監事名冊，分報內政部及主管機關備查。

Ⅱ公證商業同業公會應訂定公證人執業道德規範、自律公約及電子商務自律規範，報主管機關備查。

Ⅲ主管機關得視實際需要，委託公證商業同業公會辦理相關業務。

第三十三條

Ⅰ公證人公司最近三年內無違反法令受主管機關處分者，得向主管機關申請核准設立分公司。

Ⅱ申請設立分公司，除應僱用具備公證人資格者，擔任簽署工作外，並應檢附下列文件：

一、申請書，並載明分公司名稱及所在地。

二、董事會決議增設分公司之會議紀錄。

三、公司負責人與所增僱公證人之身分證明及符合本規則所定資格條件之證明。

四、所僱用之公證人最近二年內取得主管機關認可之職前教育訓練證明；取得之職前教育訓練證明已逾二年者，得檢附該職前教育訓練證明及第二十三條規定之在職教育訓練證明；依第五條第一項第三款之資格辦理許可登記者，得檢附第二十三條規定之在職教育訓練證明。

五、所僱用之公證人無第七條第一款至第九款及第十二款至

第十四款情事之書面聲明。

六、分公司營業計畫書。

第三十四條

公證人不得有下列各款行為之一：

一、申領執業證書時具報不實者。

二、向保險契約當事人或利害人索取額外報酬者。

三、以執業證書供他人使用者。

四、以誇大不實、引人錯誤之宣傳、廣告或其他不當之方法執行業務者。

五、為自己或第三人利益出具不實公證報告者。

六、有侵占、詐欺、背信、偽造文書行為受刑之宣告者。

七、經營執業證書所載範圍以外之保險業務者。

八、其他違反本規則或相關法令者。

第三十五條

公證人未依本規則向主管機關登記並取得執業證書者，各保險業不得委託其業務；其執業證書經主管機關撤銷或廢止者，亦同。

第六章　外國保險公證人

第三十六條

主管機關得視需要，核准外國保險公證人公司在中華民國境內設立分公司經營與其本國業務種類相同之業務。

第三十七條

申請在中華民國境內設立分公司或擔任公證人公司之股東或發起人之外國保險公證人應具備下列條件：

一、申請前最近三年具有健全業務經營績效及安全財務能力者。

二、預定駐中華民國之代表具有該國認定可從事公證人業務

者，或領有中華民國同類執業證書者。

第三十八條

I 依前二條規定申請許可者，應檢附下列文件：

一、經其本國主管機關核准設立登記及經營業務範圍等證明文件。

二、最近三年具有健全業務經營績效及安全財務能力之相關文件。

三、預定駐中華民國之代表之國籍證明文件及前條第二款規定之資格證明。

四、本公司章程、最近一年經其本國認可之會計師查核簽證之資產負債表、損益表及執行業務之重要負責人姓名、國籍、職務及住所或居所之文件。

五、營業計畫書。

六、所僱用之公證人符合本規則所定資格條件之證明及最近二年內取得主管機關認可之職前教育訓練證明；取得之職前教育訓練證明已逾二年者，得檢附該職前教育訓練證明及第二十三條規定之在職教育訓練證明；依第五條第一項第三款之資格辦理許可登記者，得檢附第二十三條規定之在職教育訓練證明。

七、所僱用之公證人無第七條第一款至第九款及第十二款至第十四款情事之書面聲明。

II 前項第一款至第三款之文件，須經中華民國駐外單位之簽證。但該國未有中華民國駐外單位者，得由鄰近國家之駐外單位為之。

III 第一項申請文件，其屬外文者，均須附具中文譯本。

第三十九條

外國保險公證人公司在中華民國境內設立分公司之最低營運資金為新臺幣二百萬元，保證金應按營運資金之百分之十五繳

存。但繳存金額不得低於新臺幣六十萬元。

第四十條

Ⅰ依第三十八條規定取得主管機關之許可者，應依公司法規定，向經濟部辦理外國公司之認許及分公司之登記。

Ⅱ依前項規定辦妥認許及登記手續者，應於繳存保證金或投保專業責任保險後檢齊分公司設立登記表及主管機關所定之規費，向主管機關申領執業證書。取得執業證書者，其營業登記依有關法令辦理。

第四十一條

Ⅰ外國保險公證人公司在中華民國境內設立分公司經營業務者，應僱用領有中華民國公證人同類執業證書之人至少一人執行業務。

Ⅱ海事保險公證人得僱用領有經主管機關認可之外國同類執業證書或證明文件之人至少一人執行業務。

第四十二條

關於外國保險公證人，本章未規定者，準用本規則其他相關章節之規定。

第七章　附　則

第四十三條

Ⅰ公證人公司之董事、監察人或經理人於本規則發布施行後充任或升任者，應符合第七條、第十一條及第十二條規定；其不具備而充任或升任者，解任之。

Ⅱ公證人公司之董事、監察人或經理人於升任或充任後始發生第七條各款情事之一者，解任之。

第四十四條

本規則所定執業證書規費，其費額由主管機關定之。

第四十五條

本規則自發布日施行。

（五）保險經紀人管理規則（94 年 2 月 16 日）

第一章　通　則

第一條

本規則依保險法第一百七十七條規定訂定之。

第二條

本規則所稱保險經紀人（以下簡稱經紀人），指保險法第九條規定之保險經紀人。

第三條

經紀人非依本規則取得執業證書，不得執行業務。

第四條

經紀人分財產保險經紀人及人身保險經紀人。

第二章　資格條件

第五條

I 經紀人應具備下列資格之一：

一、經專門職業及技術人員保險經紀人考試及格者。

二、前曾應主管機關舉辦之經紀人資格測驗合格者。

三、曾領有經紀人執業證書並執業有案者。

II 具備前項第三款資格者，以執行同類業務為限。

第六條

兼有經紀人、保險代理人或公證人資格者，僅得擇一申領執業證書。

第七條

有下列情事之一者，不得申領經紀人執業證書，或充任經紀人公司之董事、監察人或經理人：

一、無行為能力或限制行為能力。

二、曾犯組織犯罪防制條例規定之罪，經有罪判決確定。

三、曾犯侵占、詐欺、背信、偽造文書罪，經宣告有期徒刑以上之刑確定，執行完畢、緩刑期滿或赦免後尚未逾三年。

四、違反保險法、銀行法、金融控股公司法、信託業法、票券金融管理法、金融資產證券化條例、不動產證券化條例、證券交易法、期貨交易法、證券投資信託及顧問法、管理外匯條例、信用合作社法或其他金融管理法律，受刑之宣告確定，執行完畢、緩刑期滿或赦免後尚未逾三年。

五、受破產之宣告，尚未復權。

六、曾任法人宣告破產時之負責人，破產終結尚未逾三年，或調協未履行。

七、有重大喪失債信情事尚未了結或了結後尚未逾三年。

八、曾違反保險法或公平交易法被撤換，或受罰鍰處分尚未逾三年。

九、最近三年內有事實證明從事或涉及其他不誠信或不正當之活動，顯示其不適任。

十、任職保險業及有關公會現職人員。

十一、已登錄為保險業務員者。但經紀人公司之業務員充任董事或經理人者，不在此限。

十二、執業證書經主管機關撤銷或廢止尚未滿五年者。

十三、涉及專門職業及技術人員之保險從業人員特種考試重大舞弊行為，經有期徒刑裁判確定者。

十四、其他法律有限制規定者。

第三章　執業登記及執業證書之取得

第八條

Ⅰ具備本規則所定經紀人資格者，得以個人名義或受公司組

織之僱用於取得執業證書後執行業務。

Ⅱ以公司組織申請經營經紀人業務者，應僱用具備前項所定經紀人資格者至少一人，擔任簽署工作，向主管機關辦理許可登記，其人數並應視業務規模，由公司作適當調整，必要時主管機關並得視情況，要求公司增僱經紀人擔任簽署工作。

Ⅲ依前項規定辦理登記後，應依法向有關機關辦理設立登記。

Ⅳ每一經紀人不得同時為二家以上公司擔任簽署工作。

第九條

以個人名義執行經紀人業務者，應檢附下列文件，向主管機關辦理許可登記：

一、申請書。

二、符合本規則所定資格條件之證明。

三、最近二年內取得主管機關認可之職前教育訓練證明；取得職前教育訓練證明已二年以上者，得檢附已取得之職前教育訓練證明及第二十四條規定之在職教育訓練證明；依第五條第一項第三款之資格辦理許可登記者，得檢附第二十四條規定之在職教育訓練證明。

四、身分證明。

五、營業計畫書。

六、無第七條各款所列情事之書面聲明。

第十條

Ⅰ以公司組織名義執行經紀人業務者，應檢附下列文件，向主管機關辦理許可登記：

一、申請書。

二、所僱用之經紀人符合本規則所定資格條件之證明。

三、所僱用之經紀人之身分證明。

　　四、所僱用之經紀人最近二年內取得主管機關認可之職前教育訓練證明；取得職前教育訓練證明已二年以上者，得檢附已取得之職前教育訓練證明及第二十四條規定之在職前教育訓練證明；依第五條第三款之資格辦理許可登記者，得檢附第二十四條規定之在職教育訓練證明。

　　五、所僱用之經紀人無第七條第一款至第九款及第十二款至第十四款情事之書面聲明。

　　六、營業計畫書。

　　七、發起人或股東清冊，載明發起人或股東姓名、性別、出生年月日、住所、身分證統一編號及所認繳股款。

　　八、公司章程。

　　九、繳足股款證明或公司存款餘額證明。

　　十、預定經理人之資格證明文件。

　　II前項第七款發起人或股東，為外國保險經紀人公司者，應另檢具第三十九條第一項第一款至第三款之文件。

第十一條

　　經紀人公司之經理人應具備下列資格之一：

　　一、國內外專科以上學校畢業或具有同等學歷，並具保險公司、保險合作社、保險經紀人、保險代理人或保險公證人工作經驗三年以上者。

　　二、國內外專科以上學校畢業或具同等學歷，並曾擔任保險經紀人之簽署工作二年以上者。

　　三、有其他事實足資證明具備保險專業知識或保險工作經驗，可健全有效經營保險業務者。

第十二條

　　經紀人公司董事、監察人、經理人變更時，應檢具無第七條各款所列情事之書面聲明，報保險經紀人商業同業公會備查。

第十三條

I 經紀人公司增僱或變更經紀人，而該經紀人已領有執業證書者，經紀人公司應於增僱或變更經紀人後一週內，向保險經紀人商業同業公會報備。

II 前項作業要點，由保險經紀人商業同業公會訂之。

第十四條

I 以公司組織申請經營經紀人之業務者，其最低實收資本額為新臺幣三百萬元；申請經營再保險經紀業務者，最低實收資本額為新臺幣六百萬元；申請同時經營保險經紀及再保險經紀業務者，最低實收資本額為新臺幣六百萬元。

II 發起人及股東之出資以現金為限。

III 實收資本額未達前項規定者，應於九十五年十二月八日前完成增資補足。

第十五條

I 經紀人經許可登記後，應持向中央銀行或其委託之銀行繳納保證金之收據，或投保專業責任保險之保險單，送請主管機關核發執業證書。

II 個人執行業務者，應繳存保證金新臺幣二十萬元；公司組織者，保證金應按實收資本額百分之十五繳存。但繳存金額不得低於新臺幣六十萬元。

III 同時申領人身保險經紀人及財產保險經紀人執業證書者，應分別依前二項規定繳存保證金；經營再保險經紀業務者，依前項規定金額之二倍繳存。

IV 保證金之繳存，得以現金、公債或國庫券為之。

V 繳存之保證金須俟宣告停業依法完成清算並將其執業證書繳銷後申請發還之。但個人名義執行業務者得於停止執行業務並繳銷執業證書後申請發還之。

　　Ⅵ投保專業責任保險者，其保險期間不得中斷，且每一事故保險金額，個人執行業務者不得低於新臺幣一百萬元；公司組織者應按實收資本額之百分之三十投保，但不得低於新臺幣二百萬元；經營再保險經紀業務者不得低於新臺幣四百萬元，同時經營保險經紀及再保險經紀業務者亦同。

　　Ⅶ前項專業責任保險，每一保險期間之累積保險金額不得低於前項每一事故最低保險金額之三倍。

　　Ⅷ投保專業責任保險者，每年續保後應報請經紀人商業同業公會或協會備查；有解除或終止保險契約改以繳存保證金情事者，應先報請主管機關核准。

　　第十六條

　　Ⅰ經紀人應自許可登記之日起六個月內，申請主管機關核發執業證書並開始營業；屆期未申請或未開始營業者，由主管機關廢止其登記。

　　Ⅱ經紀人公司經主管機關核准得申請暫停執業。但應於一年內僱用合格經紀人至少一人擔任簽署工作並重行營業，逾期由主管機關註銷執業登記及執業證書。

　　Ⅲ前二項所定期限，如有正當理由，得申請延長之，並以一次為限。

　　Ⅳ經紀人公司經營業務後未依第八條第二項規定僱用合格經紀人至少一人擔任簽署工作者，不得執行業務，並應於三個月內僱用合格經紀人至少一人擔任簽署工作，逾期由主管機關註銷執業登記及執業證書。

　　第十七條

　　Ⅰ經紀人申請主管機關核發執業證書時，應繳交主管機關所定之規費，並檢附繳存保證金之證明，或投保專業責任保險之保險單。

Ⅱ公司組織應另檢附設立登記表、董事監察人名冊，以及董事、監察人、經理人無第七條各款所列情事之聲明書及所僱用之經紀人無第七條第十款及第十一款規定情事之證明。

Ⅲ經紀人公司解散清算及個人名義執業之經紀人停止執行業務時，應將其執業證書繳銷。

第十八條

Ⅰ經註冊登記之銀行業、信託投資業，得向主管機關申請登記經營與押匯及授信業務有關之財產保險經紀業務。但應設置專部執行業務，其資本、營業及會計必須獨立。

Ⅱ依前項規定辦理登記時，應聘有具備申領執業證書資格之人，報主管機關核准；其辦理保險經紀之業務，應由報准合格之經紀人簽署。

第十九條

執業證書之有效期間爲五年，並應於期滿前辦妥換發執業證書手續。

申請換發執業證書時，應繳交主管機關所定之規費，並檢附下列文件：

一、原領執業證書。

二、主管機關認可之在職教育訓練證明。

三、繳存保證金之證明或投保專業責任保險之保險單。

四、最近三年經紀人列有所得來源之綜合所得稅結算申報書、附切結書之扣繳憑單或其他有執業實績證明之文件。

五、無第七條各款所列情事之聲明書。

六、依第三十三條規定加入保險經紀人商業同業公會或協會之證明。

第二十條

有下列情事之一者，主管機關應不予換發其執業證書：

一、違反第六條規定。

二、有第七條各款所列情事之一。

三、違反第八條第二項及第四項規定。

四、未於第十九條所定限期內申請換發執業證書。。

五、未於第三十一條第二項所定限期內辦理變更登記並換發執業證書。

六、未依第三十二條規定申報業務及財務報表。

七、未依規定繳交罰鍰、監理年費、檢查費及其他規費。

第二十一條

經紀人同時具備財產保險及人身保險經紀人資格者，得同時申領財產保險及人身保險經紀人執業證書。

第四章　教育訓練

第二十二條

教育訓練分為職前教育訓練與在職教育訓練。

第二十三條

Ⅰ以個人名義或以公司名義執行經紀人業務者，應於申請執行業務前二年內參加職前教育訓練達三十二小時以上。

Ⅱ職前教育訓練得由財團法人保險事業發展中心或大學院校推廣教育機構辦理之；其教育訓練要點與內容，須報請主管機關核可。

第二十四條

Ⅰ以個人名義或以公司名義執行經紀人業務者，應於申請換發執業證書前二年內參加在職教育訓練達二十四小時以上。

Ⅱ在職教育訓練得由財團法人保險事業發展中心、經紀人商業同業公會或協會、大學院校推廣教育機構、或其他經主管機關認可之機構辦理之；其教育訓練要點與內容，須報請主管機關核可。

356 最新兩岸保險法之比較 —— 兼述 2009 年大陸保險法合同規定之評析

第五章　管　理

第二十五條

I 經紀人執行業務，應於有關文件簽署，並依法負相關責任。

II 前項有關文件，在財產保險經紀人包括：

一、要保書。

二、批改申請書。

三、委託代繳保費收據。

III 第一項有關文件，在人身保險經紀人包括：

一、要保書。

二、契約內容變更申請書。

三、委託代繳保費收據。

第二十六條

I 以公司組織名義執行經紀人業務者，得經營保險經紀業務及再保險經紀業務。

II 經紀人公司經營前項再保險經紀業務者，應符合主管機關所訂之資格條件及業務處理程序規定，並先向主管機關申請核准。

III 保險經紀業務與再保險經紀業務之執行，應盡善良管理人之責任，防範利益衝突，並遵循保險經紀人商業同業公會所訂定之執業道德規範。

IV 經紀人公司經營再保險經紀業務者，應保存完整之再保險安排完成確認書、再保險人之再保成分、信用評等交易紀錄，備主管機關查核，其與再保險人交易之再保條件、再保費、再保佣金等重要資訊、紀錄，及影響再保險人財務業務之重大資訊，並應適時通知原保險人。

第二十七條

I 經紀人公司經營再保險經紀業務者，應就再保險經紀業務專設帳簿，記載相關收支情形。

Ⅱ經紀人公司辦理再保險業務之結算，得按月或季進行結算。

第二十八條

經紀人公司之業務員從事保險招攬之宣傳及廣告內容，應經所屬公司核可；其所屬公司並應依法負責任。

第二十九條

經紀人因執行業務之過失、錯誤或疏漏行為，致要保人、被保險人受有損害時，經紀人應負賠償責任。

第三十條

Ⅰ經紀人受要保人之委託代繳保險費者，應保存收費紀錄及收據影本，並應於收到保險費後立即交付保險人。

Ⅱ前項應保存文件之期限最少為五年。但法令另有規定者，依其規定。

第三十一條

Ⅰ經紀人應有固定之營業處所，並不得設於保險公司總、分公司內；營業處所變更時，應於一個月內向主管機關報備，並副知經紀人商業同業公會或協會。

Ⅱ公司執業證書登記事項有變更者，應於三十日內檢附變更登記表，繳交主管機關所定之規費換發執業證書。

Ⅲ經紀人應將執業證書正本懸掛於營業處所明顯之處。

Ⅳ經紀人執行業務時，應出示執業證書及服務證件正本或影本。

第三十二條

Ⅰ經紀人應專設帳簿，記載業務收支，並於主管機關規定之期限內，將各類業務及財務報表，彙報主管機關或其指定之機構；其報表格式由主管機關另定之。

Ⅱ主管機關得隨時派員檢查經紀人之營業及資產負債，或令

其於限期內報告營業狀況。

第三十三條

Ⅰ 經紀人經主管機關許可登記後，以公司組織者應加入經紀人商業同業公會，以個人名義執行業務者應加入經紀人協會。

Ⅱ 經紀人非依前項規定加入商業同業公會或協會，領有會員證，不得申領執業證書執行業務。

第三十四條

Ⅰ 經紀人商業同業公會或協會成立或改選時，應將章程、會員及理監事名冊，分報內政部及主管機關備查。

Ⅱ 經紀人商業同業公會或協會應訂定經紀人執業道德規範、自律公約及電子商務自律規範，報主管機關備查。

Ⅲ 主管機關得視實際需要，委託經紀人商業同業公會或協會辦理相關業務。

第三十五條

Ⅰ 經紀人公司最近三年內無違反法令受主管機關處分者，得向主管機關申請核准設立分公司。

Ⅱ 申請設立分公司，除應僱用具備經紀人資格者，擔任簽署工作外，並應檢附下列文件：

一、申請書，並載明分公司名稱及所在地。

二、董事會決議增設分公司之會議紀錄。

三、分公司負責人與所增僱經紀人之身分證明及符合本規則所定資格條件之證明。

四、所僱用之經紀人最近二年內取得主管機關認可之職前教育訓練證明；取得職前教育訓練證明已二年以上者，得檢附已取得之職前教育訓練證明及第二十四條規定之在職教育訓練證明；依第五條第一項第三款之資格辦理許可登記者，得檢附第二十四

條規定之在職教育訓練證明。

五、所僱用之經紀人無第七條第一款至第九款及第十二款至第十四款情事之書面聲明。

六、分公司營業計畫書。

第三十六條

經紀人不得有下列各款行為之一：

一、申領執業證書時具報不實者。

二、為未經核准登記之保險業洽訂保險契約。

三、故意隱匿保險契約之重要事項。

四、利用職務或業務上之便利或以其他不正當手段強迫、引誘或限制要保人、被保險人或保險人締約之自由或向其索取額外報酬或其他利益。

五、以誇大不實、引人錯誤之宣傳、廣告或其他不當之方法執行業務或招聘人員。

六、有以不當之手段慫恿保戶退保、轉保或貸款等行為。

七、挪用或侵占保險費或保險金者。

八、本人未執行業務，而以執業證書供他人使用者。

九、有侵占、詐欺、背信、偽造文書行為受刑之宣告者。

十、經營執業證書所載範圍以外之保險業務者。

十一、向保險人索取不合理之報酬，違反主管機關核定之費率規定。

十二、以不法之方式使保險人為不當之保險給付。

十三、散播不實言論或文宣擾亂金融秩序。

十四、其他違反本規則或相關法令者。

十五、其他有損保險經紀人形象者。

第六章　外國保險經紀人

第三十七條

主管機關得視需要，核准外國保險經紀人公司在中華民國境內設立分公司，經營與其本國業務種類相同之業務。

第三十八條

申請在中華民國境內設立分公司或擔任經紀人公司之股東或發起人之外國保險經紀人公司應具備下列條件：

一、申請前最近三年具有健全業務經營績效及安全財務能力者。

二、預定駐中華民國之代表具有該國認定可從事經紀人業務者，或領有中華民國同類執業證書者。

第三十九條

I 依前二條規定申請許可者，應檢附下列文件：

一、經其本國主管機關核准設立登記及經營業務範圍等證明文件。

二、預定駐中華民國之代表之國籍證明文件及前條第二款規定之資格證明。

三、本公司章程、最近一年經其本國認可之會計師查核簽證之資產負債表、損益表及執行業務之重要負責人姓名、國籍、職務及住所或居所之文件。

四、營業計畫書。

五、所僱用之經紀人符合本規則所定資格條件之證明及最近二年內取得主管機關認可之職前教育訓練證明；取得職前教育訓練證明已二年以上者，得檢附已取得之職前教育訓練證明及第二十四條規定之在職教育訓練證明；依第五條第一項第三款之資格辦理許可登記者，得檢附第二十四條規定之在職教育訓練證明。

六、所僱用之經紀人無第七條第一款至第九款及第十二款至第十四款情事之書面聲明。

II 前項第一款至第三款之文件，須經中華民國駐外單位之簽

證。但該國未有中華民國駐外單位者，得由鄰近國家之駐外單位
為之。

Ⅲ第一項申請文件，其屬外文者，均須附具中文譯本。

第四十條

Ⅰ外國保險經紀人公司在中華民國境內設立分公司之最低
營運資金為新臺幣三百萬元，保證金應按營運資金之百分之十五
繳存。但繳存金額不得低於新臺幣六十萬元。

Ⅱ最低營運資金未達新臺幣三百萬元者，應於九十五年十二
月八日前完成指撥補足。

第四十一條

Ⅰ依第三十九條規定取得主管機關之許可者，應依公司法規
定，向經濟部辦理外國公司之認許及分公司之登記。

Ⅱ依前項規定辦妥認許及登記手續者，應於繳存保證金或投
保專業責任保險後檢齊分公司設立登記表及主管機關所定之規
費，向主管機關申領執業證書。取得執業證書者，其營業登記依
有關法令辦理。

第四十二條

外國保險經紀人公司在中華民國境內設立分公司經營業務
者，應僱用領有中華民國經紀人同類執業證書之人至少一人執行
業務。

第四十三條

關於外國保險經紀人，本章未規定者，準用本規則其他相關
章節之規定。

第七章　附　則

第四十四條

Ⅰ經紀人公司之董事、監察人或經理人於本規則發布施行後
充任或升任者，應符合第七條、第十一條及第十二條規定；其不

具備而充任或升任者，解任之。

Ⅱ經紀人公司之董事、監察人或經理人於升任或充任後始發生第七條各款情事之一者，解任之。

第四十五條

本規則所定登記及執業證書規費，其費額由主管機關定之。

第四十六條

本規則自發布日施行。

（六）保險代理人管理規則（94 年 2 月 18 日修正公佈）

第一章　通　則

第一條

本規則依保險法第一百七十七條規定訂定之。

第二條

本規則所稱保險代理人（以下簡稱代理人），指保險法第八條規定之保險代理人。

第三條

代理人非依本規則取得執業證書，不得執行業務。

第四條

Ⅰ代理人分財產保險代理人及人身保險代理人。

Ⅱ代理人依其代理保險業家數分為專屬代理人及普通代理人；專屬代理人以代理特定一家保險業為限，普通代理人得代理二家以上之保險業。

第二章　資格條件

第五條

Ⅰ代理人應具備下列資格之一：

一、經專門職業及技術人員保險代理人考試及格者。

二、前曾應主管機關舉辦之代理人資格測驗合格者。

三、曾領有代理人執業證書並執業有案者。

Ⅱ具備前項第三款資格者，以執行同類業務爲限。

第六條

兼有代理人、保險經紀人或公證人資格者，僅得擇一申領執業證書。

第七條

有下列情事之一者，不得申領代理人執業證書，或充任代理人公司之董事、監察人或經理人：

一、無行爲能力或限制行爲能力。

二、曾犯組織犯罪防制條例規定之罪，經有罪判決確定。

三、曾犯侵占、詐欺、背信、僞造文書罪，經宣告有期徒刑以上之刑確定，執行完畢、緩刑期滿或赦免後尚未逾三年。

四、違反保險法、銀行法、金融控股公司法、信託業法、票券金融管理法、金融資產證券化條例、不動產證券化條例、證券交易法、期貨交易法、證券投資信託及顧問法、管理外匯條例、信用合作社法、洗錢防制法或其他金融管理法律，受刑之宣告確定，執行完畢、緩刑期滿或赦免後尚未逾三年。

五、受破產之宣告，尚未復權。

六、曾任法人宣告破產時之負責人，破產終結尚未逾三年，或調協未履行。

七、有重大喪失債信情事尚未了結或了結後尚未逾三年。

八、曾違反保險法或公平交易法被撤換，或受罰鍰處分尚未逾三年。

九、最近三年內有事實證明從事或涉及其他不誠信或不正當之活動，顯示其不適任。

十、任職保險業及有關公會現職人員。

十一、已登錄爲保險業務員。但代理人公司之業務員充任董

事或經理人者，不在此限。

　　十二、執業證書經主管機關撤銷尚未滿五年。

　　十三、涉及專門職業及技術人員之保險從業人員特種考試重大舞弊行為，經有期徒刑裁判確定。

　　十四、其他法律有限制規定。

第三章　執業登記及執業證書之取得

　　第八條

　　Ⅰ具備本規則所定代理人資格者，得以個人名義或受公司組織之僱用於取得執業證書後執行業務。

　　Ⅱ以公司組織申請經營代理人業務者，應僱用具備前項所定代理人資格者至少一人，擔任簽署工作，向主管機關辦理許可登記，其人數並應視業務規模，由公司作適當調整，必要時主管機關並得視情況，要求公司增僱代理人擔任簽署工作。

　　Ⅲ依前項規定辦理登記後，應依法向有關機關辦理設立登記。

　　Ⅳ每一代理人不得同時為二家以上公司擔任簽署工作。

　　第九條

　　以個人名義執行代理人業務者，應檢附下列文件，向主管機關辦理許可登記：

　　一、申請書。

　　二、符合本規則所定資格條件之證明。

　　三、最近二年內取得主管機關認可之職前教育訓練證明；取得職前教育訓練證明已二年以上者，得檢附已取得之職前教育訓練證明及第二十三條規定之在職教育訓練證明；依第五條第一項第三款之資格辦理許可登記者，得檢附第二十三條規定之在職教育訓練證明。

　　四、身分證明。

五、營業計畫書。

六、無第七條各款所列情事之書面聲明。

第十條

Ⅰ以公司組織名義執行代理人業務者，應檢附下列文件，向主管機關辦理許可登記：

一、申請書。

二、僱用之代理人符合本規則所定資格條件之證明。

三、僱用之代理人之身分證明。

四、僱用之代理人最近二年內取得主管機關認可之職前教育訓練證明；取得職前教育訓練證明已二年以上者，得檢附已取得之職前教育訓練證明及第二十三條規定之職前教育訓練證明；依第五條第一項第三款之資格辦理許可登記者，得檢附第二十三條規定之在職教育訓練證明。

五、僱用之代理人無第七條第一款至第九款及第十二款至第十四款情事之書面聲明。

六、營業計畫書。

七、發起人或股東清冊，載明發起人或股東姓名、性別、出生年月日、住所、身分證統一編號及所認繳股款。

八、公司章程。

九、繳足股款證明或公司存款餘額證明。

十、預定經理人之資格證明文件。

Ⅱ前項第七款發起人或股東，為外國保險代理人公司者，應另檢具第三十九條第一項第一款至第三款之文件。

第十一條

代理人公司之經理人應具備下列資格之一：

一、國內外專科以上學校畢業或具有同等學歷，並具保險公司、保險合作社、保險經紀人、保險代理人或保險公證人工作經

驗三年以上者。

二、國內外專科以上學校畢業或具同等學歷,並曾擔任保險代理人之簽署工作二年以上者。

三、有其他事實足資證明具備保險專業知識或保險工作經驗,可健全有效經營保險業務者。

第十二條

代理人公司董事、監察人、經理人變更時,應檢具無第七條各款所列情事之書面聲明,報代理人商業同業公會備查。

第十三條

I 代理人公司增僱或變更代理人,而該代理人已領有執業證書者,代理人公司應於增僱或變更代理人後一週內向代理人商業同業公會報備。

II 前項作業要點,由代理人商業同業公會訂之。

第十四條

I 公司組織申請經營代理人之業務者,其最低實收資本額為新臺幣三百萬元。發起人及股東之出資以現金為限。

II 實收資本額未達新臺幣三百萬元者,應於九十五年十二月八日前完成增資補足。

第十五條

I 代理人經許可登記後,應持向中央銀行或其委託之銀行繳納保證金之收據,或投保專業責任保險之保險單,送請主管機關核發執業證書。

II 個人執行業務者,應繳存保證金新臺幣二十萬元;公司組織者,保證金應按實收資本額百分之十五繳存。但繳存金額不得低於新臺幣六十萬元。

III 保證金之繳存,得以現金、公債或國庫券為之。

IV 繳存之保證金須俟宣告停業完成清算並將其執業證書繳

銷後依法申請發還之。但個人名義執行業務者得於停止執行業務並繳銷執業證書後申請發還之。

　　V投保專業責任保險者，其保險期間不得中斷，且每一事故保險金額，個人執行業務者不得低於新臺幣五十萬元；公司組織者應按實收資本額百分之十五投保，但不得低於新臺幣一百萬元。

　　VI前項專業責任保險，每一保險期間之累積保險金額不得低於前項每一事故最低保險金額之三倍。

　　VII投保專業責任保險每年續保後，應報請代理人商業同業公會備查；有解除或終止保險契約改以繳存保證金情事者，應先報請主管機關核准。

　　第十六條

　　I代理人應自許可登記之日起六個月內，申請主管機關核發執業證書並開始營業；屆期未申請或未開始營業者，由主管機關廢止其登記。

　　II代理人公司經主管機關核准得申請暫停執業。但應於一年內僱用合格代理人至少一人擔任簽署工作並重行營業，逾期由主管機關註銷執業登記及執業證書。

　　III前二項所定期限，如有正當理由，得申請延長之。並以一次為限。

　　IV代理人公司經營業務後未依第八條第二項規定僱用合格代理人至少一人擔任簽署工作者，不得執行業務，並應於三個月內僱用合格代理人至少一人擔任簽署工作，逾期由主管機關註銷執業登記及執業證書。

　　第十七條

　　I代理人申請主管機關核發執業證書時，應繳交主管機關所定之規費，並檢附繳存保證金之證明，或投保專業責任保險之保險單。

Ⅱ公司組織應另檢附設立登記表、董事監察人名冊，以及董事、監察人、經理人無第七條各款所列情事之聲明書及僱用之代理人無第七條第十款及第十一款規定情事之證明。

Ⅲ代理人公司解散清算及個人名義執業之代理人停止執行業務時，應將其執業證書繳銷。

第十八條

執業證書之有效期間為五年，並應於期滿前辦妥換發執業證書手續。

申請換發執業證書時，應繳交主管機關所定之規費，並檢附下列文件：

一、原領執業證書。

二、主管機關認可之在職教育訓練證明。

三、繳存保證金之證明或投保專業責任保險之保險單。

四、最近三年代理人列有所得來源之綜合所得稅結算申報書、附切結書之扣繳憑單或其他有執業實績證明之文件。

五、無第七條各款所列情事之聲明書。

六、依第三十二條規定加入代理人商業同業公會之證明。

第十九條

有下列情事之一者，主管機關應不予換發其執業證書；

一、違反第六條規定。

二、有第七條各款所列情事之一。

三、違反第八條第四項規定。

四、未於第十八條所定限期內申請換發執業證書。

五、未於第三十條第二項所定限期內辦理變更登記並換發執業證書。

六、未依第三十一條規定申報業務及財務報表。

七、未依規定繳交罰鍰、監理年費、檢查費及其他規費。

第二十條

代理人同時具備財產保險及人身保險代理人資格者，僅得擇一申領財產保險或人身保險代理人執業證書。

第四章　教育訓練

第二十一條

教育訓練分為職前教育訓練與在職教育訓練。

第二十二條

Ⅰ以個人名義或以公司名義執行代理人業務者，應於申請執行業務前二年內參加職前教育訓練達三十二小時以上。

Ⅱ職前教育訓練得由財團法人保險事業發展中心或大學院校推廣教育機構辦理之；其教育訓練要點與內容，須報請主管機關核可。

第二十三條

Ⅰ以個人名義或以公司名義執行代理人業務者，應於申請換發執業證書前二年內參加在職教育訓練達二十四小時以上。

Ⅱ在職教育訓練得由財團法人保險事業發展中心、代理人商業同業公會、大學院校推廣教育機構、或其他經主管機關認可之機構辦理之；其教育訓練要點與內容，須報請主管機關核可。

第五章　管　理

第二十四條

Ⅰ代理人執行業務，應於有關文件簽署，並依法負相關責任。前項有關文件，在財產保險代理人包括：

一、要保書。

二、批改申請書。

Ⅱ第一項有關文件，在人身保險代理人包括：

一、要保書。

二、契約內容變更申請書。

Ⅲ保險代理人，如經授權代收保費或辦理核保、理賠或其他保險業務時，除應在第二項及第三項各款文件簽署外，並應在有關各項文件為簽署。

第二十五條

代理人公司之業務員從事保險招攬之宣傳及廣告內容，應經所屬公司核可；其所屬公司並應依法負責任。

第二十六條

代理人依保險代理合約之授權執行業務之過失、錯誤或疏漏行為，致要保人、被保險人受有損害時，該授權保險人應負賠償責任。

第二十七條

保險代理合約之內容，至少應包括下列項目：

一、雙方當事人名稱。

二、代理期限。

三、代理權限範圍。

四、代理費支付標準。

五、代理費支付方式。

六、違約責任。

七、爭議處理。

八、合約終止。

第二十八條

代理人公司代理核保、理賠業務者，應經保險人授權，其核保及理賠人員，並應符合保險業招攬核保理賠管理辦法之規定。

第二十九條

Ⅰ代理人應按其代理契約或授權書所載之範圍，保存招攬、收費或簽單、批改、理賠等文件副本。

Ⅱ代理人受保險人之授權代收保險費者，應保存收費紀錄及

收據影本，並應於收到保險費後立即交付保險人。

Ⅲ前二項應保存各項文件之期限最少爲五年。但法令另有規定者，依其規定。

第三十條

Ⅰ代理人應有固定之營業處所，並不得設於保險公司總、分公司內；營業處所變更時，應於一個月內向主管機關報備，並副知代理人商業同業公會。

Ⅱ公司執業證書登記事項有變更者，應於三十日內檢附變更登記表，繳交主管機關所定之規費換發執業證書。

Ⅲ代理人應將執業證書正本懸掛於營業處所明顯之處。

Ⅳ代理人執行業務時，應出示執業證書及服務證件正本或影本。

第三十一條

Ⅰ代理人應專設帳簿，記載業務收支，並於主管機關規定之期限內

Ⅱ將各類業務及財務報表，彙報主管機關或其指定之機構；其報表格式由主管機關另定之。

Ⅲ主管機關得隨時派員檢查代理人之營業及資產負債，或令其於限期內報告營業狀況。

第三十二條

代理人經主管機關許可登記後，應加入代理人商業同業公會。

代理人非依前項規定加入商業同業公會，領有會員證，不得申領執業證書執行業務。

第三十三條

Ⅰ代理人商業同業公會成立或改選時，應將章程、會員及理監事名冊，分報內政部及主管機關備查。

Ⅱ代理人商業同業公會應訂定代理人執業道德規範、自律公約及電子商務自律規範，報主管機關備查。

Ⅲ主管機關得視實際需要，委託代理人商業同業公會辦理相關業務。

第三十四條

Ⅰ代理人公司最近三年內無違反法令受主管機關處分者，得向主管機關申請核准設立分公司。

Ⅱ申請設立分公司，除應僱用符合本規則所訂資格條件之代理人，擔任簽署工作外，並應檢附下列文件：

一、申請書，並載明分公司名稱及所在地。

二、董事會決議增設分公司之會議紀錄。

三、分公司負責人與所增僱代理人之身分證明及符合本規則所定資格條件之證明。

四、代理人最近二年內取得主管機關認可之職前教育訓練證明；依第五條第一項第三款之資格辦理許可登記者，得檢附第二十三條規定之在職教育訓練證明，及無第七條所列各款情事之書面聲明。

五、分公司營業計畫書。

第三十五條

代理人不得有下列各款行為之一：

一、申領執業證書時具報不實者。

二、為未經核准登記之保險業代理經營業務者。

三、為保險業代理經營未經主管機關核准之保險業務者。

四、故意隱匿保險契約之重要事項。

五、利用職務或業務上之便利或以其他不正當手段，強迫、引誘或限制要保人、被保險人或保險人締約之自由或向其索取額外報酬或其他利益。

六、以誇大不實、引人錯誤之宣傳、廣告或其他不當之方法執行業務或招聘人員。

七、以不當之手段慫恿保戶退保、轉保或貸款等行為。

八、挪用或侵占保險費或保險金者。

九、本人未執行業務，而以執業證書供他人使用者。

十、有侵占、詐欺、背信、偽造文書行為受刑之宣告者。

十一、經營執業證書所載範圍以外之保險業務者。

十二、向保險人索取不合理之代理費或報酬，違反主管機關核定之費率規定。

十三、以不法之方式使保險人為不當之保險給付。

十四、散播不實言論或文宣擾亂金融秩序。

十五、其他違反本規則或相關法令者。

十六、其他有損保險形象者。

第三十六條

代理人未依本規則向主管機關登記並取得執業證書者，各保險業不得委託其業務；其執業證書經主管機關撤銷或廢止者，亦同。

第六章　外國保險代理人

第三十七條

主管機關得視需要，核准外國保險代理人公司在中華民國境內設立分公司經營與其本國業務種類相同之業務。

第三十八條

申請在中華民國境內設立分公司或擔任代理人公司之股東或發起人之外國保險代理人應具備下列條件：

一、申請前最近三年具有健全業務經營績效及安全財務能力者。

二、預定駐中華民國之代表具有該國認定可從事代理人業務

者，或領有中華民國同類執業證書者。

第三十九條

Ⅰ依前二條規定申請許可者，應檢附下列文件：

一、經其本國主管機關核准設立登記及經營業務範圍等證明文件。

二、預定駐中華民國之代表之國籍證明文件及前條第二款規定之資格證明。

三、本公司章程、最近一年經其本國認可之會計師查核簽證之資產負債表、損益表及執行業務之重要負責人姓名、國籍、職務及住所或居所之文件。

四、營業計畫書。

五、僱用之代理人符合本規則所定資格條件之證明及最近二年內取得主管機關認可之職前教育訓練證明；依第五條第一項第三款之資格辦理許可登記者，得檢附第二十三條規定之在職教育訓練證明。

六、僱用之代理人無第七條第一款至第九款及第十二款至第十四款情事之書面聲明。

Ⅱ前項第一款至第三款之文件，須經中華民國駐外單位之簽證。但該國未有中華民國駐外單位者，得由鄰近國家之駐外單位為之。

Ⅲ第一項申請文件，其屬外文者，均須附具中文譯本。

第四十條

Ⅰ外國保險代理人公司在中華民國境內設立分公司之最低營運資金為新臺幣三百萬元，保證金應按營運資金之百分之十五繳存。但繳存金額不得低於新臺幣六十萬元。

Ⅱ最低營運資金未達新臺幣三百萬元者，應於九十五年十二月八日前完成指撥補足。

第四十一條

I 依第三十九條規定取得主管機關之許可者，應依公司法規定，向經濟部辦理外國公司之認許及分公司之登記。

II 依前項規定辦妥認許及登記手續者，應於繳存保證金或投保專業責任保險後檢齊分公司設立登記表及主管機關所定之規費，向主管機關申領執業證書。取得執業證書者，其營業登記依有關法令辦理。

第四十二條

外國保險代理人公司在中華民國境內設立分公司經營業務者，應僱用領有中華民國代理人同類執業證書之人至少一人執行業務。

第四十三條

關於外國保險代理人，本章未規定者，準用本規則其他相關章節之規定。

第七章　附　則

第四十四條

I 代理人公司之董事、監察人或經理人於本規則修正施行後充任或升任者，應符合第七條、第十一條及第十二條規定；其不具備而充任或升任者，解任之。

II 代理人公司之董事、監察人或經理人於升任或充任後始發生第七條各款情事之一者，解任之。

第四十五條

本規則所定登記及執業證書規費，其費額由主管機關定之。

第四十六條

本規則自發布日施行。

（七）最高法院保險判例、決議要旨

（1）判例

①裁判字號：76 年台上字第 1493 號

裁判日期：民國 76 年 07 月 16 日

保險法第五十三條第一項規定之保險人代位權，其行使之對象，不以侵權行爲之第三人爲限，苟被保險人因保險人應負保險責任之損失發生，而對於第三人有損失賠償請求權者，保險人即得於給付賠償金額後，代位行使被保險人對於第三人之請求權。原審謂前項代位權行使之對象，限於侵權行爲隻第三人，即須保險事故之發生出於第三人之故意或過失，被保險人對之得基於侵權行爲請求其賠償時，保險人始得代位行使此項賠償請求權，顯有違誤。

②裁判字號：76 年台上字第 1166 號

裁判日期：民國 76 年 06 月 05 日

所謂複保險，係指要保人對於同一保險利益，同一保險事故，與數保險人分別訂立數個保險之契約行爲而言，保險法第三十五條定有明文。依同法第三十六條規定，複保險除另有約定外，要保人應將他保險人之名稱及保險金額通知各保險人。準此，複保險之成立，應以要保人與數保險人分別訂立之數保險契約同時並存爲必要。若要保人先後與二以上之保險人訂立保險契約，先行訂立之保險契約，即非複保險，因其保險契約成立時，尙未呈複保險之狀態。要保人嗣與他保險人訂立保險契約，故意不將先行所訂保險契約之事實通知後一保險契約之保險人，依保險法第三十七條規定，後一保險契約應屬無效，非謂成立在先之保險契約亦屬無效。

③裁判字號：76 年台上字第 180 號

裁判日期：民國 76 年 02 月 09 日

保險契約爲要保人與保險人所訂立之債權契約，要保人指定第三人爲受益人者，該第三人並非契約當事人，原審認被上訴人

（保險人）得向上訴人（受益人）解除契約，並據以認定上訴人無請求被上訴人給付保險金之權利，自欠允洽。

　　④裁判字號：69 年台上字第 3153 號

　　裁判日期：民國 69 年 10 月 09 日

　　保險契約（保險單或暫保單）之簽訂，原則上須與保險費之交付，同時爲之。此觀保險法施行細則第二十七條第一項之規定甚明。若保險人向要保人先行收取保險費，而延後簽訂保險契約；則在未簽訂保險契約前，發生保險事故，保險人竟可不負保險責任，未免有失公平。故同條第二項、第三項又作補充規定，以杜流弊。其中第三項之補充規定，既謂：「人壽保險人於同意承保前，得預收相當於第一期保險費之金額。保險人應負之保險責任，以保險人同意承保時，溯自預收相當於第一期保險費金額時開始。」足見此種人壽保險契約，係於預收相當於第一期保險費金額時，附以保險人「同意承保」之停止條件，使其發生溯及的成立效力。如果依通常情形，被上訴人應「同意承保」，而因見被保險人柯清松已經死亡，變爲不「同意承保」，希圖免其保險責任；是乃以不正當行爲阻其條件之成就，依民法第一百零一條第一項規定，視爲條件已成就。此時被上訴人自應負其保險責任。

　　⑤裁判字號：68 年台上字第 42 號

　　裁判日期：民國 68 年 01 月 17 日

　　按保險制度，旨在保護被保險人，非爲減輕損害事故加害人之責任。保險給付請求權之發生，係以定有支付保險費之保險契約爲基礎，與因侵權行爲所生之損害賠償請求權，並非出於同一原因。後者之損害賠償請求權，殊不因受領前者之保險給付而喪失，兩者除有保險法第五十三條關於代位行使之關係外，並不生損益相抵問題。

　　⑥裁判字號：65 年台上字第 2908 號

裁判日期：民國 65 年 12 月 03 日

損害賠償衹應填補被害人實際損害，保險人代位被害人請求損害賠償時，依保險法第五十三條第一項規定，如其損害額超過或等於保險人已給付之賠償金額，固得就其賠償之範圍，代位請求賠償，如其損害額小於保險人已給付之賠償金額，則保險人所得代位請求者，應衹以該損害額爲限。

⑦判例字號：48 年台上字第 984 號

裁判日期：民國 48 年 07 月 09 日

海商法第一百五十五條係指貨物保險時，未確定裝運船舶之情形而言，被上訴人於投保時已將裝貨之船名填載於投保書內，有上訴人所提之水險投保書可據，是裝貨船舶早已確定，縱未將該輪國籍通知上訴人，亦不能謂保險契約因而失效。

（2）決議

①83 年 1 月 25 日、83 年度第一次民事庭會議決議

關於時效期間，依民法第一百四十七條規定觀之，固屬強制規定，不得以法律行爲加長之，惟依保險法第五十四條第一項規定：「本法之強制規定，不得以契約變更之，但有利於被保險人者，不在此限。」之意旨，本件人壽保險公司以特約延長保險金之請求權時效爲三年，係有利於被保險人，且不違背公序良俗，應認有效。

②86 年 11 月 5 日、86 年度第九次民事庭會議決議

保險法第六十四條之規定，乃保險契約中關於保險人因被詐欺而爲意思表示之特別規定，應排除民法第九十二條規定之適用。否則，將使保險法第六十四條第三項對契約解除行使之限制規定，形同具文。

（八）司法院大法官會議釋字第 576 號解釋文

契約自由爲個人自主發展與實現自我之重要機制，並爲私法

自治之基礎，除依契約之具體內容受憲法各相關基本權利規定外，亦屬憲法第二十二條所保障其他自由權利之一種。惟國家基於維護公益之必要，尚非不得以法律對之爲合理之限制。

　　保險法第三十六條規定：「複保險，除另有約定外，要保人應將他保險人之名稱及保險金額通知各保險人。」第三十七條規定：「要保人故意不爲前條之通知，或意圖不當得利而爲複保險者，其契約無效。」係基於損害塡補原則，爲防止被保險人不當得利、獲致超過其財產上損害之保險給付，以維護保險市場交易秩序、降低交易成本與健全保險制度之發展，而對複保險行爲所爲之合理限制，符合憲法第二十三條之規定，與憲法保障人民契約自由之本旨，並無牴觸。

　　人身保險契約，並非爲塡補被保險人之財產上損害，亦不生類如財產保險之保險金額是否超過保險標的價值之問題，自不受保險法關於複保險相關規定之限制。最高法院七十六年台上字第一一六六號判例，將上開保險法有關複保險之規定適用於人身保險契約，對人民之契約自由，增加法律所無之限制，應不再援用。

（九）兩岸保險法條文對照表

台灣保險法	大陸保險法
無	第一章　總　則 第一條 爲了規範保險活動，保護保險活動當事人的合法權益，加強對保險業的監督管理，促進保險事業的健康發展，制定本法。
無	第四條 從事保險活動必須遵守法律、行政法規，尊重社會公德，不得損害社會公共利益。
第一章　總　則 第一節定義及分類 第一條 本法所稱保險，謂當事人約定，一方交付	第二條 本法所稱保險，是指投保人根據合同約定，向保險人支付保險費，保險人對於合同約定的可能發生的事故因其發生所造成

保險費於他方，他方對於因不可預料，或不可抗力之事故所致之損害，負擔賠償財物之行爲。 根據前項所訂之契約，稱爲保險契約。	的財產損失承擔賠償保險金責任，或者當被保險人死亡、傷殘、疾病或者達到合同約定的年齡、期限等條件時承擔給付保險金責任的商業保險行爲。 第十條第一款 保險合同是投保人與保險人約定保險權利義務關係的協議。
第二條 本法所稱保險人，指經營保險事業之各種組織，在保險契約成立時，有保險費之請求權；在承保危險事故發生時，依其承保之責任，負擔賠償之義務。	第十條第三款 保險人是指與投保人訂立保險合同，并按照合同約定承擔賠償或者給付保險金責任的保險公司。
第三條 本法所稱要保人，指對保險標的具有保險利益，向保險人申請訂立保險契約，並負有交付保險費義務之人。	第十條第二款 投保人是指與保險人訂立保險合同，并按照合同約定負有支付保險費義務的人。 第十二條第一款 人身保險的投保人在保險合同訂立時，對被保險人應當具有保險利益。
第四條 本法所稱被保險人，指於保險事故發生時，遭受損害，享有賠償請求權之人；要保人亦得爲被保險人。	第十二條第五款 被保險人是指其財產或者人身受保險合同保障，享有保險金請求權的人，投保人可以爲被保險人。
第五條 本法所稱受益人，指被保險或要保人約定享有賠償請救權之人，要保人或被保險人均得爲受益人。	第十八條第三款 受益人是指人身保險合同中由被保險人或者投保人指定的享有保險金請求權的人，投保人、被保險人可以爲受益人。
第六條 本法所稱保險業，指依法組織登記，以經營保險爲業之機構。 本法所稱外國保險業，指依外國法律組織登記，並經主管機關許可，在中華民國境內經營保險爲業之機構。	第六條 保險業務由依照本法設立的保險公司以及法律、行政法規規定的其他保險組織經營，其他單位和個人不得經營保險業務。
第七條 本法所稱保險業負責人，指依公司法或合作社法應負責之人。	無
第八條 本法所稱保險代理人，指根據代理契約或授權書，向保險人收取費用，並代理經營業務之人。	第一百一十七條 保險代理人是根據保險人的委托，向保險人收取佣金，并在保險人授權的范圍內代爲辦理保險業務的機構或者個人。
第八條之一	無

本法所稱保險業務員，指爲保險業、保險經紀人公司、保險代理人公司，從事保險招攬賠償之人。	
第九條 本法所稱保險經紀人，指基於被保險人之利益，洽訂保險契約或提供相關服務，而收取佣金或報酬之人。	第一百一十八條 保險經紀人是基於投保人的利益，爲投保人與保險人訂立保險合同提供中介服務，並依法收取佣金的機構。
第十條 本法所稱公證人，指向保險或被保險人收取費用，爲其辦理保險標的之查勘、鑑定及估價與賠款之理算、洽商，而予證明之人。	第一百二十九條 保險人和被保險人可以聘請依法設立的獨立的評估機構或者具有相關專業知識的人員，對保險事故進行評估和鑑定。
第十一條 本法所定各種準備金，包括責任準備金、未滿期保費準備金、特別準備金、賠款準備金及其他經主管機關規定之準備金。	無
無	第三條 在中華人民共和國境內從事保險活動，適用本法。
無	第七條 在中華人民共和國境內的法人和其他組織需要辦理境內保險的，應當向中華人民共和國境內的保險公司投保。
無	第八條 保險業和銀行、證券業、信託業實行分業經營、分業管哩，保險公司與銀行、證券、信託業務機構分別設立。國家另有規定的除外。
第十二條 本法所稱主管機關爲行政院金融監督管理委員會。但保險合作社除其經營之業務，以行政院金融監督管理委員會爲主管機關外，其社務以合作社之主管機關爲主管機關。	第九條第一款 國務院保險監督管理機構依法對保險業實施監督管理。
第十三條 保險分爲財產保險及人身保險。 財產保險，包括火災保險、海上保險、陸空保險、責任保險、保證保險及經主管機關核准之其他保險。 人身保險，包括人壽保險、健康保險、傷害保險及年金保險。	第九十五條第一款 保險公司的業務范圍： 　　(一)人身保險業務，包括人壽保險、健康保險、意外傷害保險等保險業務； 　　(二)財產保險業務，包括財產損失保險、責任保險、信用保險、保证保險等保險業務；

	(三)國務院保險監督管理機構批准的與保險有關的其他業務。 　保險人不得兼營人身保險業務和財產保險業務。但是，經營財產保險業務的保險公司經國務院保險監督管理機構批准，可以經營短期健康保險業務和意外傷害保險業務。
第二節保險利益 第十四條 要保人對於財產上之現有利益，或因財產上之現有利益而生之期待利益，有保險利益。	第十二條第六款 保險利益是指投保人或者被保險人對保險標的具有的法律上承認的利益。 第十二條第三、四款 人身保險是以人的壽命和身體為保險標的的保險。財產保險是以財產及其有關利益為保險標的的保險。
第十五條 運送人或保管人對於所運送或保管之貨物，以其所負之責任為限，有保險利益。	無
第十六條 要保人對於左列各人之生命或身體，有保險利益： 〈一〉本人或其家屬。 〈二〉生活費或教育費所仰給之人。 〈三〉債務人。 〈四〉為本人管理財產或利益之人。	第三十一條 投保人對下列人員具有保險利益： （一）本人； （二）配偶、子女、父母； （三）前項以外與投保人有撫養、贍養或者扶養關係的家其他成員、近親屬。 　（四）　與投保人有勞動關係的勞動者。 除前款規定外，被保險人同意投保人為其訂立合同的，視為投保人對被保險人具有保險利益。
第十七條 要保人或被保險人，對於保險標的物無保險利益者，保險契約失其效利。	第十二條第二款 財產保險的被保險人在保險事故發生時，對保險標的應當具有保險利益。
第十八條 被保險死亡或保險標的物所有權移轉時，保險契約除另有訂定外，仍為繼承人或受讓人之利益而存在。	第四十九條第二款 保險標的轉讓的，被保險人或者受讓人應當及時通知保險人，但貨物運輸保險合同和另有約定的合同除外。
第十九條 合夥人或共有人聯合為被保險人時，其中一人或數人讓與保險利益於他人者，保險契約不因之而失效。	無
第二十條 凡基於有效契約而生之利益，亦得為保險	無

利益。	
第三節保險費 第二十一條 保險費分一次交付，及分期交付兩種。保險契約規定一次交付，或分期交付之第一期保險費，應於契約生效前交付之，但保險契約簽訂時，保險費未能確定者，不在此限。	第三十五條 投保人可以按照合同約定向保險人一次支付全部保險費或者分期支付保險費。
第二十二條 保險費應由要保人依契約規定交付。要保人為他人利益訂立之保險契約，保險人對於要保人所得為之抗辨，亦得以之對抗受益人。	第十四條前段 保險合同成立後，投保人按照約定交付保險費。
第二十七條 保險人破產時，保險契約於破產宣告之日終止，其終止後之保險費，已交付者，保險人應返還之。	無
第二十八條 要保人破產時，保險契約仍為破產債權人之利益而存在，但破產管理人或保險人得於破產宣告三個月內終止契約。其終止後之保險費已交付者，應返還之。	無
無	第十四條後段 保險人按照約定的時間開始承擔責任保險。
第四節保險人之責任 第二十九條（事變與要保人等之過失責任） Ⅰ保險人對於由可預料或不可抗力之事故所致之損害，負賠償責任。但保險契約內有明文限制者，不在此限。 Ⅱ保險人對於由要保人或被保險人之過失所致之損害，負賠償責任。但出於要保人或被保險人之故意者，不在此限。 第三十條 保險人對於因履行道德上之義務所致之損害，應負賠償責任。 第三十一條 保險人對於因要保人，或被保險人之受僱人，或其所有物或動物所致之損害，應負賠償責任。 第三十二條	第十七條 訂立保險合同，採用保險人提供的格式條款的，保險人向投保人提供的投保單應當附格式條款，保險人應當向投保人說明合同的內容。 　　對保險合同中免除保險人責任的條款，保險人在訂立合同時應當在投保單、保險單或者其他保險憑證上做出足以引起投保人注意的提示，並對該條款的內容以書面或者口頭形式向投保人做出明確說明；未作提示或者明確說明的，該條款不產生效力。

保險人對於因戰爭所致之損害，除契約有相反之訂定外，應負賠償責任。	
第三十三條（減免損失費用之償還責任） Ⅰ保險人對於要保人或被保險人，為避免或減輕損害之必要行為所生之費用，負償還之責。其償還數額與賠償金額，合計雖超過保險金額，仍應償還。 Ⅱ保險人對於前項費用之償還，以保險金額對於保險標的之價值比例定之。	第五十七條 保險事故發生時，被保險人應當盡力采取必要的措施，防止或者減少損失。 保險事故發生後，被保險人為防止或者減少保險標的的損失所支付的必要的、合理的費用，由保險人承擔；保險人所承擔的數額在保險標的損失賠償金額以外另行計算，最高不超過保險金額的數額。
第三十四條（賠償金額之給付期限） Ⅰ保險人應於要保人或被保險人交齊證明文件後，於約定期限內給付賠償金額。無約定期限者，應於接到通知後十五日內給付之。 Ⅱ保險人因可歸責於自己之事由致未在前項規定期限內為給付者，應給付遲延利息年利一分。 第二十八條 保險人與被保險人或受益人，對於賠款金額或給付金額有爭議時，保險人應就已認定賠付或付部分，依照契約規定期限，先行賠付或給付；契約內無期限規定者，應自損失清單及證明文件交齊之日起十五日內先行賠付或給付。其餘部分，於確定後，按本法第七十八條之規定加給息。	第二十三條第一款至第三款 保險人收到被保險人或者受益人的賠償或者給付保險金的請求后，應當及時作出核定；情形復雜的，應當在三十日內作出核定，但合同另有約定的除外。保險人應當將核定結果通知被保險人或者受益人；對屬于保險責任的，在與被保險人或者受益人達成賠償或者給付保險金的協議后十日內，履行賠償或者給付保險金義務。保險合同對賠償或者給付保險金的期限有約定的，保險人應當按照約定履行賠償或者給付保險金義務。保險人未及時履行前款規定義務的，除支付保險金外，應當賠償被保險人或者受益人因此受到的損失。 任何單位和個人不得非法干預保險人履行賠償或者給付保險金的義務，也不得限制被保險人或者受益人取得保險金的權利。 第二十四條 保險人依照本法第二十三條的規定作出核定后，對不屬于保險責任的，應當自作出核定之日起三日內向被保險人或者受益人發出拒絕賠償或者拒絕給付保險金通知書，并說明理由。 第二十五條 保險人自收到賠償或者給付保險金的請求和有關證明、資料之日起六十日內，對其賠償或者給付保險金的數額不能確定的，應當根據已有證明和資料可以確定的數額先予支付；保險人最終確定賠償或者給付

	保險金的數額後，應當支付相當的差額。
第五節　複保險 第三十五條 複保險，謂要保人對於同一保險利益，同一保險事故，與數保險人分別訂立數個保險之契約行為。	第五十六條第四款 重複保險是指投保人對於同一保險標的、同一保險利益、同一保險事故分別向二個以上保險人訂立保險合同，且保險金額總和超過保險價值的保險。
第三十六條 複保險，除另有約定外，要保人應將他保險人之名稱及保險金額通知各保險人。	第五十六條第一款 重複保險的投保人應當將重複保險的有關情況通知各保險人。
第三十七條 要保人故意不為前條之通知，或意圖不當得利而為複保險者，其契約無效。 第三十八條 善意之複保險，其保險金額之總額超過保險標的之價值者，除另有約定外，各保險人對於保險標的之全部價值，僅就其所保金額負比例分擔之責，但賠償總額，不得超過保險標的之價值。 第二十三條 以同一保險利益、同一保險事故，善意訂立數個保險契約，其保險金額之總額超過保險標的之價值者，在危險發生前，要保人得依超過部份，要求比例返還保險費。 保險契約因第三十七條之情事而無效時，保險人於不知情之時期內，仍取得保險費。	第五十六條第二款 重復保險的各保險人賠償保險金的總和不得超過保險價值。除合同另有約定外，各保險人按照其保險金額與保險金額總和的比例承擔賠償保險金的責任。
再保險 第三十九條 再保險，謂保險人以其承保之危險，轉向他保險人為保險之契約行為。	第二十八條 保險人將其承擔的保險業務，以分保形式，部分轉移給其他保險人的，為再保險。應再保險接受人的要求，再保險分出人應當將其自負責任及原保險的有關情況告知再保險接受人。
第四十條 原保險契約之被保險人，對於再保險人無賠償請求權。但原保險契約及再保險契約另有約定者，不在此限。	第二十九第二款 原保險的被保險人或者受益人，不得向再保險接受人提出賠償或者給付保險金的請求。
第四十一條 再保險人不得向原保險契約之要保人請求交付保險費。	第二十九第一款 再保險接受人不得向原保險的投保人要求支付保險費。
第四十二條 再保險人不得以再保險人不履行再保險金額給付之義務為理由，拒絕或延遲履行其	第二十九第三款 再保險分出人不得以再保險接受人未履行再保險責任為由，拒絕履行或者遲延履行

對於被保險人之義務。	其原保險責任。
無	
無	
第二章　保險契約 第一節　通　則 第四十三條 保險契約，應以保險單或暫保單為之。 第四十四條 保險契約，由保險人於同意要保人聲請後簽訂。 利害關係人，均得向保險人請求保險契約之謄本。	第十三條 投保人提出保險要求，經保險人同意承保，保險合同成立。保險人應當及時向投保人簽發保險單或者其他保險憑證。 保險單或者其他保險憑證應當載明當事人雙方約定的合同內容。當事人也可以約定採用其他書面形式載明合同內容。 依法成立的保險合同，自成立時生效。投保人和保險人可以對合同的效力約定附條件或者付期限。
第四十五條 要保人得不經委任，為他人之利益訂立保險契約。受益人有疑義時，推定要保人為自己之利益而訂立。	無
第四十六條 保險契約由代理人訂立者，應載明代訂之意旨。	無
第四十七條 保險契約由合夥人或共有人中之一或數人訂立，而其利益及於全體合夥人或共有人者，應載明為全體合夥人或共有人訂立之意旨。	無
第四十八條 保險人得約定保險標的物之一部份，應由要保人自行負擔由危險而生之損失。 有前項約定時，要保人不得將未經保險之部份，另向他保險人訂立保險契約。	無
第四十九條 保險契約除人身保險外，得為指示或無記名式。保險人對於要保人所得為之抗辯，亦得以之對抗保險契約之受讓人。	無
第五十條 保險契約分不值保險契約，及定值保險契約。 不定值保險契約，為契約上載明保險標的之價值，須至危險發生後估計而訂之保險契約。 定值保險契約，為契約上載明保險標的一	無

定價值之保險契約。	
第五十一條 保險契約訂立時保險標的之危險已發生或已消滅者，其契約無效；但爲當事人雙方所不知者，不在此限。 訂約時，僅要保人知危險已發生者，保險人不受契約之拘束。 訂約時，僅保險人知危險已消滅者，要保人不受契約之拘束。 第二十四條第一、二項 保險契約因第五十一條第二項之情事，而保險人不受拘束時，保險人得請求償還費用。其已收受之保險費，無須返還。 保險契約因第五十一條第三項之情事而要保人不受拘束時，保險人不得請求保險費及償還費用。其已收受者，應返還之。	無
第五十二條 爲他人利益訂立之保險契約，於訂約時，該他人未確定者，由要保人或保險契約所載可得確定之受益人，享受其利益。	無
第五十三條 被保險人因保險人應負保險責任之損失發生，而對於第三人有損失賠償請求權者，保險人得於給付賠償金額後，代位行使被保險人對於第三人之請求權；但其所請求之數額，以不逾賠償金額爲限。 前項第三人爲被保險人之家屬或受僱人時，保險人無代位請求權；但損失係由其故意所致者，不在此限。	第五十九條 保險事故發生後，保險人已支付了全部保險金額，並且保險金額等於保險價值的，受損保險標的的全部權利歸於保險人；保險金額低於保險價值的，保險人按照保險金額與保險價值的比例取得受損保險標的的部分權利。 第六十條 因第三者對保險標的的損害而造成保險事故的，保險人自向被保險人賠償保險金之日起，在賠償金額範圍內代位行使保險人對第三者請求賠償的權利。 前款規定的保險事故發生後，被保險人已經從第三者取得損害賠償的，保險人賠償保險金時，可以相應扣減被保險人從第三者已取得的賠償金額。 保險人依照第一款行使代位請求賠償的權利，不影響被保險人就未取得賠償的部分向第三者請求賠償的權利。 第六十一條 保險事故發生後，保險人未賠償保險金之

	前，被保險人放棄對第三者的請求賠償的權利的，保險人不承擔賠償保險金的責任。保險人向被保險人賠償保險金後，被保險人未經保險人同意放棄對第三者請求賠償的權利的，該行為無效。被保險人故意或者因重大過失致使保險人不能行使代位請求賠償的權利的，保險人可以扣減或者要求返還相應的保險金。 第六十二條 除被保險人的家庭成員或者其組成人員故意造成本法第六十條第一款規定的保險事故以外，保險人不得對被保險人的家庭成員或者其組成人員行使代位請求賠償權利。 第六十三條 在保險人向第三者行使代位請求賠償權利時，被保險人應當向保險人提供必要的文件和其所知道的有關情況。
第五十四條（強制規定之效力） I 本法之強制規定，不得以契約變更之。但有利於被保險人者，不在此限。 II 保險契約之解釋，應探求契約當事人之真意，不得拘泥於所用之文字；如有疑義時，以作有利於被保險人之解釋為原則。	第三十條 採用保險人提供的格式條款訂立的保險合同，保險人與投保人，被保險人或者受益人有爭議時，人民法院或者仲裁機構應當作有利於被保險人和受益人的解釋。 對合同條款有兩種以上解釋的，人民法院或者仲裁機構應當作出有利於被保險人和受益人的解釋。
第五十四條之一（約定無效） 保險契約中有左列情事之一，依訂約時情形顯失公平者，該部分之約定無效： 一免除或減輕保險人依本法應付之義務者。 二使要保人、受益人或被保險人拋棄或限制其依本法所享之權利者。 三加重要保人或被保險人之義務者。 四其他於要保人、受益人或被保險人有重大不利益者。	第十一條 訂立保險合同，應當協商一致，遵循公平原則確定各方的權利和義務。 除法律、行政法規規定必須保險的以外，保險合同自願訂立。
第二節　基本條款 第五十五條 保險契約，除本法另有規定外，應記載左列各款事項：	第十八條第一款 保險合同應當包括左列事項： 〈一〉保險人名稱和住所； 〈二〉投保人、被保險人姓名或者名稱、住所，以及人身保險的受益人的名稱和住

〈一〉當事人之姓名及住所。 〈二〉保險之標的物。 〈三〉保險事故之種類。 〈四〉保險責任開始之日時及保險期間。 〈五〉保險金額。 〈六〉保險費。 〈七〉無效及失權之原因。 〈八〉訂約之年月日	所； 〈三〉保險標的； 〈四〉保險責任和責任免除； 〈五〉保險期間和保險責任開始時間； 〈六〉保險金額； 〈七〉保險費以及支付辦法； 〈八〉保險金賠償或者給付辦法； 〈九〉違約責任和爭議處理； 〈十〉訂立合同的年、月、日 第十八條第二款 投保人和保險人可約定與保險有關的其他事項。
第五十六條 變更保險契約或恢復停止效力之保險契約時，保險人於接到通知後十日內不爲拒絕者，視爲承諾。但本法就人身保險有特別規定者，從其規定。	第二十條 投保人和保險人可以協商變更合同內容。 變更保險合同的，應當由保險人在保險單或者其他保險憑証上批注或者附貼批單，或者由投保人和保險人訂立變更的書面協議。
第五十七條 當事人之一方對於他方應通知之事項而怠於通知者，除不可抗力之事故外，不問是否故意,他方得據爲解除保險契約之原因。	第十五條 除本法另有規定或者保險合同另有約定外，保險合同成立後，投保人可以解除保險合同。保險人不得解除合同。 第五十條 貨物運輸保險合同和運輸工具航程保險合同，保險責任開始後，合同當事人不得解除合同。 第五十四條 保險責任開始前，投保人要求解除合同的，應當按照合同約定向保險人支付手續費，保險人應當退還保險費。保險責任開始后，投保人要求解除合同的，保險人應當將已收取的保險費，按照合同約定扣除自保險責任開始之日起至合同解除之日止應收的部分后，退還投保人。
第五十八條 要保人、被保險人或受益人，遇有保險人應負保險責任之事故發生，除本法另有規定，或契約另有訂定外，應於知悉後五日內通知保險人。 第六十三條 要保人或被保險人不於第五十八條……所	第二十一條第一款 投保人、被保險人或者受益人知道保險事故發生後，應當及時通知保險人。 第二十二條 保險事故發生後，依照保險合同請求保險人的賠償或者給付保險金時，投保人、被保險人或者受益人應當向保險人提供其所

規定之限期內通知者，對於保險人因此所受之損失，負賠償責任。	能提供的與確認保險事故的性質、原因、損失程度等有關的證明和資料。 保險人按照合同的約定，認為有關的証明和資料不完整的，應當及時一次性通知投保人、被保險人或者受益人補充提供。
第五十九條 要保人對於保險契約內所載增加危險之情形應通知者，應於知悉後通知保險人。 危險增加，由於要保人或被保險人之行為所致，其危險達於應增加保險費或終止契約之程度者，要保人或被保險人應先通知保險人。 危險增加，不由於要保人或被保險人之行為所致者，要保人或被保險人應於知悉後十日內通知保險人。 危險減少時，被保險人得請求保險人重新核定保費。 第六十條 保險遇有前條情形，得終止契約，或提議另定保險費。要保人對於另定保險不同意者，其契約即為終止；但因前條第二項情形終止契約時，保險人如有損失，並得請求賠償。 保險人知危險增加後，仍繼續收受保險費，或於危險發生後給付賠償金額，或其他維持契約之表示者，喪失前項之權利。 第六十一條 危險增加如有左列情形之一時，不適用第五十九條之規定： 〈一〉損害之發生不影響保險人之負擔者。 〈二〉為防護保險人之利益者。 〈三〉為履行道德上之義務者。 第六十二條 當事人之一方對於左列各款，不負通知之義務： 〈一〉為他方所知者。 〈二〉依通常注意為他方所應知，或無法諉為不知者。 〈三〉一方對於他方經聲明不必通知者。 第六十三條 要保人或被保險人不於⋯⋯第五十九條	第五十二條 在合同有效時內，保險標的危險程度增加的，被保險人應當按照合同約定及時通知保險人，保險人可以按找合同約定增加保險費或者解除合同。保險人解除合同的，應當將已收取的保險費，按照合同約定扣除自保險責任開始之日起至合同解除之日止應收的部份後，退還投保人。 被保險人未履行前款規定的通知義務的，因保險標的的危險程度增加而發生的保險事故，保險人不承擔賠償責任。 第五十三條 有左列情形之一的，除合同另有約定外，保險人應當降低保險費，並按日計算退還相應的保險費： 〈一〉據以確定保險費率的有關情況發生變化，保險標的危險程度明顯減少的。 〈二〉保險標的的保險價值明顯減少的。

三項所規定之限期內為通知者，對於保險人因此所受之損失，應負賠償責任。 第二十四條第三項 保險契約因第六十條……之情事而終止，或部份終止時，除保險費非以時間為計算基礎者外，終止後之保險已交付者，應返還之。 第二十六條 保險費依保險契約所載增加危險之特別情形計算者，其情形在契約存續期內消滅時，要保人得按訂約時保險費率，自其情形消滅時起算，請求比例減少保險費。 保險人對於前項減少保險不同意時，要保人得終止契約。其終止後之保險已交付者，應返還之。	
第六十四條 訂立契約時，要保人對於保險人之書面詢問，應據實說明。 要保人故意隱匿，或因過失遺漏，或為不實之說明，足以變更或減少保險人對於危險之估計者，保險人得解除契約；其危險發生後亦同。但要保人證明危險之發生未基於其說明或未說明之事實時，不在此限。 前項解除契約權，自保險人知有解除之原因後，經過一個月不行使而消滅；或契約訂立後經過二年，即有可以解除之原因，亦不得解除契約。 第二十五條 保險契約因第六十四條第二項之情事而解除時，保險人無須返還其已收受之保險費。 第十五條（本條為保險業務員管理規則） 業務員經授權從事保險招攬之行為，視為該所屬公司授權範圍內之行為，所屬公司對其登錄之業務員應嚴加管理並就其業務員招攬行為所生之損害依法負連帶責任。 前項授權，應以書面為之，並載明於其登錄證上。 第一項所稱「保險招攬之行為」，係指左列之行為： 〈一〉解釋保險商品內容及保險單條　款。 〈二〉說明填寫要保書注意事項。 〈三〉轉送要保文件及保險單。	第十六條 訂立保險合同，保險人就保險標的或者被保險人的有關情況提出詢問的，投保人應當如實告知。 投保人故意或者因重大過失未履行前款規定的如實告知義務，足以影響保險人決定是否同意承保或者提高保險費率的，保險人有權解除合同。 前款規定的合同解除權，自保險人知道有解除事由之日起，超過三十日不行使而消滅。自合同成立之日起超過二年的，保險人不得解除合同；發生保險事故的，保險人應當承擔賠償或者給付保險金的責任。 投保人故意不履行如實告知義務的，保險人對于合同解除前發生的保險事故，不承擔賠償或者給付保險金的責任，并不退還保險費。 投保人因重大過失未履行如實告知義務，對保險事故的發生有嚴重影響的，保險人對于合同解除前發生的保險事故，不承擔賠償或者給付保險金的責任，但應當退還保險費。 保險人在合同訂立時已經知道投保人未如實告知的情況的，保險人不得解除合同；發生保險事故的，保險人應當承擔賠償或者給付保險金的責任。

〈四〉其他經所屬公司授權從事保險招攬之行為。	保險事故是指保險合同約定的保險責任范圍內的事故。
第六十五條 由保險契約所生之權利，自得為請求之日起，經過二年不行使而消滅。有左列各款情形之一者，其期限之起算，依各該款之規定： 〈一〉要保人或被保險人對於危險之說明，有隱匿遺漏或不實者，自保險人知情之日起算。 〈二〉危險發生後，利害關係人能證明其非因疏忽而不知情者，自其知情之日起算。 〈三〉要保人或被保險人對於保險人之請求，係由於第三人之請求而生者，自要保人或被保險人受請求之日起算。	第二十六條 人壽保險以外的其他保險的被保險人或者受益人，向保險人請求賠償或者給付保險金的訴訟時效期間為二年，自其知道或者應當知道保險事故發生之日起計算。 　　人壽保險的被保險人或者受益人向保險人請求給付保險金的訴訟時效期間為五年，自其知道或者應當知道保險事故發生之日起計算。
無	第二十七條 被保險人或者受益人在未發生保險事故的情況下，謊稱發生了保險事故，向保險人提出賠償或者給付保險金的請求的，保險人有權解除保險合同，並不退還保險費。 投保人、被保險人或者受益人故意製造保險事故的，保險人有權解除保險合同，不承擔賠償或者給付保險金的責任，除本法第四十二條第一款另有規定外，也不退還保險費。 保險事故發生後，投保人、被保險人或者受益人以偽造、變造的有關證明、資料或者其也證據，編造虛假的事故原因或者誇大損失程度的，保險人對其虛報的部分不承擔賠償或者給付保險金的責任。 投保人、被保險人或者受益人有前三款所列行為之一，致使保險人支付保險金或者支出費用的，應當退回或者賠償。
第三節　特約條款 第六十六條 特約條款，為當事人於保險契約基本條款外，承認履行特種義務之條款。 第六十七條（特約條款之內容） 與保險有關之一切事項，不問過去、現在或將來，均得以特約條款定之。 第六十八條（特約條款之積極效力）	無

Ⅰ保險契約當事人之一方違背特約條款時，他方得解除契約；其危險發生後亦同。 Ⅱ第六十四條第三項之規定，於前項情形準用之。 第六十九條（特約條款之消極效力） 關於未來事項之特約條款，於未屆履行前危險已發生，或其履行行爲不可能，或在訂約地爲不合法而未履行者，保險契約不因之而失效。	
第三章　財產保險 第一節　火災保險 第七十條 火災保險人，對於由火災所致保險標的物之毀損或滅失，除契約另有訂定外，負賠償之責。 因救護保險標的物，致保險標的物發生損失者，視同所保危險所生之損失。	無
第七十一條 就集合之物而總括爲保險者，被保險人家屬、受僱人或者同居人之物，亦得爲保險標的，載明於保險契約，在危險發生時，就其損失受享賠償。 前項保險契約，視同並爲第三人利益而訂立。	無
第七十二條 保險金額爲保險人在保險期內，所負責任之最高額度。 保險人應於承保前，查明保險標的物之市價，不得超額保險。	第十八條第四款 保險金額是指保險人承擔賠償或者給付保險金責任的最高限額。 第五十五第三款前段 保險金額不得超過保險價值。
第七十三條 保險標的，得由要保人，依主管機關核定之費率及條款，作定值或不定值約定之要保。 保險標的，以約定價值爲保險金額者，發生全部損失或部份損失時，均按約定價值爲標準計算賠償。 保險標的未經約定價值者，發生損失時，按保險事故發生時實際價值爲標準，計算賠償，其賠償金額，不得超過保險金額。 第七十四條 第七十三條所稱全部損失，係指保險標的	第五十五條第一款 投保人和保險人約定保險標的的保險價值并在合同中載明的，保險標的發生損失時，以約定的保險價值爲賠償計算標准。

全部滅失或毀損，達於不能修復或其修復之費用，超過保險標的恢復原狀所需者。	
第七十五條 保險標的物不能以市價估計者，得由當事人約定其價值。賠償時從其約定。	無
第七十六條 保險金額超過保險標的價值之契約，係由當事人一方之詐欺而訂立者，他方得解除契約。如有損失，並得請求賠償。無詐欺情事者，除定值保險外，其契約僅於保險標的價值之限度內爲有效。 無詐欺情事之保險契約，經當事人一方將超過價值之事實通知他方後，保險金額及保險費，均應按照保險標的之價值比例減少。	第五十五條第三款前段 超過保險價值的，超過部分無效。
第七十七條 保險金額不及保險標的物之價值者，除契約另有訂定外，保險人之負擔，以保險金額對於保險標的物之價值比例定之。	第五十五條第四款 保險金額低於保險價值的，除合同另有約定外，保險人按照保險金額與保險價值的比例承擔保險金的責任。
第七十八條 損失之估計，因可歸責於保險人之事由而遲延者，應自被保險人交出損失清單一個月後加給利息。損失清單交出二個月後損失尚未完全估定者，被保險人得請求先行交付其所應得之最低賠償金額。	無
第七十九條 保險人或被保險人爲證明及估計損失所支出之必要費用，除契約另有訂定外，由保險人負擔之。 保險金額不及保險標的物之價值時，保險人對於前項費用，依第七十七條規定比例負擔之。	無
第八十條 損失未估定前，要保人或被保險人除爲公共利益或避免擴大損失外，非經保險人同意，對於保險標的物不得加以變更。	無
第八十一條 保險標的物並非因保險契約所載之保險事故而完全滅失時，保險契約即爲終止。 第二十四條第三項： 保險契約因……第八十一條之情事而終	無

止，或部份終止時，除保險費以時間爲計算基礎外，終止後之保險已交付者，應返還之。	
第八十二條（標的物分損時契約之終止） I 保險標的物受部分之損失者，保險人與要保人均有終止契約之權。終止後，已交付未損失部分之保險費應返還。 II 前項終止契約權，於賠償金額給付後，經過一個月不行使而消滅。 III 保險人終止契約時，於十五日前通知要保人。 IV 要保人與保險人均不終止契約時，除契約另有訂定外，保險人對於以後保險事故所致之損失，其責任以賠償保險金額之餘額爲限。	第五十八條 保險標的發生部分損失的，自保險人賠償之日起三十日內，投保人可以解除合同；除合同另有約定外，保險人也可以解除合同，但應當提前十五日通知投保人。 合同解除的，保險人應當將保險標的未受損失部分的保險費，按照合同約定扣除自保險責任開始之日起至合同解除之日止應收的部份後，退還投保人。
第八十二條之一（準用規定） I 第七十三條至第八十一條之規定，於海上保險、陸空保險、責任保險、保證保險及其他財產保險準用之。 II 第一百二十三條及第一百二十四條之規定，於超過一年之財產保險準用之。 前項終止契約權，於賠償金額給付後，經過一個月不行使而消滅。 保險人終止契約時，應於十五日前通知要保人。要保人與保險人均不終止契約時，除契約另有訂定外，保險人對於以後保險事故所致之損失，其責任以賠償保險金額之餘額爲限。	無
第二節　海上保險 第八十三條 海上保險人對於保險標的物，除契約另有規定外，因海上一切事變及災害所生之毀損、滅失及費用，負賠償之責。	無
第八十四條 關於海上保險，適用海商法海上保險章之規定。 第一百六十六條（本條爲海商法） 關於保險保險，本章無規定者，適用保險法之規定。	第一百八十四條 海上保險適用（中華人民共和國海商法）的有關規定：（中華人民共和國海商法）未規定的，適用本法的有關規定。
第三節　陸空保險 第八十五條	無

陸上、河內及航空保險人，對於保險標的物，除契約另有訂定外，因陸上、內河及航空一切事變及災害所致之毀損、滅失及費用，負賠償之責。	
第八十六條 關於貨物之保險，除契約另有訂定外，自交運之時以迄於其目的地收貨之時為其期間。	無
第八十七條 保險契約，除記載第五十五條規定事項外，並應載明左列事項： 運送路線及方法。 運送人姓名或商號名稱。 交運及取貨地點。 運送有期限者，其期限。	無
第八十八條 因運送上之必要，暫時停止或變更運送路線或方法時，保險契約除另有訂定外，仍繼續有效。	無
第八十九條 航行內河船舶運費及裝載貨物之保險，除本節另有規定外，準用海上保險有關條文之規定。	無
第四節責任保險 第九十條 責任保險人於被保險人對於第三人，依法應負賠償責任，而受於賠償之請求，負賠償之責。	第六十五條第四款 責任保險是指以被保險人對第三者依法應負的賠償責任為保險標的的保險。
第九十一條 被保險人因受第三人之請求而為抗辯，所支出之訴訟上或訴訟外之必要費用，除契約另有訂定外，由保險人負擔之。 被保險人得請求保險人墊給前項費用。	第六十六條 責任保險的被保險人因給第三者造成損害的保險事故而被提起仲裁或者訴訟的，由被保險人支付的仲裁或者訴訟費用以及其他必要的、合理的費用，除合同另有約定外，由保險人承擔。
第九十二條 保險契約係為被保險人所營事業之損失賠償責任而訂定者，被保險人之代理人、管理人或監督人所負之損失賠償責任，亦享受保險之利益，其契約視同並為第三人之利益而訂立。	無
第九十三條（保險人之參與權）	無

保險人得約定被保險人對於第三人就其責任所為之承認、和解或賠償，未經其參與者，不受拘束。但經要保人或被保險人通知保險人參與而無正當理由拒絕或藉故遲延者，不在此限。	
第九十四條（向被保險人給付賠償金之限制） Ⅰ保險人於第三人由被保險人應負責任事故所致之損失，未受賠償以前，不得以賠償金額之全部或一部給付被保險人。 Ⅱ被保險人對第三人應負損失賠償責任確定時，第三人得在保險金額範圍內，依其應得之比例，直接向保險人請求賠償金額。	無
第九十五條（向第三人給付賠償金） 保險人得經被保險人通知，直接對第三人為賠償金額之給付。	第六十五條第一款 保險人對責任保險的被保險人給第三者造成的損害，可以依照法律的規定或者合同的約定，直接向該第三者賠償保險金。
第四節　之一保證保險 第九十五條之一 保證保險人於被保險人因其受僱人之不誠實行為或其債務人之不履行債務所致損失，負賠償之責。	無
第九十五條之二 以受僱人之不誠實行為為保險事故之保證保險契約，除記載第五十五條規定事項外，並應載明左列事項： 〈一〉被保險人之姓名及住所。 〈二〉受僱人之姓名、職稱或其他得以認定為受僱人之方式。	無
第九十五條之三 以債務人之不履行債務為保險事故之保證保險契約，除記載第五十五條規定事項外，並應載明左列事項： 被保險人之姓名及住所。 債務人之姓名或其他得以認定為債務人之方式。	無
第五節其他財產保險 第九十六條（其他財產保險之意義） 其他財產保險為不屬於火災保險、海上保險、陸空保險、責任保險及保證保險之範圍而以財物或無形利益為保險標的之各種	無

保險。	
第九十七條 保險人有隨時查勘保險標的物之權，如發現全部或一部份處於不正常狀態，經建議要保人或被保險人修復後，再行使用。如要保人或被保險人不接受建議時，得以書面通知終止保險契約或其有關部份。 第九十八條 要保人或被保險人，對於保險標的物未盡約定保護責任所致之損失，保險人不負賠償之責。 危險事故發生後，經鑑定係因要保人或被保險人未盡合理方法保護標的物，因而增加之損失，保險人不負賠償之責。	第五十一條 被保險人應當遵守國家有關消防、安全、生產操作、勞動保護等方面的規定，維護保險標的的安全。 保險人可以按照合同約定對保險標的的安全狀況進行檢查，及時向投保人、被保險人提出消除不安全因素和隱患的書面建議。 投保人、被保險人未按照約定履行其對保險標的的安全應盡責任的，保險人有權要求增加保險費或者解除合同。 保險人為維護保險標的的安全，經被保險人同意，可以采取安全預防措施。
第九十九條 保險標的物受部份之損失，經賠償或回復原狀後，保險契約繼續有效；但與原保險情況有異時，得增減其保險費。	無
第四章　人身保險 第一節　人壽保險 第一百○一條 人壽保險人於被保險人在契約規定年限內死亡，或屆契約規定年限而仍生存時，依照契約負給付保險金額之責。	無
第一百○二條 人壽保險之保險金額，依保險契約之所定。	無
第一百零三條 人壽保險之保險人，不得代位行使要保人或受益人因保險事故所生對於第三人之請求權。	第四十六條 被保險人因第三者的行為而發生死亡、傷殘或者疾病等保險事故的，保險人向被保險人或者受益人給付保險金后，不享有向第三者追償的權利，但被保險人或者受益人仍有權向第三者請求賠償。
第一百○四條 人壽保險契約，得由本人或第三人訂立。	無
第一百○五條（第三人訂立死亡保險契約限制） Ⅰ由第三人訂立之死亡保險契約，未經被保險人書面同意，並約定保險金額，其契約無效。 Ⅱ被保險人依前項所為之同意，得隨時撤銷之。其撤銷之方式應以書面通知保險人	第三十四條第一款 以死亡為給付保險金條件的合同，未經被保險人書面同意並認可保險金額的，合同無效。 第三十四條第三款 父母為其未成年子女投保的人身保險，不受第一款規定限制。

及要保人。 Ⅲ被保險人依前項規定行使其撤銷權者，視為要保人終止保險契約。	
第一百〇六條（第三人訂立人壽保險契約移轉出質之限制） 由第三人訂立之人壽保險契約，其權利之移轉或出質，非經被保險人以書面承認者，不生效力。	第三十四條第二款 按照以死亡為給付保險金條件的合同所簽發的保險單，未經被保險人書面同意，不得轉讓或者質押。
第一百〇七條（人壽保險契約給付範圍之限制） Ⅰ訂立人壽保險契約時，以未滿十四歲之未成年人，或心神喪失或精神耗弱之人為被保險人，除喪葬費用之給付外，其餘死亡給付部分無效。 Ⅱ前項喪葬費用之保險金額，不得超過主管機關所規定之金額。	第三十三條 投保人不得為無民事行為能力人投保以死亡為給付保險金條件的人身保險，保險人也不得承保。 父母為其未成年子女投保的人身保險，不受前款規定限制，但是因被保險人死亡給付的保險金額總和不得超過國務院保險監督管理機構規定的限額。
第一百〇八條 人壽保險契約，除記載第五十五條規定事項外，並應載明左列事項： 〈一〉被保險人之姓名、性別、年齡及住所。 〈二〉受益人姓名及與被保險人之關係或確定受益人之方法。 〈三〉請求保險金額之保險事故及時期。 〈四〉依第一百十八條之規定，有減少保險金額之條件者，其條件。	無
第一百〇九條（保險人之免責事由） Ⅰ被保險人故意自殺者，保險人不給付保險金額之責任。但應將保險之保單價值準備金返還於應得之人。 Ⅱ保險契約載有被保險人故意自殺，保險人仍應給付保險金額之條款者，其條款於訂約二年後始生效力。恢復停止效力之保險契約，其二年期限應自恢復停止效力之日起算。 Ⅲ被保險人因犯罪處死或拒捕或越獄致死者，保險人不負給付保險金額之責任。但保險費已付足二年以上者，保險人應將其保單價值準備金返還於應得之人。	第四十四條 以被保險人死亡為給付保險金條件的合同，自合同成立或者合同效力恢復之日起二年內，被保險人自殺的，保險人不承擔給付保險金的責任，但被保險人自殺時為無民事行為能力人的除外。 保險人依照前款規定不承擔給付保險金責任的，應當按照合同約定退還保險單的現金價值。 第四十五條 因被保險人故意犯罪或者抗拒依法採取的刑事強制措施導致其傷殘或者死亡的，保險人不承擔給付保險金的責任。投保人已交足二年以上保險費的，保險人應當按照合同約定退還保險單其現金價值。

第一百十條 要保人得通知保險人，以保險金額之全部或一部，給付其所指定之受益人一人或數人。 前項指定之受益人，以於請求保險金額時生存者為限。	第三十九條 人身保險的受益人由被保險人或者投保人指定。 投保人指定受益人時須經被保險人同意。投保人為與其有勞動關係的勞動者投保人身保險，不得指定被保險人及其近親屬以外的人為受益人。 被保險人為無民事行為能力人或者限制民事行為能力人的，可以由其監護人指定受益人。 第四十條 被保險人或者投保人可以指定一人或者數人為受益人。 受益人為數人的，被保險人或者投保人可以確定受益順序和受益份額；未確定受益份額的，受益人按照相等份額享有受益權。
第一百十一條 受益人經指定後，要保人對其保險利益，除聲明放棄處分權者外，仍得以契約或遺囑處分之。 要保人行使前項處分權，非經通知不得對抗保險人。	第四十一條 被保險人或者投保人可以變更受益人並書面通知保險人。保險人收到變更受益人的書面通知後，應當在保險單或其他保單憑證上批註或者附貼批單。 投保人變更受益人時須經被保險人同意。
第一百十二條 保險金額約定於被保險人死亡時給付於其所指定之受益人者，其金額不得作為被保險人之遺產。	無
第一百十三條 死亡保險契約未指定受益人者，其保險金額作為被保險人之遺產。	第四十二條 被保險人死亡後，遇有下列情形之一的，保險金作為被保險人的遺產，由保險人依照《中華人民共和國繼承法》的規定履行給付保險金的義務： 〈一〉沒有指定受益人的，或者受益人指定不明無法確定的； 〈二〉受益人先於被保險死亡，沒有其他受益人的； 〈三〉受益人依法喪失受益權或者放棄受益權，沒有其他受益人的。 受益人與被保險人在同一事件中死亡，且不能確定死亡先後順序的推定受益人死亡在先。
第一百十四條	無

受益人非經要保人之同意，或保險契約載明允許轉讓者，不得將其利益轉讓他人。	
第一百十五條 利害關係人，均得代要保人交付保險費。	無
第一百十六條 Ⅰ人壽保險之保險費到期未交付者，除契約另有訂定外，經催告到達後屆三十日仍不交付時，保險契約之效力停止。 Ⅱ催告應送達於要保人，或負有交付保險費義務之人之最後住所或居所，保險費經催告後，應於保險人營業所交付之。 Ⅲ第一項停止效力之保險契約，於停止效力之日起六個月內清償保險費、保險契約約定之利息及其他費用後，翌日上午零時起，開始恢復其效力。要保人於停止效力之日起六個月後申請恢復效力者，保險人得於要保人申請恢復效力之日起五日內要求要保人提供被保險人之可保證明，除被保險人之危險程度有重大變更已達拒絕承保外，保險人不得拒絕其恢復效力。 Ⅳ保險人未於前項規定期限內要求要保人提供可保證明或於收到前項可保證明後十五日內不為拒絕者，視為同意恢復效力。 Ⅴ保險契約所定申請恢復效力之期限，自停止效力之日起不得低於二年，並不得遲於保險期間之屆滿日。 Ⅵ保險人於前項所規定之期限屆滿後，有終止契約之權。 Ⅶ保險契約終止時，保險費已付足二年以上，如有保單價值準備金者，保險人應返還其保單價值準備金。 Ⅷ保險契約約定由保險人墊繳保險費者，於墊繳之本息超過保單價值準備金時，其停止效力及恢復效力之申請準用第一項至第六項規定。 第一百十七條 Ⅰ保險人對於保險費，不得以訴訟請求交付。 Ⅱ以被保險人終身為期，不附生存條件之死亡保險契約，或契約訂定於若干年後給付保險金額或年金者，如保險費已付足二	第三十六條第一款 合同約定分期支付保險費，投保人支付首期保險費後，除合同另有約定外，投保人自保險人催告之日起超過三十日未支付當其保險費，或者超過約定的期限六十日未支付當其保險費的，合同效力中止，或者由保險人按照合同約定的條件減少保險金額。 第三十七條 依照前條規定合同效力中止的，經保險人與投保人協商並達成協議，在投保人補交保險費後，合同效力恢復。但是，自合同效力中止之日起二年內雙方未達成協議的，保險人有權解除合同。 保險人依照前款規定解除合同，應當按照合同約定退還保險單的現金價值。 第三十八條 保險人對人壽保險的保險費，不得用訴訟方式要求投保人支付。

年以上而有不交付時，於前條第五項所定之期限屆滿後，保險人僅得減少保險金額或年金。	
保險法施行細則第三十條第一項 因本法第一百十六條第一項所載之原因，停止效力之人身保險契約，要保人於清償欠繳保險費及其他費用後，得恢復其效力，其申請恢復效力之期限，自最後一次應繳保險費之日起不得低於二年。	
第一百十八條（減少保險金額或年金） Ⅰ保險人依前條規定，或因要保人請求，得減少保險金額或年金。其條件及可減少之數額，應載明於保險契約。 Ⅱ減少保險金額或年金，應以訂原約時之條件，訂立同類保險契約為計算標準。其減少後之金額，不得少於原契約終止時已有之保單價值準備金，減去營業費用，而以之作為保險費一次交付所能得之金額。 Ⅲ營業費用以原保險金額百分之一為限。 Ⅳ保險金額之一部，係因其保險費全數一次交付而訂定者，不因其他部分之分期交付保險費之不交付而受影響。	無
第一百十九條（解約金之償付） Ⅰ要保人終止保險契約，而保險費已付足一年以上者，保險人應於接到通知後一個月內償付解約金；其金額不得少於要保人應得保單價值準備金之四分之三。 Ⅱ償付解約金之條件及金額，應載明於保險契約。	第四十七條 投保人解除合同，保險人應當自接到解除合同通知之日起三十日內，按照合同約定退還保險單的現金價值。
第一百二十條 保險費付足二年以上者，要保人得以保險契約為質，向保險人借款。 保險人於接到要保人之借款通知後，得於一個月以內之期間，貸給可得質借之金額。	無
第一百二十一條（受益權之撤銷） Ⅰ受益人故意致被保險人於死或雖未致死者，喪失其受益權。 Ⅱ前項情形，如因該受益人喪失受益權，而致無受益人受領保險金額時，其保險金額作為被保險人遺產。 Ⅲ要保人故意致被保險人於死者，保險人	第四十三條第一、二款 投保人故意造成被保險人死亡、傷殘或者疾病的，保險人不承擔給付保險金的責任。投保人已交足二年以上保險費的，保險人應當按照合同約定向其他權利人退還保險單的現金價值。 受益人故意造成保險人死亡、傷殘、疾病

不負給付保險金額之責。保險費付足二年以上者，保險人應將其保單價值準備金給付與應得之人，無應得之人時，應解交國庫。	的，或者故意殺害被保險人未遂的，該受益人喪失受益權。
第一百二十二條（被保險人年齡錯誤之效果） Ｉ被保險人年齡不實，而其真實年齡已超過保險人所定保險年齡限度者，其契約無效。 Ⅱ因被保險人年齡不實，致所付之保險費少於應付數額者，保險金額應按照所付之保險費與被保險人之真實年齡比例減少之。	第三十二條 投保人申報的被保險人年齡不真實，并且其真實年齡不符合合同約定的年齡限制的，保險人可以解除合同，并按照合同約定退還保險單的現金價值。保險人行使合同解除權，適用本法第十六條第三款、第六款的規定。 投保人申報的被保險人年齡不真實，致使投保人支付的保險費少于應付保險費的，保險人有權更正并要求投保人補交保險費，或者在給付保險金時按照實付保險費與應付保險費的比例支付。 投保人申報的被保險人年齡不真實，致使投保人支付的保險費多于應付保險費的，保險人應當將多收的保險費退還投保人。
第一百二十三條（當事人破產之效果） Ｉ保險人破產時，受益人對於保險人得請求之保險金額之債權，以其保單價值準備金按訂約時之保險費比率計算之。要保人破產時，保險契約訂有受益人者，仍為受益人之利益而存在。 Ⅱ投資型保險契約之投資資產，非各該投資型保險之受益人不得主張，亦不得請求扣押或行使其他權利。	無
第一百二十四條（責任準備金之優先受償權） 人壽保險之要保人、被保險人、受益人，對於被保險人之保單價值準備金，有優先受償之權。	無
第二節健康保險 第一百二十五條 健康保險人於被保險人疾病、分娩及其所致殘廢或死亡時，負給付保險金額之責。	無
第一百二十六條 保險人於訂立保險契約前，對於被保險人得施以健康檢查。	無

前項檢查費用，由保險人負擔。	
第一百二十七條 保險契約訂立時，被保險人已在疾病或妊娠情況中者，保險人對是項疾病或分娩，不負給付保險金額之責任。	無
第一百二十八條 被保險人故意自殺或墮胎所致疾病、殘廢、流產或死亡，保險人不負給付保險金額之責。	無
第一百二十九條 被保險人不與要保人為同一人時，保險契約除載明第五十五條規定事項外，並應載明左列各款事項： 〈一〉被保險人之姓名、年齡、及住所。 〈二〉被保險人與要保人之關係。	無
第一百三十條（準用規定） 第一百零二條至第一百零五條、第一百十五條、第一百十六條、第一百二十三條及第一百二十四條，於健康保險準用之。	無
第一百三十一條（傷害保險人之責任） Ⅰ傷害保險人於被保險人遭受意外傷害及其所致殘廢或死亡時，負給付保險金額之責。 Ⅱ前項意外傷害，指非由疾病引起之外來突發事故所致者。 ⊙92.1.22 修正理由 在實務上對於被保險人因身體「內在疾病」之自身原因而死亡之情形，是否可以被認定為意外，應否屬於保險事故之範疇，保險人應否負有保險金給付義務，向無明確之定見。且近年來，國內利率持續走低，投資工具不足，造成保險業利差損失逐漸擴大，類似日本保險公司關門倒閉的危機增加，尤其在壽險部分，保單多以中低階層之保障需求為主，若國內保險公司出現了經營問題，其影響層面的衝擊可想而知，爰增訂第二項。	無
第一百三十二條（傷害保險契約應載之事項） 傷害保險契約，除記載第五十五條規定事項外，並應載明左列事項：	無

〈一〉被保險人之姓名、年齡、住所與要保人之關係。 〈二〉受益人之姓名及與被保險人之關係或確定受益人之方法。 〈三〉請求保險金額之事故及時期。	
第一百三十三條 被保險人故意自殺，或因犯罪行爲，所致傷害、殘廢或死亡，保險人不負給付保險金額之責任。	第四十五條 因被保險人故意犯罪或者抗拒依法採取刑事強制措施導致其傷殘或者死亡的，保險人不承擔給付保險金的責任。投保人已交足二年以上保險費的，保險人應當按照合同約定退還保險單的現金價值。
第一百三十四條 受益人故意傷害被保險人者，無請求保險金額之權。 受益人故意傷害被保險人未遂時，被保險人得撤銷其受益權利。	第四十三條第二款 受益人故意造成被保險人死亡、傷殘、疾病的，或者故意殺害被保險人未遂的，該受益人喪失受益權。
第一百三十五條（人壽保險規定之準用） 第一百零二條至第一百零五條、第一百零七條、第一百十條至第一百十六條、第一百二十三條及第一百二十四條，於傷害保險準用之。	無
第四節年金保險 第一百三十五條之一 年金保險人於被保險人生存期間或特定期間內，依照契約負一次或分期給付一定金額之責。	無
第一百三十五條之二 年金保險契約，除記載第五十五條規定事項外，並應載明左列事項： 被保險人之姓名、性別、年齡及住所。 年金金額或確定年金金額之方法。 受益人之姓名及與被保險人之關係。 請求年金之期間、日期及給付方法。 依第一百十八條規定，有減少年金之條件者，其條件。	無
第一百三十五條之三 受益人於被保險人生存期間爲被保險人本人。 保險契約載有於被保險人死亡後給付年金者，其受益人準用第一百十條至一百十三條規定。	無

| 第一百三十五條之四
第一百零三條、第一百零四條、第一百零六條、第一百十四條至第一百二十四條規定，於年金保險準用之。但於年金給付期間，要保人不得終止契約或以保險契約為質，向保險人借款。 | 無 |

附錄二：

大陸部份

（一）2009 年大陸保險法（2009 年 2 月 28 日修正公佈）

第一章　總　則

第一條

爲了規范保險活動，保護保險活動當事人的合法權益，加強對保險業的監督管理，維護社會經濟秩序和社會公共利益，促進保險事業的健康發展，制定本法。

第二條

本法所稱保險，是指投保人根據合同約定，向保險人支付保險費，保險人對于合同約定的可能發生的事故因其發生所造成的財產損失承擔賠償保險金責任，或者當被保險人死亡、傷殘、疾病或者達到合同約定的年齡、期限等條件時承擔給付保險金責任的商業保險行爲。

第三條

在中華人民共和國境內從事保險活動，適用本法。

第四條

從事保險活動必須遵守法律、行政法規，尊重社會公德，不得損害社會公共利益。

第五條

保險活動當事人行使權利、履行義務應當遵循誠實信用原

則。

第六條

保險業務由依照本法設立的保險公司以及法律、行政法規規定的其他保險組織經營，其他單位和個人不得經營保險業務。

第七條

在中華人民共和國境內的法人和其他組織需要辦理境內保險的，應當向中華人民共和國境內的保險公司投保。

第八條

保險業和銀行業、証券業、信托業實行分業經營、分業管理，保險公司與銀行、証券、信托業務機構分別設立。國家另有規定的除外。

第九條

國務院保險監督管理機構依法對保險業實施監督管理。

國務院保險監督管理機構根據履行職責的需要設立派出機構。派出機構按照國務院保險監督管理機構的授權履行監督管理職責。

第二章　保險合同

第一節　一般規定

第十條

保險合同是投保人與保險人約定保險權利義務關系的協議。

投保人是指與保險人訂立保險合同，并按照合同約定負有支付保險費義務的人。

保險人是指與投保人訂立保險合同，并按照合同約定承擔賠償或者給付保險金責任的保險公司。

第十一條

訂立保險合同，應當協商一致，遵循公平原則確定各方的權利和義務。

除法律、行政法規規定必須保險的外，保險合同自愿訂立。

第十二條

人身保險的投保人在保險合同訂立時，對被保險人應當具有保險利益。

財產保險的被保險人在保險事故發生時，對保險標的應當具有保險利益。

人身保險是以人的壽命和身體爲保險標的的保險。

財產保險是以財產及其有關利益爲保險標的的保險。

被保險人是指其財產或者人身受保險合同保障，享有保險金請求權的人。投保人可以爲被保險人。

保險利益是指投保人或者被保險人對保險標的具有的法律上承認的利益。

第十三條

投保人提出保險要求，經保險人同意承保，保險合同成立。保險人應當及時向投保人簽發保險單或者其他保險憑証。

保險單或者其他保險憑証應當載明當事人雙方約定的合同內容。當事人也可以約定采用其他書面形式載明合同內容。

依法成立的保險合同，自成立時生效。投保人和保險人可以對合同的效力約定附條件或者附期限。

第十四條

保險合同成立后，投保人按照約定交付保險費，保險人按照約定的時間開始承擔保險責任。

第十五條

除本法另有規定或者保險合同另有約定外，保險合同成立后，投保人可以解除合同，保險人不得解除合同。

第十六條

訂立保險合同，保險人就保險標的或者被保險人的有關情況

提出詢問的，投保人應當如實告知。

投保人故意或者因重大過失未履行前款規定的如實告知義務，足以影響保險人決定是否同意承保或者提高保險費率的，保險人有權解除合同。

前款規定的合同解除權，自保險人知道有解除事由之日起，超過三十日不行使而消滅。自合同成立之日起超過二年的，保險人不得解除合同；發生保險事故的，保險人應當承擔賠償或者給付保險金的責任。

投保人故意不履行如實告知義務的，保險人對于合同解除前發生的保險事故，不承擔賠償或者給付保險金的責任，并不退還保險費。

投保人因重大過失未履行如實告知義務，對保險事故的發生有嚴重影響的，保險人對于合同解除前發生的保險事故，不承擔賠償或者給付保險金的責任，但應當退還保險費。

保險人在合同訂立時已經知道投保人未如實告知的情況的，保險人不得解除合同；發生保險事故的，保險人應當承擔賠償或者給付保險金的責任。

保險事故是指保險合同約定的保險責任范圍內的事故。

第十七條

訂立保險合同，采用保險人提供的格式條款的，保險人向投保人提供的投保單應當附格式條款，保險人應當向投保人說明合同的內容。

對保險合同中免除保險人責任的條款，保險人在訂立合同時應當在投保單、保險單或者其他保險憑証上作出足以引起投保人注意的提示，并對該條款的內容以書面或者口頭形式向投保人作出明確說明；未作提示或者明確說明的，該條款不產生效力。

第十八條

保險合同應當包括下列事項：

（一）保險人的名稱和住所；

（二）投保人、被保險人的姓名或者名稱、住所，以及人身保險的受益人的姓名或者名稱、住所；

（三）保險標的；

（四）保險責任和責任免除；

（五）保險期間和保險責任開始時間；

（六）保險金額；

（七）保險費以及支付辦法；

（八）保險金賠償或者給付辦法；

（九）違約責任和爭議處理；

（十）訂立合同的年、月、日。

投保人和保險人可以約定與保險有關的其他事項。

受益人是指人身保險合同中由被保險人或者投保人指定的享有保險金請求權的人。投保人、被保險人可以為受益人。

保險金額是指保險人承擔賠償或者給付保險金責任的最高限額。

第十九條

采用保險人提供的格式條款訂立的保險合同中的下列條款無效：

（一）免除保險人依法應承擔的義務或者加重投保人、被保險人責任的；

（二）排除投保人、被保險人或者受益人依法享有的權利的。

第二十條

投保人和保險人可以協商變更合同內容。

變更保險合同的，應當由保險人在保險單或者其他保險憑証上批注或者附貼批單，或者由投保人和保險人訂立變更的書面協

議。

第二十一條

投保人、被保險人或者受益人知道保險事故發生后，應當及時通知保險人。故意或者因重大過失未及時通知，致使保險事故的性質、原因、損失程度等難以確定的，保險人對無法確定的部分，不承擔賠償或者給付保險金的責任，但保險人通過其他途徑已經及時知道或者應當及時知道保險事故發生的除外。

第二十二條

保險事故發生后，按照保險合同請求保險人賠償或者給付保險金時，投保人、被保險人或者受益人應當向保險人提供其所能提供的與確認保險事故的性質、原因、損失程度等有關的証明和資料。

保險人按照合同的約定，認爲有關的証明和資料不完整的，應當及時一次性通知投保人、被保險人或者受益人補充提供。

第二十三條

保險人收到被保險人或者受益人的賠償或者給付保險金的請求后，應當及時作出核定；情形復雜的，應當在三十日內作出核定，但合同另有約定的除外。保險人應當將核定結果通知被保險人或者受益人；對屬于保險責任的，在與被保險人或者受益人達成賠償或者給付保險金的協議后十日內，履行賠償或者給付保險金義務。保險合同對賠償或者給付保險金的期限有約定的，保險人應當按照約定履行賠償或者給付保險金義務。

保險人未及時履行前款規定義務的，除支付保險金外，應當賠償被保險人或者受益人因此受到的損失。

任何單位和個人不得非法干預保險人履行賠償或者給付保險金的義務，也不得限制被保險人或者受益人取得保險金的權利。

第二十四條

保險人依照本法第二十三條的規定作出核定后，對不屬于保險責任的，應當自作出核定之日起三日內向被保險人或者受益人發出拒絕賠償或者拒絕給付保險金通知書，并說明理由。

第二十五條

保險人自收到賠償或者給付保險金的請求和有關証明、資料之日起六十日內，對其賠償或者給付保險金的數額不能確定的，應當根據已有証明和資料可以確定的數額先予支付；保險人最終確定賠償或者給付保險金的數額后，應當支付相應的差額。

第二十六條

人壽保險以外的其他保險的被保險人或者受益人，向保險人請求賠償或者給付保險金的訴訟時效期間爲二年，自其知道或者應當知道保險事故發生之日起計算。

人壽保險的被保險人或者受益人向保險人請求給付保險金的訴訟時效期間爲五年，自其知道或者應當知道保險事故發生之日起計算。

第二十七條

未發生保險事故，被保險人或者受益人謊稱發生了保險事故，向保險人提出賠償或者給付保險金請求的，保險人有權解除合同，并不退還保險費。

投保人、被保險人故意制造保險事故的，保險人有權解除合同，不承擔賠償或者給付保險金的責任；除本法第四十三條規定外，不退還保險費。

保險事故發生后，投保人、被保險人或者受益人以僞造、變造的有關証明、資料或者其他証據，編造虛假的事故原因或者夸大損失程度的，保險人對其虛報的部分不承擔賠償或者給付保險金的責任。

投保人、被保險人或者受益人有前三款規定行爲之一，致使

保險人支付保險金或者支出費用的，應當退回或者賠償。

第二十八條

保險人將其承擔的保險業務，以分保形式部分轉移給其他保險人的，爲再保險。

應再保險接受人的要求，再保險分出人應當將其自負責任及原保險的有關情況書面告知再保險接受人。

第二十九條

再保險接受人不得向原保險的投保人要求支付保險費。

原保險的被保險人或者受益人不得向再保險接受人提出賠償或者給付保險金的請求。

再保險分出人不得以再保險接受人未履行再保險責任爲由，拒絕履行或者遲延履行其原保險責任。

第三十條

采用保險人提供的格式條款訂立的保險合同，保險人與投保人、被保險人或者受益人對合同條款有爭議的，應當按照通常理解予以解釋。對合同條款有兩種以上解釋的，人民法院或者仲裁機構應當作出有利于被保險人和受益人的解釋。

第二節　人身保險合同

第三十一條　投保人對下列人員具有保險利益：

（一）本人；

（二）配偶、子女、父母；

（三）前項以外與投保人有撫養、贍養或者扶養關系的家庭其他成員、近親屬；

（四）與投保人有勞動關系的勞動者。

除前款規定外，被保險人同意投保人爲其訂立合同的，視爲投保人對被保險人具有保險利益。

訂立合同時，投保人對被保險人不具有保險利益的，合同無

效。

第三十二條

投保人申報的被保險人年齡不真實，并且其真實年齡不符合合同約定的年齡限制的，保險人可以解除合同，并按照合同約定退還保險單的現金價值。保險人行使合同解除權，適用本法第十六條第三款、第六款的規定。

投保人申報的被保險人年齡不真實，致使投保人支付的保險費少于應付保險費的，保險人有權更正并要求投保人補交保險費，或者在給付保險金時按照實付保險費與應付保險費的比例支付。

投保人申報的被保險人年齡不真實，致使投保人支付的保險費多于應付保險費的，保險人應當將多收的保險費退還投保人。

第三十三條

投保人不得爲無民事行爲能力人投保以死亡爲給付保險金條件的人身保險，保險人也不得承保。

父母爲其未成年子女投保的人身保險，不受前款規定限制。但是，因被保險人死亡給付的保險金總和不得超過國務院保險監督管理機構規定的限額。

第三十四條

以死亡爲給付保險金條件的合同，未經被保險人同意并認可保險金額的，合同無效。

按照以死亡爲給付保險金條件的合同所簽發的保險單，未經被保險人書面同意，不得轉讓或者質押。

父母爲其未成年子女投保的人身保險，不受本條第一款規定限制。

第三十五條

投保人可以按照合同約定向保險人一次支付全部保險費或

者分期支付保險費。

第三十六條

合同約定分期支付保險費，投保人支付首期保險費后，除合同另有約定外，投保人自保險人催告之日起超過三十日未支付當期保險費，或者超過約定的期限六十日未支付當期保險費的，合同效力中止，或者由保險人按照合同約定的條件減少保險金額。

被保險人在前款規定期限內發生保險事故的，保險人應當按照合同約定給付保險金，但可以扣減欠交的保險費。

第三十七條

合同效力依照本法第三十六條規定中止的，經保險人與投保人協商并達成協議，在投保人補交保險費后，合同效力恢復。但是，自合同效力中止之日起滿二年雙方未達成協議的，保險人有權解除合同。

保險人依照前款規定解除合同的，應當按照合同約定退還保險單的現金價值。

第三十八條

保險人對人壽保險的保險費，不得用訴訟方式要求投保人支付。

第三十九條

人身保險的受益人由被保險人或者投保人指定。

投保人指定受益人時須經被保險人同意。投保人爲與其有勞動關系的勞動者投保人身保險，不得指定被保險人及其近親屬以外的人爲受益人。

被保險人爲無民事行爲能力人或者限制民事行爲能力人的，可以由其監護人指定受益人。

第四十條

被保險人或者投保人可以指定一人或者數人爲受益人。

受益人為數人的，被保險人或者投保人可以確定受益順序和受益份額；未確定受益份額的，受益人按照相等份額享有受益權。

第四十一條

被保險人或者投保人可以變更受益人并書面通知保險人。保險人收到變更受益人的書面通知后，應當在保險單或者其他保險憑証上批注或者附貼批單。

投保人變更受益人時須經被保險人同意。

第四十二條

被保險人死亡后，有下列情形之一的，保險金作為被保險人的遺產，由保險人依照《中華人民共和國繼承法》的規定履行給付保險金的義務：

（一）沒有指定受益人，或者受益人指定不明無法確定的；

（二）受益人先于被保險人死亡，沒有其他受益人的；

（三）受益人依法喪失受益權或者放棄受益權，沒有其他受益人的。

受益人與被保險人在同一事件中死亡，且不能確定死亡先后順序的，推定受益人死亡在先。

第四十三條

投保人故意造成被保險人死亡、傷殘或者疾病的，保險人不承擔給付保險金的責任。投保人已交足二年以上保險費的，保險人應當按照合同約定向其他權利人退還保險單的現金價值。

受益人故意造成被保險人死亡、傷殘、疾病的，或者故意殺害被保險人未遂的，該受益人喪失受益權。

第四十四條

以被保險人死亡為給付保險金條件的合同，自合同成立或者合同效力恢復之日起二年內，被保險人自殺的，保險人不承擔給付保險金的責任，但被保險人自殺時為無民事行為能力人的除外。

保險人依照前款規定不承擔給付保險金責任的，應當按照合同約定退還保險單的現金價值。

第四十五條

因被保險人故意犯罪或者抗拒依法采取的刑事強制措施導致其傷殘或者死亡的，保險人不承擔給付保險金的責任。投保人已交足二年以上保險費的，保險人應當按照合同約定退還保險單的現金價值。

第四十六條

被保險人因第三者的行爲而發生死亡、傷殘或者疾病等保險事故的，保險人向被保險人或者受益人給付保險金后，不享有向第三者追償的權利，但被保險人或者受益人仍有權向第三者請求賠償。

第四十七條

投保人解除合同的，保險人應當自收到解除合同通知之日起三十日內，按照合同約定退還保險單的現金價值。

第三節　　財產保險合同

第四十八條

保險事故發生時，被保險人對保險標的不具有保險利益的，不得向保險人請求賠償保險金。

第四十九條

保險標的轉讓的，保險標的的受讓人承繼被保險人的權利和義務。

保險標的轉讓的，被保險人或者受讓人應當及時通知保險人，但貨物運輸保險合同和另有約定的合同除外。

因保險標的轉讓導致危險程度顯著增加的，保險人自收到前款規定的通知之日起三十日內，可以按照合同約定增加保險費或者解除合同。保險人解除合同的，應當將已收取的保險費，按照

合同約定扣除自保險責任開始之日起至合同解除之日止應收的部分后，退還投保人。

被保險人、受讓人未履行本條第二款規定的通知義務的，因轉讓導致保險標的危險程度顯著增加而發生的保險事故，保險人不承擔賠償保險金的責任。

第五十條

貨物運輸保險合同和運輸工具航程保險合同，保險責任開始后，合同當事人不得解除合同。

第五十一條

被保險人應當遵守國家有關消防、安全、生產操作、勞動保護等方面的規定，維護保險標的的安全。

保險人可以按照合同約定對保險標的的安全狀況進行檢查，及時向投保人、被保險人提出消除不安全因素和隱患的書面建議。

投保人、被保險人未按照約定履行其對保險標的的安全應盡責任的，保險人有權要求增加保險費或者解除合同。

保險人為維護保險標的的安全，經被保險人同意，可以采取安全預防措施。

第五十二條

在合同有效期內，保險標的的危險程度顯著增加的，被保險人應當按照合同約定及時通知保險人，保險人可以按照合同約定增加保險費或者解除合同。保險人解除合同的，應當將已收取的保險費，按照合同約定扣除自保險責任開始之日起至合同解除之日止應收的部分后，退還投保人。

被保險人未履行前款規定的通知義務的，因保險標的的危險程度顯著增加而發生的保險事故，保險人不承擔賠償保險金的責任。

第五十三條

有下列情形之一的，除合同另有約定外，保險人應當降低保險費，并按日計算退還相應的保險費：

（一）據以確定保險費率的有關情況發生變化，保險標的的危險程度明顯減少的；

（二）保險標的的保險價值明顯減少的。

第五十四條

保險責任開始前，投保人要求解除合同的，應當按照合同約定向保險人支付手續費，保險人應當退還保險費。保險責任開始后，投保人要求解除合同的，保險人應當將已收取的保險費，按照合同約定扣除自保險責任開始之日起至合同解除之日止應收的部分后，退還投保人。

第五十五條

投保人和保險人約定保險標的的保險價值并在合同中載明的，保險標的發生損失時，以約定的保險價值為賠償計算標准。

投保人和保險人未約定保險標的的保險價值的，保險標的的發生損失時，以保險事故發生時保險標的的實際價值為賠償計算標准。

保險金額不得超過保險價值。超過保險價值的，超過部分無效，保險人應當退還相應的保險費。

保險金額低于保險價值的，除合同另有約定外，保險人按照保險金額與保險價值的比例承擔賠償保險金的責任。

第五十六條

重復保險的投保人應當將重復保險的有關情況通知各保險人。

重復保險的各保險人賠償保險金的總和不得超過保險價值。除合同另有約定外，各保險人按照其保險金額與保險金額總

和的比例承擔賠償保險金的責任。

重復保險的投保人可以就保險金額總和超過保險價值的部分，請求各保險人按比例返還保險費。

重復保險是指投保人對同一保險標的、同一保險利益、同一保險事故分別與兩個以上保險人訂立保險合同，且保險金額總和超過保險價值的保險。

第五十七條

保險事故發生時，被保險人應當盡力采取必要的措施，防止或者減少損失。

保險事故發生后，被保險人為防止或者減少保險標的的損失所支付的必要的、合理的費用，由保險人承擔；保險人所承擔的費用數額在保險標的損失賠償金額以外另行計算，最高不超過保險金額的數額。

第五十八條

保險標的發生部分損失的，自保險人賠償之日起三十日內，投保人可以解除合同；除合同另有約定外，保險人也可以解除合同，但應當提前十五日通知投保人。

合同解除的，保險人應當將保險標的未受損失部分的保險費，按照合同約定扣除自保險責任開始之日起至合同解除之日止應收的部分后，退還投保人。

第五十九條

保險事故發生后，保險人已支付了全部保險金額，并且保險金額等于保險價值的，受損保險標的的全部權利歸于保險人；保險金額低于保險價值的，保險人按照保險金額與保險價值的比例取得受損保險標的的部分權利。

第六十條

因第三者對保險標的的損害而造成保險事故的，保險人自向

被保險人賠償保險金之日起，在賠償金額范圍內代位行使被保險人對第三者請求賠償的權利。

前款規定的保險事故發生后，被保險人已經從第三者取得損害賠償的，保險人賠償保險金時，可以相應扣減被保險人從第三者已取得的賠償金額。

保險人依照本條第一款規定行使代位請求賠償的權利，不影響被保險人就未取得賠償的部分向第三者請求賠償的權利。

第六十一條

保險事故發生后，保險人未賠償保險金之前，被保險人放棄對第三者請求賠償的權利的，保險人不承擔賠償保險金的責任。

保險人向被保險人賠償保險金后，被保險人未經保險人同意放棄對第三者請求賠償的權利的，該行爲無效。

被保險人故意或者因重大過失致使保險人不能行使代位請求賠償的權利的，保險人可以扣減或者要求返還相應的保險金。

第六十二條

除被保險人的家庭成員或者其組成人員故意造成本法第六十條第一款規定的保險事故外，保險人不得對被保險人的家庭成員或者其組成人員行使代位請求賠償的權利。

第六十三條

保險人向第三者行使代位請求賠償的權利時，被保險人應當向保險人提供必要的文件和所知道的有關情況。

第六十四條

保險人、被保險人爲查明和確定保險事故的性質、原因和保險標的的損失程度所支付的必要的、合理的費用，由保險人承擔。

第六十五條

保險人對責任保險的被保險人給第三者造成的損害，可以依照法律的規定或者合同的約定，直接向該第三者賠償保險金。

責任保險的被保險人給第三者造成損害，被保險人對第三者應負的賠償責任確定的，根據被保險人的請求，保險人應當直接向該第三者賠償保險金。被保險人怠于請求的，第三者有權就其應獲賠償部分直接向保險人請求賠償保險金。

責任保險的被保險人給第三者造成損害，被保險人未向該第三者賠償的，保險人不得向被保險人賠償保險金。

責任保險是指以被保險人對第三者依法應負的賠償責任為保險標的的保險。

第六十六條

責任保險的被保險人因給第三者造成損害的保險事故而被提起仲裁或者訴訟的，被保險人支付的仲裁或者訴訟費用以及其他必要的、合理的費用，除合同另有約定外，由保險人承擔。

第三章　保險公司

第六十七條

設立保險公司應當經國務院保險監督管理機構批准。

國務院保險監督管理機構審查保險公司的設立申請時，應當考慮保險業的發展和公平競爭的需要。

第六十八條

設立保險公司應當具備下列條件：

（一）主要股東具有持續盈利能力，信譽良好，最近三年內無重大違法違規記錄，淨資產不低于人民幣二億元；

（二）有符合本法和《中華人民共和國公司法》規定的章程；

（三）有符合本法規定的注冊資本；

（四）有具備任職專業知識和業務工作經驗的董事、監事和高級管理人員；

（五）有健全的組織機構和管理制度；

（六）有符合要求的營業場所和與經營業務有關的其他設

施；

（七）法律、行政法規和國務院保險監督管理機構規定的其他條件。

第六十九條

設立保險公司，其注冊資本的最低限額為人民幣二億元。

國務院保險監督管理機構根據保險公司的業務范圍、經營規模，可以調整其注冊資本的最低限額，但不得低于本條第一款規定的限額。

保險公司的注冊資本必須為實繳貨幣資本。

第七十條

申請設立保險公司，應當向國務院保險監督管理機構提出書面申請，并提交下列材料：

（一）設立申請書，申請書應當載明擬設立的保險公司的名稱、注冊資本、業務范圍等；

（二）可行性研究報告；

（三）籌建方案；

（四）投資人的營業執照或者其他背景資料，經會計師事務所審計的上一年度財務會計報告；

（五）投資人認可的籌備組負責人和擬任董事長、經理名單及本人認可証明；

（六）國務院保險監督管理機構規定的其他材料。

第七十一條

國務院保險監督管理機構應當對設立保險公司的申請進行審查，自受理之日起六個月內作出批准或者不批准籌建的決定，并書面通知申請人。決定不批准的，應當書面說明理由。

第七十二條

申請人應當自收到批准籌建通知之日起一年內完成籌建工

作；籌建期間不得從事保險經營活動。

第七十三條

籌建工作完成后，申請人具備本法第六十八條規定的設立條件的，可以向國務院保險監督管理機構提出開業申請。

國務院保險監督管理機構應當自受理開業申請之日起六十日內，作出批准或者不批准開業的決定。決定批准的，頒發經營保險業務許可証；決定不批准的，應當書面通知申請人并說明理由。

第七十四條

保險公司在中華人民共和國境內設立分支機構，應當經保險監督管理機構批准。

保險公司分支機構不具有法人資格，其民事責任由保險公司承擔。

第七十五條

保險公司申請設立分支機構，應當向保險監督管理機構提出書面申請，并提交下列材料：

（一）設立申請書；

（二）擬設機構三年業務發展規劃和市場分析材料；

（三）擬任高級管理人員的簡歷及相關証明材料；

（四）國務院保險監督管理機構規定的其他材料。

第七十六條

保險監督管理機構應當對保險公司設立分支機構的申請進行審查，自受理之日起六十日內作出批准或者不批准的決定。決定批准的，頒發分支機構經營保險業務許可証；決定不批准的，應當書面通知申請人并說明理由。

第七十七條

經批准設立的保險公司及其分支機構，憑經營保險業務許可

証向工商行政管理機關辦理登記，領取營業執照。

第七十八條

保險公司及其分支機構自取得經營保險業務許可証之日起六個月內，無正當理由未向工商行政管理機關辦理登記的，其經營保險業務許可証失效。

第七十九條

保險公司在中華人民共和國境外設立子公司、分支機構、代表機構，應當經國務院保險監督管理機構批准。

第八十條

外國保險機構在中華人民共和國境內設立代表機構，應當經國務院保險監督管理機構批准。代表機構不得從事保險經營活動。

第八十一條

保險公司的董事、監事和高級管理人員，應當品行良好，熟悉與保險相關的法律、行政法規，具有履行職責所需的經營管理能力，并在任職前取得保險監督管理機構核准的任職資格。

保險公司高級管理人員的范圍由國務院保險監督管理機構規定。

第八十二條

有《中華人民共和國公司法》第一百四十七條規定的情形或者下列情形之一的，不得擔任保險公司的董事、監事、高級管理人員：

（一）因違法行爲或者違紀行爲被金融監督管理機構取消任職資格的金融機構的董事、監事、高級管理人員，自被取消任職資格之日起未逾五年的；

（二）因違法行爲或者違紀行爲被吊銷執業資格的律師、注冊會計師或者資產評估機構、驗証機構等機構的專業人員，自被吊銷執業資格之日起未逾五年的。

第八十三條

保險公司的董事、監事、高級管理人員執行公司職務時違反法律、行政法規或者公司章程的規定，給公司造成損失的，應當承擔賠償責任。

第八十四條

保險公司有下列情形之一的，應當經保險監督管理機構批准：

（一）變更名稱；

（二）變更注冊資本；

（三）變更公司或者分支機構的營業場所；

（四）撤銷分支機構；

（五）公司分立或者合并；

（六）修改公司章程；

（七）變更出資額占有限責任公司資本總額百分之五以上的股東，或者變更持有股份有限公司股份百分之五以上的股東；

（八）國務院保險監督管理機構規定的其他情形。

第八十五條

保險公司應當聘用經國務院保險監督管理機構認可的精算專業人員，建立精算報告制度。

保險公司應當聘用專業人員，建立合規報告制度。

第八十六條

保險公司應當按照保險監督管理機構的規定，報送有關報告、報表、文件和資料。

保險公司的償付能力報告、財務會計報告、精算報告、合規報告及其他有關報告、報表、文件和資料必須如實記錄保險業務事項，不得有虛假記載、誤導性陳述和重大遺漏。

第八十七條

保險公司應當按照國務院保險監督管理機構的規定妥善保管業務經營活動的完整賬簿、原始憑証和有關資料。

前款規定的賬簿、原始憑証和有關資料的保管期限，自保險合同終止之日起計算，保險期間在一年以下的不得少于五年，保險期間超過一年的不得少于十年。

第八十八條

保險公司聘請或者解聘會計師事務所、資產評估機構、資信評級機構等中介服務機構，應當向保險監督管理機構報告；解聘會計師事務所、資產評估機構、資信評級機構等中介服務機構，應當說明理由。

第八十九條

保險公司因分立、合并需要解散，或者股東會、股東大會決議解散，或者公司章程規定的解散事由出現，經國務院保險監督管理機構批准后解散。

經營有人壽保險業務的保險公司，除因分立、合并或者被依法撤銷外，不得解散。

保險公司解散，應當依法成立清算組進行清算。

第九十條

保險公司有《中華人民共和國企業破產法》第二條規定情形的，經國務院保險監督管理機構同意，保險公司或者其債權人可以依法向人民法院申請重整、和解或者破產清算；國務院保險監督管理機構也可以依法向人民法院申請對該保險公司進行重整或者破產清算。

第九十一條

破產財產在優先清償破產費用和共益債務后，按照下列順序清償：

（一）所欠職工工資和醫療、傷殘補助、撫恤費用，所欠應

當划入職工個人賬戶的基本養老保險、基本醫療保險費用，以及
法律、行政法規規定應當支付給職工的補償金；

（一）項規定以外的社會保險費用和所欠稅款；

（二）賠償或者給付保險金；

（三）保險公司欠繳的除第；

（四）普通破產債權。

破產財產不足以清償同一順序的清償要求的，按照比例分
配。

破產保險公司的董事、監事和高級管理人員的工資，按照該
公司職工的平均工資計算。

第九十二條

經營有人壽保險業務的保險公司被依法撤銷或者被依法宣
告破產的，其持有的人壽保險合同及責任准備金，必須轉讓給其
他經營有人壽保險業務的保險公司；不能同其他保險公司達成轉
讓協議的，由國務院保險監督管理機構指定經營有人壽保險業務
的保險公司接受轉讓。

轉讓或者由國務院保險監督管理機構指定接受轉讓前款規
定的人壽保險合同及責任准備金的，應當維護被保險人、受益人
的合法權益。

第九十三條

保險公司依法終止其業務活動，應當注銷其經營保險業務許
可証。

第九十四條

保險公司，除本法另有規定外，適用《中華人民共和國公司
法》的規定。

第四章　保險經營規則

第九十五條保險公司的業務范圍：

（一）人身保險業務，包括人壽保險、健康保險、意外傷害保險等保險業務；

（二）財產保險業務，包括財產損失保險、責任保險、信用保險、保証保險等保險業務；

（三）國務院保險監督管理機構批准的與保險有關的其他業務。

保險人不得兼營人身保險業務和財產保險業務。但是，經營財產保險業務的保險公司經國務院保險監督管理機構批准，可以經營短期健康保險業務和意外傷害保險業務。

保險公司應當在國務院保險監督管理機構依法批准的業務范圍內從事保險經營活動。

第九十六條

經國務院保險監督管理機構批准，保險公司可以經營本法第九十五條規定的保險業務的下列再保險業務：

（一）分出保險；

（二）分入保險。

第九十七條

保險公司應當按照其注冊資本總額的百分之二十提取保証金，存入國務院保險監督管理機構指定的銀行，除公司清算時用于清償債務外，不得動用。

第九十八條

保險公司應當根據保障被保險人利益、保証償付能力的原則，提取各項責任准備金。

保險公司提取和結轉責任准備金的具體辦法，由國務院保險監督管理機構制定。

第九十九條

保險公司應當依法提取公積金。

第一百條

保險公司應當繳納保險保障基金。

保險保障基金應當集中管理，并在下列情形下統籌使用：

（一）在保險公司被撤銷或者被宣告破產時，向投保人、被保險人或者受益人提供救濟；

（二）在保險公司被撤銷或者被宣告破產時，向依法接受其人壽保險合同的保險公司提供救濟；

（三）國務院規定的其他情形。

保險保障基金籌集、管理和使用的具體辦法，由國務院制定。

第一百〇一條

保險公司應當具有與其業務規模和風險程度相適應的最低償付能力。保險公司的認可資產減去認可負債的差額不得低於國務院保險監督管理機構規定的數額；低于規定數額的，應當按照國務院保險監督管理機構的要求采取相應措施達到規定的數額。

第一百〇二條

經營財產保險業務的保險公司當年自留保險費，不得超過其實有資本金加公積金總和的四倍。

第一百〇三條

保險公司對每一危險單位，即對一次保險事故可能造成的最大損失范圍所承擔的責任，不得超過其實有資本金加公積金總和的百分之十；超過的部分應當辦理再保險。

保險公司對危險單位的划分應當符合國務院保險監督管理機構的規定。

第一百〇四條

保險公司對危險單位的划分方法和巨災風險安排方案，應當報國務院保險監督管理機構備案。

第一百〇五條

保險公司應當按照國務院保險監督管理機構的規定辦理再保險，并審慎選擇再保險接受人。

第一百零六條保險公司的資金運用必須穩健，遵循安全性原則。

保險公司的資金運用限于下列形式：

（一）銀行存款；

（二）買賣債券、股票、証券投資基金份額等有價証券；

（三）投資不動產；

（四）國務院規定的其他資金運用形式。

保險公司資金運用的具體管理辦法，由國務院保險監督管理機構依照前兩款的規定制定。

第一百〇七條

經國務院保險監督管理機構會同國務院証券監督管理機構批准，保險公司可以設立保險資產管理公司。

保險資產管理公司從事証券投資活動，應當遵守《中華人民共和國証券法》等法律、行政法規的規定。

保險資產管理公司的管理辦法，由國務院保險監督管理機構會同國務院有關部門制定。

第一百〇八條

保險公司應當按照國務院保險監督管理機構的規定，建立對關聯交易的管理和信息披露制度。

第一百〇九條

保險公司的控股股東、實際控制人、董事、監事、高級管理人員不得利用關聯交易損害公司的利益。

第一百一十條

保險公司應當按照國務院保險監督管理機構的規定，真實、准確、完整地披露財務會計報告、風險管理狀況、保險產品經營

情況等重大事項。

第一百一十一條

保險公司從事保險銷售的人員應當符合國務院保險監督管理機構規定的資格條件，取得保險監督管理機構頒發的資格証書。

前款規定的保險銷售人員的范圍和管理辦法，由國務院保險監督管理機構規定。

第一百一十二條

保險公司應當建立保險代理人登記管理制度，加強對保險代理人的培訓和管理，不得唆使、誘導保險代理人進行違背誠信義務的活動。

第一百一十三條

保險公司及其分支機構應當依法使用經營保險業務許可証，不得轉讓、出租、出借經營保險業務許可証。

第一百一十四條

保險公司應當按照國務院保險監督管理機構的規定，公平、合理擬訂保險條款和保險費率，不得損害投保人、被保險人和受益人的合法權益。

保險公司應當按照合同約定和本法規定，及時履行賠償或者給付保險金義務。

第一百一十五條

保險公司開展業務，應當遵循公平競爭的原則，不得從事不正當競爭。

第一百一十六條

保險公司及其工作人員在保險業務活動中不得有下列行為：

（一）欺騙投保人、被保險人或者受益人；

（二）對投保人隱瞞與保險合同有關的重要情況；

（三）阻礙投保人履行本法規定的如實告知義務，或者誘導

其不履行本法規定的如實告知義務；

（四）給予或者承諾給予投保人、被保險人、受益人保險合同約定以外的保險費回扣或者其他利益；

（五）拒不依法履行保險合同約定的賠償或者給付保險金義務；

（六）故意編造未曾發生的保險事故、虛構保險合同或者故意夸大已經發生的保險事故的損失程度進行虛假理賠，騙取保險金或者牟取其他不正當利益；

（七）挪用、截留、侵占保險費；

（八）委托未取得合法資格的機構或者個人從事保險銷售活動；

（九）利用開展保險業務為其他機構或者個人牟取不正當利益；

（十）利用保險代理人、保險經紀人或者保險評估機構，從事以虛構保險中介業務或者編造退保等方式套取費用等違法活動；

（十一）以捏造、散布虛假事實等方式損害競爭對手的商業信譽，或者以其他不正當競爭行為擾亂保險市場秩序；

（十二）泄露在業務活動中知悉的投保人、被保險人的商業秘密；

（十三）違反法律、行政法規和國務院保險監督管理機構規定的其他行為。

第五章　保險代理人和保險經紀人

第一百一十七條

保險代理人是根據保險人的委托，向保險人收取佣金，并在保險人授權的范圍內代為辦理保險業務的機構或者個人。

保險代理機構包括專門從事保險代理業務的保險專業代理

機構和兼營保險代理業務的保險兼業代理機構。

第一百一十八條

保險經紀人是基于投保人的利益，為投保人與保險人訂立保險合同提供中介服務，并依法收取佣金的機構。

第一百一十九條

保險代理機構、保險經紀人應當具備國務院保險監督管理機構規定的條件，取得保險監督管理機構頒發的經營保險代理業務許可証、保險經紀業務許可証。

保險專業代理機構、保險經紀人憑保險監督管理機構頒發的許可証向工商行政管理機關辦理登記，領取營業執照。

保險兼業代理機構憑保險監督管理機構頒發的許可証，向工商行政管理機關辦理變更登記。

第一百二十條

以公司形式設立保險專業代理機構、保險經紀人，其注冊資本最低限額適用《中華人民共和國公司法》的規定。

國務院保險監督管理機構根據保險專業代理機構、保險經紀人的業務范圍和經營規模，可以調整其注冊資本的最低限額，但不得低于《中華人民共和國公司法》規定的限額。

保險專業代理機構、保險經紀人的注冊資本或者出資額必須為實繳貨幣資本。

第一百二十一條

保險專業代理機構、保險經紀人的高級管理人員，應當品行良好，熟悉保險法律、行政法規，具有履行職責所需的經營管理能力，并在任職前取得保險監督管理機構核准的任職資格。

第一百二十二條

個人保險代理人、保險代理機構的代理從業人員、保險經紀人的經紀從業人員，應當具備國務院保險監督管理機構規定的資

格條件，取得保險監督管理機構頒發的資格証書。

第一百二十三條

保險代理機構、保險經紀人應當有自己的經營場所，設立專門賬簿記載保險代理業務、經紀業務的收支情況。

第一百二十四條

保險代理機構、保險經紀人應當按照國務院保險監督管理機構的規定繳存保証金或者投保職業責任保險。未經保險監督管理機構批准，保險代理機構、保險經紀人不得動用保証金。

第一百二十五條

個人保險代理人在代爲辦理人壽保險業務時，不得同時接受兩個以上保險人的委托。

第一百二十六條

保險人委托保險代理人代爲辦理保險業務，應當與保險代理人簽訂委托代理協議，依法約定雙方的權利和義務。

第一百二十七條

保險代理人根據保險人的授權代爲辦理保險業務的行爲，由保險人承擔責任。

保險代理人沒有代理權、超越代理權或者代理權終止后以保險人名義訂立合同，使投保人有理由相信其有代理權的，該代理行爲有效。保險人可以依法追究越權的保險代理人的責任。

第一百二十八條

保險經紀人因過錯給投保人、被保險人造成損失的，依法承擔賠償責任。

第一百二十九條

保險活動當事人可以委托保險公估機構等依法設立的獨立評估機構或者具有相關專業知識的人員，對保險事故進行評估和鑒定。

　　接受委托對保險事故進行評估和鑒定的機構和人員，應當依法、獨立、客觀、公正地進行評估和鑒定，任何單位和個人不得干涉。

　　前款規定的機構和人員，因故意或者過失給保險人或者被保險人造成損失的，依法承擔賠償責任。

　　第一百三十條

　　保險佣金只限于向具有合法資格的保險代理人、保險經紀人支付，不得向其他人支付。

　　第一百三十一條

　　保險代理人、保險經紀人及其從業人員在辦理保險業務活動中不得有下列行為：

　　（一）欺騙保險人、投保人、被保險人或者受益人；

　　（二）隱瞞與保險合同有關的重要情況；

　　（三）阻礙投保人履行本法規定的如實告知義務，或者誘導其不履行本法規定的如實告知義務；

　　（四）給予或者承諾給予投保人、被保險人或者受益人保險合同約定以外的利益；

　　（五）利用行政權力、職務或者職業便利以及其他不正當手段強迫、引誘或者限制投保人訂立保險合同；

　　（六）偽造、擅自變更保險合同，或者為保險合同當事人提供虛假証明材料；

　　（七）挪用、截留、侵占保險費或者保險金；

　　（八）利用業務便利為其他機構或者個人牟取不正當利益；

　　（九）串通投保人、被保險人或者受益人，騙取保險金；

　　（十）泄露在業務活動中知悉的保險人、投保人、被保險人的商業秘密。

　　第一百三十二條

保險專業代理機構、保險經紀人分立、合并、變更組織形式、設立分支機構或者解散的，應當經保險監督管理機構批准。

第一百三十三條

本法第八十六條第一款、第一百一十三條的規定，適用于保險代理機構和保險經紀人。

第六章　保險業監督管理

第一百三十四條

保險監督管理機構依照本法和國務院規定的職責，遵循依法、公開、公正的原則，對保險業實施監督管理，維護保險市場秩序，保護投保人、被保險人和受益人的合法權益。

第一百三十五條

國務院保險監督管理機構依照法律、行政法規制定并發布有關保險業監督管理的規章。

第一百三十六條

關系社會公眾利益的保險險種、依法實行強制保險的險種和新開發的人壽保險險種等的保險條款和保險費率，應當報國務院保險監督管理機構批准。國務院保險監督管理機構審批時，應當遵循保護社會公眾利益和防止不正當競爭的原則。其他保險險種的保險條款和保險費率，應當報保險監督管理機構備案。

保險條款和保險費率審批、備案的具體辦法，由國務院保險監督管理機構依照前款規定制定。

第一百三十七條

保險公司使用的保險條款和保險費率違反法律、行政法規或者國務院保險監督管理機構的有關規定的，由保險監督管理機構責令停止使用，限期修改；情節嚴重的，可以在一定期限內禁止申報新的保險條款和保險費率。

第一百三十八條

國務院保險監督管理機構應當建立健全保險公司償付能力監管體系，對保險公司的償付能力實施監控。

第一百三十九條

對償付能力不足的保險公司，國務院保險監督管理機構應當將其列為重點監管對象，并可以根據具體情況采取下列措施：

（一）責令增加資本金、辦理再保險；

（二）限制業務范圍；

（三）限制向股東分紅；

（四）限制固定資產購置或者經營費用規模；

（五）限制資金運用的形式、比例；

（六）限制增設分支機構；

（七）責令拍賣不良資產、轉讓保險業務；

（八）限制董事、監事、高級管理人員的薪酬水平；

（九）限制商業性廣告；

（十）責令停止接受新業務。

第一百四十條

保險公司未依照本法規定提取或者結轉各項責任准備金，或者未依照本法規定辦理再保險，或者嚴重違反本法關于資金運用的規定的，由保險監督管理機構責令限期改正，并可以責令調整負責人及有關管理人員。

第一百四十一條

保險監督管理機構依照本法第一百四十條的規定作出限期改正的決定后，保險公司逾期未改正的，國務院保險監督管理機構可以決定選派保險專業人員和指定該保險公司的有關人員組成整頓組，對公司進行整頓。

整頓決定應當載明被整頓公司的名稱、整頓理由、整頓組成員和整頓期限，并予以公告。

第一百四十二條

整頓組有權監督被整頓保險公司的日常業務。被整頓公司的負責人及有關管理人員應當在整頓組的監督下行使職權。

第一百四十三條

整頓過程中，被整頓保險公司的原有業務繼續進行。但是，國務院保險監督管理機構可以責令被整頓公司停止部分原有業務、停止接受新業務，調整資金運用。

第一百四十四條

被整頓保險公司經整頓已糾正其違反本法規定的行為，恢復正常經營狀況的，由整頓組提出報告，經國務院保險監督管理機構批准，結束整頓，并由國務院保險監督管理機構予以公告。

第一百四十五條

保險公司有下列情形之一的，國務院保險監督管理機構可以對其實行接管：

（一）公司的償付能力嚴重不足的；

（二）違反本法規定，損害社會公共利益，可能嚴重危及或者已經嚴重危及公司的償付能力的。

被接管的保險公司的債權債務關系不因接管而變化。

第一百四十六條

接管組的組成和接管的實施辦法，由國務院保險監督管理機構決定，并予以公告。

第一百四十七條

接管期限屆滿，國務院保險監督管理機構可以決定延長接管期限，但接管期限最長不得超過二年。

第一百四十八條

接管期限屆滿，被接管的保險公司已恢復正常經營能力的，由國務院保險監督管理機構決定終止接管，并予以公告。

第一百四十九條

被整頓、被接管的保險公司有《中華人民共和國企業破產法》第二條規定情形的，國務院保險監督管理機構可以依法向人民法院申請對該保險公司進行重整或者破產清算。

第一百五十條

保險公司因違法經營被依法吊銷經營保險業務許可証的，或者償付能力低于國務院保險監督管理機構規定標准，不予撤銷將嚴重危害保險市場秩序、損害公共利益的，由國務院保險監督管理機構予以撤銷并公告，依法及時組織清算組進行清算。

第一百五十一條

國務院保險監督管理機構有權要求保險公司股東、實際控制人在指定的期限內提供有關信息和資料。

第一百五十二條

保險公司的股東利用關聯交易嚴重損害公司利益，危及公司償付能力的，由國務院保險監督管理機構責令改正。在按照要求改正前，國務院保險監督管理機構可以限制其股東權利；拒不改正的，可以責令其轉讓所持的保險公司股權。

第一百五十三條

保險監督管理機構根據履行監督管理職責的需要，可以與保險公司董事、監事和高級管理人員進行監督管理談話，要求其就公司的業務活動和風險管理的重大事項作出說明。

第一百五十四條

保險公司在整頓、接管、撤銷清算期間，或者出現重大風險時，國務院保險監督管理機構可以對該公司直接負責的董事、監事、高級管理人員和其他直接責任人員采取以下措施：

（一）通知出境管理機關依法阻止其出境；

（二）申請司法機關禁止其轉移、轉讓或者以其他方式處分

財產，或者在財產上設定其他權利。

第一百五十五條

保險監督管理機構依法履行職責，可以采取下列措施：

（一）對保險公司、保險代理人、保險經紀人、保險資產管理公司、外國保險機構的代表機構進行現場檢查；

（二）進入涉嫌違法行爲發生場所調查取証；

（三）詢問當事人及與被調查事件有關的單位和個人，要求其對與被調查事件有關的事項作出說明；

（四）查閱、復制與被調查事件有關的財產權登記等資料；

（五）查閱、復制保險公司、保險代理人、保險經紀人、保險資產管理公司、外國保險機構的代表機構以及與被調查事件有關的單位和個人的財務會計資料及其他相關文件和資料；對可能被轉移、隱匿或者毀損的文件和資料予以封存；

（六）查詢涉嫌違法經營的保險公司、保險代理人、保險經紀人、保險資產管理公司、外國保險機構的代表機構以及與涉嫌違法事項有關的單位和個人的銀行賬戶；

（七）對有証據証明已經或者可能轉移、隱匿違法資金等涉案財產或者隱匿、僞造、毀損重要証據的，經保險監督管理機構主要負責人批准，申請人民法院予以凍結或者查封。

保險監督管理機構采取前款第（一）項、第（二）項、第（五）項措施的，應當經保險監督管理機構負責人批准；采取第（六）項措施的，應當經國務院保險監督管理機構負責人批准。

保險監督管理機構依法進行監督檢查或者調查，其監督檢查、調查的人員不得少于二人，并應當出示合法証件和監督檢查、調查通知書；監督檢查、調查的人員少于二人或者未出示合法証件和監督檢查、調查通知書的，被檢查、調查的單位和個人有權拒絕。

第一百五十六條

保險監督管理機構依法履行職責，被檢查、調查的單位和個人應當配合。

第一百五十七條

保險監督管理機構工作人員應當忠于職守，依法辦事，公正廉潔，不得利用職務便利牟取不正當利益，不得泄露所知悉的有關單位和個人的商業秘密。

第一百五十八條

國務院保險監督管理機構應當與中國人民銀行、國務院其他金融監督管理機構建立監督管理信息共享機制。

保險監督管理機構依法履行職責，進行監督檢查、調查時，有關部門應當予以配合。

第七章　法律責任

第一百五十九條

違反本法規定，擅自設立保險公司、保險資產管理公司或者非法經營商業保險業務的，由保險監督管理機構予以取締，沒收違法所得，并處違法所得一倍以上五倍以下的罰款；沒有違法所得或者違法所得不足二十萬元的，處二十萬元以上一百萬元以下的罰款。

第一百六十條

違反本法規定，擅自設立保險專業代理機構、保險經紀人，或者未取得經營保險代理業務許可証、保險經紀業務許可証從事保險代理業務、保險經紀業務的，由保險監督管理機構予以取締，沒收違法所得，并處違法所得一倍以上五倍以下的罰款；沒有違法所得或者違法所得不足五萬元的，處五萬元以上三十萬元以下的罰款。

第一百六十一條

保險公司違反本法規定，超出批准的業務范圍經營的，由保險監督管理機構責令限期改正，沒收違法所得，并處違法所得一倍以上五倍以下的罰款；沒有違法所得或者違法所得不足十萬元的，處十萬元以上五十萬元以下的罰款。逾期不改正或者造成嚴重后果的，責令停業整頓或者吊銷業務許可証。

第一百六十二條

保險公司有本法第一百一十六條規定行爲之一的，由保險監督管理機構責令改正，處五萬元以上三十萬元以下的罰款；情節嚴重的，限制其業務范圍、責令停止接受新業務或者吊銷業務許可証。

第一百六十三條

保險公司違反本法第八十四條規定的，由保險監督管理機構責令改正，處一萬元以上十萬元以下的罰款。

第一百六十四條

保險公司違反本法規定，有下列行爲之一的，由保險監督管理機構責令改正，處五萬元以上三十萬元以下的罰款：

（一）超額承保，情節嚴重的；

（二）爲無民事行爲能力人承保以死亡爲給付保險金條件的保險的。

第一百六十五條

違反本法規定，有下列行爲之一的，由保險監督管理機構責令改正，處五萬元以上三十萬元以下的罰款；情節嚴重的，可以限制其業務范圍、責令停止接受新業務或者吊銷業務許可証：

（一）未按照規定提存保証金或者違反規定動用保証金的；

（二）未按照規定提取或者結轉各項責任准備金的；

（三）未按照規定繳納保險保障基金或者提取公積金的；

（四）未按照規定辦理再保險的；

（五）未按照規定運用保險公司資金的；

（六）未經批准設立分支機構或者代表機構的；

（七）未按照規定申請批准保險條款、保險費率的。

第一百六十六條

保險代理機構、保險經紀人有本法第一百三十一條規定行為之一的，由保險監督管理機構責令改正，處五萬元以上三十萬元以下的罰款；情節嚴重的，吊銷業務許可証。

第一百六十七條

保險代理機構、保險經紀人違反本法規定，有下列行為之一的，由保險監督管理機構責令改正，處二萬元以上十萬元以下的罰款；情節嚴重的，責令停業整頓或者吊銷業務許可証：

（一）未按照規定繳存保証金或者投保職業責任保險的；

（二）未按照規定設立專門賬簿記載業務收支情況的。

第一百六十八條

保險專業代理機構、保險經紀人違反本法規定，未經批准設立分支機構或者變更組織形式的，由保險監督管理機構責令改正，處一萬元以上五萬元以下的罰款。

第一百六十九條

違反本法規定，聘任不具有任職資格、從業資格的人員的，由保險監督管理機構責令改正，處二萬元以上十萬元以下的罰款。

第一百七十條

違反本法規定，轉讓、出租、出借業務許可証的，由保險監督管理機構處一萬元以上十萬元以下的罰款；情節嚴重的，責令停業整頓或者吊銷業務許可証。

第一百七十一條

違反本法規定，有下列行為之一的，由保險監督管理機構責令限期改正；逾期不改正的，處一萬元以上十萬元以下的罰款：

（一）未按照規定報送或者保管報告、報表、文件、資料的，或者未按照規定提供有關信息、資料的；

（二）未按照規定報送保險條款、保險費率備案的；

（三）未按照規定披露信息的。

第一百七十二條

違反本法規定，有下列行爲之一的，由保險監督管理機構責令改正，處十萬元以上五十萬元以下的罰款；情節嚴重的，可以限制其業務范圍、責令停止接受新業務或者吊銷業務許可証：

（一）編制或者提供虛假的報告、報表、文件、資料的；

（二）拒絕或者妨礙依法監督檢查的；

（三）未按照規定使用經批准或者備案的保險條款、保險費率的。

第一百七十三條

保險公司、保險資產管理公司、保險專業代理機構、保險經紀人違反本法規定的，保險監督管理機構除分別依照本法第一百六十一條至第一百七十二條的規定對該單位給予處罰外，對其直接負責的主管人員和其他直接責任人員給予警告，并處一萬元以上十萬元以下的罰款；情節嚴重的，撤銷任職資格或者從業資格。

第一百七十四條

個人保險代理人違反本法規定的，由保險監督管理機構給予警告，可以并處二萬元以下的罰款；情節嚴重的，處二萬元以上十萬元以下的罰款，并可以吊銷其資格証書。

未取得合法資格的人員從事個人保險代理活動的，由保險監督管理機構給予警告，可以并處二萬元以下的罰款；情節嚴重的，處二萬元以上十萬元以下的罰款。

第一百七十五條

外國保險機構未經國務院保險監督管理機構批准，擅自在中

華人民共和國境內設立代表機構的，由國務院保險監督管理機構予以取締，處五萬元以上三十萬元以下的罰款。

外國保險機構在中華人民共和國境內設立的代表機構從事保險經營活動的，由保險監督管理機構責令改正，沒收違法所得，并處違法所得一倍以上五倍以下的罰款；沒有違法所得或者違法所得不足二十萬元的，處二十萬元以上一百萬元以下的罰款；對其首席代表可以責令撤換；情節嚴重的，撤銷其代表機構。

第一百七十六條

投保人、被保險人或者受益人有下列行為之一，進行保險詐騙活動，尚不構成犯罪的，依法給予行政處罰：

（一）投保人故意虛構保險標的，騙取保險金的；

（二）編造未曾發生的保險事故，或者編造虛假的事故原因或者夸大損失程度，騙取保險金的；

（三）故意造成保險事故，騙取保險金的。

保險事故的鑒定人、評估人、証明人故意提供虛假的証明文件，為投保人、被保險人或者受益人進行保險詐騙提供條件的，依照前款規定給予處罰。

第一百七十七條

違反本法規定，給他人造成損害的，依法承擔民事責任。

第一百七十八條

拒絕、阻礙保險監督管理機構及其工作人員依法行使監督檢查、調查職權，未使用暴力、威脅方法的，依法給予治安管理處罰。

第一百七十九條

違反法律、行政法規的規定，情節嚴重的，國務院保險監督管理機構可以禁止有關責任人員一定期限直至終身進入保險業。

第一百八十條

保險監督管理機構從事監督管理工作的人員有下列情形之一的，依法給予處分：

（一）違反規定批准機構的設立的；

（二）違反規定進行保險條款、保險費率審批的；

（三）違反規定進行現場檢查的；

（四）違反規定查詢賬戶或者凍結資金的；

（五）泄露其知悉有關單位和個人的商業秘密的；

（六）違反規定實施行政處罰的；

（七）濫用職權、玩忽職守的其他行為。

第一百八十一條

違反本法規定，構成犯罪的，依法追究刑事責任。

第八章　附　則

第一百八十二條

保險公司應當加入保險行業協會。保險代理人、保險經紀人、保險公估機構可以加入保險行業協會。

保險行業協會是保險業的自律性組織，是社會團體法人。

第一百八十三條

保險公司以外的其他依法設立的保險組織經營的商業保險業務，適用本法。

第一百八十四條

海上保險適用《中華人民共和國海商法》的有關規定；《中華人民共和國海商法》未規定的，適用本法的有關規定。

第一百八十五條

中外合資保險公司、外資獨資保險公司、外國保險公司分公司適用本法規定；法律、行政法規另有規定的，適用其規定。

第一百八十六條

國家支持發展為農業生產服務的保險事業。農業保險由法

律、行政法規另行規定。

強制保險，法律、行政法規另有規定的，適用其規定。

第一百八十七條

本法自 2009 年 10 月 1 日起施行。

（二）大陸地區保險管理暫行規定

第一章　總　則

第一條

為加強對保險業的監督管理，促進保險事業健康發展，根據《中華人民共和國保險法》（以下簡稱《保險法》，特制定本規定。

第二條

Ⅰ中國人民銀行是國家金融監督管理部門，在國務院領導下，依法履行下列保險監管職責：

審批和管理保險機構的設立、變更和終止；制訂、修改主要險種的保險條款和保險費率；監督、管理、檢查和稽核保險業；取締和查處擅自設立的保險機構及非法經營或變相經營保險業務的行為。

Ⅱ保險公司依法開展保險業務，不受地方政府、各級政府部門、社會團體和個人的干涉。

第三條

Ⅰ本規定所稱保險公司是指經中國人民銀行批准設立，並依法登記註冊的財產保險公司、人身保險公司、再保險公司，以及其他保險公司。

Ⅱ本規定所稱保險公司的分支機構是指保險公司的分公司、支公司、辦事處、營業部、代表外。除國家另有規定外，保險公司的分支機構不得為其他形式。

Ⅲ本規定所稱保險機構是指保險公司及其分支機構和中國

人民銀行認定的其他從事保險業務活動的機構。

第二章　保險機構的設立、變更和終止

第四條

設立保險公司應符合以下原則：

符合國民經濟發展需要；

堅持財產保險、人身保險分業經營；

體現合理佈局、公平競爭；

講求經濟效益。

第五條

申請設立保險公司及其分支機構應具備以下條件：

（一）在全國範圍內開辦保險業務的保險公司，實收貨幣資本金不低於 5 億元人民幣；在特定區域內開辦業務的保險公司實收貨幣資本金不低於人民幣 2 億元；設在省、自治區、直轄市、計畫單列市政府所在地的分公司，營運資金不得低於人民幣 5000 萬元。

（二）保險公司的董事長、副董事長、總經理、副總經理、分公司總經理、副總經理、支公司經理、副經理、辦理處和營業部主任、副主任（以下簡稱主要負責人）必須符合中國人民銀行規定的任職資格。

（三）保險公司從業人員中應有 60%以上從事過保險工作和大專院校保險專業或相關專業的畢業生。經營壽險業務的保險公司，至少要有一名經中國人民銀行訂可的精算人員。

（四）具有與其業務規模和人員數量相適應的營業場所和辦公設備。

（五）保險股份有限責任公司的股東應符合中國人民銀行關於向金融機構投資入股的有關規定。

（六）保險公司申請設立分公司，必須是開業一年以上，且

業績良好、有充足的償付能力、有完善的內容管理制度、無嚴重
違規行為、無大案要案。

（七）中國人民銀行要求具備的其他條件。

第六條

Ⅰ保險公司應根據保費收入增加數額申請設立分支機構。

Ⅱ保險公司的保費收入每增加人民幣 1 億元，可在業務活動
區域內申請設立一家分公司。

Ⅲ分公司保費收入每增加人民幣 5000 萬元，可以在轄區內
申請設立一個辦事處。

Ⅳ保險公司在同一城市只能設立一個分公司。

第七條

保險公司分支機構在經營業績良好的前提下，支公司保費收
達到人民幣 4000 萬元，可申請更名為分公司；辦事外保費收入達
到 1000 萬元可申請更名為支公司。

第八條

Ⅰ中國人民銀行對保險公司及其分支機構的設立和更名實
行兩級審批。

（一）下列機構的設立和更名由中國人民銀行總行審批：

保險公司；保險公司分公司、以及支公司改稱為分公司；保
險公司代表處；試辦性保險機構。

（二）下列機構的設立和更名由中國人民銀行省、自治區、
直轄市、計畫單列市分行審批：

支公司；辦事處及其更名為支公司；營業部及其更名為支公
司。

Ⅱ批准籌建支公司或辦事處更名為支公司前，應報中國人民
銀行總行備案。中國人民銀行在收到備案檔後 30 天內未提出異
議，視為認可。

第九條

設立保險機構應經過籌建和開業兩個階段。

第十條

申請籌建保險機構報送下列材料：

籌建申請報告；籌建可行性報告；籌建方案、投資者背景資料，包括成立時間、審批部門、法人代表、註冊資本及最近三年的財務狀況；籌建負責人簡歷；中國人民銀行要求提交的其他資料。

第十一條

中國人民銀行對保險公司籌建申請批准期為 3 個月，逾期未獲批准的，申請人 6 個月內不得再次提出同樣的申請。

第十二條

I 經中國人民銀行批准籌建的保險公司應在 6 個月內完成籌建工作；逾期未完成籌建者，原批准籌建的檔自動失效。

II 如遇特殊情況，經中國人民銀行批准，可適當延長期限，但籌建期最長不得超過一年。

III 籌建期內不得從事任何保險業務活動。

第十三條

I 保險公司申請開業，應向中國人民銀行提交下列資料一式五份：

開業申請報告；中國人民銀行訂可的驗資機構出具的驗資證明，資本金或營運資金入帳原始憑證影本；擬任公司主要負責人簡歷、公司人員基本構成情況；營業場地所有權或使用權的證明文件；符合《中華人民共和國保險法》和《中華人民共和國公司法》規定的公司章程。

II 章程內容包括機構名稱、註冊資金、營業地址、機構性質、經營宗旨、業務範圍、組織形式、經營管理和終止、清算等事項；

分保方案；中國人民銀行要求提交的其他資料。

第十四條

經中國人民銀行批准開業的保險公司持批准檔及保險業務許可證，向工商行征管理部門辦理登記註冊手續，領取營業執照後始得營業。

第十五條

Ⅰ中國人民銀行對本規定第五條第二款規定的保險機構主要負責人實行任職資格審查制度；未經中國人民銀行審查或審查不合格者，不得任職。變更負責人時亦同。

Ⅱ保險機構的主要負責人的任職資格由中國人民銀行另行制定。

第十六條

保險公司分支機搆名稱規範如下：

分公司：保險公司+所在地名+分公司；

支公司：保險公司+所在地名+支公司；

辦事處：保險公司+所在地名+支公司+辦事處或營業部。

第十七條

未設分支機搆的保險公司只能在該公司註冊地開展業務。

其他保險機構只能在中國人民銀行批准的區域內開展業務。

第十八條

Ⅰ保險機構下列事項變更應事先報中國人民銀行批准：

增減註冊資本金，調整股權結構；改變機構組織形式；調整業務範圍；更改機構名稱；機構分設、合併；修改章程；變更營業地址；中國人民銀行認爲須報經批准的其他變更事項。

Ⅱ上述各項事項申報程式與審批許可權依照本規定第八條的規定辦理。

第十九條

保險機構按照《保險法》終止營業時應報經中國人民銀行批准。

第三章　保險公司業務範圍

第二十條

同一保險公司不得兼營人身保險業務和財產保險業務。

第二十一條

財產保險公司的業務範圍限於：

財產損失保險、責任保險、信用保險、農業保險等財產保險業務；上述保險業務的再保險業務。

第二十二條

人身保險公司的業務範圍限於：

人壽保險、意外傷害保險、健康保險；上述保險業務的再保險業務。

第二十三條

再保險公司的業務範圍限於：

接受本規定第二十一條、第二十二條中原保險公司的分出業務；經中國人民銀行批准接受境內保險公司的法定分保業務；辦理轉分保業務；經中國人民銀行批准經營國際再保險業務。

第四章　保險資金管理及運用

第二十四條

保險資金指保險公司的資本金、保證金、勞動資金、各種準備金、公積金、公益金、未分配盈餘、保險保障基金及國家規定的其他資金。

第二十五條

保險公司下撥給分公司的營運資金總額不得超過其資本金加公積金的百分之六十。

第二十六條

Ⅰ在全國範圍內開辦業務的保險公司向中國人民銀行總行交存保證金；在特定區域內開辦精力的保險公司向註冊地的中國人民銀行省、自治區、直轄市、計畫單列市分行交存保證金。

Ⅱ未經中國人民銀行批准，保險公司不得動用其保證金。

第二十七條

Ⅰ除人壽保險業務外，經營其他保險業務的，應當從當年自留保費中提取未到責任準備金；提存和結轉的數額不低於當年自留保險費的50%人壽保險業務的未到期責任準備金按有效的人壽保險單的全部淨值提取。

Ⅱ保險公司未到期責任準備金必須真實、充足。

第二十八條

保險公司應當按照已經提出的保險賠償或者給付金額，以及已經發生保險事故但尚未提出的保險賠償或者給付金額提取未決賠款準備金。

第二十九條

Ⅰ保險公司分配當年稅後利潤時，應當提取利潤的10%列入公司法定公積金，並提取利潤的5%至10%列入公司法定公益金。公司法定公積金累計額為公司註冊資本的50%以上的，可不再提取。

Ⅱ保險公司從稅後利潤中提取法定公積金後，經股東會議決議，可以提取任意公積金。

第三十條

Ⅰ保險公司的公積金用於彌補公司的虧損，擴大公司業務規模經營或者轉為增加公司資本金。

Ⅱ保險股份有限責任公司經股東大會決議將公積金轉為資本金時，按股東原出資比例增加其出資額。但法定公積金轉為資本金時，所留存的該公積金不得少於註冊資本金的25%。

Ⅲ保險公司的法定公益金用於本公司職工的集體福利。

第三十一條

除保證金外，保險公司的存款只能存在規模較大、資信較好的商業銀行。

第三十二條

保險公司按當年保險費收入的 1%提取保險保障基金，該項基金提取金額達到保險公司總資產的 10%時，停止提取該項基金；保險保障基金應單獨提取，專戶存儲於中國人民銀行或中國人民很行指定的商業銀行。

第三十三條

保險資金運用限於：

銀行存款；買賣政府債券；買賣金融債券；國務院規定的其他資金運用方式。

第五章　許可證管理

第三十四條

保險業務許可證是保險機構經營保險業務的法不定期證明檔。保險業務許可證分保險機構法人許可證和經營保險業務許可證。

第三十五條

中國人民銀行依法設計、印製、頒發、扣繳、吊銷保險業務許可證。其他任何單位和個人均不得設計、印製、發放、收繳、扣押許可證。

第三十六條

保險業務許可證由正本和副本組成，並注明保險機構的名稱、編號、機構性質及組織形式、註冊資本金或營運資金數額、法定代表人和主要負責人、業務範圍、頒發日期及有限期限等內容。

第三十七條

保險機構應將保險業務許可證正本放置營業場所顯著位置，並妥善保管許可證副本，以備查驗。許可證禁止僞造、塗改、出租、轉借、轉讓、出賣。

第三十八條

許可證每 3 年更換一次。如有丟失，應於發現之日起 15 日內在中國人民銀行或其分行指定的報紙上聲明作廢，並持書面檢查和聲明向原發證行重新申領。

第三十九條

中國人民銀行對領取或更換許可證的保險機構，按規定收取一定的費用。

第六章　保險條款和保險費率管理

第四十條

保險公司的保險條款和保險費率等檔，均應以中文印製，若因業務需要，可以附用外文，但中、外文發生歧義時，以中文爲准。

第四十一條

Ⅰ保險的主要險種是指經中國人民銀行認定的險種。中國人民銀行根據市場情況有權對主要險種進行調整。

Ⅱ主要險種的基本條款和保險費率由中國人民銀行總行制定。

第四十二條

Ⅰ保險公司擬定的其他險種的保險條款和保險費率，應報中國人民銀行總行備案。

Ⅱ保險公司分公司擬定的其他險條款的保險條款和保險費率，應報中國人民銀行省、自治區、直轄市、計畫單列市分行備案；中國人民銀行對申報備案的保險條款和保險費率自收到備案

申請檔之日起 30 日內未提出異議者，視爲認可。

　　Ⅲ保險公司支公司和辦事處不得擬定保險條款和保險費率。

　　第四十三條

　　保險公司申報備案財產保險條款和保險費率時，應提交下列檔：

　　保險條款和保險費率備案文本一式 5 份；保險產品的市場預測，保險標的最近 3 年的損失資料、預定保險賠付率、預定各項管理費用及預定利潤率；保險費率的計算公式及方法；中國人民銀行要求申報的其他材料。

　　第四十四條

　　保險公司申報備案人身保險條款和保險費率時，應提交下列檔：

　　保險條款和保險費率備案文本一式 5 份；保險產品的市場預測，預定利率、預定費用率、預定利潤率及使用的生命表；保險費率、保險責任準備金、保險退保金的計算公式及方法；中國人民銀行要求申報的其他材料。

　　第四十五條

　　保險公司在申報備案的新險種保險條款和保險費率時，可以向中國人民銀行申請半年的新險種保護期。在保護期內，其他保險公司不是經營此險種。

　　第四十六條

　　在同一省、自治區、直轄市，各保險公司對同一險種必須執行統一的保險條款、保險費率及費率浮動的幅度。費率上下浮動幅度最高均爲 30%，具體幅度由中國人民銀行省、自治區、直轄市分行根據當地實際情況制定。

　　第四十七條

　　保險公司及其分支機搆的年賠付率、費用率及利潤率等檔案

資料必須妥善保存，保存期限最短爲 10 年。

第七章　保險公司償付能力管理

第四十八條

保險公司應具有與其業務規模適應的最低償付能力。

第四十九條

Ⅰ保險公司最低償付能務爲中國人民銀行規定的其實際資產減實際負債的差額。

Ⅱ保險公司實際資產爲其總資產減除以下項目後的餘額。

除預付賠款外的各種預付款；遞延資產；無形資產；低值易耗品；應收款中實際已形成呆帳的部分；有價證券取得成本超過當前市場價格的部分；資金運用中已形成呆帳的部分；不動產、固定資產的十分之一；中國人民銀行認定的其他不能在規定時間內變現的資產，或在變現過程中可能遭受損失的部分。

Ⅲ保險公司的實際負債爲總資產減除實收資本金、公積金、公益金與未分配盈餘後的餘額。

第五十條

財產保險公司最低償付能力標準爲：

當上一年度的自留淨保費收入小於或等於人民幣 2 億元，償付能力不得低於人民幣 1 億元；當上一年度的自留淨保費收入大於人民幣 2 億元，小於或等於人民幣 30 億元時，償付能力不得低於人民幣 1 億元或自留保費的三分之一，兩者以高者爲限；當上一年度自留淨保費收入大於人民幣 30 億元時，償付能力不得低於人民幣 10 億元或者自留淨保費的四分之一，兩者以高者爲限。

第五十一條

壽險公司最低償付能力的標準爲：

當實際負債小於或等於人民幣 3 億元時，償付能力不得低於人民幣 1 億元；當實際負債大於人民幣 3 億元，小於或等於人民

幣 10 億元時，償付能力不得低於人民幣 1 億元或實際負債的四分之一，兩者以高者爲准；當實際負債大於人民幣 10 億元，小於或等於人民幣 30 億元時，償付能力不得低於人民幣 2.5 億元或實際負債的六分之一，兩者以高者爲准；當實際負債大於人民幣 30 億元時，償付能力不得低於人民幣 5 億元或實際負債的八分之一，兩者以高者爲准。

第五十二條

保險公司償付能力低於本規定標準者，按下列方式處理：

（一）不足差額不於最低償付能力 5%者，應立即採取辦理再保險、業務轉讓或經中國人民銀行認可的方式，在 30 日內調整其資產負債結構，直至達到最低償付能力標準。

（二）不足差額大於 5%，小於 20%者，應自發現之日起，立即停止承保業務；在 10 日內向中國人民銀行呈送檢討報告、補救計畫、對直接負責人的處理方案；在 30 日內採取再保險、業務轉讓、向股東緊急擴股增資或中國人民銀行認可的其他方式予以補足。

（三）不足差額大於 20%，小於 40%者，中國人民銀行可決定採取以下措施：

限期整頓；停止部分業務；停業；其他方式。

（四）不足差額大於 40%時，公司應依法向人民法院申請宣告破產。

第八章　保險經營行為管理

第五十三條

保險公司開展經營活動應堅持公平、公正、合理、競爭的原則。

第五十四條

保險公司不得委託未經中國人民銀行批准的保險代理人爲

其展業，也不得接受未經中國人民銀行批准的保險經紀人介紹的保險業務。

第五十五條

保險公司及其職員不得向投保人、被保險人、受益人提供保險合同規定以外的保險費回扣或其他利益。

第五十六條

保險公司的宣傳資料應當載有保險公司的名稱。

第五十七條

保險公司的各種宣傳資料均不得披露公司利潤或分紅的預測。

第五十八條

保險人員不得在未經中國人民銀行批准的區域展業。

第五十九條

Ⅰ保險公司收到被保險人或受益人的賠償或付保險金的請求後，應當及時作出核定。對屬於保險責任的，在與被保險人或受益人達成有關賠償或給付保險金的協定後 10 日內,履行賠償或給付保險金的義務。

Ⅱ保險合同對賠償或給付保險金期限有規定者，依照合同規定辦理。保險人未按本款規定執行者，除支付保險金外，應當賠償被保險人或受益人因此受到的經濟損失。

第六十條

Ⅰ保險公司收到被保險人或受益人的賠償或給給付保險金的請求和有關證明、資料之日起 60 日內，對其賠償或者給付保險金的數額不能確定的，應當根據已有證明和資料可以確定的最低數額先予支付；保險人最終確定賠償或給付保險金額後，應當支付相應的差額。

Ⅱ保險公司故意不確定或不支付賠償或給付保險金最低金

額者，應賠償被保險人或受益人由此造成的經濟損失。

第六十一條

Ｉ保險公司不得以再保險公司未支付再保險賠款爲由拒絕履行其賠償或給付保險金的義務，也不得以投保人未支付保險費爲由拒絕向再保險公司支付再保險費。

Ⅱ再保險人不得以投保人、被保險人或受益人未履行義務爲理由拒絕支付再保險賠款。

第六十二條

除人壽保險外，保險公司應將其承保的每筆保險業務的 20%向中國人民銀行授權的保險公司（以下簡稱被授權公司）辦理分保。

第六十三條

保險公司、外資保險公司分公司與被授權公司應於每年 12月 15 日以前，就下一年度法定分保業務的分保辦法達成協定。

第六十四條

Ｉ保險公司需要辦理再保險分出業務的，應優先向中華人民共和國境內的保險公司辦理，但在中華人民共和國境內的保險公司不接受或國外保險公司分保條件明顯優惠的條件下，可向境外保險公司辦理。

Ⅱ在同等條件下，再保險公司應優先接受境內保險公司的分出業務；再保險公司接受的再保險業務需要辦理轉分保時，應優先向境內的保險公司辦理。

第九章　監督管理

第六十五條

Ｉ中國人民銀行對保險機構實行日常和年度檢查制度。

Ⅱ對在全國範圍內開辦業務的保險公司的檢查，由中國人民銀行總行負責；對在區域內開辦業務的保險公司的檢查，由公司

註冊地的中國人民銀行分行負責；各保險公司的分支機構的檢查，由轄區內中國人民銀行的分支機構負責。

第六十六條

保險機構年檢及日常檢查內容包括：

機構設立或變更事項的審批手續是否完備；申報材料的內容與實際情況是否相符；資本金、營運資金、公積金、各項準備金是否真實、充足；是否超範圍或跨區域開辦業務；是否按規定執行保險條款和保險費率；機構負責人的任用或變更手續是否完備；業務經營和財務情況是否良好，報表是否齊全、真實；營業場所和安全設備是否符合要求；中國人民銀行認為需要檢查的事項。

第六十七條

保險機構年檢時間為每年的第一季度。保險機構應在接到年檢通知書後 15 日內，向中國人民銀行及其分支機構報送下列材料：

年檢報告書；資產負責債表和損益表；

年度決算報告；《保險機構法人許可證》或《經營保險業務許可證》副本；中國人民銀行銀行要求申報的其他材料。

第六十八條

年檢合格的，由中國人民銀行在其許可證副本上加蓋公章；不合格的，責令其限期改正。

第六十九條

保險公司在分攤開辦費、彌補公司虧損、提取公積金、公益金後，方可分配稅後利潤。

第七十條

保險公司應按規定及時向中國人民銀行報送營業報告、精算報告、財務會計報告和有關報表。

第七十一條

保險公司的會計、統計報表應當完整、真實、及時、準確。

第七十二條

Ⅰ保險公司的營業報告、財務會計報告和有關報表應當有公司法人或總經理和中國人民銀行訂可的註冊會計師簽名。

Ⅱ壽險公司的精算報告應有中國人民銀行認可的精算人員的簽章。保險分支機搆的報告和報表應有上極公司授權的機構負責人簽名和公司簽章。

第十章 罰 則

第七十三條

違反本規定，擅自設立保險機構或者右非法經營保險業務或類似保險業務的，依法追代刑事責任，並由中國人民銀行予以取締；情節輕微，不構成犯罪的，由中國人民銀行及其分支機搆沒收非法所得，處以 10 萬元以上，50 萬元以下的罰款。情節嚴重的，移交司法機關處理。

第七十四條

違反本規定第十八條的，限其 30 日內改正，並處 1 萬元以上，10 萬元以下的罰款。逾期未改正者，給予通報批評，並對機構主要負責人和直接責任人以處以 1000 元以下，1 萬元以下的罰款。

第七十五條

有下列行爲之一者，限 30 日內改正，並處以 10 萬元以上，50 萬元以下的罰款；逾期未改正者，給予通報批評，並對機構主要負責人及直接責任人處以 1000 元以上，2 萬元以下的罰款：

提供虛假的報告、報表、檔和資料者；拒絕或才妨礙依法檢查監督的。

第七十六條

超額承保者，限 30 日內通過分出業務、轉讓業務或增資擴股的方式調整業務規模，並處以 5 萬元以上，30 萬元以下的罰款。

第七十七條

違反本規定，有下列行為之一者，限於 30 日內改正；逾期未改正者，處以通報批評，並處以 1 萬元以上，10 萬元以下的罰款；未按規定報送有關報告、報表、檔和資料者；未按規定將擬定的險種的保險條款和保險費率報送備案者。

第七十八條

未按中國人民銀行制訂的基本保險條款和保險費率開展業務的，限 30 日內改正，並處以 10 萬元以上，50 萬元以下的罰款；逾期未改正者，給予通報批評，並停止承保新業務，撤換主要負責人或吊銷保險業務許可證。

第七十九條

保險機構接受未經中國人民銀行批准的仲介機構介紹的保險業務並支付報酬的，給予通報批評，並處其所支付報酬金額 1 至 5 倍的罰款。

第八十條

保險機構向投保人或被保險人支付保險費回扣的，除責令收回回扣，處以回扣金額等額的罰款外，並給予通報批評。

第八十一條

I 擅自在經營區域外開展保險業務，保險費收入低於 1000 萬元者，限 30 日內退還保險費或向其他保險公司無償轉讓保險業務，並處以 10 萬元以上，50 萬元以下的罰款；超過 1000 萬元者，除限其 30 日內退還保險費或向其他保險公司無償轉讓保險業務外，給予通報批評，並處 50 萬元以上，100 萬元以下的罰款。逾期未糾正者，加通報批評，並處 50 萬元以上，100 萬元以下的罰款。逾期未糾正者，加處停止承保新業務、責令撤換機構負責人

或吊銷保險業務許可證的處罰。

Ⅱ在未退保險費之前發生保險事故的，仍由該保險公司承擔賠償或給付責任。

第八十二條

保險人員利用職務之便，故意編造未曾發生的保險事故，進行虛假理賠，騙取保險金被依法追究刑事責任者，終身不得再從事保險工作、保險代理工作或保險經紀工作。

第八十三條

未按本規定批准設立或以欺騙手段獲得設立的保險機構設立原始無效，由中國人民銀行沒收其非法所得，並予通報批評，處以 5 萬元以上 50 萬元以下的罰款，構成犯罪的，移交司法機關依法追究刑事責任。其已開展的保險業務應於 60 日內移交當地其他保險機構。

第八十四條

違反本規定有下列行為之一者，限 60 日內改正，並處以 5 萬元以上，30 萬元以下的罰款；情節嚴重的，停止承保新業務或吊銷保險業務許可證。

未按規定提存保證金或未經批准動用保證金者；未按規定提存或結轉未到期責任準備金或未決賠款準備金者；未按規定提存公積金者；違反規定運用保險資金者；未經批准分立或合併者；未經規定下撥營運資金或擅自上調營運資金。

第八十五條

違反《保險法》規定，承保無民事行為能力人以死亡為給付保險金條件的保險業務的，限於發現之日起 30 日內退還已收保險費、並處 5 萬元以上，30 萬元以下的罰款。

第八十六條

保險公司代表處經營保險業務或保險代理業務、保險經紀業

務的，沒收非法所得，並處以通報批評和 1 萬元以上，5 萬元以下的罰款；情節嚴重的，加處責令撤換代表處負責人、撤銷代表處的處罰。

第八十七條

Ⅰ本規定第七十四條至第八十八條以外的其他違規行為由中國人民銀行根據情節輕重，分別處以通報批評、罰款、責令撤換機構負責人、停業整頓或吊銷經營保險業務許可證的處罰。

Ⅱ以上處罰可以並處。

第十一章　附　則

第八十八條

除法律、行政法規或中國人民銀行另有規定外，外資保險公司分公司、中外合資保險公司適用本規定。

第八十九條

本規定由中國人民銀行解釋，修改亦同。

第九十條

本規定自發佈之日起執行。

附：主要險種名單

一、財產保險類

　　財產保險基本險

　　財產保險綜合險

　　建築工程一切險安裝工程一切險

　　機器損壞保險

　　船舶建造保險

　　涉外財產保險

　　涉外財產一切險

二、運輸工具保險類

　　機動車輛保險

　　　　拖拉機保險

　　　　船舶保險

　　　　漁船保險

　　　　飛機保險

　　　　汽車保險

　　　　沿海、內河船舶保險

三、貨物運輸保險類

　　　　國內貨物運輸保險

　　　　海洋貨物運輸保險

　　　　陸上貨物運輸保險

　　　　集裝箱保險

　　　　郵包保險

四、責任保險類

　　　　第三者責任保險

　　　　公眾責任保險

　　　　雇主責任保險

　　　　產品責任保險

　　　　信用卡保險

　　　　五、保證保險類

　　　　投資保險

　　　　保障與賠款保險

　　　　雇主忠誠擔保保險

六、人壽保險類

　　　　簡易人身保險

　　　　福壽安康保險

　　　　團體人身保險

　　　　團體人身保險

　　子女教育婚嫁保險

　　獨生子女兩全保險

七、傷害保險類

　　人身意外傷害保險

　　團體人身意外傷害保險

八、年金保險類

　　個人養老金保險

　　集體養老金保險

九、健康保險類

（三）大陸地區保險代理人管理規定（試行）

（1997 年 11 月 30 日）

第一章　總　則

第一條

　　爲規範保險代理人行爲，維護保險市場秩序，促進保險事業的健康發展，根據《中華人民共和國保險法》，制定本規定。

第二條

　　保險代理人是指根據保險人的委託，向保險人收取代理手續費，並在保險人授權的範圍內代爲辦理保險業務的單位或者個人。

第三條

　　本規定所指保險代理人包括專業代理人、兼業代理人和個人代理人。

第四條

　　凡在中華人民共和國境內經中國人民銀行批准，經營保險代理業務的保險代理人，均適用本規定。

第五條

　　保險代理人從事保險代理業務必須遵守國家的有關法律法

規和行政規章，遵循自願和誠實信用原則。

第六條

保險代理人在保險人授權範圍內代理保險業務的行爲所產生的法律責任，由保險人承擔。

第七條

保險代理人的監督管理部門是中國人民銀行。未經中國人民銀行批准，任何單位或個人不得從事保險代理業務。

第二章　資　格

第八條

從事保險代理業務的人員必須參加保險代理人資格考試，並獲得中國人民銀行頒發的《保險代理人資格證書》（以下簡稱《資格證書》）。

第九條

凡年滿十八周歲、具有高中以上學歷或同等學歷的中華人民共和國公民，均可報名參加保險代理人資格考試。

第十條

保險代理人資格考試由中國人民銀行或其授權的機構組織實施。

第十一條

中國人民銀行省、自治區、直轄市、深圳經濟特區分行（以下簡稱省級分行）對保險代理人資格考試合格者，頒發《資格證書》。

第十二條

《資格證書》是中國人民銀行對具有保險代理能力人員的資格認定，不得作爲展業證明。

第十三條

《資格證書》有效期限爲三年。持證人自領取《資格證書》

之日起三年未從事保險代理業務，其《資格證書》自然失效。

第十四條

以下人員不得申請領取《資格證書》：

（一）曾受到刑事處罰者；

（二）曾違反有關金融保險法律、行政法規、規章而受到處罰者；

（三）中國人民銀行認定的其他不宜從事保險代理業務者。

第十五條

《資格證書》由中國人民銀行總行統一印製。

第十六條

凡獲得《資格證書》自願從事保險代理業務的人員，應將《資格證書》交由被代理的保險公司審核，保險公司統一授權後，應留存《資格證書》並向代理人員核發《保險代理人展業證書》（以下簡稱《展業證書》）。

第十七條

《展業證書》由中國人民銀行總行統一印製。

第三章　專業代理人

第十八條

專業代理人是指專門從事保險代理業務的保險代理公司。保險代理公司的組織形式爲有限責任公司。其名稱爲××市（地區）××保險代理有限責任公司。

第十九條

保險代理公司可以代理財產險公司和一家人壽險公司的業務，其代理人員《展業證書》按第十六條核發。

第二十條

保險代理公司必須具備以下條件：

（一）最低實收貨幣資本金爲人民幣五十萬元；

（二）具有符合規定的公司章程；

（三）擁有至少三十名持有《展業證書》的代理人員；

（四）具有符合任職資格的高級管理人員；

（五）具有符合要求的營業場所。

第二十一條

在保險代理公司的資本金構成中，單個法人資本不得超過資本金總額的 10%，個人資本金之和不得超過資本金總額的 30%，單一個人資本不得超過資本金總額的 5%。

第二十二條

各級政府及各級政府職能部門、社團法人、銀行、保險公司，不得以任何名義投資於保險代理公司。

第二十三條

設立保險代理公司應經過籌建和開業兩個階段。

第二十四條

保險代理公司的設立由所在地中國人民銀行省級分行負責審批。但批准其籌建前，應向中國人民銀行總行備案，經總行同意後，方可審批。

第二十五條

中國人民銀行對保險代理公司籌建申請的批准期限爲 3 個月，逾期未獲批准的，申請人 6 個月內不得再次提出同樣的申請。

第二十六條

申請籌建保險代理公司，應向其所在地的中國人民銀行分行提交下列資料（一式三份）：

（一）籌建申請報告；

（二）籌建可行性報告；

（三）籌建方案，投資者背景資料，包括成立時間、審批部門、法定代表人、註冊資本及最近三年的財務狀況等；

（四）個人股東身份證號碼及其簡歷；

（五）籌建人員名單、簡歷及其《資格證書》；

（六）中國人民銀行要求提交的其他檔、資料。

第二十七條

保險代理公司的籌建期限為 6 個月，籌建期內不得開辦保險代理業務活動。

第二十八條

保險代理公司申請開業，應向中國人民銀行省級分行提交下列資料（一式三份）：

（一）開業申請報告；

（二）公司章程；

（三）擬任高級管理人員任職資格審查表及有關資料、證件；

（四）營業場所所有權或使用權的證明文件；

（五）資本金驗資證明、入帳原始憑證影本；

（六）與保險公司簽訂的保險代理合同意向書；

（七）中國人民銀行要求提交的其他檔、資料。

第二十九條

經批准開業的保險代理公司由所在地中國人民銀行省級分行頒發《經營保險代理業務許可證》，並在工商行政管理部門註冊登記後，方可營業。

第三十條

保險監督管理部門、保險公司和保險行業協會（同業公會）現職人員不得在保險代理公司兼職。

第三十一條

保險代理公司的業務範圍：

（一）代理推銷保險產品；

（二）代理收取保險費；

（三）協助保險公司進行損失的勘查和理賠；

（四）中國人民銀行批准的其他業務。

第三十二條

保險代理公司的高級管理人員除應具有《資格證書》外，還應符下列條件之一：

（一）具有保險專業大專以上學歷，從事保險工作三年以上，或從事經濟工作十年以上；

（二）具有非保險專業大專以上學歷，從事保險工作五年以上，或從事經濟工作十二年以上；

（三）具有高中學歷，從事保險工作八年以上或從事經濟工作十五年以上；

（四）從事經濟工作二十年以上。

第三十三條

保險代理公司自批准開業之日起三個月內，無正當理由未營業者，中國人民銀行有權吊銷其《經營保險代理業務許可證》。

第三十四條

保險代理公司變更下列事項須報經所在地中國人民銀行省級分行批准：

（一）修改公司章程；

（二）變更資本金；

（三）變更股東；

（四）調整業務範圍；

（五）變更營業場所；

（六）更改公司名稱；

（七）中國人民銀行規定的其他變更事項。

保險代理公司更換高級管理人員，須報經所在地中國人

民銀行省級分行審核其任職資格。

第三十五條

中國人民銀行省級分行每年第一季度要對轄內保險代理公司進行年度檢查，檢查內容包括：

（一）機構設置或重要事項是否按規定履行審批手續；

（二）高級管理人員是否按規定履行資格審查手續；

（三）申報材料的內容與實際情況是否相符；

（四）資本金是否真實、充足；

（五）是否按規定執行保險代理合同；

（六）有無超範圍經營或其他違規經營行爲；

（七）業務經營情況是否良好；

（八）營業場所是否符合要求；

（九）中國人民銀行認爲需要檢查的其他事項。

第三十六條

保險代理公司應按規定及時向所在地中國人民銀行省級分行報送財務報表和有關報表。

第三十七條

保險代理公司未經批准不得設立分支機構。

第三十八條

保險代理公司申請歇業、破產、解散、合併，應按其設立時的申請程式報經中國人民銀行批准。

第三十九條

保險代理公司終止業務活動，應繳回《經營保險代理業務許可證》，持中國人民銀行通知書向工商行政管理部門辦理註銷手續，並在中國人民銀行指定的報紙上公告。

第四章　兼業代理人

第四十條

　　兼業代理人是指受保險人委託，在從事自身業務的同時，指定專人為保險人代辦保險業務的單位。

　　第四十一條

　　兼業保險代理人必須符合下列條件：

　　（一）具有法人資格或經法定代表人授權；

　　（二）具有持有《資格證書》的專人從事保險代理業務；

　　（三）有符合規定的營業場所。

　　第四十二條

　　兼業代理人必須持有《經營保險代理業務許可證（兼業）》，方可從事保險代理業務。

　　第四十三條

　　Ⅰ《經營保險代理業務許可證（兼業）》由被代理的保險公司為其申請辦理。

　　Ⅱ申請辦理《經營保險代理業務許可證（兼業）》，應向其所在地的中國人民銀行分行呈報下列檔：

　　（一）申請報告；

　　（二）保險代理合同意向書；

　　（三）兼業代理人資信證明及有關資料；

　　（四）保險代理業務負責人簡歷及《資格證書》。

　　第四十四條

　　兼業代理人的業務範圍：

　　（一）代理推銷保險產品；

　　（二）代理收取保險費。

　　第四十五條

　　兼業代理人只能代理與本行業直接相關，且能為投保人提供便利的保險業務。

　　第四十六條

黨政機關及其職能部門不得兼業從事保險代理業務。

第四十七條

兼業保險代理人審批和管理實施細則由中國人民銀行省級分行另行制定，並報總行備案。

第五章　個人代理人

第四十八條

個人代理人是指根據保險人委託，向保險人收取代理手續費，並在保險人授權的範圍內代為辦理保險業務的個人。

第四十九條

凡獲得《資格證書》並申請從事個人代理業務人員的《展業證書》按第十六條核發。

第五十條

凡持有《資格證書》並申請從事個人代理業務者，必須與保險公司簽訂《保險代理合同書》，持有所代理保險公司核發的《展業證書》，並由所代理保險公司報經其所在地的中國人民銀行分行備案後，方可從事保險代理業務。

第五十一條

個人代理人的業務範圍：

（一）代理推銷保險產品；

（二）代理收取保險費。

第五十二條

個人代理人不得辦理企業財產保險業務和團體人身保險業務。

第五十三條

任何個人不得兼職從事個人保險代理業務。

第五十四條

個人代理人不得簽發保險單。

第六章 執業管理

第五十五條

保險代理人只能爲經中國人民銀行批准設立的保險公司代理保險業務。

第五十六條

保險代理人只能在中國人民銀行批准的行政區域內，爲在該行政區域內註冊登記的保險公司代理保險業務。

第五十七條

代理人壽保險業務的保險代理人只能爲一家人壽保險公司代理業務。

第五十八條

保險代理人從事保險代理業務，不得有下列行爲：

（一）擅自變更保險條款，提高或降低保險費率；

（二）利用行政權力、職務或職業便利強迫、引誘投保人購買指定的保單；

（三）使用不正當手段強迫、引誘或者限制投保人、被保險人投保或轉換保險公司；

（四）串通投保人、被保險人或受益人欺騙保險公司；

（五）對其他保險公司、保險代理人，作不正確的或誤導性的宣傳；

（六）代理再保險業務；

（七）以代理人名義簽發保險單；

（八）挪用或侵佔保險費；

（九）向投保人收取保險費以外的額外費用，如諮詢費等；

（十）兼做保險經紀業務；

（十一）中國人民銀行認定的其他損害保險公司、投保人和被保險人利益的行爲。

第五十九條

保險代理人向保險公司投保財產保險或人身保險，視爲保險公司直接承保業務，保險代理人不得從中提取代理手續費。

第六十條

保險代理人（個人代理人除外）應對保險代理業務進行單獨核算。

第六十一條

保險代理人（個人代理人除外）必須接受中國人民銀行對其經營情況、帳冊、業務記錄、收據進行檢查。

第六十二條

保險公司必須建立、健全代理人委託、登記、撤銷的檔案資料，同時向中國人民銀行備案。

第六十三條

中國人民銀行經審查認爲保險代理人不符合資格，發出吊銷《經營保險代理業務許可證》、《經營保險代理業務許可證（兼業）》或個人代理人《資格證書》的通知後，保險公司必須立即終止與該代理人簽訂的代理合同。

第六十四條

中國人民銀行頒發的《經營保險代理業務許可證》或《經營保險代理業務許可證（兼業）》有效期爲三年，持證人應在有效期滿前兩個月內申請換發新的許可證。申請換證時，必須出具中國人民銀行的最近一期的年檢報告、《保險代理合同書》、《經營保險代理業務許可證》或《經營保險代理業務許可證（兼業）》和換發新的證書的申請。經審查同意，持證人必須繳回原許可證，方可換發新證。

第六十五條

保險代理公司必須將《經營保險代理業務許可證》、《營業執

照》和《保險代理合同書》放置於辦公或營業場所的明顯位置，以備監督管理部門和投保人查驗；兼業代理人必須將《經營保險代理業務許可證（兼業）》和《保險代理合同書》，放置於辦公或營業場所的明顯位置，以備監督管理部門和投保人查驗。

第六十六條

保險公司應對與其簽訂保險代理合同的保險代理人進行定期培訓，每年培訓時間不得少於 60 小時。

第六十七條

保險代理公司的保險代理人員和個人代理人從事保險代理業務時，必須持有《展業證書》，以備監督管理部門和投保人查驗。

第七章　保險代理合同

第六十八條

保險公司委託保險代理人代理保險業務，應遵循平等互利、雙方自願的原則，簽訂《保險代理合同書》。

第六十九條

《保險代理合同書》的內容包括：

（一）合同雙方的名稱；

（二）代理許可權範圍；

（三）代理地域範圍；

（四）代理期限；

（五）代理的險種；

（六）保險費劃繳方式和期限；

（七）代理手續費支付標準和方式（除個人代理人外，手續費必須以轉帳支票方式支付）；

（八）違約責任；

（九）爭議處理。

第七十條

　　保險公司須在驗證保險代理公司出具的《經營保險代理業務許可證》和工商行政管理註冊登記檔或兼業保險代理人出具的《經營保險代理業務許可證（兼業）》後，方可與其簽訂正式代理合同，並將《保險代理合同書》送交其所在地的中國人民銀行備案。

　　第七十一條

　　保險代理人與被代理保險公司終止代理關係後，應按約定將被代理保險公司的各種單證、材料及未上繳的保費等送繳被代理保險公司。

第八章　罰　則

　　第七十二條

　　違反本規定，未取得《經營保險代理業務許可證》或《經營保險代理業務許可證（兼業）》，擅自開辦保險代理業務的，按照《中華人民共和國保險法》的規定，由中國人民銀行予以取締，沒收違法所得，處以違法所得五倍以上十倍以下的罰款。構成犯罪的，由司法機關依法追究刑事責任。

　　第七十三條

　　未經批准擅自設立保險代理公司的，由中國人民銀行按照有關法律、行政法規進行處罰。

　　第七十四條

　　保險代理公司違反本規定，有下列行為之一的，按照《中華人民共和國保險法》第一百四十條的規定，由中國人民銀行責令改正，並處以人民幣五萬元以上十萬元以下的罰款：

　　（一）提供虛假的報告、報表、檔和資料的；

　　（二）拒絕或妨礙中國人民銀行監督檢查的。

　　第七十五條

　　違反本規定，有下列行為之一的，由中國人民銀行責令改正，沒收其違法所得，並給予個人人民幣五千元以上一萬元以下、

單位一萬元以上三萬元以下罰款的處罰：

（一）為未經中國人民銀行批准的保險公司代理業務；

（二）在業務經營中，超出中國人民銀行核定的業務範圍；

（三）為兩家（含兩家）以上人壽保險公司代理業務；

（四）為在行政轄區外註冊登記的保險公司代理業務；

（五）保險代理人向保險公司投保財產保險或人身保險，從中提取手續費或向當事人索取額外報酬者。

第七十六條

違反本規定，在保險代理業務中欺騙投保人、被保險人或受益人的，應依照《中華人民共和國保險法》的規定由中國人民銀行責令改正，並給予個人人民幣五千元以上一萬元以下、單位一萬元以上五萬元以下罰款的處罰；情節嚴重的，吊銷其《資格證書》、《經營保險代理業務許可證》或《經營保險代理業務許可證（兼業）》；構成犯罪的，依法追究刑事責任。

第七十七條

保險代理人拖欠、挪用保險費或保險金，中國人民銀行視情節輕重給予警告、並對個人處以人民幣五千元以上一萬元以下、單位一萬元以上三萬元以下罰款，構成犯罪的，由司法機關依法追究刑事責任。

第七十八條

保險公司為未取得《資格證書》的人員發放《展業證書》，或保險公司、保險代理公司聘用未取得《展業證書》的人員從事保險代理業務，中國人民銀行有權視情節輕重，給予保險公司或保險代理公司警告、直接責任人人民幣一千元以上一萬元以下、單位五千元以上三萬元以下罰款的處罰。

第九章 附 則

第七十九條

除法律、法規和規章另有規定外，外資保險公司、中外合資保險公司通過保險代理人開展業務亦適用本規定。

第八十條

本規定由中國人民銀行總行負責解釋，修改時亦同。

第八十一條

中國人民銀行省、自治區、直轄市、深圳經濟特區分行可根據本規定制定實施細則。

第八十二條本規定自發佈之日起實施，1996 年 2 月 2 日中國人民銀行發佈的《保險代理人管理暫行規定》同時廢止。

（四）大陸地區保險經紀人管理規定（試行）

（1998 年 2 月 16 日）

第一章　總　則

第一條

為規範保險經紀人的行為，維護保險市場秩序，根據《中華人民共和國保險法》（以下簡稱《保險法》），制定本規定。

第二條

保險經紀人是指基於投保人的利益，為投保人與保險人訂立保險合同提供仲介服務，並依法收取傭金的有限責任公司。

第三條

再保險經紀人是指基於原保險人利益，為原保險人與再保險人安排安出、分入業務提供仲介服務提供仲介服務，並依法收取傭金的有限責任公司。

第四條

本規定適用於在中華人民共和國境內依法成立的中資保險經紀有限責任公司、外資保險經紀有限責任公司和中外合資保險經紀有限責任公司。

第五條

從事保險經紀活動必須遵守國家的有關法律、行政法規，遵循自願和誠實信用的原則。

第六條

經營保險經紀業務，必須是依照本規定設立的保險經紀公司。未經批准，任何單位和個人不得經營保險經紀業務。

第七條

保險經紀公司的主管機關是中國人民銀行。中國人民銀行依照《保險法》和本規定對保險經紀公司實施監督管理。

第二章　從業資格

第八條

從事保險經紀業務的人員必須參加保險經紀人員資格考試。

第九條

凡具有大專以上學歷的個人，均可報名參加保險經紀人員資格考試。

第十條

保險經紀人員資格考試由中國人民銀行或其授機構組織實施。

第十一條

保險經紀人員資格考試合格者，由中國人民銀行或其授權機構核發《保險經紀人員資格證書》（以下簡稱《資格證書》）。

第十二條

有下列情況之一者，不得參加保險經紀人員資格考試、不得申請領取《資格證書》：

曾受到刑事處罰者；曾因違反有關金融法律、行政法規、規章而受到廳政處罰和經紀處分者；中國人民銀行認定的其他不宜從事保險經紀業務的人員。

第十三條

《資格證書》是中國人民銀行對有保險經紀能力人員的資格認定，不得作爲執業證件使用。

第十四條

《資格證書》由中國人民銀行統一印製，嚴禁僞造、塗改、出借、出租、轉讓。

第三章　保險經紀公司的設立、變更和終止

第十五條

設立保險經紀公司須經中國人民銀行審批。

第十六條

設立保險經紀公司必須具備以下條件：

最低實收貨幣資本金爲人民幣 1000 萬元；具有符合法律規定的公司章程；公司員工人數不得少於 30 名，其中持有《資格證書》的公司員工人數不得低於公司員工總數的 1/2；具有符合中國人民銀行任職資格規定的高級管理人員；具有符合規定的固定的營業場所。

第十七條

申請設立外資保險經紀公司的外國保險經紀公司除具備第十六條規定條件外，還應當具備下列條件：

資信良好，最近三年內未受到所在國家主管部門和司法部門的重大處罰；經營保險經紀業務 20 年以上；申請前連續三年營業收入不低於 1 億美元；在中國設有代表機構二年以上；所在國家有完善的保險監管制度；擬任高級管理人員符合中國人民銀行規定的任職資格；中國人民銀行規定的其他條件。

第十八條

申請設立合資保險經紀公司的外方合資者應當具備第十七條規定的條件，中方合資者應當是具備下列條件的企業：

資信良好,最近三年內未受到國家主管部門和司法部門的重大處罰;提出申請前連續三年盈利;提出申請前一年的年末資本金不低於 5000 萬元人民幣;中國人民銀行規定的其他條件。

第十九條

保險經紀公司的股東應符合中國人民銀行關於向金融機構投資入股的有關規定。

第二十條

各級黨政機關、部隊、社會團體、國家撥給經費的事業單位以及保險公司不得向保險經紀公司投資入股。

第二十一條

中資保險經紀公司的資本金構成中,單一法人股不得超過資本金總額 10%,個人股本之和不得超過資本金總額的 30%,單一個人股本不得超過資本金總額的 5%。

第二十二條

保險經紀公司的高級管理人員除必須持有《資格證書》並具有經濟、金融類高級專業技術職稱外,還應符合下列條件之一:

具有經濟、金融相關專業大專以上學歷,從事保險工作 5 年以上,或金融工作 10 年或經濟工作 15 年以上;具有經濟、金融相關專業以外大專以上學歷,從事保險工作 8 年以上,或金融工作 15 年或經濟工作 20 年以上;具有經濟、金融相關專業碩士研究生以上學歷的,從事保險工作 3 年以上,或金融工作 8 年或經濟工作 12 年以上。

第二十三條

設立保險經紀公司必須經過籌建和開業兩個階段。

第二十四條

申請籌建保險經紀公司,應向中國人民銀行遞交下列檔（一式三份）:籌建申請報告;可行性報告及籌建方案;籌建人員名單

及簡歷；股東意向書等有關資料；中國人民銀行要求提交的其他資料。

第二十五條

Ⅰ申請籌建外資保險經紀公司，應向中國人民銀行遞交下列文件（一式三份）：

申請各方法定代表人簽署的籌建申請書，其內容包括：申請各方的機構名稱、出資比例、擬定機構的名稱、註冊資本、申請經營的業務種類等；可行性報告及籌建方案；籌建人員名單及簡歷；所在國家核發的營業執照（副本）；經營保險經紀業務 20 年以上的有關證明文件；最近三年的年報或資產負債情況及有關證明檔；中國人民銀行要求提供的其他檔、資料。

Ⅱ以上檔、資料，除年報外，凡用外文書寫的，均需附中文譯文。

第二十六條

申請籌建保險經紀公司，須經中國人民銀行審查批准後，由股東發起單位組織籌建，籌建期限為六個月。保險經紀公司在籌建期內不得從事任何保險經紀活動。

第二十七條

保險經紀公司申請開業時，應向中國人民銀行提交下列文件（一式三份）：

開業申請報告；公司章程；股東名冊及其股份額，資信證明和其他有關資料；中國人民銀行認可的驗資機構出具的資本金證明，入帳原始憑證影本；擬任高級管理人員的任職資格審查表及有關資格證明；公司人員名冊、《資格證書》影本和其他有關證件；公司營業場所有權或使用權的證明文件；中國人民銀行要求提交的其他檔資料。

第二十八條

　　保險經紀公司自批准籌建之日起六個月內未申請開業或未達到開業標準者，原批准第三者建檔自動失效；發遇特殊情況，經中國人民銀行批准，可適當延長期限，但最長不得超過一年。

　　第二十九條

　　I 批准開業的保險經紀公司須向中國人民銀行申領《經營保險經紀業務許可能性》，並據此在工商行政管理機關註冊登記後，方可營業。

　　II 批准開業的保險經紀公司須在中國人民銀行指定的報紙上進行公告。

　　第三十條

　　《經營保險經紀業務許可證》有效期三年，保險比公司應在有效期滿前一個月內向原發證機關申請換發。

　　第三十一條

　　經中國人民銀行批准，保險經紀公司可以經營下列全部或部分業務：

　　以訂立保險合同為目的，為投保人提供防災、防損或風險評估、風險管理諮詢服務；以訂立保險合同為目的，為投保人擬訂投保方案、辦理投保手續；為被保險人或受益人代辦檢驗、索賠；為保險人或受益人向保險人索賠；安排國內分入、分出業務；安熱排國際分入、分出業務；中國人民銀行批准的其他業務。

　　第三十二條

　　中外合資保險經紀公司、外資保險經紀公司只能經營外商投資企業的保險經紀業務。

　　第三十三條

　　I 保險經紀公司的下列變更事項需報經中國人民銀行批准：

　　修改公司章程；變更資本金；變更股東；變更業務範圍；變更公司名稱；變更營業場所。

Ⅱ保險經紀公司的高級管理人員變更，須報經中國人民銀行進行資格審查。

第三十四條

Ⅰ接到中國人民銀行開業批復 30 日內，保險經紀公司必須按資本金的 40%向中國人民銀行繳存營業保證金。

Ⅱ未經中國人民銀行批准，保險經紀公司不得動用其保證金。

第三十五條

根據保險經紀公司的發展規模，中國人民銀行有權要求保險經紀公司追加保證金，但最高不得超過資本金總額的 60%。

第三十六條

保險經紀公司分立、合併、解散應報經中國人民銀行批准。保險經紀公司申請破產應報中國人民銀行同意。

第四章　執業管理

第三十七條

《保險經紀人員執業證書》(以下簡稱《執業證書》是保險經紀人員從事保險經紀活動的唯一執照。

第三十八條

已取得《資格證書》的個人，必須接受保險經紀公司的聘用，並由保險經紀公司代其向中國人民銀行授權機構申領並獲得《執業證書》後，方可從事保險經紀業務。

第三十九條

保險經紀人員在從事保險經紀活動中，應主動出示《執業證書》，以備監督。

第四十條

有下列情形之一者，不得申領《執業證書》;

黨政機關、軍隊、社會團體、企事業單位的現職人員；保險

公司、保險協會的現職人員；曾受到刑事處罰者；曾因違反有關金融法律、行政法規、規章而受到行政處罰或紀律處分者；正處於接受刑事、行政處罰或民事強制措施期間者；中國人民銀行認定的其他不宜從事保險經紀業務的人員。

第四十一條

I《執業證書》由中國人民銀行統一印製和頒發，有效期三年。

II有效期滿前一個月內向原發證機關辦理申請續延手續。

III續延時，申請人必須遞交有關完成中國人民銀行規定的再培訓要求的證明文件。

第四十二條

持有《執業證書》的保險經紀人員申請終止從事保險經紀業務或轉聘至另一家保險經紀公司，應將《執業證書》和辭職通知書一併交給原授聘保險經紀公司。該保險經紀公司應在收到《執業證書》之日起五日內，到中國人民銀行或中國人民銀行授權機構辦理註銷手續。

第四十三條

保險經紀公司應將《經營保險經紀業務許可證》放置於營業場所的明顯位置，以備監督。

第四十四條

保險經紀公司只能同保險標的所在地的保險公司洽談和辦理直接投保手續。

第四十五條

保險經紀公司及其職員在執業過程中不得有列行為：

損害委託人的合法權益；做不實、誤導的廣告或宣傳；非當挪用或侵佔保險費或保險賠款、保險金；就訂立保險合同向投保人和保險人同時收取報酬；以任何方式向投保人支付保費回扣、

傭金或給予其他利益；兼營保險代理業務；不如實轉告投保人聲明事項；利用行政權力、職務或者職業便利以及其他不正當手段強迫、引誘或者限制投保人訂立保險合同；國家法律、法規和行政規章禁止的其他行為。

第四十六條

保險經紀公司應認真履行投保人委託事項，提出投保方案，辦理投保手續。

第四十七條

因保險經紀公司的過錯，給投保人、被保險人造成損失的，由保險經紀公司承擔賠償責任。

第四十八條

在再保險經紀活動中，因保險經紀公司的過錯，給保險人造成損失的，由保險經紀公司承擔賠償責任。

第四十九條

保險經紀公司只能選擇一家國家商業銀行作為其開戶銀行，並應分別開設保費專收帳戶和費用往來帳戶。

第五十條

Ⅰ保險經紀公司對代交的保險費、代收的各項保險賠償或保險金，應設明細帳，逐筆記錄，並於收到之日起五個工作日內解付。

Ⅱ金額超過五萬元的款項必須於第二個工作日解付。逾期視為挪用。

第五十一條

保險經紀公司接受投保人委託向保險公司辦理投保手續，依照財政部的有關規定收取傭金；為被保險人代辦索賠等手續，由被保險人支付傭金；向客戶提供風險主評估、風險管理諮詢服務，由客由支付其諮詢費。

第五十二條

保險經紀公司的傭金標準應在保費收據中列明。保險經紀公司不得擅自提高或變相提高傭金標準。

第五十三條

保險經紀公司為自身財產、人員保險不得收取傭金。

第五十四條

保險經紀公司必須按規定向中國人民銀行定期報送業務和財務報表。

第五十五條

保險經紀公司應按照《保險法》規定，優先在國內安排分保業務。

第五十六條

保險經紀公司不得安排法定分保業務。

第五十七條

保險經紀公司辦理再保險業務的結算，可按月或委長帳單進行結算。

第五十八條

Ⅰ保險經紀公司必須妥善保管有關業務經營活動的完整帳簿、原始憑證、原始投保文件及其他有關重要文件，保存期限為十年。

Ⅱ有關再保險經紀業務的資料須保存二十年。

第五十九條

保險經紀公司終止保險經紀業務活動，應向中國人民銀行交回《經營保險經紀業務許可證》和公司員工領取的《執業證書》，經中國人民銀行批准並依法清算後，向工商行政管理機關處理註銷手續，同時須在中國人民銀行指定的報紙上予以公告。

第六十條

中國人民銀行對保險經紀公司實行日常檢查和年度檢查制度，日常檢查及年度檢查的內容包括：

公司設立或變更事項的審批手續是否完備；高級管理人員是否進行了任職資格審查；公司資本金、保證金是否真實、充足；公司職員的資格及執業情況；公司的業務經營是否合規；公司財務狀況是否良好，財務制度是否健全，報表是否完全、真實；中國人民銀行認為需要檢查的其他事項。

第五章　罰　則

第六十一條

中國人民銀行有權對違反本規定的保險經紀人或保險經紀人員和處以下列處罰：

罰款；吊銷保險經紀人員的《執業證書》或《資格證書》；核減保險經紀公司的業務範圍；宣佈保險經紀公司停業整頓；吊銷保險經紀公司的《經營保險經紀業務許可證》。

第六十二條

未經中國人民銀行批准，擅自設立保險經紀公司的，由中國人民銀行依法取締。構成犯罪的，移交司法機關依法追究刑事責任。

第六十三條

違反本規定，在尚未取得《經營保險經紀業務許可證》時就擅自開辦保險經紀業務活動的，由中國人民銀行予以取締，並處以非法所得五倍以上十倍以下的罰款。構成犯罪的，移交司法機關依法追究刑事責任。

第六十四條

保險經紀公司聘用未獲得《資格證書》者開展保險經紀業務的，由中國人民銀行責令改正，給予通報批評，處以保險經紀公司所付報酬金額一至五倍，但不超過五萬元的罰款；情節嚴重的，

吊銷保險經紀公司《經營保險經紀業務許可證》，並追分主要負責人和有關責任人員的行政責任。構成犯罪的，由司法部門依法追究其刑事責任。

第六十五條

保險經紀公司在保險經紀業務活動中欺騙投保人、被保險人或者受益人的，由中國人民銀行責令改正，並處以一萬元以上五萬元以下的罰款；情節嚴重的，吊銷《經營保險經紀業務許可證》。構成犯罪的，由司法部門依法追分刑事責任。

第六十六條

違反本規定，有下列情形之一的，由中國人民銀行責令改正，並對個人處以五千元以上一萬元以下、對公司處以五萬元以上五十萬元以下的罰款：

情節嚴重的，吊銷《執業證書》、《資格證書》或《經營保險經紀業務許可證》：申領《資格證書》或《執業證書》時，申報不真實的；提供虛假報告、報表、檔、資料的；拒絕或妨礙中國人民銀行監督檢查的。

第六十七條

違反本規定第十二條、第四十條規定的，由中國人民銀行吊銷其《資格證書》或《執業證書；有非法所得的，沒收非法所得。

第六十八條

保險經紀公司違反本規定，有下列情形之一的，由中國人民銀行責令改正：

有違法所得的，沒收非法所得，並處以違法所得一倍以上五倍以下的罰款；沒有違法所得的，處以五萬元以上五十萬元以下罰款；情節嚴重的，追究其主要負責人或直接責任人的行政責任或責令停業整頓。與未經中國人民銀行批准的保險公司建立保險經紀業務關係的；超出中國人民銀行核定的業務範圍的；從事保

險代理業務的；未經中國人民銀行批准擅自設立分支機搆的。

第六十九條

違反本規定第三十四條規定的，由中國人民銀行責令改正，並處以五萬元以上三十萬元以下的罰款；情節嚴重的，吊銷《經營保險經紀業務許可證》。

第七十條

違反本規定第四十二條、第四十四條之一者，由中國人民銀行責令改正，沒收非法所得，並對個人處以五千元以上一萬元以下罰款，對公司處以一萬元以上五萬元以下罰款；情節嚴重的，吊銷《執業證書》或《經營保險經紀業務許可證》。

第七十一條

違反本規定第三十三條、第四十五條、第四十五條、第四十九條、第五十條、第五十一條、第五十二條、第五十三條、第五十四條的，由中國人民銀行責令改正，並處以一萬元以上十萬元以下罰款。

第七十二條

保險經紀公司因經營管理不善而破產、兼併或解散的，取消該公司主要負責人的金融機構高級管理人員任職資格十年。

第六章　附　則

第七十三條

本規定由中國人民銀行負責解釋。

第七十四條

本規定自下發之日起實行。

（五）《中華人民共和國保險法》新法與舊法對照表

新　　法	舊　　法	修改說明
第一章　總　則 第一條 爲了規范保險活動，保護保險活動當事人的合法權益，加強對保險業的監督管理，維護社會經濟秩序和社會公共利益，促進保險事業的健康發展，制定本法。	第一章　總　則 第一條 爲了規範保險活動，保護保險活動當事人的合法權益，加強對保險業的監督管理，促進保險事業的健康發展，制定本法。	增加「維護社會經濟秩序和社會公共秩序」爲制定本法之宗旨。
第二條 本法所稱保險，是指投保人根據合同約定，向保險人支付保險費，保險人對於合同約定的可能發生的事故因其發生所造成的財產損失承擔賠償保險金責任，或者當被保險人死亡、傷殘、疾病或者達到合同約定的年齡、期限等條件時承擔給付保險金責任的商業保險行爲。	第二條 本法所稱保險，是指投保人根據合同約定，向保險人支付保險費，保險人對於合同約定的可能發生的事故因其發生所造成的財產損失承擔賠償保險金責任，或者當被保險人死亡、傷殘、疾病或者達到合同約定的年齡、期限時承擔給付保險金責任的商業保險行爲。	內容未改，僅文字修正。
第三條 在中華人民共和國境內從事保險活動，適用本法。	第三條 在中華人民共和國境內從事保險活動，適用本法。	未修訂。
第四條 從事保險活動必須遵守法律、行政法規，尊重社會公德，不得損害社會公共利益。	第四條 從事保險活動必須遵守法律、行政法規，尊重社會公德，遵循自願原則。	增列「不損害社會公共利益」。
第五條 保險活動當事人行使權利、履行義務應當遵循誠實信用原則。	第五條 保險活動當事人行使權利、履行義務應當遵循誠實信用原則。	未修訂。
第六條 保險業務由依照本法設立的保險公司以及法律、行政法規規定的其他保險組織經營，其他單位和個人不得	第六條 經營商業保險業務，必須是依照本法設立的保險公司。其他單位和個人不得經營商業保險業務。	增列「及法律、行政法規規定的其他保險組織經營」。

經營保險業務。		
第七條 在中華人民共和國境內的法人和其他組織需要辦理境內保險的,應當向中華人民共和國境內的保險公司投保。	第七條 在中華人民共和國境內的法人和其他組織需要辦理境內保險的,應當向中華人民共和國境內的保險公司投保。	未修訂。
第八條 保險業和銀行業、証券業、信托業實行分業經營、分業管理,保險公司與銀行、証券、信托業務機構分別設立。國家另有規定的除外。	第八條 保險公司開展業務,應當遵循公平競爭的原則,不得從事不正當競爭。	條文全部修改以示區別保險業與其他業務。
第九條 國務院保險監督管理機構依法對保險業實施監督管理。 國務院保險監督管理機構根據履行職責的需要設立派出機構。派出機構按照國務院保險監督管理機構的授權履行監督管理職責。	第九條 國務院保險監督管理機構依照本法負責對保險業實施監督管理。	增訂第2款,以爲設立派出機構及授權旅行監管職責之依據。
第二章　保險合同 第一節　一般規定 第十條 保險合同是投保人與保人約定保險權利義務關係的協議。 投保人是指與保險人訂立保險合同,并按照合同約定負有支付保險費義務的人。保險人是指與投保人訂立保險合同,并按照合同約定承擔賠償或者給付保險金責任的保險公司。	第二章　保險合同 第一節　一般規定 第十條 Ⅰ 保險合同是投保人與保險人約定保險權利義務關係的協定。 Ⅱ 投保人是指與保險人訂立保險合同,並按照保險合同負有支付保險費義務的人。 Ⅲ 保險人是指與投保人訂立保險合同,並承擔賠償或者給付保險金責任的保險公司。	「協定」改爲「協議」第2款加列「合同約定」,第3款加列「按照合同約定」之文字。
第十一條 訂立保險合同,應當協商一致,遵循公平原則確定各方的權利和義務。 除法律、行政法規規定必須	第十一條 Ⅰ 投保人和保險人訂立保險合同,應當遵循公平互利、協商一致、自願訂立的原則,不得損害社會公共利	條文精簡,內容不變,刪除第2款。

保險的外,保險合同自願訂立。	益。 II 除法律、行政法規規定必須保險的以外,保險公司和其他單位不得強制他人訂立保險合同。	
第十二條 人身保險的投保人在保險合同訂立時,對被保險人應當具有保險利益。 財產保險的被保險人在保險事故發生時,對保險標的應當具有保險利益。 人身保險是以人的壽命和身體爲保險標的的保險。 財產保險是以財產及其有關利益爲保險標的的保險。 被保險人是指其財產或者人身受保險合同保障,享有保險金請求權的人。投保人可以爲被保險人。 保險利益是指投保人或者被保險人對保險標的具有的法律上承認的利益。	第十二條 I 投保人對保險標的應當具有保險利益。 II 投保人對保險標的不具有保險利益的,保險合同無效。 III 保險利益是指投保人對保險標的的具有的法律上承認的利益。 IV 保險標的是指作爲保險物件的財產及其有關利益或者人的壽命和身體。	區別人身保險與財產保險於保險合同訂立與保險事故發生時,對被保險人與保險標的的應具有保險利益。增列人身保險與財產保險及被保險人之定義（第 2.3.4 款）。
第十三條 投保人提出保險要求,經保險人同意承保,保險合同成立。保險人應當及時向投保人簽發保險單或者其他保險憑証。 保險單或者其他保險憑証應當載明當事人雙方約定的合同內容。當事人也可以約定采用其他書面形式載明合同內容。 依法成立的保險合同,自成立時生效。投保人和保險人可以對合同的效力約定附條件或者附期限。	第十三條 I 投保人提出保險要求,經保險人同意承保,並就合同的條款達成協定,保險合同成立。保險人應當及時向投保人簽發保險單或者其他保險憑證,並在保險單或者其他保險憑證中載明當事人雙方約定的合同內容。 II 經投保人和保險人協商同意,也可以採取前款規定以外的其他書面協定形式訂立保險合同。	增列第 3 款保險合同自成立時生效及投保人與保險人對合同之效力得約定附條件和期限。 刪除舊法「並就合同的條款達成協議」。
第十四條 保險合同成立后,投保人按	第十四條 保險合同成立後,投保人按	未修訂。

照約定交付保險費,保險人按照約定的時間開始承擔保險責任。	照約定交付保險費;保險人按照約定的時間開始承擔保險責任。	
第十五條 除本法另有規定或者保險合同另有約定外,保險合同成立后,投保人可以解除合同,保險人不得解除合同。	第十五條 除本法另有規定或者保險合同另有約定外,保險合同成立後,投保人可以解除保險合同。 第十六條 除本法另有規定或者保險合同另有約定外,保險合同成立後,保險人不得解除保險合同。	將第 15、16 兩條文合併乙條,以資簡化。
第十六條 訂立保險合同,保險人就保險標的或者被保險人的有關情況提出詢問的,投保人應當如實告知。 投保人故意或者因重大過失未履行前款規定的如實告知義務,足以影響保險人決定是否同意承保或者提高保險費率的,保險人有權解除合同。 前款規定的合同解除權,自保險人知道有解除事由之日起,超過三十日不行使而消滅。自合同成立之日起超過二年的,保險人不得解除合同; 發生保險事故的,保險人應當承擔賠償或者給付保險金的責任。 投保人故意不履行如實告知義務的,保險人對于合同解除前發生的保險事故,不承擔賠償或者給付保險金的責任,并不退還保險費。 投保人因重大過失未履行如實告知義務,對保險事故的發生有嚴重影響,保險人對于合同解除前發生的	第十七條 I 訂立保險合同,保險人應當向投保人說明保險合同的條款內容,並可以就保險標的或者被保險人的有關情況提出詢問,投保人應當如實告知。 II 投保人故意隱瞞事實,不履行如實告知義務的,或者因過失未履行如實告知義務,足以影響保險人決定是否同意承保或者提高保險費率的,保險人有權解除保險合同。 III 投保人故意不履行如實告知義務的,保險人對於保險合同解除前發生的保險事故,不承擔賠償或者給付保險金的責任,並不退還保險費。 IV 投保人因過失未履行如實告知義務,對保險事故的發生有嚴重影響的,保險人對於保險合同解除前發生的保險事故,不承擔賠償或者給付保險金的責任,但可以退還保險費。 V 保險事故是指保險合同	條文變更,增訂投保人因「重大過失」未如實告知保險人等之法律效果,增訂 3~6 款投保人合同解除之時效等。 增加第 3 款及第 6 款限制保險人解約權。

保險事故，不承擔賠償或者給付保險金的責任，但應當退還保險費。 保險人在合同訂立時已經知道投保人未如實告知的情況的，保險人不得解除合同；發生保險事故的，保險人應當承擔賠償或者給付保險金的責任。 保險事故是指保險合同約定的保險責任范圍內的事故。	約定的保險責任範圍內的事故。	
第十七條 訂立保險合同，采用保險人提供的格式條款的，保險人向投保人提供的投保單應當附格式條款，保險人應當向投保人說明合同的內容。對保險合同中免除保險人責任的條款，保險人在訂立合同時應當在投保單、保險單或者其他保險憑証上作出足以引起投保人注意的提示，并對該條款的內容以書面或者口頭形式向投保人作出明確說明；未作提示或者明確說明的，該條款不產生效力。	第十八條 保險合同中規定有關於保險人責任免除條款的，保險人在訂立保險合同時應當向投保人明確說明，未明確說明的，該條款不產生效力。	增訂保險人提供格式條款之合同時，應明確說明，否則該條款不生效力。
第十八條 保險合同應當包括下列事項： （一）保險人的名稱和住所； （二）投保人、被保險人的姓名或者名稱、住所，以及人身保險的受益人的姓名或者名稱、住所； （三）保險標的； （四）保險責任和責任免除； （五）保險期間和保險責任	第十九條 保險合同應當包括下列事項： （一）保險人名稱和住所； （二）投保人、被保險人名稱和住所，以及人身保險的受益人的名稱和住所； （三）保險標的； （四）保險責任和責任免除； （五）保險期間和保險責任開始時間； （六）保險價值；	增訂條文第 3、4 款。 刪除（六）保險價值。

開始時間； （六）保險金額； （七）保險費以及支付辦法； （八)保險金賠償或者給付辦法； （九）違約責任和爭議處理； （十)訂立合同的年、月、日。 投保人和保險人可以約定與保險有關的其他事項。 受益人是指人身保險合同中由被保險人或者投保人指定的享有保險金請求權的人。投保人、被保險人可以為受益人。 保險金額是指保險人承擔賠償或者給付保險金責任的最高限額。	（七）保險金額； （八）保險費以及支付辦法； （九)保險金賠償或者給付辦法； （十）違約責任和爭議處理； （十一）訂立合同的年、月、日。 第二十條 投保人和保險人在前條規定的保險合同事項外，可以就與保險有關的其他事項作出約定。	
第十九條 采用保險人提供的格式條款訂立的保險合同中的下列條款無效： （一)免除保險人依法應承擔的義務或者加重投保人、被保險人責任的； （二)排除投保人、被保險人或者受益人依法享有的權利的。		增訂條文。
第二十條 投保人和保險人可以協商變更合同內容。 變更保險合同的，應當由保險人在保險單或者其他保險憑証上批注或者附貼批單，或者由投保人和保險人訂立變更的書面協議。	第二十一條 I 在保險合同有效期內，投保人和保險人經協商同意，可以變更保險合同的有關內容。 II 變更保險合同的，應當由保險人在原保險單或者其他保險憑證上批註或者附貼批單，或者由投保人和保險人訂立變更的書面協定。	修正條文文字。
第二十一條 投保人、被保險人或者受益	第二十二條 I 投保人、被保險人或者受	增訂條文內容。

人知道保險事故發生后，應當及時通知保險人。故意或者因重大過失未及時通知，致使保險事故的性質、原因、損失程度等難以確定的，保險人對無法確定的部分，不承擔賠償或者給付保險金的責任，但保險人通過其他途徑已經及時知道或者應當及時知道保險事故發生的除外。	益人知道保險事故發生後，應當及時通知保險人。II 被保險人是指其財產或者人身受保險合同保障，享有保險金請求權的人，投保人可以爲被保險人。III 受益人是指人身保險合同中由被保險人或者投保人指定的享有保險金請求權的人，投保人、被保險人可以爲受益人。	
第二十二條　保險事故發生後，按照保險合同請求保險人賠償或者給付保險金時，投保人、被保險人或者受益人應當向保險人提供其所能提供的與確認保險事故的性質、原因、損失程度等有關的証明和資料。保險人按照合同的約定，認爲有關的証明和資料不完整的，應當及時一次性通知投保人、被保險人或者受益人補充提供。	第二十三條　I 保險事故發生後，依照保險合同請求保險人賠償或者給付保險金時，投保人、被保險人或者受益人應當向保險人提供其所能提供的與確認保險事故的性質、原因、損失程度等有關的證明和資料。II 保險人依照保險合同的約定，認爲有關的證明和資料不完整的，應當通知投保人、被保險人或者受益人補充提供有關的證明和資料。	修正條文文字增訂第 2 款「及時一次性」。
第二十三條　保險人收到被保險人或者受益人的賠償或者給付保險金的請求后，應當及時作出核定；情形復雜的，應當在三十日內作出核定，但合同另有約定的除外。保險人應當將核定結果通知被保險人或者受益人；對屬於保險責任的，在與被保險人或者受益人達成賠償或者給付保險金的協議后十日內，履行賠償或者給付保險金義務。保險合同對賠償或者給付保險金的期限有約定的，保險人應當按照約定	第二十四條　I 保險人收到被保險人或者受益人的賠償或者給付保險金的請求後，應當及時作出核定，並將核定結果通知被保險人或者受益人；對屬於保險責任的，在與被保險人或者受益人達成有關賠償或者給付保險金額的協定後十日內，履行賠償或者給付保險金義務。保險合同對保險金額及賠償或者給付期限有約定的，保險人應當依照保險合同的約定，履行賠償或者給付保險金義務。	增訂條文第 1 款「情形複雜的」、「應當在三十日內做出核定，但合同另有約定的除外⋯」刪除第 4 款。

履行賠償或者給付保險金義務。 保險人未及時履行前款規定義務的，除支付保險金外，應當賠償被保險人或者受益人因此受到的損失。 任何單位和個人不得非法干預保險人履行賠償或者給付保險金的義務，也不得限制被保險人或者受益人取得保險金的權利。	II 保險人未及時履行前款規定義務的，除支付保險金外，應當賠償被保險人或者受益人因此受到的損失。 III 任何單位或者個人都不得非法干預保險人履行賠償或者給付保險金的義務，也不得限制被保險人或者受益人取得保險金的權利。 IV 保險金額是指保險人承擔賠償或者給付保險金責任的最高限額。	
第二十四條 保險人依照本法第二十三條的規定作出核定后，對不屬于保險責任的，應當自作出核定之日起三日內向被保險人或者受益人發出拒絕賠償或者拒絕給付保險金通知書，并說明理由。	第二十五條 保險人收到被保險人或者受益人的賠償或者給付保險金的請求後，對不屬於保險責任的，應當向被保險人或者受益人發出拒絕賠償或者拒絕給付保險金通知書。	修訂條文。
第二十五條 保險人自收到賠償或者給付保險金的請求和有關証明、資料之日起六十日內，對其賠償或者給付保險金的數額不能確定的，應當根據已有証明和資料可以確定的數額先予支付；保險人最終確定賠償或者給付保險金的數額后，應當支付相應的差額。	第二十六條 保險人自收到賠償或者給付保險金的請求和有關證明、資料之日起六十日內，對其賠償或者給付保險金的數額不能確定的，應當根據已有證明和資料可以確定的最低數額先予支付；保險人最終確定賠償或者給付保險金的數額後，應當支付相應的差額。	未修訂。
第二十六條 人壽保險以外的其他保險的被保險人或者受益人，向保險人請求賠償或者給付保險金的訴訟時效期間爲二年，自其知道或者應當知道保險事故發生之日起計算。 人壽保險的被保險人或者	第二十七條 人壽保險以外的其他保險的被保險人或者受益人，對保險人請求賠償或者給付保險金的權利，自其知道保險事故發生之日起二年不行使而消滅。 人壽保險的被保險人或者受益人對保險人請求給付	修訂條文。 增加「應當知道」保險事故之日起。

受益人向保險人請求給付保險金的訴訟時效期間爲五年,自其知道或者應當知道保險事故發生之日起計算。	保險金的權利,自其知道保險事故發生之日起五年不行使而消滅。	
第二十七條 未發生保險事故,被保險人或者受益人謊稱發生了保險事故,向保險人提出賠償或者給付保險金請求的,保險人有權解除合同,并不退還保險費。 投保人、被保險人故意制造保險事故的,保險人有權解除合同,不承擔賠償或者給付保險金的責任;除本法第四十三條規定外,不退還保險費。 保險事故發生后,投保人、被保險人或者受益人以僞造、變造的有關証明、資料或者其他証據,編造虛假的事故原因或者誇大損失程度的,保險人對其虛報的部分不承擔賠償或者給付保險金的責任。 投保人、被保險人或者受益人有前三款規定行爲之一,致使保險人支付保險金或者支出費用的,應當退回或者賠償。	第二十八條 Ⅰ被保險人或者受益人在未發生保險事故的情況下,謊稱發生了保險事故,向保險人提出賠償或者給付保險金的請求的,保險人有權解除保險合同,並不退還保險費。 Ⅱ投保人、被保險人或者受益人故意製造保險事故的,保險人有權解除保險合同,不承擔賠償或者給付保險金的責任,除本法第六十五條第一款另有規定外,也不退還保險費。 Ⅲ保險事故發生後,投保人、被保險人或者受益人以僞造、變造的有關證明、資料或者其他證據,編造虛假的事故原因或者誇大損失程度的,保險人對其虛報的部分不承擔賠償或者給付保險金的責任。 Ⅳ投保人、被保險人或者受益人有前三款所列行爲之一,致使保險人支付保險金或者支出費用的,應當退回或者賠償。	僅修正文字。
第二十八條 保險人將其承擔的保險業務,以分保形式部分轉移給其他保險人的,爲再保險。 應再保險接受人的要求,再保險分出人應當將其自負責任及原保險的有關情況書面告知再保險接受人。	第二十九條 Ⅰ保險人將其承擔的保險業務,以分保形式,部分轉移給其他保險人的,爲再保險。 Ⅱ應再保險接受人的要求,再保險分出人應當將其自負責任及原保險的有關情況告知再保險接受人。	增訂 2 款「書面」告知。

第二十九條 再保險接受人不得向原保險的投保人要求支付保險費。 原保險的被保險人或者受益人不得向再保險接受人提出賠償或者給付保險金的請求。 再保險分出人不得以再保險接受人未履行再保險責任爲由，拒絕履行或者遲延履行其原保險責任。	第三十條 Ⅰ再保險接受人不得向原保險的投保人要求支付保險費。 Ⅱ原保險的被保險人或者受益人，不得向再保險接受人提出賠償或者給付保險金的請求。 Ⅲ再保險分出人不得以再保險接受人未履行再保險責任爲由，拒絕履行或者遲延履行其原保險責任。	未修訂。
第三十條 采用保險人提供的格式條款訂立的保險合同，保險人與投保人、被保險人或者受益人對合同條款有爭議的，應當按照通常理解予以解釋。對合同條款有兩種以上解釋的，人民法院或者仲裁機構應當作出有利于被保險人和受益人的解釋。	第三十一條 對於保險合同的條款，保險人與投保人、被保險人或者受益人有爭議時，人民法院或者仲裁機關應當作有利於被保險人和受益人的解釋。	修訂條文文字。 增列「應當按照」通常理解予以解釋」。「對合同條款有兩種以上解釋的」
	第三十二條 保險人或者再保險接受人對在辦理保險業務中知道的投保人、被保險人、受益人或者再保險分出人的業務和財產情況及個人隱私，負有保密的義務。	已刪除。
第二節　人身保險合同	第三節人身保險合同 第五十二條 Ⅰ人身保險合同是以人的壽命和身體爲保險標的的保險合同。 Ⅱ本節中的人身保險合同，除特別指明的外，簡稱合同。	
第三十一條 投保人對下列人員具有保險利益： （一）本人；	第五十三條 Ⅰ投保人對下列人員具有保險利益： （一）本人；	增訂1款（四）與投保人有勞動關係的勞動者具有保險利益。

（二）配偶、子女、父母； （三）前項以外與投保人有撫養、贍養或者扶養關系的家庭其他成員、近親屬； （四）與投保人有勞動關系的勞動者。 除前款規定外，被保險人同意投保人為其訂立合同的，視為投保人對被保險人具有保險利益。 訂立合同時，投保人對被保險人不具有保險利益的，合同無效。	（二）配偶、子女、父母； （三）前項以外與投保人有撫養、贍養或者扶養關係的家庭其他成員、近親屬。 II 除前款規定外，被保險人同意投保人為其訂立合同的，視為投保人對被保險人具有保險利益。	
第三十二條 投保人申報的被保險人年齡不真實，并且其真實年齡不符合合同約定的年齡限制的，保險人可以解除合同，并按照合同約定退還保險單的現金價值。保險人行使合同解除權，適用本法第十六條第三款、第六款的規定。 投保人申報的被保險人年齡不真實，致使投保人支付的保險費少于應付保險費的，保險人有權更正并要求投保人補交保險費，或者在給付保險金時按照實付保險費與應付保險費的比例支付。 投保人申報的被保險人年齡不真實，致使投保人支付的保險費多于應付保險費的，保險人應當將多收的保險費退還投保人。	第五十四條 I 投保人申報的被保險人年齡不真實，並且其真實年齡不符合合同約定的年齡限制的，保險人可以解除合同，並在扣除手續費後，向投保人退還保險費，但是自合同成立之日起逾二年的除外。 II 投保人申報的被保險人年齡不真實，致使投保人支付的保險費少於應付保險費的，保險人有權更正並要求投保人補交保險費，或者在給付保險金時按照實付保險費與應付保險費的比例支付。 III 投保人申報的被保險人年齡不真實，致使投保人實付保險費多於應付保險費的，保險人應當將多收的保險費退還投保人。	1.修訂第 1 款及第三款文字。 2.增列「並按照合同約定退還保險單的現金價值，保險人行使合同解除權適用本法第 16 條第 3 款、第 6 款的規定」。 3.為投保人申報年齡不實情形限制保險人解約權。
第三十三條 投保人不得為無民事行為能力人投保以死亡為給付保險金條件的人身保險，保險人也不得承保。	第五十五條 I 投保人不得為無民事行為能力人投保以死亡為給付保險金條件的人身保險，保險人也不得承保。	修正文字。

父母為其未成年子女投保的人身保險，不受前款規定限制。但是，因被保險人死亡給付的保險金總和不得超過國務院保險監督管理機構規定的限額。	II 父母為其未成年子女投保的人身保險，不受前款規定限制，但是死亡給付保險金額總和不得超過保險監督管理機構規定的限額。	
第三十四條 以死亡為給付保險金條件的合同，未經被保險人同意并認可保險金額的，合同無效。 按照以死亡為給付保險金條件的合同所簽發的保險單，未經被保險人書面同意，不得轉讓或者質押。 父母為其未成年子女投保的人身保險，不受本條第一款規定限制。	第五十六條 I 以死亡為給付保險金條件的合同，未經被保險人書面同意並認可保險金額的，合同無效。 II 依照以死亡為給付保險金條件的合同所簽發的保險單，未經被保險人書面同意，不得轉讓或者質押。 III 父母為其未成年子女投保的人身保險，不受第一款規定限制。	修正文字。
第三十五條 投保人可以按照合同約定向保險人一次支付全部保險費或者分期支付保險費。	第五十七條 I 投保人于合同成立後，可以向保險人一次支付全部保險費，也可以按照合同約定分期支付保險費。 II 合同約定分期支付保險費的，投保人應當于合同成立時支付首期保險費，並應當按期支付其餘各期的保險費。	修訂條文，刪去第2款。
第三十六條 合同約定分期支付保險費，投保人支付首期保險費后，除合同另有約定外，投保人自保險人催告之日起超過三十日未支付當期保險費，或者超過約定的期限六十日未支付當期保險費的，合同效力中止，或者由保險人按照合同約定的條件減少保險金額。 被保險人在前款規定期限內發生保險事故的，保險人	第五十八條 合同約定分期支付保險費，投保人支付首期保險費後，除合同另有約定外，投保人超過規定的期限六十日未支付當期保險費的，合同效力中止，或者由保險人按照合同約定的條件減少保險金額。	修訂條文第一款「投保人自保險人催告知日起三十日未支付即保險費」及增訂第二款。

應當按照合同約定給付保險金,但可以扣減欠交的保險費。		
第三十七條 合同效力依照本法第三十六條規定中止的,經保險人與投保人協商并達成協議,在投保人補交保險費后,合同效力恢復。但是,自合同效力中止之日起滿二年雙方未達成協議的,保險人有權解除合同。 保險人依照前款規定解除合同的,應當按照合同約定退還保險單的現金價值。	第五十九條 I 依照前條規定合同效力中止的,經保險人與投保人協商並達成協定,在投保人補交保險費後,合同效力恢復。但是,自合同效力中止之日起二年內雙方未達成協定的,保險人有權解除合同。 II 保險人依照前款規定解除合同,投保人已交足二年以上保險費的,保險人應當按照合同約定退還保險單的現金價值;投保人未交足二年保險費的,保險人應當在扣除手續費後,退還保險費。	修訂第 2 款文字。 刪除後段「投保人未交足二年保險費的,保險人應當在扣除手續費後,退還保險費。」
第三十八條 保險人對人壽保險的保險費,不得用訴訟方式要求投保人支付。	第六十條 保險人對人身保險的保險費,不得用訴訟方式要求投保人支付。	修訂只有人壽保險之保費才不得訴訟請求。
第三十九條 人身保險的受益人由被保險人或者投保人指定。 投保人指定受益人時須經被保險人同意。投保人為與其有勞動關系的勞動者投保人身保險,不得指定被保險人及其近親屬以外的人為受益人。 被保險人為無民事行為能力人或者限制民事行為能力人的,可以由其監護人指定受益人。	第六十一條 I 人身保險的受益人由被保險人或者投保人指定。 II 投保人指定受益人時須經被保險人同意。 III 被保險人為無民事行為能力人或者限制民事行為能力人的,可以由其監護人指定受益人。	增訂第 2 款「投保人與其有勞動關係的勞動者投保人身保險,不得指定被保險人及其近親屬以外的人為受益人」。
第四十條 被保險人或者投保人可以指定一人或者數人為受益人。	第六十二條 I 被保險人或者投保人可以指定一人或者數人為受益人。	未修正。

受益人爲數人的，被保險人或者投保人可以確定受益順序和受益份額；未確定受益份額的，受益人按照相等份額享有受益權。	II 受益人爲數人的，被保險人或者投保人可以確定受益順序和受益份額；未確定受益份額的，受益人按照相等份額享有受益權。	
第四十一條 被保險人或者投保人可以變更受益人并書面通知保險人。保險人收到變更受益人的書面通知后，應當在保險單或者其他保險憑証上批注或者附貼批單。 投保人變更受益人時須經被保險人同意。	第六十三條 I 被保險人或者投保人可以變更受益人並書面通知保險人。保險人收到變更受益人的書面通知後，應當在保險單上批註。 II 投保人變更受益人時須經被保險人同意。	加列「或者其他保險憑證上批註或者附貼批單」。
第四十二條 被保險人死亡后，有下列情形之一的，保險金作爲被保險人的遺產，由保險人依照《中華人民共和國繼承法》的規定履行給付保險金的義務： （一）沒有指定受益人，或者受益人指定不明無法確定的； （二）受益人先于被保險人死亡，沒有其他受益人的； （三）受益人依法喪失受益權或者放棄受益權，沒有其他受益人的。 受益人與被保險人在同一事件中死亡，且不能確定死亡先后順序的，推定受益人死亡在先。	第六十四條 被保險人死亡後，遇有下列情形之一的，保險金作爲被保險人的遺產，由保險人向被保險人的繼承人履行給付保險金的義務： （一）沒有指定受益人的； （二）受益人先于被保險人死亡，沒有其他受益人的； （三）受益人依法喪失受益權或者放棄受益權，沒有其他受益人的。	修正文字及增訂第 2 款。
第四十三條 投保人故意造成被保險人死亡、傷殘或者疾病的，保險人不承擔給付保險金的責任。投保人已交足二年以上保險費的，保險人應當按照合同約定向其他權利人退還保險單的現金價值。	第六十五條 I 投保人、受益人故意造成被保險人死亡、傷殘或者疾病的，保險人不承擔給付保險金的責任。投保人已交足二年以上保險費的，保險人應當按照合同約定向其他享有權利的受益人退還保	修訂條文第 1 款將「其他享有權利的受益人」改爲「其他權利人」。

受益人故意造成被保險人死亡、傷殘、疾病的，或者故意殺害被保險人未遂的，該受益人喪失受益權。	險單的現金價值。 Ⅱ受益人故意造成被保險人死亡或者傷殘的，或者故意殺害被保險人未遂的，喪失受益權。	
第四十四條 以被保險人死亡爲給付保險金條件的合同，自合同成立或者合同效力恢復之日起二年內，被保險人自殺的，保險人不承擔給付保險金的責任，但被保險人自殺時爲無民事行爲能力人的除外。 保險人依照前款規定不承擔給付保險金責任的，應當按照合同約定退還保險單的現金價值。	第六十六條 Ⅰ以死亡爲給付保險金條件的合同，被保險人自殺的，除本條第二款規定外，保險人不承擔給付保險金的責任，但對投保人已支付的保險費，保險人應按照保險單退還其現金價值。 Ⅱ以死亡爲給付保險金條件的合同，自成立之日起滿二年後，如果被保險人自殺的，保險人可以按照合同給付保險金。	修正條文內容。 被保險人自殺情形限制保險人權利。
第四十五條 因被保險人故意犯罪或者抗拒依法采取的刑事強制措施導致其傷殘或者死亡的，保險人不承擔給付保險金的責任。投保人已交足二年以上保險費的，保險人應當按照合同約定退還保險單的現金價值。	第六十七條 被保險人故意犯罪導致其自身傷殘或者死亡的，保險人不承擔給付保險金的責任。投保人已交足二年以上保險費的，保險人應當按照保險單退還其現金價值。	新增條文內容「或者抗拒依法採取的刑事強制措施致……」。
第四十六條 被保險人因第三者的行爲而發生死亡、傷殘或者疾病等保險事故的，保險人向被保險人或者受益人給付保險金后，不享有向第三者追償的權利，但被保險人或者受益人仍有權向第三者請求賠償。	第六十八條 人身保險的被保險人因第三者的行爲而發生死亡、傷殘或者疾病等保險事故的，保險人向被保險人或者受益人給付保險金後，不得享有向第三者追償的權利。但被保險人或者受益人仍有權向第三者請求賠償。	修正文字。
第四十七條 投保人解除合同的，保險人應當自收到解除合同通知之日起三十日內，按照合同約定退還保險單的現金價	第六十九條 投保人解除合同，已交足二年以上保險費的，保險人應當自接到解除合同通知之日起三十日內，退還保險單	修正條文內容。 投保人解除人身保險，即使未交足二年保費，保險人也得退還現金價值。

值。	的現金價值；未交足二年保險費的，保險人按照合同約定在扣除手續費後，退還保險費。	
第三節　財產保險合同	第二　節財產保險合同 第三十三條 財產保險合同是以財產及其有關利益爲保險標的的保險合同。 本節中的財產保險合同，除特別指明的外，簡稱合同。	
第四十八條 保險事故發生時，被保險人對保險標的不具有保險利益的，不得向保險人請求賠償保險金。		新增條文。
第四十九條 保險標的轉讓的，保險標的的受讓人承繼被保險人的權利和義務。 保險標的轉讓的，被保險人或者受讓人應當及時通知保險人，但貨物運輸保險合同和另有約定的合同除外。 因保險標的轉讓導致危險程度顯著增加的，保險人自收到前款規定的通知之日起三十日內，可以按照合同約定增加保險費或者解除合同。保險人解除合同的，應當將已收取的保險費，按照合同約定扣除自保險責任開始之日起至合同解除之日止應收的部分后，退還投保人。 被保險人、受讓人未履行本條第二款規定的通知義務的，因轉讓導致保險標的的危險程度顯著增加而發生的保險事故，保險人不承擔賠償保險金的責任。	第三十四條 保險標的的轉讓應當通知保險人，經保險人同意繼續承保後，依法變更合同。但是，貨物運輸保險合同和另有約定的合同除外。	增訂條文第 1 款保險標的的轉讓，保險合同步失效，權利義務隨之轉移。及第 3 款保險標的的轉讓，危險顯著增加，保險人解除合同情形退費之規定。

第五十條	第三十五條	未修訂。
貨物運輸保險合同和運輸工具航程保險合同，保險責任開始后，合同當事人不得解除合同。	貨物運輸保險合同和運輸工具航程保險合同，保險責任開始後，合同當事人不得解除合同。	
第五十一條	第三十六條	修正文字。
被保險人應當遵守國家有關消防、安全、生產操作、勞動保護等方面的規定，維護保險標的的安全。	I 被保險人應當遵守國家有關消防、安全、生產操作、勞動保護等方面的規定，維護保險標的的安全。	
保險人可以按照合同約定對保險標的安全狀況進行檢查，及時向投保人、被保險人提出消除不安全因素和隱患的書面建議。	II 根據合同的約定，保險人可以對保險標的的安全狀況進行檢查，及時向投保人、被保險人提出消除不安全因素和隱患的書面建議。	
投保人、被保險人未按照約定履行其對保險標的的安全應盡責任的，保險人有權要求增加保險費或者解除合同。	III 投保人、被保險人未按照約定履行其對保險標的安全應盡的責任的，保險人有權要求增加保險費或者解除合同。	
保險人爲維護保險標的的安全，經被保險人同意，可以采取安全預防措施。	IV 保險人爲維護保險標的的安全，經被保險人同意，可以採取安全預防措施。	
第五十二條	第三十七條	增訂第 1 款後段。
在合同有效期內，保險標的的危險程度顯著增加的，被保險人應當按照合同約定及時通知保險人，保險人可以按照合同約定增加保險費或者解除合同。保險人解除合同的，應當將已收取的保險費，按照合同約定扣除自保險責任開始之日起至合同解除之日止應收的部分后，退還投保人。	I 在合同有效期內，保險標的的危險程度增加的，被保險人按照合同約定應當及時通知保險人，保險人有權要求增加保險費或者解除合同。	危險程度增加情形退費規定。
被保險人未履行前款規定的通知義務的，因保險標的的危險程度顯著增加而發生的保險事故，保險人不承擔賠償保險金的責任。	II 被保險人未履行前款規定的通知義務的，因保險標的的危險程度增加而發生的保險事故，保險人不承擔賠償責任。	
第五十三條	第三十八條	未修訂。
有下列情形之一的，除合同	有下列情形之一的，除合同	

另有約定外，保險人應當降低保險費，并按日計算退還相應的保險費： （一）據以確定保險費率的有關情況發生變化，保險標的的危險程度明顯減少的； （二）保險標的的保險價值明顯減少的。	另有約定外，保險人應當降低保險費，並按日計算退還相應的保險費： （一）據以確定保險費率的有關情況發生變化，保險標的的危險程度明顯減少； （二）保險標的的保險價值明顯減少。	
第五十四條 保險責任開始前，投保人要求解除合同的，應當按照合同約定向保險人支付手續費，保險人應當退還保險費。保險責任開始后，投保人要求解除合同的，保險人應當將已收取的保險費，按照合同約定扣除自保險責任開始之日起至合同解除之日止應收的部分后，退還投保人。	第三十九條 保險責任開始前，投保人要求解除合同的，應當向保險人支付手續費，保險人應當退還保險費。保險責任開始後，投保人要求解除合同的，保險人可以收取自保險責任開始之日起至合同解除之日止期間的保險費，剩餘部分退還投保人。	修訂條文文字。 以明確投保人解除即使保險責任已經開始，保險人也要退費。
第五十五條 投保人和保險人約定保險標的的保險價值并在合同中載明的，保險標的發生損失時，以約定的保險價值為賠償計算標准。 投保人和保險人未約定保險標的的保險價值的，保險標的發生損失時，以保險事故發生時保險標的的實際價值為賠償計算標准。 保險金額不得超過保險價值。超過保險價值的，超過部分無效，保險人應當退還相應的保險費。 保險金額低于保險價值的，除合同另有約定外，保險人按照保險金額與保險價值的比例承擔賠償保險金的責任。	第四十條 Ⅰ保險標的的保險價值，可以由投保人和保險人約定並在合同中載明，也可以按照保險事故發生時保險標的的實際價值確定。 Ⅱ保險金額不得超過保險價值；超過保險價值的，超過的部分無效。 Ⅲ保險金額低於保險價值的，除合同另有約定外，保險人按照保險金額與保險價值的比例承擔賠償責任。	增訂第2款及第3款超額保險退費機制，第1款與第2款則為明確定值保險與不定值保險之效力。
第五十六條 重復保險的投保人應當將	第四十一條 Ⅰ重復保險的投保人應當	修訂第3款及第5款。 重複保險退費。

重復保險的有關情況通知各保險人。 重復保險的各保險人賠償保險金的總和不得超過保險價值。除合同另有約定外，各保險人按照其保險金額與保險金額總和的比例承擔賠償保險金的責任。 重復保險的投保人可以就保險金額總和超過保險價值的部分，請求各保險人按比例返還保險費。 重復保險是指投保人對同一保險標的、同一保險利益、同一保險事故分別與兩個以上保險人訂立保險合同，且保險金額總和超過保險價值的保險。	將重復保險的有關情況通知各保險人。 II 重復保險的保險金額總和超過保險價值的，各保險人的賠償金額的總和不得超過保險價值。除合同另有約定外，各保險人按照其保險金額與保險金額總和的比例承擔賠償責任。 III 重復保險是指投保人對同一保險標的、同一保險利益、同一保險事故分別向二個以上保險人訂立保險合同的保險。	
第五十七條 保險事故發生時，被保險人應當盡力采取必要的措施，防止或者減少損失。 保險事故發生后，被保險人為防止或者減少保險標的損失所支付的必要的、合理的費用，由保險人承擔；保險人所承擔的費用數額在保險標的損失賠償金額以外另行計算，最高不超過保險金額的數額。	第四十二條 I 保險事故發生時，被保險人有責任盡力採取必要的措施，防止或者減少損失。 II 保險事故發生後，被保險人為防止或者減少保險標的的損失所支付的必要的、合理的費用，由保險人承擔；保險人所承擔的數額在保險標的損失賠償金額以外另行計算，最高不超過保險金額的數額。	未修訂。
第五十八條 保險標的發生部分損失的，自保險人賠償之日起三十日內，投保人可以解除合同；除合同另有約定外，保險人也可以解除合同，但應當提前十五日通知投保人。 合同解除的，保險人應當將保險標的未受損失部分的保險費，按照合同約定扣除自保險責任開始之日起至	第四十三條 I 保險標的發生部分損失的，在保險人賠償後三十日內，投保人可以終止合同；除合同約定不得終止合同的以外，保險人也可以終止合同。 II 保險人終止合同的，應當提前十五日通知投保人，並將保險標的未受損失部分的保險費，扣除自保險責任	條文「終止」合同修訂為「解除」合同。且應當提前 15 日通知投保人。

合同解除之日止應收的部分后，退還投保人。	開始之日起至終止合同之日止期間的應收部分後，退還投保人。	
第五十九條 保險事故發生后，保險人已支付了全部保險金額，并且保險金額等于保險價值的，受損保險標的的全部權利歸于保險人；保險金額低于保險價值的，保險人按照保險金額與保險價值的比例取得受損保險標的的部分權利。	第四十四條 保險事故發生後，保險人已支付了全部保險金額，並且保險金額相等於保險價值的，受損保險標的的全部權利歸於保險人；保險金額低於保險價值的，保險人按照保險金額與保險價值的比例取得受損保險標的的部分權利。	文字修正。
第六十條 因第三者對保險標的的損害而造成保險事故的，保險人自向被保險人賠償保險金之日起，在賠償金額范圍內代位行使被保險人對第三者請求賠償的權利。 前款規定的保險事故發生后，被保險人已經從第三者取得損害賠償的，保險人賠償保險金時，可以相應扣減被保險人從第三者已取得的賠償金額。 保險人依照本條第一款規定行使代位請求賠償的權利，不影響被保險人就未取得賠償的部分向第三者請求賠償的權利。	第四十五條 I 因第三者對保險標的的損害而造成保險事故的，保險人自向被保險人賠償保險金之日起，在賠償金額範圍內代位行使被保險人對第三者請求賠償的權利。 II 前款規定的保險事故發生後，被保險人已經從第三者取得損害賠償的，保險人賠償保險金時，可以相應扣減被保險人從第三者已取得的賠償金額。 III 保險人依照第一款行使代位請求賠償的權利，不影響被保險人就未取得賠償的部分向第三者請求賠償的權利。	未修訂。
第六十一條 保險事故發生后，保險人未賠償保險金之前，被保險人放棄對第三者請求賠償的權利的，保險人不承擔賠償保險金的責任。 保險人向被保險人賠償險金后，被保險人未經保險人同意放棄對第三者請求賠償的權利的，該行為無	第四十六條 I 保險事故發生後，保險人未賠償保險金之前，被保險人放棄對第三者的請求賠償的權利的，保險人不承擔賠償保險金的責任。 II 保險人向被保險人賠償保險金後，被保險人未經保險人同意放棄對第三者請求賠償的權利的，該行為無	修正第 3 款為「故意或者因重大過失」。

效。 被保險人故意或者因重大過失致使保險人不能行使代位請求賠償的權利的,保險人可以扣減或者要求返還相應的保險金。	效。 III 由於被保險人的過錯致使保險人不能行使代位請求賠償的權利的,保險人可以相應扣減保險賠償金。	
第六十二條 除被保險人的家庭成員或者其組成人員故意造成本法第六十條第一款規定的保險事故外,保險人不得對被保險人的家庭成員或者其組成人員行使代位請求賠償的權利。	第四十七條 除被保險人的家庭成員或者其組成人員故意造成本法第四十五條第一款規定的保險事故以外,保險人不得對被保險人的家庭成員或者其組成人員行使代位請求賠償的權利。	未修訂。
第六十三條 保險人向第三者行使代位請求賠償的權利時,被保險人應當向保險人提供必要的文件和所知道的有關情況。	第四十八條 在保險人向第三者行使代位請求賠償權利時,被保險人應當向保險人提供必要的文件和其所知道的有關情況。	未修訂。
第六十四條 保險人、被保險人爲查明和確定保險事故的性質、原因和保險標的的損失程度所支付的必要的、合理的費用,由保險人承擔。	第四十九條 保險人、被保險人爲查明和確定保險事故的性質、原因和保險標的的損失程度所支付的必要的、合理的費用,由保險人承擔。	未修訂。
第六十五條 保險人對責任保險的被保險人給第三者造成的損害,可以依照法律的規定或者合同的約定,直接向該第三者賠償保險金。 責任保險的被保險人給第三者造成損害,被保險人對第三者應負的賠償責任確定的,根據被保險人的請求,保險人應當直接向該第三者賠償保險金。被保險人怠于請求的,第三者有權就其應獲賠償部分直接向保險人請求賠償保險金。	第五十條 I 保險人對責任保險的被保險人給第三者造成的損害,可以依照法律的規定或者合同的約定,直接向該第三者賠償保險金。 II 責任保險是指以被保險人對第三者依法應負的賠償責任爲保險標的的保險。	增訂條文第 2 及 3 款。確認責任保險中第三者直接請求權。

責任保險的被保險人給第三者造成損害，被保險人未向該第三者賠償的，保險人不得向被保險人賠償保險金。 責任保險是指以被保險人對第三者依法應負的賠償責任爲保險標的的保險。		
第六十六條 責任保險的被保險人因給第三者造成損害的保險事故而被提起仲裁或者訴訟的，被保險人支付的仲裁或者訴訟費用以及其他必要的、合理的費用，除合同另有約定外，由保險人承擔。	第五十一條 責任保險的被保險人因給第三者造成損害的保險事故而被提起仲裁或者訴訟的，除合同另有約定外，由被保險人支付的仲裁或者訴訟費用以及其他必要的、合理的費用，由保險人承擔。	修訂條文。
第三章　保險公司	第三章　保險公司 第七十條 保險公司應當採取下列組織形式： （一）股份有限公司； （二）國有獨資公司。	
第六十七條 設立保險公司應當經國務院保險監督管理機構批准。 國務院保險監督管理機構審查保險公司的設立申請時，應當考慮保險業的發展和公平競爭的需要。	第七十一條 設立保險公司，必須經保險監督管理機構批准。	刪除。 增訂第 2 款。
第六十八條 設立保險公司應當具備下列條件： （一）主要股東具有持續盈利能力，信譽良好，最近三年內無重大違法違規記錄，淨資產不低于人民幣二億元； （二）有符合本法和《中華人民共和國公司法》規定的章程；	第七十二條 I 設立保險公司，應當具備下列條件： （一）有符合本法和公司法規定的章程； （二）有符合本法規定的註冊資本最低限額； （三）有具備任職專業知識和業務工作經驗的高級管理人員； （四）有健全的組織機構和	修訂部分條文，增訂第（一）、（七）。

（三）有符合本法規定的注冊資本； （四）有具備任職專業知識和業務工作經驗的董事、監事和高級管理人員； （五）有健全的組織機構和管理制度； （六）有符合要求的營業場所和與經營業務有關的其他設施； （七）法律、行政法規和國務院保險監督管理機構規定的其他條件。	管理制度； （五）有符合要求的營業場所和與業務有關的其他設施。 II 保險監督管理機構審查設立申請時，應當考慮保險業的發展和公平競爭的需要。	
第六十九條 設立保險公司，其注冊資本的最低限額爲人民幣二億元。 國務院保險監督管理機構根據保險公司的業務范圍、經營規模，可以調整其注冊資本的最低限額，但不得低于本條第一款規定的限額。 保險公司的注冊資本必須爲實繳貨幣資本。	第七十三條 I 設立保險公司，其註冊資本的最低限額爲人民幣二億元。 II 保險公司註冊資本最低限額必須爲實繳貨幣資本。 III 保險監督管理機構根據保險公司業務範圍、經營規模，可以調整其註冊資本的最低限額。但是，不得低於第一款規定的限額。	修訂部分條文。
第七十條 申請設立保險公司，應當向國務院保險監督管理機構提出書面申請，并提交下列材料： （一）設立申請書，申請書應當載明擬設立的保險公司的名稱、注冊資本、業務范圍等； （二）可行性研究報告； （三）籌建方案； （四）投資人的營業執照或者其他背景資料，經會計師事務所審計的上一年度財務會計報告； （五）投資人認可的籌備組	第七十四條 申請設立保險公司，應當提交下列文件、資料： （一）設立申請書，申請書應當載明擬設立的保險公司的名稱、註冊資本、業務範圍等； （二）可行性研究報告； （三）保險監督管理機構規定的其他文件、資料。	增列（三）至（五）款。

負責人和擬任董事長、經理名單及本人認可証明； （六）國務院保險監督管理機構規定的其他材料。		
第七十一條 國務院保險監督管理機構應當對設立保險公司的申請進行審查，自受理之日起六個月內作出批准或者不批准籌建的決定，并書面通知申請人。決定不批准的，應當書面說明理由。	第七十六條 保險監督管理機構自收到設立保險公司的正式申請文件之日起六個月內，應當作出批准或者不批准的決定。	增列條文內容。
	第七十七條 經批准設立的保險公司，由批准部門頒發經營保險業務許可證，並憑經營保險業務許可證向工商行政管理機關辦理登記，領取營業執照。	
第七十二條 申請人應當自收到批准籌建通知之日起一年內完成籌建工作；籌建期間不得從事保險經營活動。		新增條文。
第七十三條 籌建工作完成后，申請人具備本法第六十八條規定的設立條件的，可以向國務院保險監督管理機構提出開業申請。 國務院保險監督管理機構應當自受理開業申請之日起六十日內，作出批准或者不批准開業的決定。決定批准的，頒發經營保險業務許可証；決定不批准的，應當書面通知申請人并說明理由。		新增條文。
第七十四條 保險公司在中華人民共和國境內設立分支機構，應當		新增條文。

經保險監督管理機構批准。保險公司分支機構不具有法人資格，其民事責任由保險公司承擔。		
第七十五條 保險公司申請設立分支機構，應當向保險監督管理機構提出書面申請，并提交下列材料： （一）設立申請書； （二）擬設機構三年業務發展規划和市場分析材料； （三）擬任高級管理人員的簡歷及相關証明材料； （四）國務院保險監督管理機構規定的其他材料。		新增條文。
第七十六條 保險監督管理機構應當對保險公司設立分支機構的申請進行審查，自受理之日起六十日內作出批准或者不批准的決定。決定批准的，頒發分支機構經營保險業務許可証；決定不批准的，應當書面通知申請人并說明理由。		新增條文。
第七十七條 經批准設立的保險公司及其分支機構，憑經營保險業務許可証向工商行政管理機關辦理登記，領取營業執照。		新增條文。
第七十八條 保險公司及其分支機構自取得經營保險業務許可証之日起六個月內，無正當理由未向工商行政管理機關辦理登記的，其經營保險業務許可証失效。	第七十八條 保險公司自取得經營保險業務許可證之日起六個月內無正當理由未辦理公司設立登記的，其經營保險業務許可證自動失效。	修正文字
	第七十九條 保險公司成立後應當按照	

	其註冊資本總額的百分之二十提取保證金，存入保險監督管理機構指定的銀行，除保險公司清算時用於清償債務外，不得動用。	
第七十九條 保險公司在中華人民共和國境外設立子公司、分支機構、代表機構，應當經國務院保險監督管理機構批准。	第八十條 I 保險公司在中華人民共和國境內外設立分支機構，須經保險監督管理機構批准，取得分支機構經營保險業務許可證。 II 保險公司分支機構不具有法人資格，其民事責任由保險公司承擔。	修正條文內容。
第八十條 外國保險機構在中華人民共和國境內設立代表機構，應當經國務院保險監督管理機構批准。代表機構不得從事保險經營活動。	第八十一條 保險公司在中華人民共和國境內外設立代表機構，須經保險監督管理機構批准。	修正條文內容。
第八十一條 保險公司的董事、監事和高級管理人員，應當品行良好，熟悉與保險相關的法律、行政法規，具有履行職責所需的經營管理能力，并在任職前取得保險監督管理機構核准的任職資格。 保險公司高級管理人員的范圍由國務院保險監督管理機構規定。		新增條文。
第八十二條 有《中華人民共和國公司法》第一百四十七條規定的情形或者下列情形之一的，不得擔任保險公司的董事、監事、高級管理人員： （一）因違法行爲或者違紀行爲被金融監督管理機構取消任職資格的金融機構的董事、監事、高級管理人		新增條文。

員,自被取消任職資格之日起未逾五年的； （二）因違法行為或者違紀行為被吊銷執業資格的律師、注冊會計師或者資產評估機構、驗証機構等機構的專業人員,自被吊銷執業資格之日起未逾五年的。		
第八十三條 保險公司的董事、監事、高級管理人員執行公司職務時違反法律、行政法規或者公司章程的規定,給公司造成損失的,應當承擔賠償責任。		新增條文。
第八十四條 保險公司有下列情形之一的,應當經保險監督管理機構批准： （一）變更名稱； （二）變更注冊資本； （三）變更公司或者分支機構的營業場所； （四）撤銷分支機構； （五）公司分立或者合并； （六）修改公司章程； （七）變更出資額占有限責任公司資本總額百分之五以上的股東,或者變更持有股份有限公司股份百分之五以上的股東； （八）國務院保險監督管理機構規定的其他情形。	第八十二條 I 保險公司有下列變更事項之一的,須經保險監督管理機構批准： （一）變更名稱； （二）變更註冊資本； （三）變更公司或者分支機構的營業場所； （四）調整業務範圍； （五）公司分立或者合併； （六）修改公司章程； （七）變更出資人或者持有公司股份百分之十以上的股東； （八）保險監督管理機構規定的其他變更事項。 II 保險公司更換董事長、總經理,應當報經保險監督管理機構審查其任職資格。	修訂條文內容。
	第八十三條 保險公司的組織機構,適用公司法的規定。	
	第八十四條 國有獨資保險公司設立監事會。監事會由保險監督管理機構、有關專家和保險公	

	司工作人員的代表組成，對國有獨資保險公司提取各項準備金、最低償付能力和國有資產保值增值等情況以及高級管理人員違反法律、行政法規或者章程的行爲和損害公司利益的行爲進行監督。	
第八十五條 保險公司應當聘用經國務院保險監督管理機構認可的精算專業人員，建立精算報告制度。 保險公司應當聘用專業人員，建立合規報告制度。		新增條文。
第八十六條 保險公司應當按照保險監督管理機構的規定，報送有關報告、報表、文件和資料。 保險公司的償付能力報告、財務會計報告、精算報告、合規報告及其他有關報告、報表、文件和資料必須如實記錄保險業務事項，不得有虛假記載、誤導性陳述和重大遺漏。		新增條文。
第八十七條 保險公司應當按照國務院保險監督管理機構的規定妥善保管業務經營活動的完整賬簿、原始憑証和有關資料。 前款規定的賬簿、原始憑証和有關資料的保管期限，自保險合同終止之日起計算，保險期間在一年以下的不得少于五年，保險期間超過一年的不得少于十年。		新增條文。
第八十八條 保險公司聘請或者解聘會		新增條文。

計師事務所、資產評估機構、資信評級機構等中介服務機構，應當向保險監督管理機構報告；解聘會計師事務所、資產評估機構、資信評級機構等中介服務機構，應當說明理由。		
第八十九條 保險公司因分立、合并需要解散，或者股東會、股東大會決議解散，或者公司章程規定的解散事由出現，經國務院保險監督管理機構批准后解散。 經營有人壽保險業務的保險公司，除因分立、合并或者被依法撤銷外，不得解散。 保險公司解散，應當依法成立清算組進行清算。	第八十五條 I 保險公司因分立、合併或者公司章程規定的解散事由出現，經保險監督管理機構批准後解散。保險公司應當依法成立清算組，進行清算。 II 經營有人壽保險業務的保險公司，除分立、合併外，不得解散。 第八十六條 保險公司違反法律、行政法規，被保險監督管理機構吊銷經營保險業務許可證的，依法撤銷。由保險監督管理機構依法及時組織清算組，進行清算。	修正條文。
第九十條 保險公司有《中華人民共和國企業破產法》第二條規定情形的，經國務院保險監督管理機構同意，保險公司或者其債權人可以依法向人民法院申請重整、和解或者破產清算；國務院保險監督管理機構也可以依法向人民法院申請對該保險公司進行重整或者破產清算。	第八十七條 保險公司不能支付到期債務，經保險監督管理機構同意，由人民法院依法宣告破產。保險公司被宣告破產的，由人民法院組織保險監督管理機構等有關部門和有關人員成立清算組，進行清算。	修正條文。
第九十一條 破產財產在優先清償破產費用和共益債務后，按照下列順序清償： （一）所欠職工工資和醫療、傷殘補助、撫恤費用，		新增條文。

所欠應當划入職工個人賬戶的基本養老保險、基本醫療保險費用，以及法律、行政法規規定應當支付給職工的補償金； （二）賠償或者給付保險金； （三）保險公司欠繳的除第（四）項規定以外的社會保險費用和所欠稅款； （五）普通破產債權。 破產財產不足以清償同一順序的清償要求的，按照比例分配。 破產保險公司的董事、監事和高級管理人員的工資，按照該公司職工的平均工資計算。		
第九十二條 經營有人壽保險業務的保險公司被依法撤銷或者被依法宣告破產的，其持有的人壽保險合同及責任准備金，必須轉讓給其他經營有人壽保險業務的保險公司；不能同其他保險公司達成轉讓協議的，由國務院保險監督管理機構指定經營有人壽保險業務的保險公司接受轉讓。 轉讓或者由國務院保險監督管理機構指定接受轉讓前款規定的人壽保險合同及責任准備金的，應當維護被保險人、受益人的合法權益。	第八十八條 I 經營有人壽保險業務的保險公司被依法撤銷的或者被依法宣告破產的，其持有的人壽保險合同及準備金，必須轉移給其他經營有人壽保險業務的保險公司；不能同其他保險公司達成轉讓協定的，由保險監督管理機構指定經營有人壽保險業務的保險公司接受。 II 轉讓或者由保險監督管理機構指定接受前款規定的人壽保險合同及準備金的，應當維護被保險人、受益人的合法權益。	文字修正。
	第八十九條 I 保險公司依法破產的，破產財產優先支付其破產費用後，按照下列順序清償： （一）所欠職工工資和勞動	

	保險費用； （二）賠償或者給付保險金； （三）所欠稅款； （四）清償公司債務。 Ⅱ破產財產不足清償同一順序清償要求的，按照比例分配。	
第九十三條 保險公司依法終止其業務活動，應當注銷其經營保險業務許可証。	第九十條 保險公司依法終止其業務活動，應當登出其經營保險業務許可證。	文字修正。
第九十四條 保險公司，除本法另有規定外，適用《中華人民共和國公司法》的規定。	第九十一條 保險公司的設立、變更、解散和清算事項，本法未作規定的，適用公司法和其他有關法律、行政法規的規定。	文字修正。
第四章　保險經營規則 第九十五條 保險公司的業務范圍： （一）人身保險業務，包括人壽保險、健康保險、意外傷害保險等保險業務； （二）財產保險業務，包括財產損失保險、責任保險、信用保險、保証保險等保險業務； （三）國務院保險監督管理機構批准的與保險有關的其他業務。 保險人不得兼營人身保險業務和財產保險業務。但是，經營財產保險業務的保險公司經國務院保險監督管理機構批准，可以經營短期健康保險業務和意外傷害保險業務。 保險公司應當在國務院保險監督管理機構依法批准的業務范圍內從事保險經營活動。	第四章　保險經營規則 第九十二條 Ⅰ保險公司的業務範圍： （一）財產保險業務，包括財產損失保險、責任保險、信用保險等保險業務； （二）人身保險業務，包括人壽保險、健康保險、意外傷害保險等保險業務。 Ⅱ同一保險人不得同時兼營財產保險業務和人身保險業務；但是，經營財產保險業務的保險公司經保險監督管理機構核定，可以經營短期健康保險業務和意外傷害保險業務。 Ⅲ保險公司的業務範圍由保險監督管理機構依法核定。保險公司只能在被核定的業務範圍內從事保險經營活動。 Ⅳ保險公司不得兼營本法及其他法律、行政法規規定以外的業務。	增訂（三）部份及修正條文文字。 （二）增加「保證保險」。

第九十六條 經國務院保險監督管理機構批准，保險公司可以經營本法第九十五條規定的保險業務的下列再保險業務： （一）分出保險； （二）分入保險。	第九十三條 經保險監督管理機構核定，保險公司可以經營前條規定的保險業務的下列再保險業務： （一）分出保險； （二）分入保險。	未修訂。
第九十七條 保險公司應當按照其注冊資本總額的百分之二十提取保証金，存入國務院保險監督管理機構指定的銀行，除公司清算時用于清償債務外，不得動用。	第九十四條 Ⅰ保險公司應當根據保障被保險人利益、保證償付能力的原則，提取各項責任準備金。 Ⅱ保險公司提取和結轉責任準備金的具體辦法由保險監督管理機構制定。	修訂條文。
第九十八條 保險公司應當根據保障被保險人利益、保証償付能力的原則，提取各項責任准備金。 保險公司提取和結轉責任准備金的具體辦法，由國務院保險監督管理機構制定。	第九十五條 保險公司應當按照已經提出的保險賠償或者給付金額，以及已經發生保險事故但尚未提出的保險賠償或者給付金額，提取未決賠款準備金。	修正條文及增訂第 2 款。
第九十九條 保險公司應當依法提取公積金。	第九十六條 除依照前二條規定提取準備金外，保險公司應當依照有關法律、行政法規及國家財務會計制度的規定提取公積金。	修訂條文。
第一百條 保險公司應當繳納保險保障基金。 保險保障基金應當集中管理，并在下列情形下統籌使用： （一）在保險公司被撤銷或者被宣告破產時，向投保人、被保險人或者受益人提供救濟； （二）在保險公司被撤銷或者被宣告破產時，向依法接	第九十七條 Ⅰ爲了保障被保險人的利益，支援保險公司穩健經營，保險公司應當按照保險監督管理機構的規定提存保險保障基金。 Ⅱ保險保障基金應當集中管理，統籌使用。 Ⅲ保險保障基金管理使用的具體辦法由保險監督管理機構制定。	增訂條文內容（一）（二）（三）。

受其人壽保險合同的保險公司提供救濟； （三）國務院規定的其他情形。 保險保障基金籌集、管理和使用的具體辦法，由國務院制定。		
第一百〇一條 保險公司應當具有與其業務規模和風險程度相適應的最低償付能力。保險公司的認可資產減去認可負債的差額不得低於國務院保險監督管理機構規定的數額；低于規定數額的，應當按照國務院保險監督管理機構的要求采取相應措施達到規定的數額。	第九十八條 保險公司應當具有與其業務規模相適應的最低償付能力。保險公司的實際資產減去實際負債的差額不得低於保險監督管理機構規定的數額；低於規定數額的，應當增加資本金，補足差額。	修訂文字。
第一百〇二條 經營財產保險業務的保險公司當年自留保險費，不得超過其實有資本金加公積金總和的四倍。	第九十九條 經營財產保險業務的保險公司當年自留保險費，不得超過其實有資本金加公積金總和的四倍。	未修訂。
第一百〇三條 保險公司對每一危險單位，即對一次保險事故可能造成的最大損失范圍所承擔的責任，不得超過其實有資本金加公積金總和的百分之十；超過的部分應當辦理再保險。 保險公司對危險單位的划分應當符合國務院保險監督管理機構的規定。	第一百條 保險公司對每一危險單位，即對一次保險事故可能造成的最大損失範圍所承擔的責任，不得超過其實有資本金加公積金總和的百分之十；超過的部分，應當辦理再保險。	增列第 2 款。
第一百〇四條 保險公司對危險單位的划分方法和巨災風險安排方案，應當報國務院保險監督管理機構備案。	第一百〇一條 保險公司對危險單位的計算辦法和巨災風險安排計劃，應當報經保險監督管理機構核准。	修正文字。
第一百〇五條 保險公司應當按照國務院	第一百〇二條 保險公司應當按照保險監	增訂「並審慎選擇再保險接受人」。

保險監督管理機構的規定辦理再保險，并審慎選擇再保險接受人。	督管理機構的有關規定辦理再保險。	
	第一百○三條 保險公司需要辦理再保險分出業務的，應當優先向中國境內的保險公司辦理。	
	第一百○四條 保險監督管理機構有權限制或者禁止保險公司向中國境外的保險公司辦理再保險分出業務或者接受中國境外再保險分入業務。	
第一百○六條 保險公司的資金運用必須穩健，遵循安全性原則。 保險公司的資金運用限於下列形式： （一）銀行存款； （二）買賣債券、股票、証券投資基金份額等有價証券； （三）投資不動產； （四）國務院規定的其他資金運用形式。 保險公司資金運用的具體管理辦法，由國務院保險監督管理機構依照前兩款的規定制定。	第一百○五條 Ⅰ保險公司的資金運用必須穩健，遵循安全性原則，並保證資產的保值增值。 Ⅱ保險公司的資金運用，限於在銀行存款、買賣政府債券、金融債券和國務院規定的其他資金運用形式。 Ⅲ保險公司的資金不得用於設立證券經營機構，不得用於設立保險業以外的企業。 Ⅳ保險公司運用的資金和具體專案的資金占其資金總額的具體比例，由保險監督管理機構規定。	修訂條文內容及增訂（三）、（四）款
第一百○七條 經國務院保險監督管理機構會同國務院証券監督管理機構批准，保險公司可以設立保險資產管理公司。 保險資產管理公司從事証券投資活動，應當遵守《中華人民共和國証券法》等法律、行政法規的規定。 保險資產管理公司的管理辦法，由國務院保險監督管理機構會同國務院有關部		新增條文。

門制定。 第一百〇八條 保險公司應當按照國務院保險監督管理機構的規定,建立對關聯交易的管理和信息披露制度。		
第一百〇九條 保險公司的控股股東、實際控制人、董事、監事、高級管理人員不得利用關聯交易損害公司的利益。		新增條文。
第一百一十條 保險公司應當按照國務院保險監督管理機構的規定,真實、准確、完整地披露財務會計報告、風險管理狀況、保險產品經營情況等重大事項。		新增條文。
第一百一十一條 保險公司從事保險銷售的人員應當符合國務院保險監督管理機構規定的資格條件,取得保險監督管理機構頒發的資格証書。 前款規定的保險銷售人員的范圍和管理辦法,由國務院保險監督管理機構規定。		新增條文。
第一百一十二條 保險公司應當建立保險代理人登記管理制度,加強對保險代理人的培訓和管理,不得唆使、誘導保險代理人進行違背誠信義務的活動。		新增條文。
第一百一十三條 保險公司及其分支機構應當依法使用經營保險業務許可証,不得轉讓、出租、出借經營保險業務許可証。		新增條文。
第一百一十四條 保險公司應當按照國務院		新增條文。

保險監督管理機構的規定，公平、合理擬訂保險條款和保險費率，不得損害投保人、被保險人和受益人的合法權益。 保險公司應當按照合同約定和本法規定，及時履行賠償或者給付保險金義務。		
第一百一十五條 保險公司開展業務，應當遵循公平競爭的原則，不得從事不正當競爭。		新增條文。
第一百一十六條 保險公司及其工作人員在保險業務活動中不得有下列行為： （一）欺騙投保人、被保險人或者受益人； （二）對投保人隱瞞與保險合同有關的重要情況； （三）阻礙投保人履行本法規定的如實告知義務，或者誘導其不履行本法規定的如實告知義務； （四）給予或者承諾給予投保人、被保險人、受益人保險合同約定以外的保險費回扣或者其他利益； （五）拒不依法履行保險合同約定的賠償或者給付保險金義務； （六）故意編造未曾發生的保險事故、虛構保險合同或者故意夸大已經發生的保險事故的損失程度進行虛假理賠，騙取保險金或者牟取其他不正當利益； （七）挪用、截留、侵占保險費； （八）委托未取得合法資格的機構或者個人從事保險	第一百〇六條 保險公司及其工作人員在保險業務活動中不得有下列行為： （一）欺騙投保人、被保險人或者受益人； （二）對投保人隱瞞與保險合同有關的重要情況； （三）阻礙投保人履行本法規定的如實告知義務，或者誘導其不履行本法規定的如實告知義務； （四）承諾向投保人、被保險人或者受益人給予保險合同規定以外的保險費回扣或者其他利益； （五）故意編造未曾發生的保險事故進行虛假理賠，騙取保險金。	增訂（七）至（十三）款。

銷售活動； （九）利用開展保險業務為其他機構或者個人牟取不正當利益； （十）利用保險代理人、保險經紀人或者保險評估機構，從事以虛構保險中介業務或者編造退保等方式套取費用等違法活動； （十一）以捏造、散布虛假事實等方式損害競爭對手的商業信譽，或者以其他不正當競爭行為擾亂保險市場秩序； （十二）洩露在業務活動中知悉的投保人、被保險人的商業秘密； （十三）違反法律、行政法規和國務院保險監督管理機構規定的其他行為。		
第五章　保險代理人和保險經紀人 第一百一十七條 保險代理人是根據保險人的委托，向保險人收取佣金，并在保險人授權的範圍內代為辦理保險業務的機構或者個人。 保險代理機構包括專門從事保險代理業務的保險專業代理機構和兼營保險代理業務的保險兼業代理機構。	第六章　保險代理人和保險經紀人 第一百二十五條 保險代理人是根據保險人的委託，向保險人收取代理手續費，並在保險人授權的範圍內代為辦理保險業務的單位或者個人。	增訂第 2 款。
第一百一十八條 保險經紀人是基于投保人的利益，為投保人與保險人訂立保險合同提供中介服務，并依法收取佣金的機構。	第一百二十六條 保險經紀人是基於投保人的利益，為投保人與保險人訂立保險合同提供仲介服務，並依法收取傭金的單位。	文字修正。
第一百一十九條 保險代理機構、保險經紀人		新增條文。

應當具備國務院保險監督管理機構規定的條件，取得保險監督管理機構頒發的經營保險代理業務許可証、保險經紀業務許可証。 保險專業代理機構、保險經紀人憑保險監督管理機構頒發的許可証向工商行政管理機關辦理登記，領取營業執照。 保險兼業代理機構憑保險監督管理機構頒發的許可証，向工商行政管理機關辦理變更登記。		
第一百二十條 以公司形式設立保險專業代理機構、保險經紀人，其注冊資本最低限額適用《中華人民共和國公司法》的規定。 國務院保險監督管理機構根據保險專業代理機構、保險經紀人的業務范圍和經營規模，可以調整其注冊資本的最低限額，但不得低于《中華人民共和國公司法》規定的限額。 保險專業代理機構、保險經紀人的注冊資本或者出資額必須爲實繳貨幣資本。		新增條文。
第一百二十一條 保險專業代理機構、保險經紀人的高級管理人員，應當品行良好，熟悉保險法律、行政法規，具有履行職責所需的經營管理能力，并在任職前取得保險監督管理機構核准的任職資格。		新增條文。
第一百二十二條 個人保險代理人、保險代理機構的代理從業人員、保險		新增條文。

經紀人的經紀從業人員，應當具備國務院保險監督管理機構規定的資格條件，取得保險監督管理機構頒發的資格証書。		
第一百二十三條 保險代理機構、保險經紀人應當有自己的經營場所，設立專門賬簿記載保險代理業務、經紀業務的收支情況。		新增條文。
第一百二十四條 保險代理機構、保險經紀人應當按照國務院保險監督管理機構的規定繳存保証金或者投保職業責任保險。未經保險監督管理機構批准，保險代理機構、保險經紀人不得動用保証金。		新增條文。
第一百二十五條 個人保險代理人在代爲辦理人壽保險業務時，不得同時接受兩個以上保險人的委托。		新增條文。
第一百二十六條 保險人委托保險代理人代爲辦理保險業務，應當與保險代理人簽訂委托代理協議，依法約定雙方的權利和義務。	第一百二十七條 保險人委託保險代理人代爲辦理保險業務的，應當與保險代理人簽訂委託代理協定，依法約定雙方的權利和義務及其他代理事項。	修正文字。
第一百二十七條 保險代理人根據保險人的授權代爲辦理保險業務的行爲，由保險人承擔責任。保險代理人沒有代理權、超越代理權或者代理權終止後以保險人名義訂立合同，使投保人有理由相信其有代理權的，該代理行爲有效。保險人可以依法追究越權的保險代理人的責任。	第一百二十八條 I 保險代理人根據保險人的授權代爲辦理保險業務的行爲，由保險人承擔責任。 II 保險代理人爲保險人代爲辦理保險業務，有超越代理許可權行爲，投保人有理由相信其有代理權，並已訂立保險合同的，保險人應當承擔保險責任；但是保險人	修正文字。

	可以依法追究越權的保險代理人的責任。	
	第一百二十九條 個人保險代理人在代爲辦理人壽保險業務時，不得同時接受兩個以上保險人的委託。	
第一百二十八條 保險經紀人因過錯給投保人、被保險人造成損失的，依法承擔賠償責任。	第一百三十條 因保險經紀人在辦理保險業務中的過錯，給投保人、被保險人造成損失的，由保險經紀人承擔賠償責任。	文字修正。
第一百二十九條 保險活動當事人可以委託保險公估機構等依法設立的獨立評估機構或者具有相關專業知識的人員，對保險事故進行評估和鑒定。 接受委託對保險事故進行評估和鑒定的機構和人員，應當依法、獨立、客觀、公正地進行評估和鑒定，任何單位和個人不得干涉。 前款規定的機構和人員，因故意或者過失給保險人或者被保險人造成損失的，依法承擔賠償責任。		新增條文。
	第一百三十條 因保險經紀人在辦理保險業務中的過錯，給投保人、被保險人造成損失的，由保險經紀人承擔賠償責任。	
第一百三十條 保險佣金只限于向具有合法資格的保險代理人、保險經紀人支付，不得向其他人支付。	第一百三十四條 保險代理手續費和經紀人傭金，只限于向具有合法資格的保險代理人、保險經紀人支付，不得向其他人支付。	文字修正。
第一百三十一條 保險代理人、保險經紀人及其從業人員在辦理保險業	第一百三十一條 I 保險代理人、保險經紀人在辦理保險業務活動中不	新增第（六）至（十）款

務活動中不得有下列行爲： （一）欺騙保險人、投保人、被保險人或者受益人； （二)隱瞞與保險合同有關的重要情況； （三)阻礙投保人履行本法規定的如實告知義務，或者誘導其不履行本法規定的如實告知義務； （四)給予或者承諾給予投保人、被保險人或者受益人保險合同約定以外的利益； （五)利用行政權力、職務或者職業便利以及其他不正當手段強迫、引誘或者限制投保人訂立保險合同； （六)僞造、擅自變更保險合同，或者爲保險合同當事人提供虛假証明材料； （七)挪用、截留、侵占保險費或者保險金； （八)利用業務便利爲其他機構或者個人车取不正當利益； （九)串通投保人、被保險人或者受益人，騙取保險金； （十)泄露在業務活動中知悉的保險人、投保人、被險人的商業秘密。	得有下列行爲： （一）欺騙保險人、投保人、被保險人或者受益人； （二)隱瞞與保險合同有關的重要情況； （三)阻礙投保人履行本法規定的如實告知義務，或者誘導其不履行本法規定的如實告知義務； （四)承諾向投保人、被保險人或者受益人給予保險合同規定以外的其他利益； （五)利用行政權力、職務或者職業便利以及其他不正當手段強迫、引誘或者限制投保人訂立保險合同。 第一百三十二條 Ⅱ保險代理人、保險經紀人應當具備保險監督管理機構規定的資格條件，並取得保險監督管理機構頒發的經營保險代理業務許可證或者經紀業務許可證，向工商行政管理機關辦理登記，領取營業執照，並繳存保證金或者投保職業責任保險。 第一百三十三條 保險代理人、保險經紀人應當有自己的經營場所，設立專門賬簿記載保險代理業務或者經紀業務的收支情況，並接受保險監督管理機構的監督。 第一百三十四條 保險代理手續費和經紀人傭金，只限于向具有合法資格的保險代理人、保險經紀人支付，不得向其他人支付。 第一百三十五條 保險公司應當設立本公司	

	保險代理人登記簿。	
	第一百三十六條	
	保險公司應當加強對保險代理人的培訓和管理，提高保險代理人的職業道德和業務素質，不得唆使、誤導保險代理人進行違背誠信義務的活動。	
	第一百三十七條	
	本法第一百〇九條、第一百一十九條的規定，適用于保險代理人和保險經紀人。	
第一百三十二條 保險專業代理機構、保險經紀人分立、合并、變更組織形式、設立分支機構或者解散的，應當經保險監督管理機構批准。		新增條文。
	第一百三十一條 I 保險代理人、保險經紀人在辦理保險業務活動中不得有下列行爲： （一）欺騙保險人、投保人、被保險人或者受益人； （二）隱瞞與保險合同有關的重要情況； （三）阻礙投保人履行本法規定的如實告知義務，或者誘導其不履行本法規定的如實告知義務； （四）承諾向投保人、被保險人或者受益人給予保險合同規定以外的其他利益； （五）利用行政權力、職務或者職業便利以及其他不正當手段強迫、引誘或者限制投保人訂立保險合同。 第一百三十二條 II 保險代理人、保險經紀人應當具備保險監督管理機構規定的資格條件，並取得	

	保險監督管理機構頒發的經營保險代理業務許可證或者經紀業務許可證,向工商行政管理機關辦理登記,領取營業執照,並繳存保證金或者投保職業責任保險。	
	第一百三十三條 保險代理人、保險經紀人應當有自己的經營場所,設立專門賬簿記載保險代理業務或者經紀業務的收支情況,並接受保險監督管理機構的監督。	
	第一百三十五條 保險公司應當設立本公司保險代理人登記簿。	
	第一百三十六條 保險公司應當加強對保險代理人的培訓和管理,提高保險代理人的職業道德和業務素質,不得唆使、誤導保險代理人進行違背誠信義務的活動。	
第一百三十三條 本法第八十六條第一款、第一百一十三條的規定,適用于保險代理機構和保險經紀人。	第一百三十七條 本法第一百零九條、第一百一十九條的規定,適用于保險代理人和保險經紀人。	
第六章　保險業監督管理 第一百三十四條 保險監督管理機構依照本法和國務院規定的職責,遵循依法、公開、公正的原則,對保險業實施監督管理,維護保險市場秩序,保護投保人、被保險人和受益人的合法權益。	第五章　保險業的監督管理	新增條文。
第一百三十五條 國務院保險監督管理機構依照法律、行政法規制定并		新增條文。

發布有關保險業監督管理的規章。		
第一百三十六條 關系社會公眾利益的保險種、依法實行強制保險的險種和新開發的人壽保險險種等的保險條款和保險費率,應當報國務院保險監督管理機構批准。國務院保險監督管理機構審批時,應當遵循保護社會公眾利益和防止不正當競爭的原則。其他保險險種的保險條款和保險費率,應當報保險監督管理機構備案。 保險條款和保險費率審批、備案的具體辦法,由國務院保險監督管理機構依照前款規定制定。	第一百○七條 Ⅰ關係社會公眾利益的保險險種、依法實行強制保險的險種和新開發的人壽保險險種等的保險條款和保險費率,應當報保險監督管理機構審批。保險監督管理機構審批時,遵循保護社會公眾利益和防止不正當競爭的原則。審批的範圍和具體辦法,由保險監督管理機構制定。 Ⅱ其他保險險種的保險條款和保險費率,應當報保險監督管理機構備案。	條文文字及排列順序調整。
第一百三十七條 保險公司使用的保險條款和保險費率違反法律、行政法規或者國務院保險監督管理機構的有關規定的,由保險監督管理機構責令停止使用,限期修改; 情節嚴重的,可以在一定期限內禁止申報新的保險條款和保險費率。		新增條文。
第一百三十八條 國務院保險監督管理機構應當建立健全保險公司償付能力監管體系,對保險公司的償付能力實施監控。	第一百○八條 保險監督管理機構應當建立健全保險公司償付能力監管指標體系,對保險公司的最低償付能力實施監控。	加列「國務院」。
	第一百○九條 Ⅰ保險監督管理機構有權檢查保險公司的業務狀況、財務狀況及資金運用狀況,有權要求保險公司在規定的期限內提供有關的書面報告和資料。	

	II 保險公司依法接受監督檢查。 III 保險監督管理機構有權查詢保險公司在金融機構的存款。	
第一百三十九條 對償付能力不足的保險公司，國務院保險監督管理機構應當將其列爲重點監管對象，并可以根據具體情況采取下列措施： （一）責令增加資本金、辦理再保險； （二）限制業務范圍； （三）限制向股東分紅； （四）限制固定資產購置或者經營費用規模； （五）限制資金運用的形式、比例； （六）限制增設分支機構； （七）責令拍賣不良資產、轉讓保險業務； （八）限制董事、監事、高級管理人員的薪酬水平； （九）限制商業性廣告； （十）責令停止接受新業務。		新增條文。
第一百四十條 保險公司未依照本法規定提取或者結轉各項責任准備金，或者未依照本法規定辦理再保險，或者嚴重違反本法關於資金運用的規定的，由保險監督管理機構責令限期改正，并可以責令調整負責人及有關管理人員。	第一百一十條 保險公司未按照本法規定提取或者結轉各項準備金，或者未按照本法規定辦理再保險，或者嚴重違反本法關於資金運用的規定的，由保險監督管理機構責令該保險公司採取下列措施限期改正： （一）依法提取或者結轉各項準備金； （二）依法辦理再保險； （三）糾正違法運用資金的行爲；	條文簡化刪除（一）～（四）。

	（四）調整負責人及有關管理人員。	
第一百四十一條 保險監督管理機構依照本法第一百四十條的規定作出限期改正的決定后，保險公司逾期未改正的，國務院保險監督管理機構可以決定選派保險專業人員和指定該保險公司的有關人員組成整頓組織，對公司進行整頓。 整頓決定應當載明被整頓公司的名稱、整頓理由、整頓組織成員和整頓期限，并予以公告。	第一百一十一條 I 依照前條規定，保險監督管理機構作出限期改正的決定後，保險公司在限期內未予改正的，由保險監督管理機構決定選派保險專業人員和指定該保險公司的有關人員，組成整頓組織，對該保險公司進行整頓。 II 整頓決定應當載明被整頓保險公司的名稱、整頓理由、整頓組織和整頓期限，並予以公告。	未修訂。
第一百四十二條 整頓組織有權監督被整頓保險公司的日常業務。被整頓公司的負責人及有關管理人員應當在整頓組的監督下行使職權。	第一百一十二條 整頓組織在整頓過程中，有權監督該保險公司的日常業務。該保險公司的負責人及有關管理人員，應當在整頓組織的監督下行使自己的職權。	未修訂。
第一百四十三條 整頓過程中，被整頓保險公司的原有業務繼續進行。但是，國務院保險監督管理機構可以責令被整頓公司停止部分原有業務、停止接受新業務，調整資金運用。	第一百一十三條 在整頓過程中，保險公司的原有業務繼續進行，但是保險監督管理機構有權停止開展新的業務或者停止部分業務，調整資金運用。	未修訂。
第一百四十四條 被整頓保險公司經整頓已糾正其違反本法規定的行為，恢復正常經營狀況的，由整頓組織提出報告，經國務院保險監督管理機構批准，結束整頓，并由國務院保險監督管理機構予以公告。	第一百一十四條 被整頓的保險公司經整頓已糾正其違反本法規定的行為，恢復正常經營狀況的，由整頓組織提出報告，經保險監督管理機構批准，整頓結束。	增訂「國務院保險監督管理機構予以公告」。
第一百四十五條 保險公司有下列情形之一	第一百一十五條 I 保險公司違反本法規	條文及文字修訂。

的,國務院保險監督管理機構可以對其實行接管： （一）公司的償付能力嚴重不足的； （二）違反本法規定,損害社會公共利益,可能嚴重危及或者已經嚴重危及公司的償付能力的。 被接管的保險公司的債權債務關系不因接管而變化。	定,損害社會公共利益,可能嚴重危及或者已經危及保險公司的償付能力的,保險監督管理機構可以對該保險公司實行接管。 II 接管的目的是對被接管的保險公司採取必要措施,以保護被保險人的利益,恢復保險公司的正常經營。被接管的保險公司的債權債務關係不因接管而變化。	
第一百四十六條 接管組織的組成和接管的實施辦法,由國務院保險監督管理機構決定,并予以公告。	第一百一十六條 接管組織的組成和接管的實施辦法,由保險監督管理機構決定,並予公告。	未修訂。
第一百四十七條 接管期限屆滿,國務院保險監督管理機構可以決定延長接管期限,但接管期限最長不得超過二年。	第一百一十七條 接管期限屆滿,保險監督管理機構可以決定延期,但接管期限最長不得超過二年。	未修訂。
第一百四十八條 接管期限屆滿,被接管的保險公司已恢復正常經營能力的,由國務院保險監督管理機構決定終止接管,并予以公告。		新增條文。
第一百四十九條 被整頓、被接管的保險公司有《中華人民共和國企業破產法》第二條規定情形的,國務院保險監督管理機構可以依法向人民法院申請對該保險公司進行重整或者破產清算。	第一百一十八條 I 接管期限屆滿,被接管的保險公司已恢復正常經營能力的,保險監督管理機構可以決定接管終止。 II 接管組織認爲被接管的保險公司的財產已不足以清償所負債務的,經保險監督管理機構批准,依法向人民法院申請宣告該保險公司破產。	修正條文,刪除第 1 款。
	第一百一十九條 保險公司應當于每一會計	

	年度終了後三個月內,將上一年度的營業報告、財務會計報告及有關報表報送保險監督管理機構,並依法公佈。	
	第一百二十條 保險公司應當於每月月底前將上一月的營業統計報表報送保險監督管理機構。	
	第一百二十一條 保險公司必須聘用經保險監督管理機構認可的精算專業人員,建立精算報告制度。	
	第一百二十二條 保險公司的營業報告、財務會計報告、精算報告及其他有關報表、文件和資料必須如實記錄保險業務事項,不得有虛假記載、誤導性陳述和重大遺漏。	
	第一百二十三條 I 保險人和被保險人可以聘請依法設立的獨立的評估機構或者具有法定資格的專家,對保險事故進行評估和鑒定。 II 依法受聘對保險事故進行評估和鑒定的評估機構和專家,應當依法公正地執行業務。因故意或者過失給保險人或者被保險人造成損害的,依法承擔賠償責任。 III 依法受聘對保險事故進行評估和鑒定的評估機構收取費用,應當依照法律、行政法規的規定辦理。	
	第一百二十四條 I 保險公司應當妥善保管有關業務經營活動的完整	

	賬簿、原始憑證及有關資料。 II 前款規定的賬簿、原始憑證及有關資料的保管期限，自保險合同終止之日起計算，不得少於十年。	
第一百五十條 保險公司因違法經營被依法吊銷經營保險業務許可証的，或者償付能力低于國務院保險監督管理機構規定標准，不予撤銷將嚴重危害保險市場秩序、損害公共利益的，由國務院保險監督管理機構予以撤銷并公告，依法及時組織清算組進行清算。		新增條文。
第一百五十一條 國務院保險監督管理機構有權要求保險公司股東、實際控制人在指定的期限內提供有關信息和資料。		新增條文。
第一百五十二條 保險公司的股東利用關聯交易嚴重損害公司利益，危及公司償付能力的，由國務院保險監督管理機構責令改正。在按照要求改正前，國務院保險監督管理機構可以限制其股東權利；拒不改正的，可以責令其轉讓所持的保險公司股權。		新增條文。
第一百五十三條 保險監督管理機構根據履行監督管理職責的需要，可以與保險公司董事、監事和高級管理人員進行監督管理談話，要求其就公司的業務活動和風險管理的重大事項作出說明。		新增條文。
第一百五十四條 保險公司在整頓、接管、撤		新增條文。

銷清算期間，或者出現重大風險時，國務院保險監督管理機構可以對該公司直接負責的董事、監事、高級管理人員和其他直接責任人員采取以下措施： （一）通知出境管理機關依法阻止其出境； （二）申請司法機關禁止其轉移、轉讓或者以其他方式處分財產，或者在財產上設定其他權利。		
第一百五十五條 保險監督管理機構依法履行職責，可以采取下列措施： （一）對保險公司、保險代理人、保險經紀人、保險資產管理公司、外國保險機構的代表機構進行現場檢查； （二）進入涉嫌違法行為發生場所調查取証； （三）詢問當事人及與被調查事件有關的單位和個人，要求其對與被調查事件有關的事項作出說明； （四）查閱、復制與被調查事件有關的財產權登記等資料； （五）查閱、復制保險公司、保險代理人、保險經紀人、保險資產管理公司、外國保險機構的代表機構以及與被調查事件有關的單位和個人的財務會計資料及其他相關文件和資料；對可能被轉移、隱匿或者毀損的文件和資料予以封存； （六）查詢涉嫌違法經營的保險公司、保險代理人、保險經紀人、保險資產管理公司、外國保險機構的代表機		新增條文。

構以及與涉嫌違法事項有關的單位和個人的銀行賬戶； （七）對有証據証明已經或者可能轉移、隱匿違法資金等涉案財產或者隱匿、偽造、毀損重要証據的，經保險監督管理機構主要負責人批准，申請人民法院予以凍結或者查封。 保險監督管理機構采取前款第（一）項、第（二）項、第（五）項措施的，應當經保險監督管理機構負責人批准；采取第（六）項措施的，應當經國務院保險監督管理機構負責人批准。 保險監督管理機構依法進行監督檢查或者調查，其監督檢查、調查的人員不得少于二人，并應當出示合法証件和監督檢查、調查通知書；監督檢查、調查的人員少于二人或者未出示合法証件和監督檢查、調查通知書的，被檢查、調查的單位和個人有權拒絕。		
第一百五十六條 保險監督管理機構依法履行職責，被檢查、調查的單位和個人應當配合。		新增條文。
第一百五十七條 保險監督管理機構工作人員應當忠于職守，依法辦事，公正廉潔，不得利用職務便利牟取不正當利益，不得泄露所知悉的有關單位和個人的商業秘密。		新增條文。
第一百五十八條 國務院保險監督管理機構應當與中國人民銀行、國務		新增條文。

院其他金融監督管理機構建立監督管理信息共享機制。 保險監督管理機構依法履行職責，進行監督檢查、調查時，有關部門應當予以配合。		
第七章　法律責任	第七章　法律責任 第一百三十八條 Ⅰ投保人、被保險人或者受益人有下列行爲之一，進行保險欺詐活動，構成犯罪的，依法追究刑事責任： （一）投保人故意虛構保險標的，騙取保險金的； （二）未發生保險事故而謊稱發生保險事故，騙取保險金的； （三）故意造成財産損失的保險事故，騙取保險金的； （四）故意造成被保險人死亡、傷殘或者疾病等人身保險事故，騙取保險金的； （五）僞造、變造與保險事故有關的證明、資料和其他證據，或者指使、唆使、收買他人提供虛假證明、資料或者其他證據，編造虛假的事故原因或者誇大損失程度，騙取保險金的。 Ⅱ有前款所列行爲之一，情節輕微，尚不構成犯罪的，依照國家有關規定給予行政處罰。	
	第一百三十九條 Ⅰ保險公司及其工作人員在保險業務中隱瞞與保險合同有關的重要情況，欺騙投保人、被保險人或者受益人，或者拒不履行保險合同約定的賠償或者給付保險	

	金的義務，構成犯罪的，依法追究刑事責任；尚不構成犯罪的，由保險監督管理機構對保險公司處以五萬元以上三十萬元以下的罰款；對有違法行爲的工作人員，處以二萬元以上十萬元以下的罰款；情節嚴重的，限制保險公司業務範圍或者責令停止接受新業務。 Ⅱ 保險公司及其工作人員阻礙投保人履行如實告知義務，或者誘導其不履行如實告知義務，或者承諾向投保人、被保險人或者受益人給予非法的保險費回扣或者其他利益，構成犯罪的，依法追究刑事責任；尚不構成犯罪的，由保險監督管理機構責令改正，對保險公司處以五萬元以上三十萬元以下的罰款；對有違法行爲的工作人員，處以二萬元以上十萬元以下的罰款；情節嚴重的，限制保險公司業務範圍或者責令停止接受新業務。	
	第一百四十條 保險代理人或者保險經紀人在其業務中欺騙保險人、投保人、被保險人或者受益人，構成犯罪的，依法追究刑事責任；尚不構成犯罪的，由保險監督管理機構責令改正，並處以五萬元以上三十萬元以下的罰款；情節嚴重的，吊銷經營保險代理業務許可證或者經紀業務許可證。	
	第一百四十一條 保險公司及其工作人員故意編造未曾發生的保險事	

	故進行虛假理賠，騙取保險金，構成犯罪的，依法追究刑事責任。	
第一百五十九條 違反本法規定，擅自設立保險公司、保險資產管理公司或者非法經營商業保險業務的，由保險監督管理機構予以取締，沒收違法所得，并處違法所得一倍以上五倍以下的罰款；沒有違法所得或者違法所得不足二十萬元的，處二十萬元以上一百萬元以下的罰款。	第一百四十二條 違反本法規定，擅自設立保險公司或者非法從事商業保險業務活動的，由保險監督管理機構予以取締；構成犯罪的，依法追究刑事責任；尚不構成犯罪的，由保險監督管理機構沒收違法所得，並處以違法所得一倍以上五倍以下的罰款，沒有違法所得或者違法所得不足二十萬元的，處以二十萬元以上一百萬元以下的罰款。	修正條文。
	第一百四十五條 違反本法規定，有下列行爲之一的，由保險監督管理機構責令改正，並處以五萬元以上三十萬元以下的罰款；情節嚴重的，可以限制業務範圍、責令停止接受新業務或者吊銷經營保險業務許可證： （一）未按照規定提存保證金或者違反規定動用保證金的； （二）未按照規定提取或者結轉各項責任準備金或者未按照規定提取未決賠款準備金的； （三）未按照規定提取保險保障基金、公積金的； （四）未按照規定辦理再保險分出業務的； （五）違反規定運用保險公司資金的； （六）未經批准設立分支機構或者代表機構的；	

	（七）未經批准分立、合併的； （八）未按照規定將應當報送審批的險種的保險條款和保險費率報送審批的。	
	第一百四十八條 違反本法規定，有下列行爲之一的，由保險監督管理機構責令改正，處以五萬元以上三十萬元以下的罰款： （一）超額承保，情節嚴重的； （二）爲無民事行爲能力人承保以死亡爲給付保險金條件的保險的。	
第一百六十條 違反本法規定，擅自設立保險專業代理機構、保險經紀人，或者未取得經營保險代理業務許可証、保險經紀業務許可証從事保險代理業務、保險經紀業務的，由保險監督管理機構予以取締，沒收違法所得，并處違法所得一倍以上五倍以下的罰款；沒有違法所得或者違法所得不足五萬元的，處五萬元以上三十萬元以下的罰款。	第一百四十九條 違反本法規定，未取得經營保險代理業務許可證或者經紀業務許可證，非法從事保險代理業務或者經紀業務活動的，由保險監督管理機構予以取締；構成犯罪的，依法追究刑事責任；尚不構成犯罪的，由保險監督管理機構沒收違法所得，並處以違法所得一倍以上五倍以下的罰款，沒有違法所得或者違法所得不足十萬元的，處以十萬元以上五十萬元以下的罰款。	沒有違法部份之罰款改爲五萬元以上三十萬元以下從輕處分。
第一百六十一條 保險公司違反本法規定，超出批准的業務范圍經營的，由保險監督管理機構責令限期改正，沒收違法所得，并處違法所得一倍以上五倍以下的罰款；沒有違法所得或者違法所得不足十萬元的，處十萬元以上五十萬元以下的罰款。逾期不改正或者造成嚴重后果	第一百四十三條 違反本法規定，超出核定的業務範圍從事保險業務或者兼營本法及其他法律、行政法規規定以外的業務，構成犯罪的，依法追究刑事責任；尚不構成犯罪的，由保險監督管理機構責令改正，責令退還收取的保險費，沒收違法所得，並處以違法所得一倍以上五倍以	修正條文。

的,責令停業整頓或者吊銷業務許可証。	下的罰款;沒有違法所得或者違法所得不足十萬元的,處以十萬元以上五十萬元以下的罰款;逾期不改正或者造成嚴重後果的,責令停業整頓或者吊銷經營保險業務許可證。	
第一百六十二條 保險公司有本法第一百一十六條規定行爲之一的,由保險監督管理機構責令改正,處五萬元以上三十萬元以下的罰款;情節嚴重的,限制其業務范圍、責令停止接受新業務或者吊銷業務許可証。		新增條文。
第一百六十三條 保險公司違反本法第八十四條規定的,由保險監督管理機構責令改正,處一萬元以上十萬元以下的罰款。	第一百四十四條 違反本法規定,未經批准,擅自變更保險公司的名稱、章程、註冊資本、公司或者分支機構的營業場所等事項的,由保險監督管理機構責令改正,並處以一萬元以上十萬元以下的罰款。	新增條文。
第一百六十四條 保險公司違反本法規定,有下列行爲之一的,由保險監督管理機構責令改正,處五萬元以上三十萬元以下的罰款： （一）超額承保,情節嚴重的； （二）爲無民事行爲能力人承保以死亡爲給付保險金條件的保險的。		新增條文。
第一百六十五條 違反本法規定,有下列行爲之一的,由保險監督管理機構責令改正,處五萬元以上三十萬元以下的罰款;情節嚴重的,可以限制其業務范		新增條文。

圍、責令停止接受新業務或者吊銷業務許可証： （一）未按照規定提存保証金或者違反規定動用保証金的； （二）未按照規定提取或者結轉各項責任准備金的； （三）未按照規定繳納保險保障基金或者提取公積金的； （四）未按照規定辦理再保險的； （五）未按照規定運用保險公司資金的； （六）未經批准設立分支機構或者代表機構的； （七）未按照規定申請批准保險條款、保險費率的。		
第一百六十六條 保險代理機構、保險經紀人有本法第一百三十一條規定行為之一的，由保險監督管理機構責令改正，處五萬元以上三十萬元以下的罰款；情節嚴重的，吊銷業務許可証。		新增條文。
第一百六十七條 保險代理機構、保險經紀人違反本法規定，有下列行為之一的，由保險監督管理機構責令改正，處二萬元以上十萬元以下的罰款；情節嚴重的，責令停業整頓或者吊銷業務許可証： （一）未按照規定繳存保証金或者投保職業責任保險的； （二）未按照規定設立專門賬簿記載業務收支情況的。		新增條文。
第一百六十八條 保險專業代理機構、保險經		新增條文。

紀人違反本法規定,未經批准設立分支機構或者變更組織形式的,由保險監督管理機構責令改正,處一萬元以上五萬元以下的罰款。		
第一百六十九條 違反本法規定,聘任不具有任職資格、從業資格的人員的,由保險監督管理機構責令改正,處二萬元以上十萬元以下的罰款。		新增條文。
第一百七十條 違反本法規定,轉讓、出租、出借業務許可証的,由保險監督管理機構處一萬元以上十萬元以下的罰款;情節嚴重的,責令停業整頓或者吊銷業務許可証		新增條文。
第一百七十一條 違反本法規定,有下列行為之一的,由保險監督管理機構責令限期改正;逾期不改正的,處一萬元以上十萬元以下的罰款: (一)未按照規定報送或者保管報告、報表、文件、資料的,或者未按照規定提供有關信息、資料的; (二)未按照規定報送保險條款、保險費率備案的; (三)未按照規定披露信息的。	第一百四十六條 違反本法規定,有下列行為之一的,由保險監督管理機構責令改正,逾期不改正的,處以一萬元以上十萬元以下的罰款: (一)未按照規定報送有關報告、報表、文件和資料的; (二)未按照規定將應當報送備案的險種的保險條款和保險費率報送備案的。	增訂第3款。
第一百七十二條 違反本法規定,有下列行為之一的,由保險監督管理機構責令改正,處十萬元以上五十萬元以下的罰款;情節嚴重的,可以限制其業務範圍、責令停止接受新業務或者吊銷業務許可証: (一)編制或者提供虛假的	第一百四十七條 違反本法規定,有下列行為之一,構成犯罪的,依法追究刑事責任;尚不構成犯罪的,由保險監督管理機構責令改正,處以十萬元以上五十萬元以下的罰款;情節嚴重的,可以限制業務範圍、責令停止接受新業務或者	本條刑事責任取消,新增訂第181條。 增訂第3款。

報告、報表、文件、資料的； （二）拒絕或者妨礙依法監督檢查的； （三）未按照規定使用經批准或者備案的保險條款、保險費率的。	吊銷經營保險業務許可證： （一）提供虛假的報告、報表、文件和資料的； （二）拒絕或者妨礙依法檢查監督的。	
第一百七十三條 保險公司、保險資產管理公司、保險專業代理機構、保險經紀人違反本法規定的，保險監督管理機構除分別依照本法第一百六十一條至第一百七十二條的規定對該單位給予處罰外，對其直接負責的主管人員和其他直接責任人員給予警告，并處一萬元以上十萬元以下的罰款；情節嚴重的，撤銷任職資格或者從業資格。		新增條文。
第一百七十四條 個人保險代理人違反本法規定的，由保險監督管理機構給予警告，可以并處二萬元以下的罰款；情節嚴重的，處二萬元以上十萬元以下的罰款，并可以吊銷其資格証書。 未取得合法資格的人員從事個人保險代理活動的，由保險監督管理機構給予警告，可以并處二萬元以下的罰款；情節嚴重的，處二萬元以上十萬元以下的罰款。		新增條文。
第一百七十五條 外國保險機構未經國務院保險監督管理機構批准，擅自在中華人民共和國境內設立代表機構的，由國務院保險監督管理機構予以取締，處五萬元以上三十萬元		新增條文。

以下的罰款。 外國保險機構在中華人民共和國境內設立的代表機構從事保險經營活動的,由保險監督管理機構責令改正,沒收違法所得,并處違法所得一倍以上五倍以下的罰款;沒有違法所得或者違法所得不足二十萬元的,處二十萬元以上一百萬元以下的罰款;對其首席代表可以責令撤換;情節嚴重的,撤銷其代表機構。		
第一百七十六條 投保人、被保險人或者受益人有下列行爲之一,進行保險詐騙活動,尚不構成犯罪的,依法給予行政處罰: （一）投保人故意虛構保險標的,騙取保險金的; （二）編造未曾發生的保險事故,或者編造虛假的事故原因或者誇大損失程度,騙取保險金的; （三）故意造成保險事故,騙取保險金的。 保險事故的鑒定人、評估人、証明人故意提供虛假的証明文件,爲投保人、被保險人或者受益人進行保險詐騙提供條件的,依照前款規定給予處罰。		新增條文。
	第一百五十條 對違反本法規定尚未構成犯罪的行爲負有直接責任的保險公司高級管理人員和其他直接責任人員,保險監督管理機構可以區別不同情況予以警告,責令予以撤換,處以二萬元以上十萬元以下的罰款。	

第一百七十七條 違反本法規定,給他人造成損害的,依法承擔民事責任。	第一百五十一條 違反本法規定,給他人造成損害的,應當依法承擔民事責任。	未修改。
	第一百五十二條 對不符合本法規定條件的設立保險公司的申請予以批准,或者對不符合保險代理人、保險經紀人條件的申請予以批准,或者有濫用職權、玩忽職守的其他行爲,構成犯罪的,依法追究刑事責任;尙不構成犯罪的,依法給予行政處分。	
第一百七十八條 拒絕、阻礙保險監督管理機構及其工作人員依法行使監督檢查、調查職權,未使用暴力、威脅方法的,依法給予治安管理處罰。		新增條文。
第一百七十九條 違反法律、行政法規的規定,情節嚴重的,國務院保險監督管理機構可以禁止有關責任人員一定期限直至終身進入保險業。		新增條文。
第一百八十條 保險監督管理機構從事監督管理工作的人員有下列情形之一的,依法給予處分: (一)違反規定批准機構的設立的; (二)違反規定進行保險條款、保險費率審批的; (三)違反規定進行現場檢查的; (四)違反規定查詢賬戶或者凍結資金的; (五)泄露其知悉有關單位和個人的商業秘密的;		新增條文。

（六)違反規定實施行政處罰的； （七）濫用職權、玩忽職守的其他行爲。		
第一百八十一條 違反本法規定，構成犯罪的，依法追究刑事責任。		新增訂條文。
第八章　附　則 第一百八十二條 保險公司應當加入保險行業協會。保險代理人、保險經紀人、保險公估機構可以加入保險行業協會。 保險行業協會是保險業的自律性組織，是社會團體法人。	第八章　附　則	新增條文。
第一百八十三條 保險公司以外的其他依法設立的保險組織經營的商業保險業務，適用本法。		新增條文。
第一百八十四條 海上保險適用《中華人民共和國海商法》的有關規定；《中華人民共和國海商法》未規定的，適用本法的有關規定。	第一百五十三條 海上保險適用海商法的有關規定；海商法未作規定的，適用本法的有關規定。	未修訂。
第一百八十五條 中外合資保險公司、外資獨資保險公司、外國保險公司分公司適用本法規定；法律、行政法規另有規定的，適用其規定。	第一百五十四條 中外合資保險公司、外資獨資保險公司、外國保險公司分公司適用本法規定；法律、行政法規另有規定的，適用其規定。	未修訂。
第一百八十六條 國家支持發展爲農業生產服務的保險事業。農業保險由法律、行政法規另行規定。 強制保險，法律、行政法規另有規定的，適用其規定。	第一百五十五條 國家支援發展爲農業生產服務的保險事業，農業保險由法律、行政法規另行規定。	增訂第 2 款。
	第一百五十六條 本法規定的保險公司以外	

	的其他性質的保險組織，由 法律、行政法規另行規定。	
	第一百五十七條 本法施行前按照國務院規 定經批准設立的保險公司 繼續保留，其中不完全具備 本法規定的條件的，應當在 規定的期限內達到本法規 定的條件。具體辦法由國務 院規定。	
第一百八十七條 本法自 2009 年 10 月 1 日起 施行。	第一百五十八條 本法自 1995 年 10 月 1 日起 施行。	修訂施行日期。